交通事故赔偿实务100问

温　泉——主编

法律出版社 LAW PRESS · CHINA
北京

图书在版编目（CIP）数据

交通事故赔偿实务100问 / 温泉主编. -- 北京 : 法律出版社, 2025. -- ISBN 978-7-5197-9950-2

Ⅰ. D922.145

中国国家版本馆CIP数据核字第2025U0M148号

交通事故赔偿实务100问
JIAOTONG SHIGU PEICHANG SHIWU 100 WEN

温　泉　主编

策划编辑　冯雨春
责任编辑　张　颖
装帧设计　贾丹丹

出版发行　法律出版社
编辑统筹　法律应用出版分社
责任校对　王语童
责任印制　刘晓伟
经　　销　新华书店

开本　A5
印张　16.375　**字数**　364千
版本　2025年3月第1版
印次　2025年3月第1次印刷
印刷　固安华明印业有限公司

地址:北京市丰台区莲花池西里7号(100073)
网址:www.lawpress.com.cn
投稿邮箱:info@lawpress.com.cn
举报盗版邮箱:jbwq@lawpress.com.cn

销售电话:010-83938349
客服电话:010-83938350
咨询电话:010-63939796

书号:ISBN 978-7-5197-9950-2　**定价**:68.00元

凡购买本社图书,如有印装错误,我社负责退换。电话:010-83938349

作者一览

主　编

温泉，执业律师，北京交通大学经济法硕士，曾就职于北京市西城区人民检察院。温泉律师具备扎实的法学理论基础和丰富的诉讼实践经验，执业以来办理刑事、民事各类案件近千件，积累了丰富的诉讼及仲裁经验，尤其在交通事故、工伤赔偿、一般侵权赔偿等多个方面有着丰富的经验。温泉律师还善于分析总结问题，对刑事案件和交通事故案件前沿、重大和疑难问题均有深入的研究。

副主编

乐永锐，江苏省广东华商（扬州）律师事务所专职律师，法医临床类司法鉴定人。

执业领域：侵权损害赔偿、刑事辩护。

编委（排名不分先后）

谭诚，湖南省茶陵县公安局交通警察大队副大队长、警务技术四级主任，公职律师。

执业领域：行政诉讼、交通风险防控、交通组织规划、交通事故预防与处理。

伊强，吉林省辽源市法律援助中心支部书记，辽源市律师协会公职律师委员会秘书长，吉林省律师协会公职律师委员会会员，国家三级心理咨询师。

执业领域：劳动者权益保护、婚姻家事纠纷、交通事故、律师权益维护及惩戒。

刘雨菲，北京恒都（天津）律师事务所律师，中国民主促进会会员，天津市律师代表大会代表，天津市律师协会律师事务所建设指导委员会委员。

执业领域：公司治理、常年法律顾问、合同纠纷。

李南冲，海南大弘律师事务所专职律师。

执业领域：法律、税务、审计、财务。

做接地气的交通事故法律书籍

讲述交通事故法律知识的书籍有很多,但从律师代理角度入手兼具实操性的交通事故书籍却不多见。更多的书籍侧重于讲述交通事故的法学理论、法律条文,对法律概念解释较多,对司法实务论述较少。一些讲解交通事故法律知识的书籍或者公众号文章,多数做法是根据司法判例提炼审判要点,并据以得出相应的法律理念。还有些书籍营销导向比较明显,主要作用是向当事人宣传自身的业务能力,而非实际探讨并研究交通事故案件办理中切实存在的问题和解决方法。

交通事故案件会涉及多种法律关系,无论是事故责任认定方面,还是损害赔偿计算方面或者保险责任方面,在法律法规、司法解释、地方性法规中都有规定,有时候还要考虑审理法院内部尺度,不同的法院审理同样或者类似法律问题可能结果迥异。仅从《民法典》和《民事诉讼法》中查找相关法律条文并不能解决交通事故案件中的实际问题,零星和碎片化地通过具体司法判决了解某个法律关系也并不容易。例如,醉酒驾车商业险是否应当赔偿,伤者已达到退休年龄是否应获得误工费等问题,并不是简单分析一个或数个司法判例就能得出普遍适用结论的。

鉴于此,我一直想要自己写一本能够清楚梳理交通事故案件的书籍，把交通事故相关的问题都梳理一遍，把涉及的法律法规都找出来，把每个交通事故案件中争议焦点是什么、怎么解决都解释清楚。带着这样的梦想，通过十年来亲身办理的近千件交通事故案件，并且对发现的问题不断地进行分析、总结，我积累了许多宝贵经验。特别是近两年我在无讼平台、法律名家讲堂、明法学苑、智元法库等录制了关于交通事故法律问题的视频和直播课程，对交通事故法律问题进行了多次全面的梳理，在录制课程中对很多问题的认识又加深了许多，终于使我鼓起勇气撰写本书。本书对交通事故基本法律问题进行了梳理，对每个相关法律问题也力求讲解到位，包括问题的起因、法律法规、案例原因，以及案件的后续走向等。让普通读者阅读本书后也能清晰地建立起交通事故案件的“法术模型”，希望本书能成为一本接地气的交通事故法律书籍。

为什么推荐青年律师学习办理交通事故案件？

一、案源多且分散，有机会独立承接案件

交通事故是偶然的，但机动车保有量大，从整体来看发生交通事故可以说是必然的，用我们曾经学过的马克思主义哲学观点来讲，就是“必然孕育在偶然之中”。

较小的交通事故发生后，如车辆剐蹭、行人跌倒等，双方可能会私了或通过保险公司快速理赔。人员严重受伤的交通事故，则很可能要通过诉讼解决。

据统计，近年来全国法院受理的交通事故案件每年在50万件左右，其中聘请律师的不在少数。

对于青年律师来说，交通事故案件并不需要深厚的法律功底或者丰富的人脉资源，因而有独自承接交通事故案件的机会，而且承接这类案件也是青年律师提高办案能力以及开拓案源的有效途径之一。刚拿到执业证的青年律师，几乎没有可能独立承接企业并购案件、刑事职务犯罪案件，或者大额商务诉讼案件。但是，身边朋友发生交通事故，找你咨询，或者请你代理则是非常常见的。如果你对交通事故案件非常了解，熟人显然会更倾向于让你来代理。

二、案件判决胜诉率高、执行履行率高

诉讼是存在风险的，在审理过程中，查明事实和适用法律等往往有很多不确定性，不能预知结果。即便案件胜诉了，还存在判决无法履行的可能。

但是交通事故案件是特别的。因为交通事故责任认定书的存在，使案件在后续处理上有依据，法院不用再单独查明事实，在法律适用上也比较清晰。同时，因为有保险公司负责赔偿，使多数判决能够被依法履行。经常办理交通事故案件的律师，甚至可以根据事故责任和伤者的基本情况预估出大致的赔偿数额。在有较为明确的结果预期的情况下，与当事人洽谈时被聘请的概率无疑会更高一些。

三、知识点多且分散，可以通过主动学习提高办案能力

交通事故案件涉及的问题比较多，从法律规范方面说，有关于事故责任划分的，有关于赔偿主体确定的，有关于各项赔偿项目的，有关于保险责任的，还有关于鉴定程序方面的等。而且知识点也比较分散，特别是涉及的赔偿项目比较多，如医疗费、住院伙食补助费、营养费、误工费、护理费、残疾赔偿金、被扶养人生活费、丧葬费等，每个赔偿项目都有各自的特点，还经常更新。不常办理交通事故案件的律师，会觉得很琐碎，不好入手。再加上涉及的金额一般也不会太大，其他领域的资深律师一般是没有时间和精力办理交通事故案件的。但是换个角度思考，掌握这些知识点后，也就不觉得它难了。

时间和精力也恰恰是青年律师的优势。交通事故案件没有太多深奥复杂的法律理念，也不存在人脉的门槛，只要认真学习和积累，就能办好这类案件。

四、有助于熟练掌握民事诉讼程序，了解其他领域业务及程序

办理交通事故案件有助于熟练地掌握民事诉讼程序，诉前保全、立案、鉴定、开庭、执行等，所有的民事程序都会涉及。办得多了自然就熟练了，学会了怎么与法官沟通、与当事人沟通，怎么准备证据材料。

办理交通事故案件还会为办理其他类型案件打好基础。交通事故案件不是只有帮伤者跟保险公司要钱这么简单，还可能涉及刑事纠纷、保险合同纠纷、工伤纠纷等相关的业务，如果发现适合的业务领域或者好的发展途径，也可以随时变更，如成为专业刑事律师。通过学习掌握相关知识，再加上亲身代理一定案件后，就会对办理交通事故案件形成系统性观念，和开车一样，学会了就不会遗忘，即便以后主要领域不在此，学会了对青年律师的发展也很有益处。

目　　录

第一篇　事故责任认定

第二篇　保险理赔之交强险

第三篇　保险理赔之商业险

第四篇　赔偿项目之医疗费

第五篇 赔偿项目之误工费、护理费、营养费

第六篇 赔偿项目之残疾赔偿金、生活费

第七篇　赔偿项目之其他人身损害赔偿项目

第八篇　赔偿项目之车辆损失

第九篇　民事诉讼之赔偿权利人和赔偿义务人

第十二篇　刑事诉讼

第一篇

事故责任认定

引　言

本篇对交通事故赔偿进行简要概述，介绍交通事故责任认定程序、损失计算方法、事故责任认定中常见问题以及对事故责任认定不服的救济途径。在事故责任认定阶段，律师能起到的作用不算突出，但是如能了解事故责任认定中的各种问题，对案件的整体把握很有益处，更可以加强当事人对律师的信任，提高成案率。

1. 发生交通事故该怎么办？
2. 交通事故损失如何计算？
3. 交通事故责任如何划分？
4. 交通事故赔偿比例如何确定？
5. 交通事故责任无法确定时怎么办？
6. 机动车性质如何确定？
7. 对交通事故认定书不服怎么办？
8. 交通事故和解后可以反悔吗？

1. 发生交通事故该怎么办?

律师答疑

发生交通事故后应该根据造成的实际损害情况,选择私下和解、保险赔偿或者诉讼程序予以解决。

一、发生仅有财产损失的交通事故应当如何处理?

发生仅有财产损失没有人员受伤的交通事故后,司机应在确保安全的情况下停车、拍照,之后将车辆行驶至安全位置,再向自己的保险公司报告情况,尽量通过快速理赔程序处理事故。如果车辆损失轻微无须通过保险赔偿,也可以直接与对方私下和解。我记得我第一天开车上路时借了一辆车,在等待红绿灯时我一边用手机输入导航地址,一边换到空挡。结果手忙脚乱间,因溜车与前方车辆追尾,造成其后杠出现轻微划痕。我感觉报保险麻烦,于是就赔偿对方几百元和解了。

二、发生有人员受伤的交通事故应当如何处理?

在有人员受伤的交通事故中,肇事司机与被害人均应当报警,肇事方同时还应报告保险公司出险情况,在现场等待交警处理事故,伤者如果行动不便可以为其拨打"120"急救电话,呼叫救护车救援。

如果伤者感觉受伤不重,可以与肇事司机私下和解,不通过报警和报告保险公司解决事故。但仍应当拍照留存司机的驾驶证、行驶证信息,同时对事故现场拍照保存证据。防止发生伤者私下和解后又发现伤情过重，却再也找不到肇事司机承担责任的尴尬情况。

曾经有好几个当事人咨询过我类似的问题：说他被车撞后，当时感觉没多严重就和肇事司机私下和解了，没有报警，也没记住对方车牌号。过了几天，发现自己骨折了，这时已经找不到肇事车辆更联系不到肇事司机。再去报警时，交警也没能调取到事故现场的监控视频，无法证明交通事故的存在及受伤原因，也无法获得交通事故赔偿，最终只能自己扛下所有损失。

三、肇事司机应当送伤者去医院治疗吗？

发生交通事故后，肇事司机可以选择在报警后停留原地等候交警处理事故，也可以送伤者去医院检查和治疗。积极帮助和救治受伤人员是应尽的社会责任，虽然没有法律强制规定，但“人人为我，我为人人”的理念是值得肯定的，应当倡导。

需要注意的是，如果交通事故后伤者受伤较为严重，就不建议由肇事司机送伤者去医院救治。而是应当拨打“120”急救电话，呼叫救护车救治伤者，这样会更为稳妥。一方面，对于受伤严重的伤者来说，不合适的移动和救治方式可能会加重伤情；另一方面，救护车送伤者到医院可以走急救通道，优先进行救治。而肇事司机自己驾车送伤者去医院，如果伤者没有明显的重症危险，则需要通过排队挂号途径就诊，有可能因此错过宝贵的治疗时机。

笔者曾经就办理过一起这样的案件。司机老赵驾驶私家车行驶时与骑电动车横穿道路的老王发生碰撞。老王受撞击后倒地，头部与地面相撞，因未佩戴头盔，头被磕破。虽然头上还在流血，但老王起身后淡定地掏出香烟坐在倒在路边的电动车上抽了起来。老赵感觉老王可能受伤不重，于是没有报警，也没有对事故现场进行拍照，而是自己驾车送老王到附近的医院，帮他排队、挂号、拍片、检查。当时医院患者较多,一个多小时后医生才发现老王的伤情比较严重,紧急安排手术,无奈已经错过了救治时间,最终老王死在了手术台上。因为老赵没有报警也没有留存事故现场照片,交警认定老赵负事故主要责任,老王驾驶电动车未佩戴头盔负事故次要责任。老王因交通事故已经死亡,老赵涉嫌交通肇事罪被追究刑事责任,并被判处有期徒刑1年6个月。老赵被追究了刑事责任后还被取消了社会最低保障待遇。假如老赵不是自己驱车送老王就医,而是呼叫急救车对老王进行救治,专业人士对老王的伤情进行排查后可以通过急救通道直接送到医院安排手术,老王可能会因得到及时救治从而保住生命,老赵也不会被追究刑事责任了。

四、肇事司机应当为伤者垫付医疗费吗?

适当垫付医疗费是肇事司机对发生交通事故的歉意表达,也是社会人情世故的体现。当然,为伤者垫付医疗费行为没有法律强制约束,也无须道德绑架,司机一点医疗费都不为伤者垫付的情况是存在的,如果确实不想垫付可以不予垫付。另外,承保机动车交通事故责任强制保险(以下简称交强险)的保险公司也仅须在交强险医疗项下为伤者垫付最多1.8万元的医疗费。如果对交通事故的真实性存在疑问,怀疑对方是“碰瓷儿”,确实无须垫付医疗费。实际上,我代理的绝大多数交通事故案件中,肇事司机都为伤者垫付了不同程度的医疗费。

五、发生有人员死亡的交通事故应当注意什么?

可能有人员死亡的交通事故发生后一定要在第一时间报警,然后对事故现场进行拍照。报警是处理重大交通事故的必要环节,第一时间报警不仅有助于解决问题,还能对自己起到一定的保护作用。在网络热点事件“货拉拉女生跳车案”中,女孩乘坐货拉拉时,因司机自行改道,并且不给女孩解释,使女孩陷入深深的恐惧中,从而导致了其从行驶的车辆上跳车身亡的结果。货拉拉司机在事情发生后,立即停车报警,这是证明其并非预谋犯罪的有力证据。最终司机因没有犯罪行为被无罪释放,如果司机没有当场报警,本案有可能是另外一个结果。

重大交通事故,责任认定结果不仅影响民事赔偿数额,更会涉及刑事责任。是否报警还可能涉及刑事自首、刑罚减轻等问题。

综上所述,发生仅有财产损失的轻微事故可以直接通过保险公司快速理赔或者私下和解,发生伤人和死亡的交通事故应当先报警,再拨打急救电话救治伤员,积极应对交通事故后的各种问题。

六、遇上"碰瓷儿"事故如何处理?

如果司机感觉伤者可能是"碰瓷儿",也就是主动制造交通事故以获取非法赔偿,这时应该立即报警,要求交警处理案件。正常行驶的车辆应投保交强险,很多还交了商业三者险,伤者的损失大部分由保险公司承担。现在已有很多地方交警部门在处理交通事故时不再强制要求扣押事故车辆,这也改变了司机因为害怕冗长的交通事故处理程序,而不得不与伤者私了以减少损失的无奈境遇。

如果能证明受害人是故意受伤,保险公司可不予赔偿,机动车驾驶人也无须赔偿。(1)欺骗保险公司相对风险更高,难度更大。保险公司的查勘员见识比较丰富,不容易被碰瓷团伙欺骗,碰瓷团伙的主要目标是无法投保交强险的电动三轮车、三轮摩托车、农用四轮车等车辆。利用驾驶人害怕被扣押车辆,或者被认定为肇事逃逸的心理,进行诈骗。(2)碰瓷团伙并不会真的有很严重的伤情,没有人想假戏真做,根据侵权赔偿原则,伤情不重的伤者并不会获得太多的赔偿。

参考案例

曾某富、潘某福等诈骗罪

案号:(2021)粤16刑终182号

基本案情:2020年6月,被告人曾某富、潘某福、李某、陈某彬、陈某清等人,商量一起实施“碰瓷儿”,进而对司机索要钱财。2020年6月29日至7月24日,上述被告人驾驶一辆凯迪拉克轿车,利用事先准备的白色塑料管与被害人的车辆剐擦,安排自己的人受伤,制造交通事故的假象。被告人曾某富、潘某福按事先的安排,驾车追上被害人的车辆,告知被害人的车撞人了,叫其返回事发地,被告人李某、陈某彬以受伤为由要被害人将其送医院检查。途中,被告人陈某清冒充公安交警通过李某的电话与被害人通话,要求被害人赔偿8000元了结此事,被害人通过被告人提供的微信二维码支付了8000元。被告人从广东省广州市沿G105国道往江西、湖南、四川等地在不到一个月的时间内连续实施“碰瓷儿”诈骗11起,诈骗金额55,100元。

一审法院审理后判决:(1)被告人潘某福犯诈骗罪,判处有期徒刑2年9个月,并处罚金5000元。(2)被告人李某犯诈骗罪,判处有期徒刑2年9个月,并处罚金5000元。(3)被告人陈某清犯诈骗罪,判处有期徒刑2年9个月,并处罚金5000元。(4)被告人曾某富犯诈骗罪,判处有期徒刑2年6个月,并处罚金5000元。(5)责令被告人潘某福、李某、陈某清、曾某富共同退赔被害人经济损失。(6)随案移送的手机8部,依法予以没收。红色凯迪拉克轿车、白色比亚迪轿车各一部,由扣押机关发还给权属人。被告人不服上诉后,二审法院维持原判。

点评：诈骗团伙利用被害人怕麻烦，不想被扣押车辆，不熟悉法律，害怕被拘留等心理，伪造交通事故并与被害人私了，属于诈骗。想避免被骗只要坚持报警，由交警划分交通事故责任，并要求保险公司承担赔偿责任即可。

相关规定

《道路交通安全法》

第七十条 在道路上发生交通事故，车辆驾驶人应当立即停车，保护现场；造成人身伤亡的，车辆驾驶人应当立即抢救受伤人员，并迅速报告执勤的交通警察或者公安机关交通管理部门。因抢救受伤人员变动现场的，应当标明位置。乘车人、过往车辆驾驶人、过往行人应当予以协助。

在道路上发生交通事故，未造成人身伤亡，当事人对事实及成因无争议的，可以即行撤离现场，恢复交通，自行协商处理损害赔偿事宜；不即行撤离现场的，应当迅速报告执勤的交通警察或者公安机关交通管理部门。

在道路上发生交通事故，仅造成轻微财产损失，并且基本事实清楚的，当事人应当先撤离现场再进行协商处理。

2. 交通事故损失如何计算？

律师答疑

因交通事故受伤后能获得多少赔偿款是发生交通事故后所有

伤者都要面对的问题。综合来说交通事故赔偿金额大概由六个方面来决定,分别是受伤情况、事故责任、保险情况、车辆损失、工伤赔偿、刑事责任。前三个方面是每个交通事故案件都需要考虑的,后三个方面只限于特定案件。

一、受伤情况

我国对人身损害的赔偿遵循“填平原则”(又称补偿性原则),即交通事故赔偿数额刚好可以弥补受害人的损失,不存在惩罚性赔偿制度,不允许任何人因为侵权行为获利。与人身损害赔偿数额关系最大的是受害人的受伤程度,虽然伤情严重的人获得的赔偿不一定多,但是受伤轻微的人获赔数额一定不多。人身损害赔偿项目中争议较大的问题集中在医疗费、残疾赔偿金、误工费、护理费这几个项目中。

1. 医疗费的争议焦点有:医疗关联性、医疗合理性、医疗费报销等问题,如交通事故与受害人自身伤情的关系,受害人是否存在过度治疗,医保外用药应当由谁赔偿等。

2. 残疾赔偿金争议焦点有:伤者的伤情能否评定伤残,能评定几级伤残,伤残鉴定程序如何,伤残赔偿标准是什么,赔偿年限如何计算,被扶养人生活费如何计算等。

3. 误工费和护理费争议焦点有:误工期、护理期、营养期如何确定,受伤人员和护理人员的工资标准如何计算,被害人提交的相关证据是否能被认定等。

4. 人身损害赔偿项目中还有许多数额不大的损失,如住院伙食补助费、营养费、交通费等,实际诉讼中也可能产生大大小小许多争议。

二、事故责任

发生交通事故后,当事人认为最重要的问题是交通事故责任的划分,其实这是个误区。比如,有的当事人对是主次责任还是同等责任争论好长时间,但这两种责任划分对实际赔偿数额的影响可能并不大。特别是伤者受伤轻微,如是擦伤、挫伤、皮外伤时,所有的损害都在保险公司的交强险赔偿范围内,这时交通事故无论是全部责任、主要责任、同等责任还是次要责任,赔偿数额都是一样的。在重大的、有人员死亡的交通事故中,事故责任认定结果非常重要,影响到的不仅是赔偿数额,还会涉及承担刑事责任的问题。

三、保险情况

事故车辆的保险情况并不影响交通事故损失的计算,但对受害人能否实际获得赔偿则至关重要。关于交强险,要考虑交强险能否使用和交强险赔偿限额等问题;关于商业险,要考虑商业三者险的保额是否足够,是否有商业险免赔情况,是否还投保了机动车损失险和机动车车上人员责任险(又称车上人员险、座位险)等问题。如果车辆没有保险或者保险公司拒赔,还要考虑通过司法程序获得的判决数额能否实际履行。如果伤者本人购买了人寿险,还需要考虑人寿险如何理赔以及能否兼得赔偿等问题。

四、车辆损失

多数交通事故案件中关于车辆损失的争议并不大。特别是在商业险参保率逐年提高的情况下,仅有车辆损失的交通事故绝大多数都可以通过保险公司理赔解决。车辆损失争议问题主要有车辆去哪儿维修、维修费是否合理、停运损失如何计算、贬值损失是否赔偿等。

五、工伤赔偿

有些交通事故中的伤者还涉及工伤认定问题,如上下班期间发生交通事故或出差途中发生交通事故。此类案件中还会存在工伤能否认定,交通事故赔偿与工伤赔偿之间的竞合问题。能否理解和掌握不同赔偿程序和赔偿项目,运用正确的程序处理案件,对伤者最终获得赔偿数额的多少有非常大的影响。

六、刑事责任

发生交通事故后如果有人员死亡,肇事司机会涉嫌交通肇事罪,可能被追究刑事责任。在刑事程序中,肇事司机是否能获得被害人谅解是案件审理的重点。律师应该处理好保险赔偿、刑事和解赔偿和其他主体赔偿的关系,最大限度为当事人争取权益或者减少损失。

作为一名从事交通事故赔偿领域的法律工作者,应该综合分析案件焦点问题,选择适用不同程序,最大限度维护当事人利益。

3. 交通事故责任如何划分?

律师答疑

交通事故责任由交警部门根据发生交通事故各方的过错程度划分。

一、机动车与机动车之间发生交通事故如何划分事故责任?

机动车之间发生交通事故的,由有过错的一方承担赔偿责任;双方都有过错的,按照各自过错的比例分担责任。因而,发生追尾事故时,如果前车存在违法行为,如超载、违停等,也属于存在过错,应当承担事故责任。所以,即便是发生追尾的交通事故,也并非一定由后车承担全部责任。

二、机动车与行人或非机动车之间发生交通事故如何划分事故责任？

机动车与行人或非机动车之间发生交通事故，非机动车驾驶人、行人没有过错的，应认定机动车负事故全部责任，如果行人或者非机动车存在违法行为，可以减轻机动车一方的责任。在划分事故责任时，交警部门对行人或非机动车有一定的照顾，这也是保护弱势群体的一种体现。但有一点需要明确，交通事故只能“车撞人”，不能“人撞车”。行人主动与静止的车辆发生碰撞，无论行人是故意还是过失，均不能认定为交通事故。

三、非机动车之间或非机动车与行人之间发生交通事故是否属于交通事故？

非机动车之间或非机动车与行人之间发生碰撞也属于交通事故，交警应当根据各方的过错程度划分事故责任，出具事故责任认定书。非机动车之间以及非机动车与行人之间发生交通事故，如果提起诉讼仍然应当选择“机动车交通事故责任纠纷”的案由。有的地方创设了“非机动车交通事故责任纠纷”案由，也有地方法院起诉时可以不写明具体案由，应当依据具体地方法院要求选择具体案由提起诉讼。

那么，行人与行人之间在道路上发生碰撞是否属于交通事故呢？当然不属于。

四、交通事故责任认定多长时间能够做出？

交警部门认定交通事故有两种程序，简易程序和普通程序。简易程序处理交通事故应在当场或者 3 日内出具事故认定书，普通程序处理交通事故应在事故发生后根据案件具体情况在法定期限内出具事故认定书。

(一)简易程序的适用及做出时间

对仅造成人员轻微伤、无较大财产损失且事实清楚的交通事故,可以适用简易程序,由一名交警负责处理。交警适用简易程序处理交通事故,可以当场出具交通事故认定书。如果不具备当场制作条件,交警应当在3日内制作交通事故认定书。

(二)普通程序的适用及做出时间

有人员伤亡、较大财产损失、需要勘查现场的交通事故,一般须由公安机关交通管理部门勘查现场,并自勘查现场之日起10日内制作交通事故认定书。依据普通程序划分交通事故责任,还应当询问当事人和证人,制作谈话笔录。对需要进行检验、鉴定的,应当在检验、鉴定结果确定之日起5日内制作交通事故认定书。整个时间一般在一个月至一个半月,逃逸案件除外。因为要查找逃逸犯罪嫌疑人,所以需要的时间会更长。

按照普通程序处理交通事故,通常需要鉴定的内容包括:

(1)酒精含量检验:检验驾驶人体内血液酒精含量。根据国家市场监督管理总局等发布的《车辆驾驶人员血液、呼气酒精含量阈值与检验》的规定,饮酒驾驶指车辆驾驶人员血液中的酒精含量大于或者等于20mg/100ml,小于80mg/100ml的驾驶行为。醉酒驾车是指车辆驾驶人员血液中的酒精含量大于或者等于80mg/100ml的驾驶行为。

(2)车辆速度鉴定:根据现场监控视频闪动的帧数以及车辆行驶距离,计算车辆速度。根据《道路交通安全法实施条例》的规定,机动车在道路上行驶不得超过限速标志、标线标明的速度。①在高速公路上行驶,小型载客汽车最高车速不得超过每小时120公里,其他机动车不得超过每小时100公里,摩托车不得超过每小时80公里，最低车速不得低于每小时60公里。道路限速标志标明的车速与上述车道行驶车速的规定不一致的，按照道路限速标志标明的车速行驶。②在没有限速标志、标线的道路上，机动车不得超过下列最高行驶速度：没有道路中心线的道路，城市道路为每小时30公里，公路为每小时40公里；同方向只有1条机动车道的道路，城市道路为每小时50公里，公路为每小时70公里。③机动车行驶中遇有下列情形之一的，最高行驶速度不得超过每小时30公里：进出非机动车道，通过铁路道口、急弯路、窄路、窄桥时；掉头、转弯、下陡坡时；遇雾、雨、雪、沙尘、冰雹，能见度在50米以内时；在冰雪、泥泞的道路上行驶时；牵引发生故障的机动车时。

（3）车辆安全性能检验：具体包括外观、制动系统、转向系统、传动系统、照明、轮胎等方面的内容，其中每一个部分的情况都必须正常，一旦有一方面存在不正常的情况，在行驶过程中都容易出现交通事故。

（4）尸体检验：包括交通事故致死尸体表面伤痕的例行检验，通过检验确认案件性质，证明死者体表伤痕是交通事故所致，查明死亡原因，分析死者伤痕成伤机制等。

对上述鉴定结论不服可以申请重新鉴定，但是重新鉴定很难改变原鉴定结论。争议较大的主要是酒精含量鉴定和车辆速度鉴定。酒精含量与采样、送检时间有关。如果事故发生后没有及时对驾驶人进行血液采样，而是拖延一段时间后（如第二天）再采集血样送检，检验结果将会迥异。车辆速度目前多是根据视频帧数与在帧数震动期间事故车辆行进的距离来计算，但是车辆发生交通事故前可能存在加速或者减速的过程，选取不同的位移位置可能会对最终鉴定结论有所影响。曾经有个当事人的母亲因为交通事故死亡，交警委托鉴定机构对事故车辆进行速度鉴定，鉴定结论为发生事故时事故车辆车速未超过路段限速的10%。该当事人对车辆速度鉴定结论不服，认为监控视频中选取的车辆速度测量位置并非实际的碰撞位置，两个位置之间距离约有100米，事故车辆事发时刚刚通过红绿灯，有一个加速的过程，因而事故车辆实际碰撞时的车速应该更高。交警安排其他鉴定机构重新进行车辆速度鉴定，鉴定结论与原鉴定结论一致，而且选取的车辆速度测量点也与原鉴定结论中选取的一样。

（三）疑难、复杂交通事故认定时间不定

疑难、复杂交通事故认定时间没有具体限制，但对办案交警有要求，不能无限制地延长事故责任的认定时间。

参考案例

徐某与李某、中国人寿财产保险股份有限公司鸡西中心支公司机动车交通事故责任纠纷案

案号：(2019)黑0381民初949号

基本案情：2018年12月22日21时许，徐某在高速路被撞伤，伤情极重。徐某回忆称，事故发生前其未搭乘任何交通工具，对具体怎么被撞的一无所知。发生事故地点离徐某家约20公里，现场也没有视频监控摄像。交警部门接到报警后通过高速路通行视频监控排查，认为司机李某有作案嫌疑，交警大队中队长给李某打电话，询问李某在事故发生的当天晚上经过事故发生地点处时有没有什么异样，李某电话里称事故当天晚上行至事故发生地点时压过去了一个类似“麻袋包”的物体。交警后续又多次询问李某，甚至对李某使

用了测谎设备，也没有得出准确信息。2019 年 3 月 7 日，交警做出道路交通事故认定书，认定李某负本起事故的主要责任，徐某在本起事故中负次要责任。2019 年 3 月 8 日，交警向徐某和李某送达交通事故认定书，二人在规定期限内均未提出复核申请或者到人民法院提起诉讼。

徐某将李某和保险公司诉至法院，要求赔偿各项损失，庭审中李某对事故责任认定不认可，但未能提供证据。

法院审理后认为，李某驾驶车辆发生交通事故，造成徐某受伤，事实清楚，证据确凿，有交通事故认定书和李某的自认为证。徐某和李某对交通事故认定书的责任认定有异议，但均未提出复核申请或者到人民法院提起诉讼，该交通事故认定书可以作为确认双方责任的证据。徐某要求李某承担全责，李某认为自身无责，本起事故的成因系徐某身患精神疾病在夜晚坐卧于行车道路上，其危险行为与李某驾驶车辆疏于瞭望、操作不当共同作用引发本起交通事故，结合交警部门做出的李某负主要责任，徐某负次要责任的责任认定，法院认为李某承担60%的赔偿责任较为合理。

点评：法院判决保险公司优先承担赔偿责任，不足部分由李某承担。李某最终赔偿约 6 万元。交警部门因无客观证据，在事故发生 3 个月后做出了交通事故责任认定。法院最终参照交通事故认定书进行审理，但在确定赔偿责任比例时运用了一定自由裁量权。

相关规定

《道路交通事故处理程序规定》

第六十六条 交通肇事逃逸案件尚未侦破，受害一方当事人要求出具道路交通事故认定书的，公安机关交通管理部门应当在接到当事人书面申请后十日内,根据本规定第六十一条确定各方当事人责任,制作道路交通事故认定书,并送达受害方当事人……

交通肇事逃逸案件侦破后,已经按照前款规定制作道路交通事故认定书的,应当按照本规定第六十一条重新确定责任,制作道路交通事故认定书,分别送达当事人。重新制作的道路交通事故认定书除应当载明本规定第六十四条规定的内容外,还应当注明撤销原道路交通事故认定书。

《道路交通安全法》

第七十六条　机动车发生交通事故造成人身伤亡、财产损失的,由保险公司在机动车第三者责任强制保险责任限额范围内予以赔偿;不足的部分,按照下列规定承担赔偿责任:(一)机动车之间发生交通事故的,由有过错的一方承担赔偿责任;双方都有过错的,按照各自过错的比例分担责任。(二)机动车与非机动车驾驶人、行人之间发生交通事故,非机动车驾驶人、行人没有过错的,由机动车一方承担赔偿责任;有证据证明非机动车驾驶人、行人有过错的,根据过错程度适当减轻机动车一方的赔偿责任;机动车一方没有过错的,承担不超过百分之十的赔偿责任。

交通事故的损失是由非机动车驾驶人、行人故意碰撞机动车造成的,机动车一方不承担赔偿责任。

4. 交通事故赔偿比例如何确定?

律师答疑

根据交警部门做出的事故认定书和有关交通事故责任比例的地方性法规确定。

交警部门制作的事故责任认定书中从来只划分事故责任,不确认责任比例。一般来说,在双方交通事故中,全部责任与无责任分别承担100%和0的事故责任比例;主要责任与次要责任分别承担70%和30%的事故责任比例;双方同等责任各承担50%的事故责任比例。

但事故责任比例并非完全按照3∶7和5∶5确认,有时还会受到其他因素影响。

一、车辆性质的影响

机动车与非机动车车辆的性质会影响交通事故责任比例的确定,有的省份颁布的地方性法规中规定机动车与行人或者机动车与非机动车发生交通事故,事故责任比例向行人和非机动车"优惠"10%甚至更多。例如,机动车承担主要责任,行人或非机动车承担次要责任,机动车一方应承担80%的事故责任比例,行人或非机动车一方承担20%的事故责任比例;如果双方同等责任,机动车一方承担60%的事故责任比例,行人或非机动车一方承担40%的事故责任比例;如果机动车承担次要责任,行人或非机动车承担主要责任,机动车一方应承担40%的事故责任比例,行人或非机动车一方承担60%的事故责任比例。有的省份虽然没有明确的地方规范，但是法院在审理中会对行人和非机动车有一定让步，如上海市。当然，并不是每个地方法院都会在机动车与行人或者机动车与非机动车发生交通事故时向行人或者非机动车“优惠”责任比例，比如，北京市发生的交通事故就仍然按照主次责任 7∶3，同等责任 5∶5 的责任比例划分。

二、法官行使自由裁量权

法院在审理交通事故案件中可以根据事故责任划分和具体案件情况，适当调整事故责任比例，调整幅度一般在 5%—10%。绝大多数案件，法官并不会主动改变责任比例，特别是如果地方性法规中对责任比例的调整有明确规定，法官鲜少在具体案件中再运用自由裁量权调整事故责任比例。

三、三方交通事故中的事故责任

在三方交通事故中，责任比例划分会更加多元。这里的三方交通事故是指三方均发生碰撞或与交通事故存在因果关系。双方交通事故中一方车辆上的乘车人数量再多，也不能按照三方交通事故划分事故责任，仍然是双方交通事故。如果三方交通事故中一个交通事故方无事故责任，那么另外两方发生交通事故仍然会遵循双方交通事故的责任划分比例。在三方均存在过错的交通事故中，可能三方均负同等责任，不过比较少见。多数三方交通事故均为一方承担事故主要责任，另外两方承担事故次要责任。因为这种情况下的责任比例没有明确的法律依据，所以法官在审理案件时可以有更多的自由裁量空间，可以在 7∶1.5∶1.5 或 6∶2∶2，甚至 4∶3∶3 之间进行选择。两个次责方也并非必须承担相等的事故责任比例，7∶2∶1 的责任比例也是有可能发生的。如果在法院庭审中事故各方对事故责任比例能够达成一致意见，法院也会遵循各方协商意见进行判决。

参考案例

何某与李某、太平洋保险公司机动车交通事故责任纠纷案

案号:(2024)云29民终273号

基本案情:2022年11月6日,何某驾驶无号牌二轮电动自行车,在祥弥线处下莲路口左转驶入时,与李某驾驶的云LY号小型客车相撞,造成两车受损,何某受伤,经交警认定李某负事故主要责任,何某负事故次要责任。

一审法院认为,根据《民法典》第1213条的规定,机动车发生交通事故造成损害,属于该机动车一方责任的,先由承保机动车强制保险的保险人在强制保险责任限额范围内予以赔偿;不足部分,由承保机动车商业保险的保险人按照保险合同的约定予以赔偿;仍然不足或者没有投保机动车商业保险的,由侵权人赔偿。根据事故责任比例划分,太平洋保险公司应在商业三者险责任限额内赔偿原告何某25,289.48元(36,127.83元×70%),何某自行承担剩余的30%,即10,838.35元(36,127.83元×30%)。

何某不服,提出上诉,请求依法改判,由保险公司承担80%的赔偿比例。上诉理由:交通事故认定书认定何某驾驶的电动自行车为非机动车辆,被上诉人对该认定无异议,一审法院在判决中认定何某驾驶的交通工具为电动自行车,但一审判决却按照70%的比例要求机动车一方承担主要责任,未执行80%的法律规定,属于法律适用错误,一审判决有误。本案中,事故发生时上诉人何某的交通工具为轻便助力二轮电动自行车,由于该车型电动助力非常有限,时

速未能超过20公里/小时，交警依职权在交通事故认定书“事故成因”部分中确认何某驾驶的交通工具为“非机动车”，并依法认定何某承担次要责任，驾驶员李某承担主要责任。在本案一审中，被上诉人未对何某驾驶“非机动车”的事实提出异议。被上诉人李某应当承担80%的赔偿责任。一审判决中对超出交强险赔偿范围部分的赔偿责任按照70%的比例认定主要责任的承担比例，属于法律适用错误，一审判决有误。

二审法院认为，根据《云南省道路交通安全条例》第63条“机动车与非机动车驾驶人、行人之间发生交通事故造成人身伤亡、财产损失超过强制保险责任限额的部分，机动车一方负有交通事故责任的，由其按照下列规定承担赔偿责任：（一）负全部责任的，承担100%；（二）负主要责任的，承担80%；……”之规定，本次事故中何某驾驶的是非机动车，结合本次交通事故系由李某承担主要责任，何某承担次要责任的事实，本案应由李某承担80%的赔偿责任，剩余20%的责任由何某自行承担。上诉理由成立，二审予以改判。

点评：很多省份都颁布了类似的地方性法规，规定机动车与行人或非机动车发生交通事故时，事故责任比例应当向行人和非机动车倾斜10%，有的省份甚至规定倾斜比例可以达到20%，所在地法院应当遵照实施。

相关规定

《重庆市道路交通安全条例》

第六十七条　机动车与非机动车驾驶人、行人之间发生交通事故，由保险公司在机动车第三者责任强制保险责任限额范围内予以赔偿；不足的部分，机动车一方按照下列规定承担赔偿责任:(一)机动车一方没有过错的,机动车一方承担不超过百分之十的赔偿责任;(二)非机动车驾驶人、行人的过错在交通事故中起主要作用的,机动车一方承担百分之四十至百分之五十的赔偿责任;(三)非机动车驾驶人、行人与机动车一方的过错在交通事故中作用相当的,机动车一方承担百分之六十至百分之七十的赔偿责任;(四)非机动车驾驶人、行人的过错在交通事故中起次要作用的,机动车一方承担百分之八十至百分之九十的赔偿责任;(五)非机动车驾驶人、行人无过错的,机动车一方承担百分之百的赔偿责任。

5. 交通事故责任无法确定时怎么办?

律师答疑

通过民事诉讼程序由法院根据案件具体情况划分事故责任。

公安机关交通管理部门应当根据当事人的行为对发生道路交通事故所起的作用以及过错的严重程度,确定当事人的责任。如果交警到达时事故现场已经破坏,事故双方陈述也不一致,且无法调取事故发生时的录像,交警无法根据现有证据还原整个案发情况,交警可能会出具“事故责任无法认定”的交通事故责任说明书,仅对事故发生予以确认,而不具体划分责任。

当事人收到责任说明书后,可以向上级交警部门申请复核,要求重新出具事故认定书;也可以直接向法院提起诉讼,请求法院判决侵权人承担赔偿责任。对于责任无法确定时的责任比例分配问题，有的省份专门出台了具体的法规，明确规定在无法确认行人或非机动车存在过错的情况下，应推定机动车全责。从全国来看，在审理过程中如法官无法查清事实，无法依据交通事故责任认定书确认双方责任，一般会按照同等责任计算赔偿数额。

参考案例

王某、张某等机动车交通事故责任纠纷案

案号：(2023)苏05民终14780号

基本案情：2022年9月9日19时45分左右，盛某驾驶皖S重型仓栅式货车沿苏州工业园区金堰路由北向南行至金堰路东旺路口向南附近路段处时，与同向行驶王某某驾驶的悬挂苏E信息牌的电动两轮车发生碰撞，致王某某跌地受伤。王某某经送苏州独墅湖医院抢救无效于次日死亡。交警部门出具事故证明，确认上述事实，调查后认为当事人盛某驾驶具有安全隐患的机动车上路行驶至事发路段处时，疏于观察道路内车辆行驶动态，遇情况又未能及时采取有效措施，其行为违反了《道路交通安全法》第21条“驾驶人驾驶机动车上道路行驶前，应当对机动车的安全技术性能进行认真检查；不得驾驶安全设施不全或者机件不符合技术标准等具有安全隐患的机动车”及第22条第1款“机动车驾驶人应当遵守道路交通安全法律、法规的规定，按照操作规范安全驾驶、文明驾驶”的规定。当事人王某某未取得摩托车驾驶资格、未佩戴安全头盔驾驶摩托车上道路行驶，其行为违反了《道路交通安全法》第19条第1款“驾驶机动车，应当依法取得机动车驾驶证”、第51条“机动车行驶时，驾驶人、乘坐人员应当按规定使用安全带，摩托车驾驶人及乘坐人员

应当按规定戴安全头盔”的规定。鉴于本起交通事故中一方当事人王某某因事故死亡，交警队对于本起交通事故中两车同向行驶至事发路段处且临近时由于哪一方驾驶车辆偏驶导致事故形成无法查实，且又无其他相关证据证明，无法查证该起交通事故的全部事实，判定该起交通事故的成因。故交警队未对本次交通事故划分事故责任。

2022年12月8日，原告王某、张某（王某某父母）与被告盛某在交警部门主持下达成道路交通事故损害赔偿调解，确认本起交通事故导致的人身损害赔偿由王某某家属通过诉讼程序向保险公司主张赔偿，盛某予以配合，盛某一次性慰问补助王某某家属15万元，本协议为一次性终结处理协议，今后双方无任何纠葛。

一审中原告王某、张某提交照片两组，一组为案涉苏E车辆照片，主张受害人王某某驾驶的并非机动车而是电动车，该车系王某某于2021年5月9日以2200元购买，购买时该车是作为电动自行车在出售；另一组为事故现场照片，主张事故发生在非机动车道内，受害人王某某受伤地点在非机动车道内，被告应当负事故全部责任。该组证据真实性、合法性一审法院均予以确认，关联性将综合全案予以认定。

一审法院认定原告损失医疗费9357.97元、丧葬费62,087.5元（124,175元/12个月×6个月）、死亡赔偿金1,203,560元（60,178元×20年）、精神损害抚慰金50,000元、交通费及误工费2000元。以上损失合计1,327,005.47元。

一审法院认为，保险公司应在交强险医疗费用赔偿限额内赔付9357.97元、死亡伤残赔偿限额内赔付180,000元，合计189,357.97元。交警部门认定盛某驾驶具有安全隐患的机动车上路行驶至事发路段处时，疏于观察道路内车辆行驶动态，遇情况又未能及时采取有效措施；王某某未取得摩托车驾驶资格、未佩戴安全头盔驾驶摩托车上道路行驶，双方均存在过错，但未能查明全部事实，出具事故证明。诉讼中，双方均未有证据证实哪一方驾驶机动车辆偏驶导致碰撞。一审法院认定被告盛某应当对原告损失承担50%赔偿责任，即568,823.75元，因皖S投保第三者责任险，故该金额应由保险公司予以赔付。综上，被告保险公司在保险范围内合计应支付原告758,181.72元。

王某、张某的上诉请求：(1)请求撤销原判，依法改判；(2)一审、二审诉讼费由被上诉人承担。事实和理由：(1)本案中死者王某某不应当承担责任，应当由盛某承担全部责任。根据现场照片和录像，事故发生在非机动车道内，盛某驾驶的货车偏向非机动车导致事故的发生，应承担全部责任。(2)王某某是否未佩戴安全头盔，与事故发生和损害结果没有关联性。一审法院认为死者王某某未取得摩托车驾驶资格驾驶摩托车上道路行驶，存在过错。但本案中，王某某为会阴部撕裂伤导致的失血死亡，其死亡与未佩戴安全头盔，没有关联性。(3)王某某驾驶的电动车牌系苏E非机动车牌，在正常人的认知里，该车辆属于电动自行车，其行驶在非机动车道属于正常行为。

二审法院认为，首先，涉案事故发生后，交警部门出具的交通事故证明显示，当事人王某某存在未取得摩托车驾驶资格、未佩戴安全头盔驾驶摩托车上道路行驶的违法行为。因此，王某某在涉案事故中存在的过错行为分别是未取得摩托车驾驶资格、未佩戴安全头盔。同时，交警部门认定王某某驾驶车辆在交通事故中的违法行为引用的是机动车交通违法行为法律条款，故王某某驾驶车辆的属性应视为机动车。其次，交警部门对于本起交通事故中两车同向行驶至事发路段处且临近时由于哪一方驾驶车辆偏驶导致事故形成无法查实，且又无其他相关证据证明，无法判定该起交通事故的成因，故未能做出事故责任认定。考虑涉案事故发生在机动车之间，在交警部门对事故责任无法确定的情形下，一审法院推定由机动车双方各承担50%的责任在合理裁量范围，本院应予维持。

二审判决如下：驳回上诉，维持原判。

点评：交警部门认为事故责任无法认定时，法院一般按照双方同等责任计算赔偿。

相关规定

《道路交通安全法》

第七十三条 公安机关交通管理部门应当根据交通事故现场勘验、检查、调查情况和有关的检验、鉴定结论，及时制作交通事故认定书，作为处理交通事故的证据。交通事故认定书应当载明交通事故的基本事实、成因和当事人的责任，并送达当事人。

《北京市高级人民法院民事审判第一庭道路交通事故损害赔偿法律问题研讨会会议纪要》

第三条第八项 在机动车之间发生交通事故而公安机关交通管理部门不定责的情况下，法院如何处理的问题。与会人员一致认为：交通管理部门对交通事故未认定责任的，各方当事人均应就对方当事人存在过错承担举证责任。双方当事人均不能证明对方当事人有过错的，可以推定事故各方对事故的发生均有过错，并酌情确定各方的过错责任大小。

6. 机动车性质如何确定？

律师答疑

交警部门依据普通程序处理交通事故，应当对事故车辆的车辆性质进行鉴定。鉴定机构根据《电动自行车安全技术规范》（GB 17761—2018）标准确认电动车的车辆性质，符合电动自行车技术标准，即由电驱动且具有脚踏骑行能力的，最高车速不超过25km/h，整车质量不超过55kg的电动车系非机动车；超出电动自行车技术标准的电动自行车将会被认定为摩托车，也就是机动车。

一、电动自行车的鉴定标准是什么？

《电动自行车安全技术规范》（GB 17761—2018）第4.1条规定："电动自行车应当符合下列要求：

a）具有脚踏骑行能力；

b）具有电驱动或/和电助动功能；

c）电驱动行驶时，最高设计车速不超过25km/h；电助动行驶时，车速超过25km/h，电动机不得提供动力输出；

d）装配完整的电动自行车的整车质量应当小于或等于55kg；

e）蓄电池标称电压小于或等于48V；

f）电动机额定连续输出功率小于或等于400W。"

按照上述鉴定标准我们可以将电动自行车简略定义为：由电驱动且具有脚踏骑行能力的，最高设计车速不超过25km/h，整车质量不超过55kg的非机动车。

为什么要对电动车速度和重量进行限制？电动车被戏称为“肉包铁”，就是说一旦发生交通事故就要用肉身去抗伤害，非常容易受伤。特别是有些外卖骑手可能为了抢单节省时间，骑行电动车速度过快且经常不遵守交通规则，极易引发交通事故。

(1)电动自行车最高车速为什么不能过高？

现行标准规定电动自行车最高车速不得超过25km/h，主要是考虑如果车速过快，将直接增加交通事故的发生概率，一旦遇到紧急情况，骑行人做出相应避险动作的时间很短，刹车距离也会相应变长，很容易与其他交通工具或行人发生碰撞。有时甚至还会出现侧滑摔倒等失控现象，造成人身伤害事故。因此，将电动自行车行驶速度控制在合理范围内，是确保安全的重要前提。

(2)电动自行车的尺寸和重量为什么必须加以限制？

现行标准规定电动自行车前、后轮中心距小于或等于1.25m，车体宽度小于或等于0.45m，整车重量(含电池)小于或等于55kg。主要是考虑近些年，部分“超标车”车体越来越长、越来越宽，重量越来越重，外观和性能都逐渐摩托化，严重挤占了非机动车道的空间，这类超标车极易与其他非机动车以及行人发生碰撞。同时，如果电动自行车整车重量过重，碰撞时冲击力较大，极易给对方造成严重的伤害。因此，为确保交通安全，必须对电动自行车长度、宽度以及整车重量加以限制。

二、为什么国家允许超标电动车生产和销售？

经常有当事人在自己的电动自行车被鉴定为机动车时非常不解，为什么超标电动自行车可以生产和销售却不能适用呢？这个问题的答案是多方面的。我国是全球电动自行车生产和销售第一大国，经过多年的发展，电动自行车逐渐成为消费者日常短途出行的重要交通工具，全国保有量已超4亿辆。近年来，不少电动自行车产品逐渐变得越来越大、越来越重、越来越快，部分指标超出了原标准的规定，被群众称为“超标车”。这些产品性能上逐步接近电动轻便摩托车，但安全性能较差，交通安全隐患大，造成了大量的人员伤亡事故。鉴于此，工业和信息化部、公安部、市场监督管理局等部门从经济社会发展大局出发，立足于引领我国电动自行车行业高质量发展，以“三确保一坚持”为根本原则，即确保消费者的生命财产安全，确保所有道路交通参与方的共同利益最大化，确保广大消费者基本的出行需求，坚持电动自行车的非机动车属性，指导标准修订工作。

电动自行车在我国使用广泛，部分消费者从使用方便角度考虑，希望电动自行车速度越快越好、体积越大越好、载重量越高越好、动力性能越强劲越好。但是电动自行车作为道路交通工具，需要兼顾出行效率、出行安全和道路的通行秩序。由于电动自行车属于非机动车，主要行驶在非机动车道上，而目前我国不少地区非机动车道宽度有限、人车混行，如果电动自行车的速度、体积、重量和动力性能等大大超出自行车等其他非机动车，会大量占用非机动车道的空间，或者影响非机动车道的正常通行秩序，或者对汽车等机动车的正常通行造成干扰。因此，现行标准的修订工作始终本着确保所有道路交通参与方的共同利益最大化的原则，审慎研究和确定每一项关键技术指标。

有句话叫作“劣币驱逐良币”，当市场上同时存在速度快、动力强、载重高的超标电动车和速度、动力都一般的合规电动车时，普通消费者选择后的结果就是合规电动车销量远远低于超标电动车。市场需求决定市场导向，电动车生产和销售厂家为了应对竞争，多数都采取了对电动车标准的变通适用，在电动车出厂设置中增加调节速度功能，可以由消费者自行取消限速25km/h的电助力限制。还有的电动车厂家对电动车通行标准置之不理，仍然继续生产超速、超重、三轮或是带有驾驶室的电动车。因为《电动自行车安全技术规范》仅是电动自行车通行的技术要求，而非生产的技术标准，即使生产和销售不符合《电动自行车安全技术规范》的电动车，只要消费者不上路行驶就不属于违法行为，如可以在工厂里、院子里使用。至于消费者购买超标电动车后如何使用就不属于厂家和销售公司的责任范围了。超标电动车大量存在，目前路上行驶的电动车除了共享电动车，其他大部分都是超标电动车。这也造成了超标电动车可以生产和销售，但上路行驶会被交警查处的奇怪现象，而且超标电动车一旦发生交通事故不仅要承担交通事故责任，自己也极易受伤。

三、驾驶超标电动车存在哪些法律风险？

（一）会被行政处罚

驾驶超标电动车时被交警查获会被处以警告或者20元以上200元以下罚款，不配合交警执法的可能面临拘留的行政处罚。

（二）发生交通事故时要承担更多的事故责任

驾驶超标电动车一旦发生交通事故，由于其部分关键技术指标超出了电动自行车标准的规定，且动力性能明显高于其他非机动车，经过车辆性质鉴定后会被判定为机动车，从而使驾驶人在事故责任认定以及后续赔偿等方面承担更多的责任。超标电动车经过车辆性质鉴定后被定性为摩托车，因为摩托车上路需要号牌且驾驶人要有D类或E类驾驶证，即便拥有机动车驾驶资格的驾驶人拥有A类、B类、C类驾驶证，如果没有专门考取摩托车驾驶证也属于准驾不符。而驾驶电动车比较简单，驾驶人很少去考取专门的摩托车驾驶资格证。驾驶超标电动车上路发生事故时，交警部门将按照机动车标准认定事故责任,认定驾驶人存在无证驾驶、非法上路、未佩戴安全头盔等违法行为,对电动车驾驶人非常不利。

(三)可能要承担交强险保险责任

关于超标电动车是否应当和未投保交强险的机动车一样,承担交强险范围内的赔偿责任存在一定争议。有的案件中,法官认为超标电动车既然被鉴定为机动车,就应与正常机动车一样,投保交强险。未能投保交强险,就应当根据司法解释的规定,由车辆驾驶人在交强险范围内优先承担赔偿责任。有的案件中,法官则认为,超标电动车未能投保交强险的原因并非车主不予投保,而是保险公司并不会允许电动车投保交强险。因而,不能强加给车主无法履行的法律义务,超标电动车与他人发生交通事故,只需要根据事故责任赔偿即可,无须在交强险范围内优先承担赔偿责任。

四、交警是否有权不做车辆性质鉴定?

交警依据普通程序处理交通事故,应当进行车辆性质鉴定。对电动车的车辆性质进行鉴定,大部分电动车都可能会因超过电动车标准被认定为轻便摩托车,这会极大地影响责任的划分。那么交警部门在划分事故责任时是否有权不对电动车进行车辆性质鉴定呢?

实践中确实存在。一方面,《道路交通安全法》规定交警依据普通程序划分交通事故责任应当对车辆性质、速度、制动能力等进行鉴定,但依据简易程序处理交通事故时确实无须对车辆性质进行鉴定,这时电动车会被默认为非机动车。另一方面,有时交警依据普通程序划分交通事故责任,也存在未给电动车进行车辆性质鉴定的情况,只是比较少见。

电动车发生交通事故后被鉴定为机动车的案件很多,我们会在后文中一同辅以参考案例讲解相关问题。

7. 对交通事故认定书不服怎么办?

律师答疑

对交警部门做出的交通事故认定书不服可以向上一级交警部门申请复核,还可以在民事诉讼程序中请求法院改变事故责任认定。

对交通事故认定书不能申请行政复议,也不能提起行政诉讼,只能向上级交警部门申请复核。因为交通事故认定书只是证据的一种,并非具体行政行为,所以不能对交通事故认定书申请行政复议或者提起行政诉讼。申请交通事故复核需要在收到交通事故认定书3日内提出(有的地区可延长至10日内),法定期限内遇到节假日可以顺延到节假日后的第一日。当事人是否在交通事故认定书上签字不影响认定书的效力。如果当事人不签字,交警可以在认定书上记载当事人拒绝签字,也产生送达效力。

交通事故复核的结果有两种,一是维持原交通事故认定书,二是撤销原交通事故认定书,要求原办案机关重新做出责任认定。原交通事故认定书被撤销后,办案机关一般会改变原认定结果。但如交警队又做出了同样的责任认定,当事人也不能再次申请复核,交通事故复核以一次为限。

这时只能是伤者在向法院提起诉讼要求对方赔偿自己的损失时一并要求法院对事故责任进行审理,改变事故责任认定。法院在审理中,可以向交警队调取事故发生时的视频录像及笔录,法院认为确有证据证明事故责任结果不公正的,也可以改变责任认定和赔偿比例。但是,实践中通过诉讼改变事故责任的情况非常少见,多数情况还是依据交通事故认定书中确认的责任判决。

在笔者的从业生涯中遇见过两次法院改变交通事故责任的情况。其中一次是机动车和电动三轮车发生交通事故,交警认定机动车负次要责任,电动三轮车负主要责任。交通事故认定过程中,交警没对三轮车进行车辆性质鉴定。在诉讼阶段,机动车驾驶人提出对电动三轮车进行车辆鉴定,对方说电动三轮车已经卖了,无法提供原物。但法院仍然委托鉴定机构,依据电动三轮车照片进行鉴定,并认为电动三轮车带有驾驶室,不属于非机动车,应认定为机动车。接着法官改变了事故责任,认定三轮车负事故全部责任,最终只判决保险公司在交强险无责范围内赔偿伤者损失,伤者其余诉讼请求未被支持。二审法院也没改判。

参考案例

中国人民财产保险股份有限公司大连市分公司与张某某、耿某某、于某某机动车交通事故责任纠纷案

案号:(2024)辽02民终1442号

基本案情:中国人民财产保险股份有限公司大连市分公司(以下简称人保公司)上诉请求:(1)依法改判上诉人承担19,800元;(2)上诉费由被上诉人承担(以上不服数额为82,341.32元)。事实与理由:本案经庄河市交通警察大队以及大连市交通警察大队做出事故认定书,均认定了本案于某某承担全部责任,张某某无责。故上诉人仅应当在交强险无责赔偿限额内承担19,800元的赔偿,一审法院判决上诉人在交强险有责赔偿限额内承担责任系认定事实错

误。张某某驾驶的机动车并没有与耿某某发生碰撞和接触，并且交警队认定张某某无责，是有根据的。二审法院发回重审时，明确指明各当事人在本次事故中承担责任的依据应当予以说明，但一审法院对此置之不理，错误划分本案赔偿责任，故应当予以纠正。综上，本案上诉人仅应当承担交强险无责的赔偿数额，超过的部分不应当由上诉人承担，恳请二审法院予以改判。

一审法院认定事实：2021 年 8 月 23 日 10 时许，原告耿某某未依法取得机动车驾驶证就驾驶无号牌四轮电动车，在沿庄茧线由东向西行驶至庄河市蓉花山镇笑哈哈超市门口路段时，受停在道路上被告张某某驾驶的辽 BY 号轿车的影响，其在向左打方向变更车道时，被同向后方于某某未依法取得机动车驾驶证驾驶的无号牌电动四轮车剐撞，导致原告耿某某倒地受伤，车辆损坏。肇事后，被告于某某驾车离开现场。当日，原告入庄河市中医医院、庄河市中心医院住院，共计花费 56,505.09 元。

庄河市公安局交通管理大队对本起事故形成原因做如下分析：(1) 于某某未依法取得机动车驾驶证，驾驶未依法登记的机动车，是造成此起事故的一个原因及过错；(2) 耿某某未依法取得机动车驾驶证，驾驶未依法登记的机动车，变更车道时影响其他车辆通行，是造成此起事故的一个原因及过错；(3) 张某某驾驶的机动车停在机动车道内，影响其他车辆正常通行，是造成此起事故的一个原因及过错。庄河市公安局交通管理大队出具道路交通事故认定书，认定于某某负此起事故的全部责任，耿某某、张某某无责任。

一审法院审理后认为，交通事故认定书是公安机关处理交通事故，做出行政决定所依据的主要证据，虽然可以在民事诉讼中作为证据使用，但由于交通事故认定与民事诉讼中关于侵权行为认定的法律依据、归责原则有所区别,同时,交通事故责任也不等同于民事法律赔偿责任,故交通事故认定书不能作为民事侵权损害赔偿责任分配的唯一依据。行为人在侵权行为中的过错程度,应当结合案情,全面分析全部证据,根据民事诉讼的归责原则进行综合认定。本案中,耿某某、于某某均未依法取得机动车驾驶证,驾驶未依法登记的机动车,张某某驾驶的机动车停在机动车道内,影响其他车辆正常通行,各方行为均系造成此起事故的原因及过错。依据《民法典》第 1165 条第 1 款“行为人因过错侵害他人民事权益造成损害的,应当承担侵权责任”的规定,本案各方均应承担一定比例责任,从本案交通事故的损害行为、损害后果、行为与后果之间的因果关系及主观过错程度等方面综合考虑,确定被告于某某承担 60% 的赔偿责任,被告张某某承担 20% 的赔偿责任,原告耿某某承担 20% 的责任。

一审法院判决人保公司在交强险及商业险范围内赔偿原告耿某某经济损失 102, 141. 32 元;被告于某某赔偿原告耿某某经济损失 34, 155. 05 元。

二审法院审理后认为,《道路交通安全法实施条例》第 92 条规定:“发生交通事故后当事人逃逸的,逃逸的当事人承担全部责任。但是,有证据证明对方当事人也有过错的,可以减轻责任。当事人故意破坏、伪造现场、毁灭证据的,承担全部责任。”依据该条规定可知,庄河市公安局交通管理大队认定被上诉人于某某负此起事故全部责任的原因系被上诉人于某某存在肇事后逃逸的情形,但该情形并不能当然否定原审被告张某某的过错行为,更不足以免除其赔偿责任。故上诉人人保公司的上诉主张,于法无据,二审法院不予采纳,判决驳回上诉,维持原判。

点评：本次交通事故系三方事故，三方均有过错，均应当承担事故责任，但因一方逃逸，故交警部门认定逃逸方负事故全部责任。但法院审理后认为逃逸不应该减轻其他事故方的过错，民事赔偿应该按照各方过错程度划分责任比例。该案经过两次一审和两次二审，虽然未改变交通事故责任认定，但改变了民事赔偿比例。法院审理时考虑了伤者已经评定伤残，受伤较重，赔偿款会影响事后生活等方面因素。

相关规定

《最高人民法院关于审理道路交通事故损害赔偿案件适用法律若干问题的解释》

第二十四条 公安机关交通管理部门制作的交通事故认定书，人民法院应依法审查并确认其相应的证明力，但有相反证据推翻的除外。

8. 交通事故和解后可以反悔吗？

律师答疑

如果赔偿数额显失公平，受害人可以起诉撤销和解协议或者在民事诉讼中一并请求人民法院撤销和解协议。

发生交通事故后可以通过自行和解、保险理赔、民事诉讼等方式处理后续赔偿问题。肇事司机与受害人可以自行签订和解协议，也可以在交警主持下和解，或者其他社会调解组织主持下和解。肇事司机与受害人的和解协议属于民事合同的范畴,受《民法典》保护,一般来说不能撤销,但如果存在重大误解、显失公平等情况,可以申请法院撤销和解协议,或者在交通事故民事诉讼中一并请求法院撤销和解协议。交通事故受害人与保险公司签订的理赔协议也属于民事合同范畴,一般来说不能撤销。

参考案例

亚太财产保险有限公司淄博中心支公司、侯某某等机动车交通事故责任纠纷案

案号:(2023)鲁03民终1463号

基本案情:亚太财产保险有限公司淄博中心支公司(以下简称保险公司)上诉请求:(1)请求撤销山东省淄博市张店区人民法院(2023)鲁0303民初2160号民事判决书,发回重审或依法改判;(2)上诉费用由被上诉人承担。事实与理由:一审法院认定上诉人与被上诉人达成的和解协议显失公平,系认定事实及适用法律错误。涉案事故发生后,上诉人与被上诉人签署《道路交通事故损害赔偿调解协议书》约定的赔偿金额系上诉人对本次事故造成被上诉人全部损害的一次性、终结性的赔偿。该协议是上诉人与被上诉人在自愿、平等基础上签订的,并没有显失公平,该协议有效。被上诉人侯某某在未撤销协议的前提下无权再要求上诉人支付赔偿款。

一审法院认定事实:(1)交通事故责任划分,事故认定书认定孟某某(机动车方)承担事故同等责任,原告侯某某(非机动车方)承担事故同等责任。(2)投保情况,肇事车辆在被告保险公司处投保交强险及商业三者险(200万元),事故发生在保险期内。(3)原告就

医情况，原告因事故受伤在北大医疗淄博医院住院治疗33日，诊断锁骨骨折、肋骨骨折、肺挫伤、创伤性湿肺等。(4)鉴定情况，鉴定机构于2023年1月5日出具鉴定意见，侯某某属十级伤残，护理期限50日、误工期限110日、营养期80日。(5)其他情况，2022年8月17日，原告与案外人孟某在就案涉事故签订《道路交通事故损害赔偿调解协议书》一份，约定“甲乙方同意在协议正式生效后30日内由保险公司一次性赔偿甲方侯某某共计42,538元”“本协议约定赔偿金额系乙方对本次事故造成甲方全部损害的一次性、终结性的赔偿，……”等。原告侯某某已经获得上述42,538元赔偿。

一审法院认为，首先，该协议为原告与案外人孟某在签订，被告保险公司、孟某某并非协议签订方。其次，原告作为非医学专业人士，无法对事故造成的伤情进行合理判断，在签订协议时对其伤情是否构成伤残这一专业性较强的问题认知程度有限，且无法预见。在此情况下，原告签订了由保险公司提供的格式合同。但后期原告伤情发生变化，申请伤残鉴定，并经鉴定构成十级伤残，现被告保险公司依据案涉协议主张已经一次性赔付完毕，显失公平。最后，案涉鉴定报告作为新证据，原告伤情已经构成伤残，且需要根据伤残情况相应给予护理期、误工期、营养期，属于伤情加重且需要增加相应赔偿项目的情形。综上，依据《民法典》第151条的规定，案涉协议应予撤销，为减轻当事人诉累，在本次案件中一并予以处理。一审判决被告保险公司于判决生效后10日内赔偿原告侯某某各项损失共计114,241.27元(已经扣除已经赔偿的42,538元)。

二审法院审理后认为，双方当事人达成涉案《道路交通事故损害赔偿调解协议书》时，侯某某尚未进行伤残鉴定，其未能预见自身的伤势严重程度及治疗恢复时间，致使其在签订调解协议时存有重大误解。因调解协议确定的赔偿内容与侯某某实际发生的损失明显差距很大,若该一次性赔偿协议成立,对侯某某明显有失公平。另外,从涉案《道路交通事故损害赔偿调解协议书》内容看,赔偿款项包括所有赔偿项目和金额,该条款是以不合理的方式减轻、免除了一方的责任,有违公平。一审法院认定案涉协议应予撤销,并无不当。

二审判决驳回上诉,维持原判。

点评:关于和解协议撤销权是否能在交通事故侵权责任诉讼中一并审理的问题,不同的法官有不同的理解。案例中法院认为,为了避免诉累,可以合并审理撤销权争议。但也有的法官认为,已经签订的合同在没有撤销之前都是合法有效的,必须先诉讼撤销合同,再根据前次诉讼结果继续审理交通事故赔偿诉讼。如果在交通事故赔偿诉讼中法官持这种观点,一定不要和法官展开论证,试图说服对方。更为妥善的做法是,申请中止审理,然后另行起诉撤销和解协议,取得生效判决后,再恢复审理。

相关规定

《民法典》

第一百五十一条　一方利用对方处于危困状态、缺乏判断能力等情形,致使民事法律行为成立时显失公平的,受损害方有权请求人民法院或者仲裁机构予以撤销。

第二篇

保险理赔之交强险

引　　言

本篇对交通事故保险理赔中的交强险进行详细论述，共 10 个问题，方便读者深入了解交强险相关知识。

9. 什么是交强险？

10. 交强险的责任限额是多少？

11. 交强险的无责限额是多少？

12. 交强险的强制性体现在哪？

13. 交强险能否免予赔偿？

14. 乘车人上下车时发生事故受伤，交强险是否赔偿？

15. 投保人、驾驶人在车外被自己的机动车撞伤，交强险是否赔偿？

16. 工程车停驶状态下作业发生事故，交强险是否赔偿？

17. 多台车辆发生交通事故，交强险如何赔偿？

18. 车辆造成多名受害人受伤时，交强险如何赔偿？

9. 什么是交强险？

律师答疑

交强险全名为机动车交通事故责任强制保险。

国家强制要求机动车所有人购买交强险，是考虑发生轻微的交通事故可以快速理赔，发生严重的造成他人受伤的交通事故可以保障伤者能够接受治疗，也能给机动车驾驶人减轻赔付资金的压力，对社会的和谐与稳定很有益处。

一、交强险的特征

交强险有以下特征：

(1)交强险承担赔偿义务的主体是保险公司；(2)保险的对象，是被保险的机动车，也叫保险标的；(3)赔偿内容是本车人员、被保险人以外的受害人的人身伤亡、财产损失；(4)保险公司在责任限额内予以赔偿；(5)这个保险具有强制性，机动车的所有人或管理人必须购买。

二、交强险的保险合同原则

(一)交强险保险合同属于射幸合同

射幸合同是指合同当事人一方支付的代价所获得的只是一个机会。对投保人而言，他有可能获得远远大于所支付的保险费的利益，也可能没有利益可获；对保险人而言，他所赔付的保险金可能远远大于其所收取的保险费，也可能只收取保险费而不承担支付保险金的责任。保险合同的射幸性质是由保险事故的发生具有偶然性的特点决定的,即保险合同约定的给付保险金的条件发生与否,均不确定。

交强险这个保险险种,也具有明显的射幸性质。交强险的保险期间为一年,一年内车辆未出现交通事故的,保险公司无须赔偿。而一旦发生交通事故,需要交强险赔偿时,赔偿的金额往往远大于购买交强险的保险费。

(二)交强险保险合同是一种格式合同

交强险保险合同是格式合同,交强险的投保人不能自己决定保险费、保险责任和保险期限中的任何一项,也不能提出任何附加要求,仅能在不同保险公司之间进行选择,不投保交强险会受到处罚。交强险的赔偿责任仅有一种原因可以免除,即被害人故意发生交通事故,其他所有情况均不能免除交强险的赔偿责任。交强险投保时保险公司无须履行免责条款的告知义务,因为肇事司机存在任何违法行为都不能免除交强险的赔偿责任。但被害人故意与机动车碰撞严格来说不属于交通事故,保险公司自然也不予赔偿。交通事故民事诉讼庭审中不审理关于交强险是否应履行告知义务的争议,相反在商业险中免责条款往往会成为案件争议焦点。

(三)交强险是一种财产保险

财产保险业务,包括财产损失保险、责任保险、信用保险、保证保险等保险业务。交强险是一种车辆保险,也是责任保险。交强险保障的并不是如同机动车损失险一般的物质损失,而是附着在被保险车辆上的责任。被保险车辆造成人身伤害或者财产损失后,由保险人代替实际侵权人在交强险责任限额内优先赔偿。

(四)交强险保险合同是最大诚信合同

最大诚信合同要求保险合同当事人在订立合同时及在合同的

有效期内,应依法向对方提供可能影响对方缔结合同以及缔约条件的重要事实,同时严格信守合同中的各项承诺。

《机动车交通事故责任强制保险条例》第 11 条规定,投保人投保交强险时,应当向保险公司如实告知重要事项。重要事项包括机动车的种类、厂牌型号、识别代码、牌照号码、使用性质和机动车所有人或者管理人的姓名(名称)、性别、年龄、住所、身份证或者驾驶证号码(组织机构代码)、续保前该机动车发生事故的情况等事项。

三、谁可以投保交强险?

交强险是一种财产保险,财产保险与人寿保险不同,并不强制要求投保人与被保险人有法定的亲属关系。交强险的投保人是指与保险人订立交强险合同并按照合同负有支付保险费义务的机动车所有人、管理人。这里的所有人、管理人,既可以是自然人也可以是法人或者非法人组织。同一个自然人或者公司可以为多辆机动车投保交强险,比如,销售汽车的 4S 店就可以统一为新车投保交强险,但每辆机动车在同一时间只能投保一个交强险。

四、交强险的保险标的是什么?

交强险的保险标的是被保险的机动车。交强险保的是车,而不是人。具体来说,保障的是该车辆驾驶人发生交通事故后对第三人承担的赔偿责任。无论何人驾驶被保险的机动车发生交通事故,造成人身损害或者财产损失,保险公司均应当赔偿,即使车辆驾驶人驾驶车辆并未获得车辆所有人或管理人的许可。相反,车辆所有人为自己的机动车投保交强险后,驾驶他人未投保交强险的机动车,发生事故后,因事故车辆未投保交强险,保险公司也不负责赔偿。

五、交强险的赔偿对象是谁?

交强险的赔偿对象是被保险机动车外的第三人。保险合同是由投保人和保险人签订的合同，投保人就是花钱购买保险的人，保险人指销售保险的保险公司。投保人和保险人是保险合同主体，保险合同之外的人叫第三人或者第三者。交强险是第三者责任保险，也就是由保险人代替被保险人对第三人赔偿的保险。这份保险，一方面可以减轻驾驶人的民事赔偿责任，另一方面也使受害人的损失获得赔偿。

六、为什么交强险不能赔偿车内受伤的人？

很多人都有这个疑问，为什么交强险不能赔偿司机或乘车人的人身损害呢？

我们可能也听过这样的言论，“买保险的时候说得好好的，一出事就啥也不赔了”或者“保险公司只有两个不赔，这也不赔，那也不赔”。这种言论是错误的，交强险不赔偿车内伤者是因为从交强险的保障范围上看，已经排除了“本车人员”的使用，投保时就已经告知。

车内人员的人身损失属于其他保险险种的保障范围，也就是机动车车上人员责任险，也可以称为座位险。这是一种自愿投保的商业保险，与交强险不同。发生交通事故时，车内人员的安全性明显高于车外人，因而，国家强制规定了发生交通事故后必须对车外人给予保险赔偿。而车内人受伤的概率和受伤程度明显小于车外人，故车辆所有人或管理人可以自行选择是否投保商业保险。另外，车内人的人身安全也受汽车本身的安全性能影响，这也是衡量汽车性能和价值的重要标准。

相关规定

《机动车交通事故责任强制保险条例》

第三条　本条例所称机动车交通事故责任强制保险，是指由保险公司对被保险机动车发生道路交通事故造成本车人员、被保险人以外的受害人的人身伤亡、财产损失，在责任限额内予以赔偿的强制性责任保险。

10. 交强险的责任限额是多少？

律师答疑

交强险医疗责任限额为1.8万元，死亡伤残责任限额为18万元，财产损失责任限额为2000元，三项责任限额共计为20万元。

很多人都不清楚交强险究竟能赔多少钱，甚至有些律师也不清楚。有的修车师傅一直认为交强险就只有2000元，有的骨科医院的医生和护士会说交强险有1.8万元，还有的人说交强险有11万元或者18万元。其实这些答案都不全面。

交强险由三个部分组成，分别是交强险医疗责任、交强险死亡伤残责任、交强险财产损失责任，三个责任都有各自的赔偿限额，合计的总额是交强险责任限额。

一、交强险中三个责任都赔偿哪些项目？

交强险医疗责任：包含医疗费、住院伙食补助费、营养费、后续治疗费、整容费等费用。简单来说就是治疗和恢复相关的费用。

交强险死亡伤残责任：包含误工费、护理费、残疾赔偿金、精神损害抚慰金(也称精神损失费)、丧葬费、交通费、住宿费等费用。简单说就是因交通事故受伤导致的损失，如耽误工作，请人照顾，交通住宿等。因交通事故产生的额外损失往往比实际的治疗费用多，所以交强险死亡伤残责任赔偿额度也更高，是交强险医疗责任的10倍。需要注意的是，交强险死亡伤残责任项目，并非要交通事故被害人死亡或者构成伤残才能获得赔偿。实际上，误工费、护理费、残疾赔偿金、精神损失费都属于交强险死亡伤残项责任。如果觉得具体赔偿项目不太好记，可以理解为，除了交强险医疗责任和交强险财产损失责任，其他人身损失项目都属于交强险死亡伤残责任，这样更方便记忆。

交强险财产损失责任赔偿的绝大多数是两车相撞造成的对方车辆损失。在存在人身伤害的案件中，伤者的物品如手机、手表、首饰、衣服、电动车等损失，也可以适用财产损失限额。

二、交强险责任限额的数额有过哪些变化?

交强险责任限额也并非一成不变的，在2020年9月19日有过调整，才变成目前的责任限额数额。2020年9月19日之前发生交通事故，交强险最多能赔12.2万元;2020年9月19日0时之后发生交通事故，交强险最多能赔20万元，而且每个赔偿项目都不能超过各自责任限额。

三、交强险责任限额内如何赔偿?

交强险的责任限额不仅决定了可以由保险公司赔偿的最高额，而且规定在机动车一方有责任的情况下，在限额内都按照全责计算。机动车有责任，即指无论是全部责任、主要责任、同等责任、次要责任，都按照全部责任计算，由保险公司赔偿，超出限额的损失再按照事故责任划分赔偿比例。用一个专业名词定义这种情况，叫作“推定全责”。

四、交强险赔偿后再次发生交通事故，赔偿限额会减少吗？

不会减少。

保险人对每次事故都在交强险责任限额内负责赔偿。交强险并不会因为发生过交通事故且保险公司已出险赔偿就免除或减轻再次发生交通事故时保险公司的赔偿责任。在投保交强险后的一年保险期间内，无论发生多少次交通事故，造成人身或者财产损失，保险公司均应当在每次交通事故发生后，在责任限额内赔偿第三者的损失。责任限额在每次交通事故赔偿后重置，在保险期间内，再次发生交通事故仍然享有同样的交强险保额。

情景实例

情景一：老赵驾驶机动车将横穿马路的行人老张撞伤，交警部门认定老赵负事故主要责任，老张负次要责任。老张经医院诊断双侧肋骨骨折六根，后被鉴定机构评定为十级伤残。假设老张医疗费花费 3 万元，残疾赔偿金 10 万元，老赵驾驶的车辆在平安保险公司投保了交强险。若不计算其他赔偿项目，老张能获得多少赔偿？

答：老张花费的医疗费 3 万元中 1.8 万元在交强险医疗责任限额内，由保险公司赔偿；剩余 1.2 万元医疗费，按照 70% 责任比例（不考虑交通事故赔偿责任比例浮动）由老赵承担，即 0.84 万元。残疾赔偿金 10 万元均在交强险死亡伤残责任限额内应由保险公司赔偿。因而，老张的损失，由平安保险公司在交强险范围内赔偿

11.8 万元,再由老赵赔偿老张医疗费8400 元,老张自己承担3600 元医疗费。

当然现实中交通事故赔偿费的计算会更加复杂,但是交强险赔偿原理不变,在交强险责任限额内不按照事故责任,而是都按照全部责任来计算损失。

情景二:老赵驾驶机动车行驶在二环主路,在转弯后突然发现前方有行人老王,因车速过快直接将老王撞倒。事故发生后,老赵第一时间报警,并为老王呼叫了救护车,在救护车行驶途中,老王因呼吸衰竭死亡,救护车费 1000 元由老王家属支付。经交警部门认定,老王闯入封闭性主路,负事故主要责任,老赵未注意安全形势,未注意瞭望,负事故次要责任。假设老王的死亡赔偿金为 100 万元,老赵驾驶的车辆在平安保险公司投保了交强险,不计算其他损失,该如何赔偿?

答:老王的损失为死亡赔偿金 100 万元,救护车费 1000 元。救护车费属于医疗费,可以计算在医疗费项下。因而平安保险公司在医疗责任限额内赔偿 1000 元,在死亡伤残责任限额内赔偿 18 万元。剩余 82 万元的死亡赔偿金,按照 30% 责任由老赵赔偿,即 24.6 万元。最后,平安保险公司赔偿老王家属 18.1 万元,老赵赔偿老王家属 24.6 万元。

交强险责任限额内推定全责是有利于伤者的重要制度,目前多数省份中,伤者构成十级伤残或者未构成伤残时,伤者的误工费、护理费、残疾赔偿金都能获得全额赔偿。交强险的责任限额是交强险问题的基础,也是精髓所在。作为经常代理交通事故案件的法律工作者,一定要牢记交强险责任限额内不按照事故责任赔偿而是按照全部责任赔偿。

情景三:老赵驾驶车辆正常行驶与逆向行驶的老王发生交通事故,造成老王当场死亡,交警认定老赵负事故次要责任,老王负主要责任。老赵为车辆投保了交强险未投保商业险,事故发生在保险期间内。交警未扣押老赵车辆。老王家属通过保险理赔获得交强险赔偿共计20万元,后续赔偿尚未处理。

几天后,老赵又与驾驶电动车的小焦发生交通事故,导致小焦受伤,两车受损。交警认定,老赵承担次要责任,小焦承担主要责任。小焦产生医疗费3000元,电动车维修费2000元。小焦损失应由谁承担?

答:应由保险公司在交强险责任范围内赔偿。因为交强险的责任限额在每次交通事故中均为20万元,前一次发生交通事故赔偿与否,赔偿数额多少,均不影响后续再次发生交通事故时的交强险责任限额。因为小焦的医疗费和电动车维修费均没有超出交强险医疗责任限额和交强险财产损失责任限额,故小焦的损失5000元全部由保险公司赔偿。

相关规定

《中国银保监会关于调整交强险责任限额和费率浮动系数的公告》

一、新交强险责任限额方案

在中华人民共和国境内(不含港、澳、台地区),被保险人在使用被保险机动车过程中发生交通事故,致使受害人遭受人身伤亡或者财产损失,依法应当由被保险人承担的损害赔偿责任,每次事故责任限额为:死亡伤残赔偿限额18万元,医疗费用赔偿限额1.8万元,财产损失赔偿限额0.2万元。被保险人无责任时,死亡伤残赔偿限额1.8万元,医疗费用赔偿限额1800元,财产损失赔偿限额100元。

……

三、新方案实行时间

上述责任限额和费率浮动系数从2020年9月19日零时起实行。截至2020年9月19日零时保险期间尚未结束的交强险保单项下的机动车在2020年9月19日零时后发生道路交通事故的,按照新的责任限额执行;在2020年9月19日零时前发生道路交通事故的,仍按原责任限额执行。

《机动车交通事故责任强制保险条款》

第八条第一款 在中华人民共和国境内(不含港、澳、台地区),被保险人在使用被保险机动车过程中发生交通事故,致使受害人遭受人身伤亡或者财产损失,依法应当由被保险人承担的损害赔偿责任,保险人按照交强险合同的约定对每次事故在下列赔偿限额内负责赔偿:(一)死亡伤残赔偿限额为180000元;(二)医疗费用赔偿限额为18000元;(三)财产损失赔偿限额为2000元……

《北京市高级人民法院民事审判第一庭道路交通事故损害赔偿法律问题研讨会会议纪要》

第三条第三项 关于致害机动车一方和受害人均对事故负有责任时,交强险的赔偿是否应考虑机动车一方的责任比例问题。

与会人员一致认为:交强险旨在就交通事故提供社会性保障,原则上不考虑当事人的过错(在事故系由受害人一方故意造成等情形下除外)，故在致害机动车一方和受害人均对事故的发生存在过错时，交强险的赔偿不应考虑机动车一方的责任比例。

11. 交强险的无责限额是多少?

律师答疑

交强险医疗费无责限额为1800元，交强险死亡伤残无责限额为18,000元，交强险财产损失无责限额为100元。该100元数额过小，一般由全责车辆交强险保险公司代为赔偿。

交强险限额存在有责限额和无责限额的区别。交强险责任限额指的是有责限额，就是机动车一方承担全部责任、主要责任、同等责任和次要责任时，在交强险内都按照全责计算损失，由保险公司赔偿。如果交通事故中机动车一方没有事故责任，交强险也会体现救济作用，在无责限额内赔偿对方。

情景实例

有一天小李开车掉头，不小心撞到了前面的曹操专车，还好不严重，被追尾的曹操专车后杠掉了些漆。不过司机师傅不同意私了，说他们公司规定，发生交通事故，不管是否严重都得走保险。于是双方停车、拍照、各自报保险。小李给自己车的保险公司勘察员的微信发送事故现场照片。他说:"兄弟你全责吧，没说的了，可以挪车了。"然后小李和曹操专车师傅互相拍了行驶证、驾驶证、保险单，曹操专车师傅就自己去找保险公司理赔了。他回维修店修车，说倒车雷达受损，报价850元，让小李把维修费先垫上。小李垫上了，虽然小李觉得可能有问题，不过在交强险财产损失的赔偿范围内，所以小李也没多说什么。后期小李的保险公司给了小李950元，850元是因为小李负事故全部责任，需赔偿对方车辆维修费（最多不超过2000元）。另外100元，是对方车辆保险公司赔付给小李车的财产损失，因为100元数额过小，单独理赔还要提供手续，所以一般由全责方的保险公司代替无责方的保险公司，赔偿给全责方的责任人。

交强险无责赔偿还经常出现在三方交通事故中，无责车辆的交强险也应当在无责限额内赔偿其余两方人身或者财产损失。

相关规定

《机动车交通事故责任强制保险条款》

第八条第一款第四项 （四）被保险人无责任时，无责任死亡伤残赔偿限额为18000元；无责任医疗费用赔偿限额为1800元；无责任财产损失赔偿限额为100元。

12. 交强险的强制性体现在哪？

律师答疑

投保交强险的强制性是双向的，投保义务人不投保交强险，具有承保资格的保险公司不承保交强险，都会受到处罚。

机动车所有人、管理人未投保交强险或者交强险过期后未及时续保的，应承担相应不利后果。一是未投保交强险的机动车，一旦被交警查处后会对机动车所有人、管理人做出行政处罚；二是未投保交强险的机动车没有上路权，上路行驶本身便是一种过错行为，发生交通事故后会加重驾驶人责任；三是未投保交强险，原本应由保险公司在交强险限额内承担的责任，将由车辆所有人、管理人和直接侵权人承担连带赔偿责任。

交强险的强制性不仅体现在对未投保的机动车所有人、管理人进行处罚，还体现在保险公司不能拒绝投保人为机动车投保交强险。有的保险公司会拒绝承保某类机动车的商业第三者责任险，如多次出险的重型自载货车。但是对于投保交强险的请求保险公司是绝对不能拒绝的。

所以有车的朋友千万要注意交强险的保险期限，不要过期。交强险可以在保险期满前一个月续保。

情景实例

情景一：某天早高峰时间，小焦开着爱车行驶在拥挤的车道上去上班，这时出租车司机老赵从外道并线，想插在小焦的前面。小焦拒绝老赵的加塞行为，这使老赵非常生气，所以老赵非要并线到小焦前面，两人别车别了一路。最终，小焦将老赵别停在了应急车道上，并且当场报警，称有人恶意别车，影响他人行车安全。小焦向出警的交警出示了行车记录仪，证明老赵存在恶意别车行为。交警查看行车记录仪后，认为老赵确实属于恶意别车，因没有造成交通事故，属于情节轻微，对老赵处以200元罚款，并扣除驾驶执照3分的行政处罚。交警又查看了小焦的交强险车贴，询问后发现小焦投保的交强险已经过期。于是对小焦处以罚款2000元，扣留车辆，在投保交强险后发还车辆的行政处罚。

情景二：老张骑电动车与小赵发生交通事故，后经交警部门委托鉴定该电动车为机动车。小赵驾驶未投保交强险的机动车，小赵的父亲老赵是该机动车的所有人。交警认定老张负事故全部责任，小赵无责任。老张申请复核后，交警部门撤销了原事故责任认定，重新认定老张负事故主要责任，小赵负事故次要责任。老张在交通事故后住院治疗花费医疗费8万元，并且经过伤残评定构成十级伤残。假设老张残疾赔偿金、误工费、护理费共计12万元。老张向法院提起诉讼，(1)请求法院判令小赵赔偿老张的各项人身损失；(2)请求法院判令小赵在交强险限额内按照全部责任计算赔偿；(3)请求法院判令驾驶人小赵与机动车所有人老赵承担连带责任。小赵应当赔偿老张多少钱？老赵是否应当与小赵承担连带责任？

答：老张的损失共计20万元，其中在交强险责任限额内的损失为13.8万元（医疗责任1.8万元，死亡伤残责任12万元），交强险责任限额之外的损失6.2万元。因小赵未投保交强险，故交强险责任限额内的损失应由其承担，交强险责任限额外的损失根据事故责任由其承担30%，即6.2万元×30%＝1.86万元。

小赵应当赔偿老张15.66万元，即13.8万元＋1.86万元＝15.66万元。

小赵驾驶的机动车所有人为老赵，老赵负有投保交强险的义务，故老赵应当承担相应的责任。但老赵与小赵之间承担按份责任还是连带赔偿责任没有明确的法律规定，司法实践中也不统一。故老赵应当承担老张一部分损失的赔偿责任，或者与小赵一同承担连带赔偿责任。

相关规定

《最高人民法院关于适用〈中华人民共和国民法典〉侵权责任编的解释(一)》

第二十一条　未依法投保强制保险的机动车发生交通事故造成损害,投保义务人和交通事故责任人不是同一人,被侵权人合并请求投保义务人和交通事故责任人承担侵权责任的,交通事故责任人承担侵权人应承担的全部责任;投保义务人在机动车强制保险责任限额范围内与交通事故责任人共同承担责任,但责任主体实际支付的赔偿费用总和不应超出被侵权人应受偿的损失数额。

投保义务人先行支付赔偿费用后,就超出机动车强制保险责任限额范围部分向交通事故责任人追偿的,人民法院应予支持。

《机动车交通事故责任强制保险条例》

第二条　在中华人民共和国境内道路上行驶的机动车的所有人或者管理人,应当依照《中华人民共和国道路交通安全法》的规定投保机动车交通事故责任强制保险。

机动车交通事故责任强制保险的投保、赔偿和监督管理,适用本条例。

《最高人民法院关于审理道路交通事故损害赔偿案件适用法律若干问题的解释》

第十六条　未依法投保交强险的机动车发生交通事故造成损害,当事人请求投保义务人在交强险责任限额范围内予以赔偿的,人民法院应予支持。

投保义务人和侵权人不是同一人,当事人请求投保义务人和侵权人在交强险责任限额范围内承担相应责任的，人民法院应予支持。

第十七条 具有从事交强险业务资格的保险公司违法拒绝承保、拖延承保或者违法解除交强险合同，投保义务人在向第三人承担赔偿责任后，请求该保险公司在交强险责任限额范围内承担相应赔偿责任的，人民法院应予支持。

《道路交通安全法》

第九十八条第一款 机动车所有人、管理人未按照国家规定投保机动车第三者责任强制保险的，由公安机关交通管理部门扣留车辆至依照规定投保后，并处依照规定投保最低责任限额应缴纳的保险费的二倍罚款。

13. 交强险能否免予赔偿？

律师答疑

除非受害人故意发生交通事故，否则交强险不能免于承担赔偿义务。如果驾驶人存在醉酒驾车、无证驾驶、非法驾驶、故意发生交通事故等违法行为，交强险可以免除财产损失的赔偿义务，但仍应承担人身损害赔偿义务。保险公司可以在赔偿第三人损失后向侵权人追偿。

根据法律规定，以下五种情况保险公司应当先赔偿受害人的人身损害再向侵权人追偿。（1）驾驶人未取得驾驶资格或者未取得相应驾驶资格的，包括没有驾驶证，或者准驾不符，如持C类驾驶证驾驶人驾驶货车或者大客车;(2)醉酒驾车,是指经过检查,驾驶人血液内酒精浓度超过80mg/100ml的驾驶行为;(3)服用国家管制的精神药品、麻醉药品后驾车,即吸食或注射毒品后驾车;(4)机动车被盗抢期间肇事,即非经车辆所有人、管理人允许驾驶车辆肇事;(5)驾驶人故意制造交通事故。

特别需要注意的是,如果侵权人与受害人就人身损害赔偿部分达成和解,那么侵权人无权要求保险公司赔偿。反而是保险公司赔偿受害人后,可以向侵权人追偿。因为交强险设定的主要目的就是使在交通事故中受到人身损害的人获得救济,即使某些情况下保险免赔,也应当先行向受害人垫付赔偿金,再由保险公司向侵权人行使追偿权。保险公司拥有更好的人才储备和途径来实现追偿权,即使追偿款无法实现,保险公司也有抗风险的能力。因而,交强险实行违法行为垫付追偿原则是有利于受害人的。当然,这种垫付仅限于人身损害,对于驾驶人存在违法行为造成的财产损失,保险公司并不会在交强险财产损失限额内进行垫付。

交通事故都是由意外引起的,发生事故时各方的主观状态均应当是过失。如果肇事司机故意制造交通事故,那么机动车应当被认定为司机故意伤害他人的作案工具,造成受害人轻伤以上伤害的,肇事司机构成故意伤害罪;如果受害人故意被机动车撞伤,属于碰瓷或者自伤,应当自己承担损失,不能主张侵权赔偿;如果肇事司机和受害人均为故意,那么属于相互串通诈骗保险公司,数额达到立案标准的,应按照保险诈骗罪追究其刑事责任。以下两种情况中肇事司机故意撞人,致使受害人人身损害的,保险公司仍应当在交强险责任限额内承担赔偿责任。

1. 驾驶人故意制造交通事故,受害人未与其串通的,保险公司应当在交强险责任限额内赔偿。

2. 驾驶人存在其他违法行为，保险公司应当在交强险责任限额内赔偿。

除无证驾驶、醉酒驾车、吸毒驾车、未经允许驾车、故意制造交通事故外，其他经常出现的交通违法行为还包括发生交通事故后逃逸、机动车未年检、驾驶超过载重量的机动车等。这些违法行为均不能成为交强险免赔的事由，保险人在赔偿受害人后也无权向驾驶人追偿。

人们朴素的意识中驾驶员存在酒驾、逃逸等违法行为时保险公司就应当免赔的说法是错误的，即使驾驶人在发生事故时或者发生事故后存在某些违法行为，保险公司也应当在交强险责任限额内优先赔偿受害人。

相关规定

《机动车交通事故责任强制保险条例》

第二十一条 被保险机动车发生道路交通事故造成本车人员、被保险人以外的受害人人身伤亡、财产损失的，由保险公司依法在机动车交通事故责任强制保险责任限额范围内予以赔偿。道路交通事故的损失是由受害人故意造成的，保险公司不予赔偿。

第二十二条 有下列情形之一的，保险公司在机动车交通事故责任强制保险责任限额范围内垫付抢救费用，并有权向致害人追偿：(一)驾驶人未取得驾驶资格或者醉酒的；(二)被保险机动车被盗抢期间肇事的；(三)被保险人故意制造道路交通事故的。有前款所列情形之一，发生道路交通事故的，造成受害人的财产损失，保险公司不承担赔偿责任。

《最高人民法院关于审理道路交通事故损害赔偿案件适用法律若干问题的解释》

第十五条　有下列情形之一导致第三人人身损害，当事人请求保险公司在交强险责任限额范围内予以赔偿，人民法院应予支持：（一）驾驶人未取得驾驶资格或者未取得相应驾驶资格的；（二）醉酒、服用国家管制的精神药品或者麻醉药品后驾驶机动车发生交通事故的；（三）驾驶人故意制造交通事故的。保险公司在赔偿范围内向侵权人主张追偿权的，人民法院应予支持。追偿权的诉讼时效期间自保险公司实际赔偿之日起计算。

14. 乘车人上下车时发生事故受伤，交强险是否赔偿？

律师答疑

乘车人在上下车时受伤，保险公司会以乘车人超出交强险赔偿范围为由拒绝理赔，但通过民事诉讼程序由法院审理后，一般来说可以判决承保交强险的保险公司承担赔偿责任。

在交强险的概念中，我们把交强险的赔偿对象简单地归纳为"车外人"。"乘车人"在车内时不属于交强险的赔偿范围，离开机动车后转化为"车外人"，则应当属于交强险的赔偿范围。但具体在实际案件中，"乘车人"从何时转化为"车外人"很难准确定性。

司机和乘车人在上下车过程中受伤，也可以属于“车上人员”。乘车人在上下车过程中受伤，既属于车上人员也符合车外第三人的特性。既可以由机动车车上人员责任险或道路承运人责任险赔偿，也可以要求本车交强险和商业三者险赔偿。当然，在发生事故后，承保交强险和商业三者险的保险公司有可能拒赔，但不影响伤者提起诉讼获得赔偿。

伤者如果按照机动车交通事故责任纠纷提起诉讼，则伤者属于车外人员，交强险和商业三者险应当赔偿；如果主张的是客运合同纠纷，则属于车上人员，应由道路承运人责任险（对应公交车）或者机动车车上人员责任险（对应出租车）赔偿，交强险免予赔偿。两条路都行得通，是照顾伤者原则、保险补偿原则和社会救济原则的司法体现。但是，只能选择其中一个法律关系，伤者有选择赔偿主体的权利，但选择主体后无法更改，不可以利用不同的法律关系获得双倍的人身损害赔偿。

参考案例

黄某机动车交通事故责任纠纷案

案号：(2020)粤0705民初6925号

基本案情：黄某搭乘出租车行驶至江门市新会区九龙路段，下车过程中出租车突然启动，导致右后车门与黄某碰撞，黄某倒地后左足被出租车碾压致伤。经新会分局交警队认定，出租车司机负事故全部责任，乘客黄某无责任。黄某要求大地保险公司依法赔偿其各项损失。

大地保险公司认为，黄某是下车过程中被车辆右后车门碰撞受伤，根据《机动车交通事故责任强制保险条例》第3条、第21条，机动车综合商业险保险条款第3条、第4条之规定，因黄某在发生事故的瞬间是正在下车的人员，属于车上人员，并非交强险和商业三者险的赔偿对象，保险公司不予赔偿。

法院审理后认为，黄某受伤的根本原因在于出租车司机未注意到黄某摔倒且未及时停车，因此事故发生瞬间应为车轮压到黄某之时，该时黄某已在车外，不属于车上人员。大地保险公司应当在交强险及商业三者险范围内赔偿黄某的合法损失。

点评：从该案来看，黄某被车门刮倒后又经过了出租车的二次碰撞，法院从二次碰撞角度认为黄某属于车外人员，交强险应当赔偿是合理的。从其他判例来看，上下车过程中的人受伤，并非必须经过二次碰撞才能判决由本车交强险赔偿。

王某机动车交通事故责任纠纷案

案号：(2020)冀08民终2821号

基本案情：2019年4月4日15时48分许，贾某驾驶大型普通客车（公交车），在兴隆县公交站在车门没有关好时行车，致使乘客王某下车时摔倒在地，造成王某受伤。兴隆县公安交警大队做出事故认定，贾某负事故的全部责任，王某无事故责任。一审法院认为，由于公交车的车上人员存在流动性，王某在下车过程中，因肇事车辆流动导致其摔倒在地上并受伤，经抢救无效死亡，事故发生时王某并非车上人。故被告中华联合财产保险股份有限公司承德中心支公司应在交强险和商业第三者责任险限额内承担赔偿责任。

中华联合财产保险股份有限公司承德中心支公司不服一审判决，上诉至承德市中级人民法院。该公司认为，死者王某系车上乘客，其在下车过程中，在还未完成下车动作时肇事司机就将车辆启动并关车门，导致王某还在车上的一只脚被车门挤压而摔至车外，故死者王某并未完全脱离本车的控制，其身份仍然是车上人员。

二审法院归纳本案的争议焦点为死者王某属于“车上人员”还是“第三者”？

二审法院认为，本案中的被保险车辆是一种公共交通工具，王某作为乘客其身份是特定时间、特定空间条件下的临时身份，并不是一成不变的。公交车到站后，王某已起身离开座位，且在下车时身体已基本脱离公交车，只剩一只脚尚未完全下车的情况下，司机贾某启动车辆导致王某摔倒在地，经治疗无效死亡。“车上人员”的判断，应以该人在事故发生当时这一特定的时间身处被保险车辆之上为依据，在车上即为“车上人员”，在车下即为“第三者”。本案中，从事故发生的时间及地点判断，王某已经置身于被保险车辆之外，应属于“第三者”。因此，对于因交通事故所造成的王某的损失，中华联合财产保险股份有限公司承德中心支公司应在交强险和商业第三者责任险限额内承担赔偿责任。

点评：虽然二审判决中进行了较为详细的论述，但仍存在很多疑问。二审法官认为在车上即为“车上人员”，在车下即为“第三者”。

司法实践中办理案件更多的是从程序和证据入手，本案已经取得了交警部门出具的事故认定书，贾某负事故的全部责任，王某无事故责任。交警部门已经明确王某是独立的交通事故主体，并参与责任划分。如果王某在车内摔伤，交警部门不会出具事故认定书，也不会划分事故责任，而是告知王某家属不属于交通事故，要求王某家属直接向公交公司索赔。

通过分析本案，笔者认为乘车人在上下车过程中受伤，如果交警部门出具了事故认定书，认定车辆负有责任，那么乘车人可以转化为第三者，本车交强险应当赔偿。

相关规定

《中国人民财产保险股份有限公司机动车商业保险条款》

第四条　本保险合同中的车上人员是指发生意外事故的瞬间，在被保险机动车车体内或车体上的人员，包括正在上下车的人员。

因为进入和离开车辆是被保险人必然发生的过程，如果否认司机或者乘车人在上下车过程中的合理性，则被保险人成为车上人员的状态必然无法实现，因而司机和乘车人在上下车过程中受伤，也属于车上人员险的赔偿范围。

15. 投保人、驾驶人在车外被自己的机动车撞伤，交强险是否赔偿?

律师答疑

《机动车交通事故责任强制保险条例》中将交强险定义为：机动车交通事故责任强制保险，是指由保险公司对被保险机动车发生道路交通事故造成本车人员、被保险人以外的受害人的人身伤亡、财产损失，在责任限额内予以赔偿的强制性责任保险。交强险的赔偿对象是车外的第三者，投保人或驾驶人在车内不属于交强险的赔偿范围，故本车人员、被保险人受伤或死亡不能获得本车投保的交强险赔偿。

但是，车内人与车外人的概念是相对的，假如投保人、驾驶人及乘车人来到车外，被本车撞伤，是否能得到本车交强险赔偿呢？

（1）投保人和车辆所有人可以成为本车第三者，由本车交强险赔偿。

保险公司一般认为，投保人与本车相撞，交强险及商业三者险应当免赔，理由在于，投保人与保险人签订合同，投保人是保险合同主体，不是合同外的第三者。投保人的身份与交强险的赔偿对象不符，不能赔偿。另外，保险公司拒赔也有防止出现伪造交通事故骗取保险金的考量。

但这种理论是站不住脚的，交强险保障的对象是车辆而非人身，无论何人驾驶车辆发生交通事故造成损害，交强险均应当赔偿。假如机动车所有人将车辆借给朋友，朋友在驾驶时不小心将机动车所有人撞伤。这时机动车所有人明显具有车外第三者的属性，并不能因为其系本车的投保人或车辆所有人而不能获得保险赔偿。交通事故是否真实，应由交警部门认定，而非对这种情况一律拒赔。

（2）机动车驾驶人离开本车后因自身过错受到本车损害，不能转化为车外第三者，不能获得交强险和商业险赔偿，但可以获得机动车车上人员责任险赔偿。

第三者转化理论，是指某些不符合第三者概念的自然人，通过位移转化为交强险意义上的第三者，并获得交强险及商业三者险赔偿。

在《最高人民法院关于适用〈中华人民共和国民法典〉侵权责任

编的解释（一）》施行之前，司法实践对本车司机能否转化为车外第三者意见不一。

保险公司认为，驾驶人即便离开本车后仍然系交通事故的责任人，也就是侵权人。如果允许驾驶人转化为第三者，则驾驶人同时具有了侵权人和被害人的双重属性，并不符合侵权赔偿责任原理，甚至还可能滋生自伤、自杀案件，既不合法也不合理。但是，驾驶人或者家属因事故受到巨额损失，法院有时会从照顾弱势群体角度考虑，并不采纳保险公司的意见，仍然认可驾驶人在离开本车后可以转化为第三者。

有的地区法院有明确的指导意见，禁止驾驶人转化为第三者，但仅适用于具体地区，对其他省份法院没有效力。例如，《北京市高级人民法院机动车交通事故纠纷的8个疑难问题裁判尺度（2017）》认为，对本车驾驶员下车后，由于驾驶员自身的过错发生溜车等交通事故受到伤害的，以及驾驶人因本人过错发生交通事故被撞击，致其脱离本车又与本车接触受到二次伤害的，因自己不能成为自己权益的侵害者及责任承担主体，故驾驶员不能转换成为本车第三者责任强制保险中的第三者。①

《最高人民法院关于适用〈中华人民共和国民法典〉侵权责任编的解释（一）》明确了驾驶人离开本车后不能转化为车外第三者，被本车碰撞受伤后，也不能获得本车交强险和商业险赔偿。又因为驾驶人没有转化为第三者，所以仍然属于车内人，如果本车投

① 参见《北京市高级人民法院机动车交通事故纠纷的8个疑难问题裁判尺度（2017）》，载内蒙古钢苑律师事务所2022年6月22日，http://www.baotoulawyer.com/info/5378.jspx。

保了机动车车上人员责任险，则仍然属于车上人员保险的赔偿范围。避免了驾驶人离开本车后出现既不属于第三者也不属于车内人的法律漏洞。

(3)乘车人离开本车后，可以转化为车外第三者，被本车碰撞受伤的，本车交强险及商业三者险应当赔偿。

《最高人民法院关于适用〈中华人民共和国民法典〉侵权责任编的解释(一)》并没有明确乘车人离开本车后是否可以转化成车外第三者。乘车人的属性与驾驶人不同，因不涉及侵权人和受害人身份重合问题，乘车人离开车辆后，被本车碾压或者撞击受伤，仍然应当转化为第三者，并获得本车交强险赔偿。

参考案例

张某机动车交通事故责任纠纷案

案号：(2021)皖16民终409号

基本案情：2020年3月11日5时20分许，杨某驾驶皖S号重型半挂牵引车，由西向东行驶至河南省禹州市药城路，将车临时停放后，杨某在该车前站立察看车辆情况时，该车向前溜车，将自己挤压在与前方等候上高速的、张某驾驶的、头东尾西临时停放的豫P重型半挂牵引车后尾部，造成车辆损坏、杨某死亡的交通事故。经事故认定，杨某负事故的主要责任，张某负事故的次要责任。

杨某家属提起诉讼，要求皖S号重型半挂牵引车和豫P重型半挂牵引车的保险公司按照事故责任承担赔偿责任。

一审法院认为，受害人杨某因交通事故死亡，杨某作为皖S号重型半挂牵引车驾驶员，虽然暂时脱离了被保险车辆，但是作为驾驶人负有的防止车辆发生事故的责任并未转移，仍有支配和控制该车的义务，杨某负事故的主要责任，应认定是在使用车辆的过程中发生的事故，并没有转化身份。并非皖S号重型半挂牵引车的第三者，该车保险公司免予赔偿。

一审判决做出后，杨某家属不服，上诉到二审法院。

二审法院审理后认为，关于受害人杨某在发生事故时其身份是否由“车上人员”转化为“第三者”的问题，机动车辆保险合同中所涉及的“第三者”与“车上人员”均为在特定时空条件下的临时身份，其身份不是固定不变的。判断因被保险车辆发生意外事故而受伤害的人是属于“第三者”还是属于“车上人员”，应以该人员在事故发生这一特定时间是否身处被保险车辆之上为依据，在车上即为“车上人员”，在车下即为“第三者”。本案中，受害人杨某虽系肇事车辆的驾驶员，但其在案涉车辆停车熄火下车后，其身份已经转化为“第三者”。其因肇事车辆溜车而被挤压受伤后致死，应属保险合同约定的“第三者”。

最终，二审法院撤销一审判决，改判两车保险公司共同赔偿杨某家属各项损失。

闫某生命权、健康权、身体权纠纷案

案号：(2023)黑0113民初1276号

基本案情：闫某因车辆故障下车修理，修车时车辆发生溜车把闫某砸死。事故车辆在永诚保险投保了交强险。闫某家属将雇佣闫某的老板刘某和永诚保险诉至法院。

永诚保险答辩称，保险公司并非适格被告，且死者系法定被保险人，因此不在交强险赔付范围，责任保险只对被保险人对第三者造成损失承担责任，本案受害人不能成为自己的侵权人。综上，保险公司不应当承担责任。

法院认为，根据《机动车交通事故责任强制保险条例》第3条的规定，“第三者”的范围为被保险人、车上人员之外的受害人。机动车辆作为交通工具，任何人都不能永久地置身于车上，故第三者和车上人员均随特定时空条件变化而转化。车上人员在车下时被机动车造成人身损害的，除合同另有约定外，保险人应当按照机动车交通事故责任强制保险承担责任。具体到本案，闫某虽系事故车辆货车的驾驶人，但在发生本次事故时，其已停止驾驶行为，实际上已失去了对车辆的控制，闫某在事故发生时处于车辆之外，在该情形下，其身份已经由驾驶人员转化为本车人员以外的第三者。事故发生前涉案车辆处于停止状态，在正常情况下闫某难以预见车辆会发生溜车，故本案的闫某应认定为本次事故中的“第三者”。因此，永诚保险应当承担赔偿责任。

点评：以上两个案例均发生在《最高人民法院关于适用〈中华人民共和国民法典〉侵权责任编的解释（一）》施行前，类似支持第三者转化理论的案例还有很多。根据第三者转化理论，驾驶人离开机动车后发生交通事故，已经转化为“第三者”，故可以获得本车交强险赔偿。新的司法解释实施后，明确了驾驶人离开机动车被本车碰撞受伤，不能转化为“第三者”，也不能获得本车交强险和商业三者险赔偿。

思考延伸

1. 小焦购买了一辆新车宾利添越，并为新车投保了交强险、商业三者险和机动车损失险。小焦平时不开车，故将车辆借给了朋友老肖使用。老肖用该车接送小焦上下班，平时还从事网约车服务。某天，老肖因网约车工作过度劳累，在接小焦下班时一不留神将她撞伤。小焦和老肖到保险公司理赔，保险公司告知不能赔偿小焦，因为她是本车的所有人和交强险投保人，并非交强险的赔偿对象。请问保险公司是否应当赔偿小焦的人身损失？

2. 小焦受伤后，老肖每天到医院照顾她。老肖的朋友出租车司机老赵，因为自己的出租车发生交通事故处于停运状态，于是从老肖手中借来小焦的宾利添越，继续从事网约车服务。某天在路上，老赵发现小焦的车辆机油报警，于是将车停到路边修理。但老赵停车后未拉手刹，导致车辆溜车将自己撞伤。老赵到保险公司理赔，保险公司告知不能赔偿老赵，因为他是本车的驾驶人。请问保险公司是否应当赔偿老赵的人身损失？如果保险公司不赔偿，老赵是否能向小焦索赔？

3. 老赵受伤住院后自行将小焦的宾利添越租给了老王，老王继续跑网约车。老王开车不喜欢系安全带，某天在路上，老王在高速行驶时撞到了隔离带上，发生了严重的单方交通事故。剧烈碰撞下，老王因未系安全带且操作失误，导致其从驾驶室内摔出，老王当场死亡。老王的家属到保险公司理赔，保险公司告知不能赔偿老王的家属，因为他是本车的驾驶人，发生交通事故时他在车内，不能由本车的交强险和商业三者险赔偿。该车辆也未投保机动车车上人员责任险，故保险公司免赔。

以上三种情况保险公司都拒赔，哪个有道理？如果小焦、老赵和老王的家属分别提起诉讼，法院会如何判决？

相关规定

《最高人民法院关于适用〈中华人民共和国民法典〉侵权责任编的解释(一)》

第二十二条 机动车驾驶人离开本车后,因未采取制动措施等自身过错受到本车碰撞、碾压造成损害,机动车驾驶人请求承保本车机动车强制保险的保险人在强制保险责任限额范围内,以及承保本车机动车商业第三者责任保险的保险人按照保险合同的约定赔偿的,人民法院不予支持,但可以依据机动车车上人员责任保险的有关约定支持相应的赔偿请求。

《机动车交通事故责任强制保险条例》

第三条 本条例所称机动车交通事故责任强制保险,是指由保险公司对被保险机动车发生道路交通事故造成本车人员、被保险人以外的受害人的人身伤亡、财产损失,在责任限额内予以赔偿的强制性责任保险。

第二十一条 被保险机动车发生道路交通事故造成本车人员、被保险人以外的受害人人身伤亡、财产损失的,由保险公司依法在机动车交通事故责任强制保险责任限额范围内予以赔偿。

道路交通事故的损失是由受害人故意造成的,保险公司不予赔偿。

第四十一条 本条例下列用语的含义:(一)投保人,是指与保险公司订立机动车交通事故责任强制保险合同,并按照合同负有支付保险费义务的机动车的所有人、管理人。(二)被保险人,是指投保人及其允许的合法驾驶人。(三)抢救费用,是指机动车发生道路交通事故导致人员受伤时，医疗机构参照国务院卫生主管部门组织制定的有关临床诊疗指南，对生命体征不平稳和虽然生命体征平稳但如果不采取处理措施会产生生命危险，或者导致残疾、器官功能障碍，或者导致病程明显延长的受伤人员，采取必要的处理措施所发生的医疗费用。

16. 工程车停驶状态下作业发生事故，交强险是否赔偿？

律师答疑

交强险应当赔偿。

前两个问题中我们讨论了如何确认第三者主体身份，乘车人上下车期间，以及主体身份转化对交强险赔偿的影响。这个问题中，我们讨论交通事故中移动和碰撞的定义，以及后续赔偿的处理。

交通事故是指车辆在移动时发生碰撞产生的意外事件，前提是车辆必须进行移动，处于行驶状态，而不能是静止状态，否则不能认定为交通事故，造成的损失也不能由交强险和商业三者险赔偿。但这也不是绝对的，有些车辆虽然处于停驶状态，但车辆部分部位仍然会发生位移，仍然在工作，如起重机、挖掘机等特种机动车辆。虽然机动车四轮都没有动，但进行工程作业时仍然可能产生事故，造成他人受伤。那么应该如何赔偿呢？是否可以由本车的交强险和商业三者险赔偿？

参考案例

王某诉中国人民财产保险股份有限公司北京市石景山支公司财产保险合同纠纷案

案号:(2022)京0113民初737号

基本案情:2020年12月8日上午,王某用吊车搬运位于北京市顺义区的货物,同时找张某用卡车运输所搬运的货物。王某将货物吊上车后,张某准备用绳子捆绑货物时不慎被车上掉落的货物砸伤,事发后,张某即被送往北京市顺义区医院进行救治。

张某出院后将王某诉至法院,要求王某赔偿其各项人身损失。北京市顺义区人民法院审理后做出(2021)京0113民初6794号民事判决书,认为王某在吊运货物的过程中未尽到安全作业义务,致使车上原有货物掉落砸伤张某,其对张某身体所受损伤应当承担相应的侵权责任;张某在车上货物尚未放置妥当的情况下即拿绳子捆绑货物,亦未尽到合理的注意义务,进而导致其被车上货物砸伤,据此可以适当减轻王某的侵权责任。关于双方的责任比例,该院根据双方过错程度酌情确定由王某承担70%的责任,张某承担30%的责任。判决王某赔偿张某医疗费、误工费、护理费、交通费、住院伙食补助费、鉴定费损失共计58,098.5元。后上述案件经过二审法院审理并做出(2021)京03民终16334号民事判决书,判决维持原判。王某在强制执行阶段与张某和解,支付张某赔偿款4万元。

王某赔偿张某后将承保吊车交强险和商业三者险的保险公司,中国人民财产保险股份有限公司北京市石景山支公司(以下简称人保公司)诉至北京市顺义区人民法院,要求判决人保公司赔偿其4

万元追偿款。

人保公司答辩称,本案案由应为责任保险合同纠纷。根据《保险法》的规定,原告在本次事故中无责任,因此被告作为原告投保的保险公司也不应当承担责任。

顺义区人民法院审理后认为,本案中,事故系涉诉车辆在"非通行"状态下发生,虽不属于交通事故,但本院认为本案应适用交强险进行理赔,理由如下:首先,《机动车交通事故责任强制保险条例》的立法目的是保障受害者及时获得赔偿。从《机动车交通事故责任强制保险条例》的立法目的来看,我国实行交通事故责任强制保险制度是为了保障被保险机动车造成本车人员、被保险人以外的其他人员伤害时能够及时得到赔偿。特种作业车辆在公共道路以外的地方通行或者作业时造成他人伤亡或者财产损失,如果不纳入交强险理赔的范围,受害方无法获得及时的经济赔偿,对其来讲显失公平。《机动车交通事故责任强制保险条例》第 43 条规定,机动车在道路以外的地方通行时发生事故,造成人身伤亡、财产损失的赔偿,比照适用本条例。对特种作业车辆在公共道路以外的场所进行作业时发生的事故适用《机动车交通事故责任强制保险条例》的规定进行理赔进行了肯定。其次,特种作业车辆的性质决定了大部分责任事故并非交通事故。用于起重的作业车辆与用于浇筑混凝土的水泥泵车等都属于特种作业车辆,其不同于一般的机动车辆。特种作业车辆的重要用途为工地作业,并非交通通行。除在公共道路上通行可能发生交通事故之外,更多的事故会发生在其发挥特种功能的作业过程中。保险公司作为具备专业知识和能力的保险人,应明知该类车辆的情况并对其可能发生的风险有预先的判断,其同意承保特种车辆的交强险,应该预见特种车辆大部分的责任事故是发生在特种作业过程中，故保险公司应当在交强险的范围内进行理赔。综上，本院认为人保公司不同意在交强险范围内进行理赔的抗辩意见无事实和法律依据，本院不予采信。因王某已经根据(2021)京0113民初6794号民事判决书向张某支付了4万元，故理应由人保公司在机动车交强险和第三者责任保险内直接承担赔偿责任。

点评：工程车停驶状态下作业发生事故致人受伤，工程车投保的交强险和商业三者险应当对伤者承担赔偿责任。另外，伤者张某并不知道吊车作业发生事故砸到人，保险公司也能赔偿。因而他选择了向雇用他的老板王某主张赔偿，按照法院案由为提供劳务者受害责任纠纷。最终获得了70%的赔偿。假如张某按照机动车交通事故责任纠纷起诉王某和人保公司，法院可能会认为王某负事故的全部责任，最终判决保险公司赔偿张某的全部损失。即便仍然酌定王某与张某之间为主次责任或者同等责任，因为交强险责任限额内按照全额赔偿的法律规定存在，张某获得的实际赔偿款也比直接向王某主张赔偿更多，还不会存在判决无法履行的问题。

17. 多台车辆发生交通事故，交强险如何赔偿？

律师答疑

多台车辆发生交通事故造成同一被害人受伤的，如多台车辆都投保交强险，应按照事故责任比例在交强险限额内分担赔偿；如一方投保交强险，另一方未投保交强险，被害人可以要求投保交强险的保险公司在交强险范围内优先赔偿。

我们将讨论稍微复杂一些的交通事故,两台或两台以上机动车与行人或非机动车发生的三方事故或多方事故,在这种事故中,如何认定事故责任和确定责任比例。

这里讨论的情况是同一时间多台车辆与行人发生碰撞的交通事故。在高速公路上发生的因未保持安全距离产生的连环追尾事故,这种情况一般不会按照一次多方的事故处理,而是认定为多起交通事故。交警会出具多个事故认定书,受碰撞的车辆,各自找后面车辆的保险公司进行理赔。

三方交通事故也是根据各自的过错划分事故责任。如果一方全责,另外两方均为无责,那和双方交通事故的处理方式没太大区别。在两台或两台以上机动车均有事故责任时,就会存在多个交强险,应当如何赔偿呢?

参考案例

中国人民财产保险股份有限公司滨州市分公司与张某等人机动车交通事故责任纠纷案

案号:(2024)鲁16民终366号

基本案情:2022年10月12日9时45分许,宋某无证驾驶无牌的正三轮摩托车沿海丰十三路由西向东行至奥古士门口处时,与前方同向步行推着自行车的张某发生碰撞,自行车失控,又与路南侧李某停放的鲁M3号小型轿车发生剐蹭,造成张某受伤、车辆不同程度损坏的道路交通事故。经无棣县公安局交通警察大队认定,宋某承担事故的主要责任,张某承担事故次要责任,李某承担事故次要责任。李某驾驶的鲁M3号车辆在中国人民财产保险股份有限公司滨州市分公司(以下简称人保财险滨州分公司)投保交强险及商业第三者责任保险200万元,涉案事故发生在保险期间。宋某驾驶的正三轮摩托车实际车主系蓝诚副食中心,该车未投保交强险,宋某系蓝诚副食中心的送水工,二者存在劳务雇佣关系。张某因本次道路交通事故受伤,先后在无棣县中医院、无棣县人民医院、滨州医学院附属医院、滨州市人民医院检查,支出医疗费共计172,292.48元。

一审法院认为,庭审中张某明确表明在对损害进行赔偿时先由涉案车辆投保的人保财险滨州分公司承担赔偿责任。故本案张某的损失应首先由人保财险滨州分公司在交强险责任限额内承担赔偿责任,不足部分由蓝诚副食中心在交强险责任限额内承担赔偿责任,剩余部分由蓝诚副食中心按宋某负事故比例65%承担赔偿责任,人保财险滨州分公司在机动车商业第三者责任保险限额内按李某负事故比例25%承担赔偿责任。

人保财险滨州分公司不服一审判决,提起上诉认为《最高人民法院关于审理道路交通事故损害赔偿案件适用法律若干问题的解释》第16条规定,未依法投保交强险的机动车发生交通事故造成损害,当事人请求投保义务人在交强险责任限额范围内予以赔偿的,人民法院应予支持。第18条规定,多辆机动车发生交通事故造成第三人损害,损失超出各机动车交强险责任限额之和的,由各保险公司在各自责任限额范围内承担赔偿责任;损失未超出各机动车交强险责任限额之和,当事人请求由各保险公司按照其责任限额与责任限额之和的比例承担赔偿责任的,人民法院应予支持。一审法院按照该司法解释第18条第3款直接判决上诉人先在交强险责任限额内满额承担然后再行追偿系适用法律错误。如此,将不利于交强险这一法定保险的推广和适用,也将产生违法者获利的法律和社会效果。综上,为了维护上诉人的合法权益,特向二审法院提起上诉,请求依法公正判决。

二审法院认为,一审法院认定张某的损失应首先由人保财险滨州分公司在交强险责任限额内承担赔偿责任,符合《最高人民法院关于审理道路交通事故损害赔偿案件适用法律若干问题的解释》第18条之规定,上诉人人保财险滨州分公司的上诉理由不成立。二审法院判决驳回上诉,维持原判。

点评:该案系超标电动车、违停机动车与违章自行车之间发生的多方交通事故。电动车、机动车和自行车等各方均有一定事故责任,自行车车主受伤后可以向电动车一方和机动车一方索赔。但电动车无法投保交强险,自行车车主请求机动车一方在交强险责任限额内优先赔偿,法院应当予以支持。

思考延伸

老赵驾驶重型自载货车A并带有挂车B,老赵为主车A在平安保险投保了交强险和100万元限额商业三者险,为挂车B在人保保险投保了商业三者险,未投保交强险。老赵行驶至红绿灯路口时,恰逢小焦驾驶私家车C跨车道未超过人行道掉头。老赵为避免与小焦相撞,迅速向右转动方向盘,因车速过快导致主车A和挂车B侧翻,将在一旁等候红绿灯的行人老王砸死。小焦驾驶的车辆C未投保交强险,在人寿保险投保了商业三者险,限额200万元。经交警部门认定,老赵驾驶机动车超载、超速、红绿灯路口未减速、操作失误是事故的主要原因;小焦未注意安全行驶、未投保交强险是事故的次要原因;老王无过错。事故认定老赵负主要责任,小焦负次要责任,老王无责任。

问题：若老王是经抢救无效死亡的，花费医疗费3万元，老王的死亡赔偿金100万元，不计算其他损失。(1)老王家属如何起诉能最大限度实现利益？(2)平安保险、人保保险、人寿保险各自应承担什么赔偿责任，具体金额是多少？(3)老赵可能受到什么样的处罚？(4)小焦要赔偿多少钱？

相关规定

《最高人民法院关于审理道路交通事故损害赔偿案件适用法律若干问题的解释》

第十八条 多辆机动车发生交通事故造成第三人损害，损失超出各机动车交强险责任限额之和的，由各保险公司在各自责任限额范围内承担赔偿责任；损失未超出各机动车交强险责任限额之和，当事人请求由各保险公司按照其责任限额与责任限额之和的比例承担赔偿责任的，人民法院应予支持。

依法分别投保交强险的牵引车和挂车连接使用时发生交通事故造成第三人损害，当事人请求由各保险公司在各自的责任限额范围内平均赔偿的，人民法院应予支持。

多辆机动车发生交通事故造成第三人损害，其中部分机动车未投保交强险，当事人请求先由已承保交强险的保险公司在责任限额范围内予以赔偿的，人民法院应予支持。保险公司就超出其应承担的部分向未投保交强险的投保义务人或者侵权人行使追偿权的，人民法院应予支持。

18. 车辆造成多名受害人受伤时,交强险如何赔偿?

律师答疑

先由伤者之间协商交强险由哪个伤者优先使用,如无法协商,应当按照各个伤者的损失数额在交强险额度内所占比例分配,没有起诉的应当留有交强险份额。但司法实践中也存在先起诉的全部使用交强险份额,其他伤者无法使用的情况。

在上个问题中我们讲解了多台车辆发生交通事故的赔偿计算,一个伤者的损失由多个交强险共同赔偿。那么如果在一次交通事故中,一辆机动车造成多名受害者受伤时应该如何赔偿呢?

司法解释规定同一交通事故多个伤者同时起诉,人民法院应当按照各被侵权人的损失比例确定交强险的赔偿数额。但司法实践中,发生交通事故被同一车辆撞伤的多个受害人之间很可能相互认识,比如是夫妻、兄弟或者同事等。在交强险责任限额不足以赔偿所有受害人时,法院一般会要求两个或者多个受害人相互协商,自行决定谁优先使用交强险赔偿,交强险剩余部分由其余受害人使用。如果协商不成再根据具体诉讼情况和法律规定判决各自使用交强险的赔偿份额。

司法解释只规定了同时起诉的被侵权人应当按照损失比例确定交强险的赔偿份额,但没有规定未同时起诉的其他被侵权人是否应当参与交强险的赔偿份额分配。因而,实践中可能是先起诉的优先使用交强险份额,后续起诉的被侵权人只能少分或者没有交强险份额。当然,有时法院也会给未起诉的被侵权人留有交强险份额,毕竟法律和司法解释中也没有明确禁止。

思考延伸

某天,老肖、老邵、小孟、小苏一同搭乘车司机老赵的车辆去参加婚礼。老赵驾驶机动车超速行驶与正在驾驶私家车在路口转弯的小焦发生交通事故。小焦驾驶的机动车未投保交强险,但在人寿保险投保了100万元限额商业三者险。经交警部门认定,老赵负事故次要责任,小焦负事故主要责任。发生事故后老肖、老邵、小孟、小苏四人受到不同程度伤害,其中老肖和老邵较为严重。出院后老肖、老邵分别在两个法院提起诉讼,小孟和小苏伤情较轻,暂时未提起诉讼。老赵系失信被执行人,没有偿还债务能力。

问:假设老肖花费医疗费2万元,残疾赔偿金、误工费、护理费共计20万元,不计算其他损失。老肖如何向法院提出诉讼请求能获得更好的赔偿?老赵、小焦和人寿保险各自赔偿老肖的数额是多少?

相关规定

《最高人民法院关于审理道路交通事故损害赔偿案件适用法律若干问题的解释》

第十九条 同一交通事故的多个被侵权人同时起诉的,人民法院应当按照各被侵权人的损失比例确定交强险的赔偿数额。

第三篇

保险理赔之商业险

引　　言

本篇中我们将详细介绍机动车商业保险的种类，包括三种主险和附加险。主险包括：商业三者险、机动车损失险和机动车车上人员责任险。车险改革后机动车损失险的保险范围做出了较大调整，附加险随之发生了不小的变化，本篇将重点研究商业保险中酒驾、逃逸、无证驾驶等各种免赔条款在司法实践中的应用。

19. 什么是机动车商业保险?

20. 什么是机动车第三者责任险?

21. 什么是机动车损失险?

22. 什么是机动车车上人员责任险?

23. 什么是机动车附加险?

24. 保险合同是次日零时生效吗?

25. 酒后驾驶机动车发生事故，保险赔吗?

26. 发生交通事故后逃逸，保险赔吗?

27. 无证驾驶机动车发生交通事故，保险赔吗?

28. 机动车未年检发生交通事故的法律后果是什么?

29. 机动车危险程度显著增加后发生交通事故如何赔偿?

30. 什么是机动车辆安全统筹?

19. 什么是机动车商业保险?

律师答疑

机动车商业保险又称商业险,与交强险相对,是指机动车车辆所有人、管理人为降低因交通事故导致的损失,从保险公司购买的交强险之外的车辆其他保险。交强险的保障对象是车外第三者并且存在保险限额,对于车辆本身损失、车内人员损失和超出交强险保险限额的第三者损失可以通过购买商业险予以保障。

保险合同根据保险标的的不同可分为人寿保险合同和财产保险合同,人寿保险是以被保险人的生命和健康作为保险标的的保险,财产保险是以责任或损失为保险标的的保险。承保人寿保险和财产保险这两类保险的保险公司必须分别运营,同一家保险公司不能既开展人寿保险业务又开展财产保险业务。所以目前我国的保险公司又分为人寿保险公司和财产保险公司,比如,很多保险公司的简称为平安人寿、泰康人寿、人保财险、平安财险、人寿财险等。保险代理人推广的多数业务是人寿保险业务。

财产保险业务中绝大多数业务是车辆保险,也就是以机动车为保险标的物开展的保险,有责任险和损失险。车辆保险之外的财产保险险种还包括雇主责任险、医疗责任险、工程责任险等赔偿责任险种,家庭财产险、农业险等财产损失险种。

车辆保险从是否具有强制性上可以分为交强险和商业险。交强险是国家法律规定必须投保的保险,驾驶人不投保交强险不仅会受到行政处罚,发生交通事故后还要承担更多的事故责任,赔偿更多的损失。从保险费、出险概率以及保险赔偿额度上综合分析,投保交强险对机动车所有人和管理人是有益的,特别是车险改革后交强险的保险额度从12.2万元提高到20万元,保险公司承担的责任更多了,更值得投保。交强险的保险额度是固定的,既不能更改,也不能多保。为了应对交强险责任范围外的赔偿风险,机动车所有人或管理人需要选择是否投保商业险。

通俗来讲,交强险是国家强制投保,不投保不行。商业险是车辆所有人或管理人为了预防风险和责任,主动到保险公司投保,签订商业保险合同。商业险并不是一个险种,而是多个车辆险种的统称。"商业"具有自愿投保、依照合同承担责任和免除责任等含义。

2020年车险改革后,目前的机动车商业保险包含有3种主险和11种附加险。商业险的主险有机动车第三者责任险,机动车损失险,机动车车上人员责任险。车险改革后取消了之前的大部分附加险,又增添了一些新的附加险,目前可以投保的附加险有11种:(1)附加绝对免赔率特约条款,(2)附加车轮单独损失险,(3)附加新增加设备损失险,(4)附加车身划痕损失险,(5)附加修理期间费用补偿险,(6)附加发动机进水损坏除外特约条款,(7)附加车上货物责任险,(8)附加精神损害抚慰金责任险,(9)附加法定节假日限额翻倍险,(10)附加医保外医疗费用责任险,(11)附加机动车增值服务特约条款。

在后面的问题中我们将简单讲解各个商业险险种的保险标的、投保建议以及理赔与诉讼中的作用。

相关规定

《中国保险行业协会机动车商业保险示范条款(2020版)》

第一条 本保险条款分为主险、附加险。主险包括机动车损失保险、机动车第三者责任保险、机动车车上人员责任保险共三个独立的险种,投保人可以选择投保全部险种,也可以选择投保其中部分险种。保险人依照本保险合同的约定,按照承保险种分别承担保险责任。附加险不能独立投保。附加险条款与主险条款相抵触的,以附加险条款为准,附加险条款未尽之处,以主险条款为准。

20. 什么是机动车第三者责任险?

律师答疑

机动车第三者责任险又称商业三者险,是指在保险期间内,被保险人或其允许的合法驾驶人在使用被保险机动车过程中发生意外事故,致使第三者遭受人身伤亡或财产直接损毁,依法应当对第三者承担的损害赔偿责任,且不属于免除保险人责任的范围,保险人依照保险合同的约定,对于超过机动车交通事故责任强制保险各分项赔偿限额的部分负责赔偿。

“保险期间内”是指在投保人与保险人订立保险合同时确认的期限。商业三者险的保险期限与交强险相同,每次投保的期限为一年。

“合法驾驶人”是指驾驶人须经机动车所有人、管理人允许驾驶,排除被保险机动车被人非法占有期间发生交通事故造成损害。

“使用”一般是指机动车发生移动的时候,司法实践中驾驶人和乘车人在进入和离开机动车时也可以视为合理使用机动车。

“意外事故”是指必须因为过失发生的交通事故,驾驶人或者受害人任何一方故意发生的交通事故,保险公司在商业险范围内都不予赔偿。

“第三者”是指发生事故时车外的人,作为商业三者险赔偿对象的“第三者”与作为交强险赔偿对象的“第三者”相同。

“人身伤亡”是指第三者人身受到损害或者生命终止。

“财产直接损毁”指只有直接损失在保险赔偿范围内,间接损失如“停业”“停产”“停运”损失,保险公司都不予赔偿。

“依法应当承担的责任”指保险公司应根据受害人提供的证据和相关法律核定损失数额,并向受害人理赔。如对理赔数额有争议,受害人可以到法院提起诉讼,由法院确认合法的损失数额,判决保险公司承担赔偿责任。

“依照保险合同的约定承担责任”是指在投保人购买的商业三者险赔偿额度内承担责任。车险改革后商业三者险责任限额调整为10万元到1000万元,可由投保人自由选择,商业三者险的责任限额与机动车自身价值无关。即便是价值几万元的汽车也可以投保1000万元限额的商业三者险。如果投保人为被保险车辆购买商业三者险后,感觉保险额度不足,想要继续增加保险额度,可以向已经承保商业三者险的保险公司申请增加保额,保险公司批准后,投保人再补缴差额保费即可。投保人不能向其他保险公司申请增加已经生效的商业三者险保额,仅可以在已有的商业三者险保单到期后向其他保险公司投保时，重新确定保险额度。

“超过机动车交通事故责任强制保险各分项赔偿限额”，即医疗责任超过1.8万元，死亡伤残责任超过18万元，财产损失超过2000元的赔偿责任由商业三者险承担。商业险额度不再区分医疗责任、死亡伤残责任和财产损失责任，统一按照商业险额度计算，如果商业三者险保额不足以赔偿第三者全部损失，应先赔偿人身损害再赔偿财产损失。

商业三者险与交强险在投保人、被保险人和赔偿对象方面是相同的。不同点在于：

(1)强制性不同。车辆所有人、管理人必须投保交强险，保险公司也必须承保交强险。一个必须买，另一个也必须卖。与此相反，车辆所有人、管理人可以选择投保或者不投保商业三者险，保险公司也可以选择承保或者不承保被保险机动车的商业三者险。例如，针对一些重型货车出险率和赔偿数额都极高的情况，有的保险公司会拒绝为这些重型货车提供商业三者险，另外摩托车也不能投保商业三者险。

(2)保险额度不同。交强险的保额是由三个部分相加组合而成，交强险医疗责任赔偿限额1.8万元，死亡伤残责任赔偿限额18万元，财产损失责任赔偿限额2000元，三个赔偿项目相加共计20万元。投保交强险时无论是投保人还是保险公司都不能增加或者减少保额，投保人只能选择在这家保险公司或者那家保险公司投保交强险，如不计算保险返点，交强险的保费完全相同。商业三者险可以自由选择投保的保额，保额越多缴纳的保费也越多。商业三者险的保费是浮动的，各家保险公司在不同时段对不同车辆的保费均是不同的，机动车所有人和管理人可以咨询保险经纪人比较各家保险产品后投保。商业三者险的保额建议投保100万元或者200万元，这样即便驾驶人发生交通事故致第三者死亡，也可以由保险公司赔偿第三者全部损失。当然，在有人员死亡的交通事故中，如果肇事司机承担交通事故全部责任或者主要责任还可能会被追究刑事责任，与刑事被害人的和解赔偿金额不在保险范围内。

(3)赔偿顺序不同。商业三者险必须在交强险责任限额之外赔偿，也就是商业三者险要对第三者的人身损害或者财产损失赔偿，医疗费必须超过1.8万元，死亡伤残赔偿项目必须超过18万元，财产损失赔偿项目必须超过2000元。即使机动车所有人或者管理人未投保交强险也应当先扣除交强险责任限额，不能因为交强险脱保便不扣除交强险的责任限额直接由商业三者险赔偿。

(4)赔偿项目不再区分。商业三者险在赔偿项目上不再区分医疗责任、死亡伤残责任和财产损失责任，而是统一使用商业三者险投保时候的保额。投保100万元限额商业三者险的机动车发生交通事故致第三人受伤，花费医疗费超出1.8万元的部分，死亡伤残中各项费用总和超出18万元的部分，财产损失超过2000元的部分要加在一起，计算出商业三者险需要赔偿的损失数额总额。

(5)赔偿责任不同。交强险在保额内不按照交通事故责任比例赔偿，仅区分被保险人有责和被保险人无责，只要驾驶人承担事故责任，无论是全部责任、主要责任、同等责任还是次要责任，在交强险责任限额内按照全部责任由保险公司赔偿。即便是无责赔偿，也只是责任限额相对减少，不会按照事故责任比例计算赔偿数额。但商业三者险则不同，超出交强险限额的损失，商业险保险公司按照事故责任确定的比例来赔偿。

(6)免责事由不同。交强险仅在第三者故意发生交通事故时可以免除赔偿责任,驾驶人有其余违法行为,如驾驶人故意发生交通事故,交强险也应当在责任限额内先赔偿第三者再对驾驶人进行追偿。交强险对第三者损失几乎是不免除赔偿责任的,与之相比,商业三者险的免除责任条款非常多,免责条款如何适用以及是否生效问题是商业三者险的重要组成部分。商业三者险的免赔情形主要包括:故意发生交通事故、酒驾、逃逸、无证驾驶、准驾不符、机动车已经报废、改变车辆用途使危险增加、停业损失、间接损失等。

情景实例

情景一:老肖驾驶奔驰 E300 在进入地库时与驾驶五菱宏光 mini 正从地库内向外驶出的小焦发生正面碰撞,造成奔驰 E300 左大灯划痕,五菱宏光 mini 前保险杠断裂的交通事故。老肖和小焦均认为对方应承担事故全部责任,两人均当场报警。交警勘察事故现场后,认定老肖和小焦负事故同等责任。老肖为奔驰 E300 在人保保险投保了交强险和 200 万元限额商业三者险;小焦为五菱宏光 mini 投保的交强险在事故发生时已经过期,在人寿保险投保的 10 万元限额商业三者险事故发生时在保险期限内。老肖驾驶的奔驰 E300 因碰撞造成左大灯划痕,老肖到奔驰 4S 店更换大灯花费配件费及维修费共计 5 万元。小焦到家附近的汽车维修服务部为五菱宏光 mini 更换保险杠花费配件费 315 元,工时费 200 元,共计 515 元。老肖和小焦的损失应该如何赔偿?

答:在仅有车辆受损没有人身伤亡的交通事故中,一般是两车的保险公司互相赔偿。在本案中,因为小焦车辆维修费数额未超过 2000 元,应由对方车辆在交强险财产损失项下赔偿,即由老肖投保的人保保险公司赔偿。如果不考虑老肖更换奔驰大灯行为的合理性问题,只计算如何赔偿损失的话,老肖的损失应先由小焦车辆的交强险赔偿2000元,但小焦未投保交强险,故该2000元由小焦自己承担。超出交强险限额部分按照同等事故责任比例即50%,由小焦投保的商业三者险保险公司,即人寿保险赔偿给老肖。

结论:人保保险在交强险财产损失限额下赔偿小焦515元;因小焦未投保交强险,故小焦先在交强险财产损失限额下赔偿老肖2000元,老肖修车的剩余损失为4.8万元,划分责任后的计算公式:(5万元-2000元)×50%=2.4万元。小焦投保的商业三者险限额为10万元,2.4万元机动车维修损失未超过商业三者险限额,故人寿保险应在商业三者险范围内赔偿老肖2.4万元,小焦赔偿2000元,剩余2.4万元老肖可以通过自己车辆的机动车损失险报销。

情景二:老赵驾驶出租车行驶在二环主路上转弯时与突然出现的行人老王相撞,造成老王当场死亡。经交警部门认定,老王在事故发生时闯入封闭性主路,应承担事故主要责任(70%);老赵未注意安全行驶承担事故次要责任(30%)。老赵为出租车在平安保险投保了交强险和商业险(限额30万元)。假设老王的死亡赔偿金共计140万元,其余损失不予计算。各方应该如何赔偿老赵?

答:情景二是人车事故,要先计算交强险死亡伤残限额,超出交强险限额再根据事故责任计算赔偿。因为老王是交通事故后直接死亡,没有抢救费,也没有财产损失,只要计算死亡伤残限额就行。老王的死亡赔偿金140万元减去交强险死亡伤残限额18万元,剩余122万元再按照30%责任计算,老赵应赔偿36.6万元。因为老赵仅为出租车投保了30万限额商业三者险,故平安保险应在交强险死亡伤残项下赔偿老王家属18万元,在商业三者险限额内赔偿30万元,共计48万元。交强险之外应赔偿的36.6万元中,扣除平安保险赔偿的30万元后,尚剩余6.6万元未能赔偿,应当由老赵本人赔偿。

结论:平安保险公司共赔偿老王家属48万元(含交强险18万元,商业三者险30万元),老赵赔偿6.6万元。其余损失由老王自行承担。

以上是商业三者险的基本知识和计算公式,商业险可能还要考虑保险免赔问题,我们将在后面问题中讨论。

21. 什么是机动车损失险?

律师答疑

机动车损失险简称车损险,是指保险期间内,被保险人或其允许的合法驾驶人在使用被保险机动车过程中,造成被保险机动车的直接损失,保险人依照保险合同的约定负责赔偿。

一、机动车损失险的保费如何计算?

机动车损失险保费(非新车)=(投保时实际价值×保险费率+基础保费)×优惠系数

车险改革前按照新车购置价投保,次年保费可能因为同款新车购置价提高而提高,这显然是不合理的。车险改革后不再按照新车购置价计算车损险保费,而是按照投保时车辆的实际价值计算。实际价值指的是新车购置价减去该车已使用年限折旧金额后的价格,折旧率按国家有关规定执行,最高折旧金额不能超过新车购置价的80%。不同保险公司对投保时车辆实际价值的估算有一定浮动空间。优惠系数根据投保机动车前一年度出险次数确定。

二、不足额投保机动车损失险的法律后果

不同于交强险、商业三者险,机动车损失险是一种损失险而非责任险,责任险保障的是赔偿责任,而损失险保障的是实际损失数额。关于保额,交强险直接由法律规定不能改变;商业三者险由投保人在保险人提供的方案中进行选择,之后签订保险合同。投保交强险、商业三者险、机动车车上人员责任险这三个险种时,被保险机动车本车价值与保险责任额度无关。机动车损失险作为一种损失险则不同,其投保时的保险价值不能超过机动车实际价值,如果超过了实际价值超出部分无效且保险公司应当返还超值部分对应的保险费。因而,为五菱宏光 mini 投保 1000 万元保额商业三者险是可以的,但投保 1000 万元机动车损失险则是不可以的。另外,如果投保的保险金价值低于实际保险价值,则属于不足额投保,发生事故后,保险公司将按照投保的保险金价值与实际保险价值之间的比例计算应当赔偿的数额。

实际情况中不足额投保是如何出现的呢?首先,可以排除保险标的物升值原因。因为车险改革后是按照投保车辆实际价值计算保费,而非新车购置价,机动车实际价值只能贬值不能增值。其次,可能是投保人故意减额投保。依据《保险法》的规定,投保人超过标的物价值投保部分是无效的,减额投保则是允许的。投保人可以基于自己的意思表示,使一部分危险由自己承担,也就是为了少交保费,故意减少保险车辆的价值。最后,经常出现的情况是,发生交通事故后保险公司对投保人机动车的维修真实性和费用合理性存在疑问,于是定损价格偏低或者拒绝赔付。机动车所有人或者管理人将保险公司起诉到法院要求其赔偿车辆损失,法院评估机动车损失时,经保险公司申请一同评估了投保时的车辆实际价值,发现实际

价值高于投保金额,然后按照分摊原则,根据评估后的车损价格计算赔偿数额。

三、机动车损失险什么时候可以代位赔偿?

保险代位权,又称代位求偿权,是指第三者对保险标的损害造成保险事故的,被保险人有权请求保险人对保险标的全部损失先行赔偿,并向保险人让渡向第三者请求赔偿的权利。

机动车损失险系投保人根据机动车的全部价值向保险人购买的保险,以保障被保险机动车因保险事故受到的全部或者部分损失。被保险机动车损失事故可以分为三种:一是被保险机动车驾驶人单方事故或者被保险机动车驾驶人承担全部事故责任的交通事故,如驾驶人开车撞树;二是被保险机动车驾驶人与第三者发生交通事故,被保险机动车驾驶人无责任或者承担部分事故责任;三是因意外事件造成的事故,如暴雨或者地震等自然原因。无论何种原因造成的被保险机动车损失,车辆所有人或管理人都有权向保险公司请求赔偿车辆全部损失(关于车辆损失是否合理问题我们在后续车辆损失章节中讨论)。如果是单方交通事故、承担全部责任的双方交通事故以及意外事件,保险公司按照保险合同履行保险责任后保险事故处理完毕。但第三者承担全部或者部分事故责任的交通事故,保险公司在赔偿被保险机动车全部损失后,还会向第三者追偿非被保险机动车驾驶人责任造成的损害。

四、机动车损失险包含了哪些改革之前的附加险?

附加险是在投保主险后继续约定特殊情况下保险公司是否赔偿和如何赔偿的险种,因为不能单独投保,必须在投保主险后选择保险增值或者减值服务,故成为“附加”的险种。经过车险改革后,之前存在的很多附加险已经融合到机动车损失险或商业三者险中了,只要购买相应的主险就会自动获得之前附加险的保险功能。但是很多对保险并不了解的人不清楚车险改革对附加险的影响,仍然认为应该单独购买不计免赔险、自燃险等原先的附加险。

2020 年 9 月 19 日车险改革后,机动车全车盗抢险、玻璃单独破碎险、自燃险、发动机涉水险、不计免赔险、无法找到第三方特约险等附加险已经整合到了车损险中,投保了车损险不用再单独投保上述附加险,一样可以享有上述附加险的保险保障。

(一)机动车全车盗抢险

机动车全车盗抢险在车险改革前是一个伪装成商业附加险的商业主险,很多人不清楚机动车全车盗抢险其实可以单独投保,而认为必须在投保机动车损失险的基础上才能投保全车盗抢险。当然,实际上也没有人会只投保机动车全车盗抢险而不投保机动车损失险。车险改革后该保险正式融合到机动车损失险中,不用单独投保了。

机动车全车盗抢险的保险责任是全车被盗窃、被抢劫、被抢夺造成的车辆损失以及在被盗窃、被抢劫、被抢夺期间受到损坏或车上零部件、附属设备丢失需要修复的合理费用。

近年来机动车全车盗抢险在实践中问题很多,如投保率低、保费少、出险后争议大、引发诉讼率高等,导致全车盗抢险这个险种在保险公司看来属于"事儿多还不赚钱"的典范。造成这种现象的原因是多方面的,随着路边的摄像头越来越多,我国治安状况也持续优化,盗窃车辆的销赃途径更加困难,使偷盗和抢劫机动车的现象大为减少。现在将机动车停在闹市区忘记锁车门,可能一个月也不会丢失,只是多出了许多罚单,与多年前的情况明显不同。汽车被盗抢的危险减少,也使机动车所有人投保全车盗抢险的意愿明显降低。另外,在车险改革前购买机动车损失险而未购买全车盗抢险时,车辆被盗、被抢劫造成的车辆损害,保险公司理赔时会因为没投保全车盗抢险而拒赔。因为机动车损失险保障的是被保险人或其允许的合法驾驶人在使用被保险机动车过程中造成的损失,但是机动车被盗抢时显然未经过被保险人允许,并非合法使用,从定义上看被保险机动车在被盗抢期间受到的损害不属于保险公司赔偿范围,应当由盗抢机动车并造成车辆损坏的侵权人负责赔偿。为了保障被盗抢时的车辆损失就需要在购买机动车时购买全车盗抢险。但投保人被保险公司拒赔后往往会到法院提起诉讼要求赔偿,法院在审理此类案件时有时会突破保险合同条款的约束,对即使没有投保机动车全车盗抢险,仅投保机动车损失险的被保险机动车在被盗抢时受到的损害,仍然判决保险公司承担赔偿责任。

车险改革后,直接取消了附加机动车全车盗抢险,投保人再也不用因为车子被盗窃、被抢劫时受损而担心保险公司拒绝赔偿了。

(二)玻璃单独破碎险

玻璃单独破碎险是指被保车辆未发生其他部位的损害,只有挡风玻璃和车窗玻璃(不包括车灯、车镜玻璃)出现破损的情况,由保险公司负责赔偿。投保玻璃单独破碎险的车辆在使用过程中,如果发生玻璃单独破碎,保险人按实际损失计算赔偿。车主在与保险公司协商的基础上,自愿选择按进口挡风玻璃或国产挡风玻璃投保,保险公司根据其选择承担相应保险责任。

车险改革前的玻璃单独破碎险是一个颇为尴尬的保险险种,其地位比全车盗抢险、自燃险还低。低到什么程度呢?一般人都不会买它。因为挡风玻璃轻微破损并不影响机动车在市区内正常行驶,玻璃维修费和更换国产玻璃的费用也不是很高。如果发生重大事故造成挡风玻璃破裂,应当由侵权人或者保险公司赔偿,无须单独投保玻璃单独破碎险。

车险改革后直接取消了这个附加险,将之合并入机动车损失险的保险范围里了。

(三)自燃险

自燃险即车辆附加自燃损失险,车险改革前是机动车损失险的一个附加险种,是指在保险期间内,保险车辆在使用过程中,由于本车电路、线路、油路、供油系统、货物自身发生问题、机动车运转摩擦起火引起火灾,造成被保险车辆的损失,保险公司会相应地进行赔偿。

机动车所有人只有在投保机动车损失险的基础上,方可投保车辆自燃险。自燃险的保险金额一般按被保险车辆的实际价值协商确定,保费并不高,一般仅为几十元。汽车发生自燃后,保险公司将根据车辆损坏的程度进行相应的赔偿。

自燃险出险时保险事故的真实性基本可以保障,毕竟没有人会点燃自己车辆来骗保,不仅没有实际收益,一旦被发现不但无法获得保险赔偿,还会按照放火罪被追究刑事责任,后果非常严重。

自燃险与水淹险并称车损险的"水火双杀","双杀"是指水火无情导致的车辆损失,保险公司往往不会赔偿,从而引发保险纠纷。投保了机动车损失险但未投保自燃险的车辆,因车辆自燃要求保险公司理赔,保险公司会拒赔,之后机动车所有人很大概率会通过诉讼途径要求保险公司赔偿。司法实践中即使在车险改革前,这类案件一般法院也是判决保险公司应当赔偿,毕竟事故是真实的。投保了机动车损失险的车辆,虽然未投保自燃险,但法官往往会从保险合同的告知义务,对保险合同格式条款解释等方面确认自燃险的合理性。

车险改革后，自燃险已经包含在机动车损失险中，无须单独投保，这个争议的法律关系也不存在了。

（四）发动机涉水险

发动机涉水险又名水淹险，是指车辆在积水路面涉水行驶或被水淹后致使发动机损坏可给予赔偿，但是如果被水淹后车主还强行启动发动机而造成了损害，即便投保了发动机涉水险保险公司仍将不予赔偿。

前面我们说过，自燃险和水淹险，并称车损险的“水火双杀”，极易引发保险赔偿纠纷。水淹险相比于自燃险更为复杂，包括水淹到什么程度才能推定全损；是否必须投保水淹险，被水淹后才能获得赔偿；投保水淹险后，为什么保险公司仍然拒赔；等等各种问题。

事实上，水淹险作为附加险需要单独投保，主要是为了避免因驾驶人强行涉水行驶导致发动机进水的情况。但是现实中起到的宣传效果并不好。投保发动机涉水险的机动车，驾驶人在发动机进水熄火后，再次打火导致发动机报废，保险公司的拒赔，会使一些人不理解，为何投保了水淹险也会拒赔。

事实上并非如此，我们简单解释下。

（1）停驶车辆被水淹时，无须投保发动机涉水险，保险公司应当赔偿。前些年河南郑州大雨时，很多车主将车停到地库里或者路边被水淹了，都怀着忐忑的心情，害怕因为没有投保发动机涉水险，导致自己的车子被水淹后保险公司不赔。那段时间发动机涉水险卖得特别好，但其实保险赔偿与否与是否购买了该附加险无关。无论是否投保了发动机涉水险，保险公司对投保了机动车损失险并在停驶状态下被水淹的机动车都应当赔偿，实际结果也是如此。当然，水位要到达仪表盘中部才能认定全损，按照机动车损失险投保金额赔偿车辆重置费，否则只赔偿维修费。

(2)机动车行驶中遇水的应当尽量换路行驶，减少保险事故的发生。机动车行驶在涉水路面，如果水深已经超过排气口，在行驶中，最好不要减速更不要停车，否则会使积水从排气口倒灌入发动机，导致发动机进水熄火，之后需要清洗发动机才能继续正常行驶，发动机涉水险正是保障这种情况。车险改革后，发动机涉水险也已经包含在机动车损失险中，无须单独投保，行驶中发动机进水导致发动机故障的，保险公司也应当负责赔偿。

(3)发动机进水熄火后二次打火导致发动机气缸变形报废，是人为制造保险事故，扩大保险标的损失，属于保险免责条款，保险公司免赔。强制熄火后二次打火完全是一种错误行为，如果真的因为发动机进水导致熄火，应该立即离开车辆呼叫和等待救援，而非尝试自己把车开出来。

车险改革后，对于机动车发动机进水问题，投保了机动车损失险的车辆，只要不是发动机熄火后因再次打火导致的发动机报废，机动车损失险都应当赔偿。

(五)不计免赔险

不计免赔险是一种商业险的附加险，是在三个商业险主险，即商业三者险、机动车损失险、机动车车上人员责任险上都可以附加的险种。车险改革前，不计免赔险是最重要、最值得投保的附加险。其保险责任是指“经特别约定，发生意外事故后，按照对应投保的主险条款规定的免赔率计算的、应当由被保险人自行承担的免赔金额部分，保险公司会在责任限额内负责赔偿”。一般来说，投保了这个险种，发生交通事故后，就能把根据保险合同自己应当承担的5%—

20%的事故责任再转嫁给保险公司。

车险改革后不计免赔险也已经不用单独投保,只要投保了主险就自带相应的不计免赔险。但是改革后又增设了附加绝对免赔率特约条款,类似于附带的不计免赔险再给保险公司退回去,同时保险公司会减少一部分保险费。但笔者认为这是完全没有必要的。

（六）无法找到第三方特约险

无法找到第三方特约险全称为机动车损失无法找到第三方特约险,是车损险的附加险种,其保障范围是:被保险机动车损失应当由第三方负责赔偿,但因无法找到第三方而增加的由被保险人自行承担的免赔金额,保险人负责赔偿。

通俗地来说就是:(1)车停在视线外,办完事返回后发现车辆被人损坏,却找不到致害方;(2)车辆驾驶途中,因遭到第三者车剐碰,致使车辆受损,但对方却驾车逃逸。以上这两种情况,投保了无法找到第三方特约险,便可得到全额赔付了。

情景实例

情景一:老肖于2022年年初购买东风雪铁龙C6新车一台,购置价格18万元,并按照购置价格在人保保险购买了机动车损失险。2023年老肖续保时保险代理人告知他可以按照机动车折旧后16万元的现价值续保机动车损失险。老肖听说雪铁龙C6新车价也才12万元,为了节省保费只按照12万元保险价值在大家保险公司投保了机动车损失险。续保后,老肖开车去外地散心,在湖南高速上与一只野猪相撞,造成机动车严重受损的单方交通事故。野猪被撞飞后摔出隔离带,之后自行离开事故现场,不知所踪。事故发生后,老肖呼叫道路救援将机动车拖到大家保险公司指定修配厂,经检查事故车辆存在前挡风玻璃破碎、气囊弹出、发动机受损、变速箱变形等问题。但老肖没有到保险公司指定的修配厂维修机动车，而是经他人介绍将雪铁龙 C6 拖车到汽车维修服务部修理，花费维修费 6 万元。老肖到大家保险公司理赔，大家保险公司告知老肖未足额投保机动车损失险，投保时车辆实际价值应为 16 万元，老肖仅按照 12 万元投保机动车损失险，故不能按照全额损失赔偿。因为机动车损失险可以不足额投保，也就是低于机动车的价值投保，所以机动车受损时，保险公司会按照投保价值金额与投保时的实际价值金额之间的比例赔偿。故老肖次年按照车辆实际价值(12 万元)投保，发生交通事故后，保险公司认为是不足额投保，只按照损失比例不足额赔偿。那么大家保险公司应当赔偿老肖多少钱?

答:老肖在大家保险公司投保了不足额机动车损失险，投保比率为 12 万元 ÷16 万元 ×100% =75% 。老肖实际维修雪铁龙 C6 花费 6 万元，按照投保比率，大家保险公司应当在机动车损失险保险责任范围内赔偿老肖 6 万元 ×75% =4.5 万元维修费。

情景二:老肖驾驶奔驰 E300 回村探亲途中与村花小苏驾驶的农用四轮车发生碰撞，奔驰 E300 左大灯划痕、保险杠断裂，农用车外观无明显损坏。老肖看小苏漂亮就和她说“没事，你就认个责任，哥自己走保险处理，不用你赔偿”。小苏信以为真，为了避免赔钱，于是和交警说愿意承担全部事故责任。因事故双方已经协商一致，交警出具事故认定书，认定小苏负全部事故责任，老肖无责任。老肖在汽车修配厂更换大灯和保险杠花费维修费 5 万元，并要求人保公司在机动车损失险保险范围内赔偿。人保公司认为老肖维修费过高，且未提供更换大灯的原厂配件标识与换下来的大灯旧件，不能保证更换大灯的真实性和合理性，拒绝赔偿。后经双方协商达成一致，人保公司同意赔偿老肖4万元，之后取得代位求偿权。人保公司赔偿老肖后，将小苏诉至法院，要求小苏在人保公司赔偿范围内承担4万元的车辆损失。小苏认为事故责任存在问题，其不应承担全部事故责任，并且事故发生时老肖亲口称不需要她赔偿。为查清案件事实，法院将老肖列为第三人，但老肖已经杳无音信，未出庭接受质询，老肖名下的奔驰E300也已经转售他人。请问法院如何判决？

答：因小苏未提供证据证明交通事故责任认定书不合理，也未能证明老肖放弃向其主张赔偿，故小苏的答辩理由法院不予采信。且老肖已经获得保险赔偿，未经人保公司同意，即便做出了放弃向第三者赔偿的行为也是无效的。法院应判决小苏赔偿人保公司4万元。

情景三：2020年5月小焦购买新车五菱宏光mini一台，并在人保保险公司为新车购买了机动车损失险。小焦精心布置爱车，在车窗前布置满满一排泡泡玛特玩偶。2020年10月某天晚上，小焦下车后忘记锁车并将车钥匙忘在车内。第二天早上，小焦发现自己的五菱宏光mini撞在旁边的大石墩子上，保险杠断裂。更为重要的是，自己车窗内的泡泡玛特玩偶已经全部丢失不见了！小焦当场拨打“110”报警，“110”呼叫中心引导小焦到就近的派出所现场报警。派出所民警为小焦录制了报案笔录，小焦称丢失的玩偶价值在2万元以上，但未能提供丢失物品发票及购买记录。民警因盗窃物品价值无法评估，且现场无摄像头，无线索查找犯罪嫌疑人，未予立案。小焦报警不成，随后到人保保险公司要求理赔机动车损失，赔偿2万元泡泡玛特玩偶损失以及1000元保险杠维修费。人保保险公司认为，小焦未投保全车盗抢险不能赔偿车辆维修损失，车内物品不是机动车损失险的保险范围，车内物品丢失不应要求保险公司赔偿。

后经协调，人保保险公司同意赔偿500元车辆维修费。小焦不服，向法院提起诉讼，要求判决人保保险公司赔偿泡泡玛特手办损失1万元及车辆维修费1000元。提供证据包括购买泡泡玛特盲盒微信支付记录，事故发生前及事故发生后的车内照片，车辆维修费收据800元。请问法院可能如何判决？

答：根据保险合同，全车盗抢险赔偿情形主要分为两种：一为被盗抢车辆经县级以上公安刑侦部门立案证明满60天仍未查明下落的全车损失；二为被盗抢过程中或盗抢后，被保险机动车受到损失而需要修复的合理费用。小焦虽未投保机动车全车盗抢险，但在2020年9月19日车险改革后，机动车损失险覆盖全车盗抢险保险范围，无须单独投保全车盗抢险，故小焦车辆因被盗导致损害产生的维修费用800元应由人保保险公司承担。关于车内装饰品丢失损失，因小焦未能证明丢失物品真实性，且该损失也未在机动车损失险保险范围，人保保险公司抗辩合理，无须赔偿。法院判决人保保险公司在机动车损失险范围内赔偿小焦维修费800元，驳回小焦的其他诉讼请求。

参考案例

王某诉平安保险公司保险合同纠纷案

案号：(2020)鲁0102民初10084号

基本案情：王某发生单方交通事故造成车辆损坏，该车辆在平安保险公司投保了机动车损失险，王某起诉要求判令平安保险公司赔偿其车辆维修费318,940元、鉴定评估费11,500元。

平安保险公司辩称，对事故发生真实性无异议，但鉴定时查勘的涉案车辆发动机与该车辆不符，同时该车辆投保金额为287,680元，属于不足额投保，要求回收车辆残值并按照分摊比例赔付，即（300,400元－128,000元）×（287,680元÷300,400元）＝165,100元。

法院委托评估公司对案涉车辆事故发生后的整车残值以及是否构成全损进行鉴定，鉴定意见为：(1)车辆在事故发生前实际价值为300,400元；(2)事故发生后的整车残值为128,000元；(3)维修费用为318,940元，因维修费用已超过事故发生前车辆的实际价值，推定全损。车损价值＝事故发生前实际价值－整车残值，即300,400元－128,000元＝172,400元。因该鉴定，王某支出鉴定费11,500元。

法院认为，根据《保险法》的规定，保险事故发生后，保险人已支付了全部保险金额，并且保险金额等于保险价值，受损保险标的的全部权利归于保险人，保险金额低于保险价值的，保险人按照保险金额与保险价值的比例取得受损保险标的的部分权利。被告应当以实际价值减去残值后按比例向原告支付保险金，即(300,400元－128,000元)×(287,680元÷300,400元)＝165,100元。本案审理过程中，王某委托鉴定机构对案涉车辆车损价值进行了鉴定，因此支出鉴定费11,500元，但王某并未依据该鉴定结论主张权利，故该费用不应由保险人承担。

法院判决：被告平安保险公司赔付原告王某保险金165,100元，

点评：车辆投保不足额车损险时，保险公司理赔金额为实际损失与不足额投保价值比率相乘之积，这点无疑是正确的。但是维修费超出整车价值时是否应当推定全损仍需商榷。如果原告坚持继续维修车辆，法院也可以按照投保时的保额与不足额投保比率计算

维修费，由保险公司赔偿。关于鉴定费，王某申请了三项鉴定，分别是整车事故前实际价值、事故后残值和维修费，颇有些画蛇添足。如果王某只申请鉴定维修费，最后法院大概率按照投保金额判决保险公司赔偿，即287,680元。

中国人寿财产保险股份有限公司上海市分公司诉薛某财产保险合同纠纷案

案号：(2021)黑01民终1496号

基本案情：薛某驾驶宾利小型轿车行驶时前风挡玻璃被石子击裂。薛某向中国人寿财产保险股份有限公司上海市分公司（以下简称人寿财险上海分公司）报案，人寿财险上海分公司出险并进行查勘，确认前风挡玻璃被石子击裂。该车辆在人寿财险上海分公司处投保了机动车损失险、第三者责任险、玻璃单独破碎险（进口玻璃）。机动车损失险包含无法找到第三方特约险、不计免赔险。事故发生后，双方就赔偿数额未能达成一致意见。一审审理中，薛某向法院提出评估申请，要求对风挡玻璃价值进行评估。法院依法委托了黑龙江天平资产评估有限责任公司对该风挡玻璃价值进行评估。宾利欧陆飞驰SCBBE53W28风挡玻璃的评估价值为(95,255元)。一审法院按照评估意见判决保险公司赔偿薛某车辆损失95,255元。

人寿财险上海分公司上诉称：(1)薛某并未实际修理车辆，存在骗保嫌疑。车辆受损情况存在诸多疑点，薛某自述为前风挡玻璃被飞起的石头划伤，但既没有提供事发时行车记录仪影像，也未经过交警队的认定，连其所陈述的划伤风挡玻璃的石头也没有留存原物或现场照片，不能排除伪造事故的可能。另外根据现场勘查车辆可知，薛某的车辆风挡玻璃受损情况并不严重，仅有轻微划痕，并不影响实际行驶。薛某不实际修理或更换风挡玻璃，而是通过向法院起诉的方式请求赔偿，也与常规的保险理赔模式不符，允许此类方式获得赔偿，会在客观上放任保险欺诈行为的产生。即使判决人寿财险上海分公司赔偿薛某风挡玻璃损失，也应将受损的风挡玻璃拆卸后留给人寿财险上海分公司作为残值处理。(2)资产评估报告中认定车辆损失过高，且无依据。一审法院委托黑龙江天平资产评估有限责任公司对薛某车辆前风挡玻璃受损情况进行车辆损失价值评估，但是评估报告中并没有提供做出相关评估数据的依据，没有汽车厂商或4S店出具的价格表，更没有实际修理费发票，如何得出的评估价值不得而知。且根据人寿财险上海分公司询价，同等类型车辆前风挡玻璃更换价格约为2.5万元，评估价格已经远远超出了实际价格。

二审法院认为，关于人寿财险上海分公司上诉主张薛某并未实际修理车辆和车辆受损情况存在疑点的问题，事故发生后，薛某及时向人寿财险上海分公司报案，人寿财险上海分公司也出险并进行查勘，确认前风挡玻璃被石子击裂。人寿财险上海分公司并未提供薛某存在伪造交通事故的相关证据，且实际修理也并非保险公司赔偿的必须前置程序，人寿财险上海分公司的该项上诉主张，该院不予支持。薛某与人寿财险上海分公司签订的保险合同合法有效，薛某为其所有的宾利小型轿车在人寿财险上海分公司投保了机动车损失险、玻璃单独破碎险(进口玻璃)等险种，保险期间发生事故，人寿财险上海分公司应当按照合同约定承担相应的责任。薛某的车损经法院委托评估机构进行评估为95,255元，人寿财险上海分公司应按照评估确定的损失额进行赔偿。

二审法院判决：驳回上诉，维持一审判决。

点评：保险公司怀疑本案系薛某购买二手宾利后故意投保玻璃单独破碎险，之后自己划伤前风挡玻璃，报险骗保，并且评估机构估值也存在诸多疑点，但因为没有证据证明，最终仍然赔偿了薛某9万余元。

相关规定

《保险法》

第五十五条 投保人和保险人约定保险标的的保险价值并在合同中载明的，保险标的发生损失时，以约定的保险价值为赔偿计算标准。投保人和保险人未约定保险标的的保险价值的，保险标的发生损失时，以保险事故发生时保险标的的实际价值为赔偿计算标准。保险金额不得超过保险价值。超过保险价值的，超过部分无效，保险人应当退还相应的保险费。保险金额低于保险价值的，除合同另有约定外，保险人按照保险金额与保险价值的比例承担赔偿保险金的责任。

第六十条第一款 因第三者对保险标的的损害而造成保险事故的，保险人自向被保险人赔偿保险金之日起，在赔偿金额范围内代位行使被保险人对第三者请求赔偿的权利。

第六十一条 保险事故发生后，保险人未赔偿保险金之前，被保险人放弃对第三者请求赔偿的权利的，保险人不承担赔偿保险金的责任。保险人向被保险人赔偿保险金后，被保险人未经保险人同意放弃对第三者请求赔偿的权利的，该行为无效。被保险人故意或者因重大过失致使保险人不能行使代位请求赔偿的权利的，保险人可以扣减或者要求返还相应的保险金。

《银保监会关于印发实施车险综合改革指导意见的通知》

三、拓展和优化商车险保障服务

（六）理顺商车险主险和附加险责任

在基本不增加消费者保费支出的原则下，支持行业拓展商车险保障责任范围。引导行业将机动车示范产品的车损险主险条款在现有保险责任基础上，增加机动车全车盗抢、玻璃单独破碎、自燃、发动机涉水、不计免赔率、无法找到第三方特约等保险责任，为消费者提供更加全面完善的车险保障服务……

22. 什么是机动车车上人员责任险？

律师答疑

机动车车上人员责任险是车险商业险的主险之一。机动车车上人员责任险是指保险期间内，被保险人或其允许的合法驾驶人在使用被保险机动车过程中发生意外事故，致使车上人员遭受人身伤亡，依法应当对车上人员承担的损害赔偿责任，由保险人依照保险合同的约定负责赔偿。

投保机动车车上人员责任险的主要领域是出租车以及网约车，很多出租车公司会统一为公司名下车辆投保该险种，或者要求司机自行投保，没有投保机动车车上人员责任险的出租车不允许经营。当然，这属于企业内部管理制度，并非如交强险一般由法律赋予强制性。另外由于大货车车身高，上下车发生事故概率高，行驶中发生交通事故概率高，所以也经常投保机动车车上人员责任险。城市公交车、大客车则会投保道路承运人责任险,很少投保机动车车上人员责任险。

机动车车上人员责任险也适用代位赔偿制度。在本车驾驶人并非承担事故全部责任时,驾驶人或者其他乘车人依然有权依据保险合同要求保险公司在机动车车上人员责任险限额内承担受害人的全部人身损失。如果保险公司拒绝代位赔偿,投保人可以到法院起诉或者提起仲裁,请求判决保险公司在保险范围内赔偿。保险公司在履行全部赔偿义务后,有权按照事故责任向实际侵权人追偿。

一、车辆是否处于行驶状态不影响机动车车上人员责任险的赔偿

大货车司机在进入或离开驾驶室时或是在车顶作业时摔下发生的事故,是否能由机动车车上人员责任险赔偿,存在一定争议。保险公司一般认为必须车辆行驶时才符合“使用”的条件,静止不动时发生事故不应由机动车车上人员责任险理赔。

二、机动车车上人员责任险和驾乘意外险的区别

驾乘意外险与机动车车上人员责任险的保险责任既有重合也有区别。

(1)保险对象不同。机动车车上人员责任险保障的是投保车辆的车内人的人身损害责任,驾乘意外险保障的是投保人的人身损害责任。投保人如果在本车内发生事故受伤,那么既属于机动车车上人员责任险也属于驾乘意外险的赔偿范围,但其余人在本车内发生事故受伤,只能由机动车车上人员责任险赔偿,投保人如果乘坐其他车辆时发生事故受伤,则可以由驾乘意外险赔偿。简单来说机动车车上人员责任险投保“车辆”,驾乘意外险投保“人”。

(2)保险的项目不同。机动车车上人员责任险对车内人受伤的人身损害并不区分赔偿项目,医疗费、误工费、护理费、残疾赔偿金等属于人身损害赔偿项目的损失均可以赔偿。驾乘意外险仅保障约定的人身赔偿项目，包括医疗费、住院津贴（住院伙食补助费）、残疾赔偿金。其余人身损害赔偿项目不在保险范围内。

（3）保险额度不同。机动车车上人员责任险保额可以在1万元至20万元选择，驾乘意外险保额最多可达100万元，但是驾乘意外险的出险计算方式与侵权人身损害赔偿并不相同，并不能简单地认为驾乘意外险赔偿比机动车车上人员责任险多，实际结果可能正好相反。

参考案例

中国平安财产保险股份有限公司北京分公司与杨某保险纠纷案

案号：（2020）辽08民终2923号

基本案情：原告驾驶被告姜某所有的大货车停靠在厂区时，因车辆所载粮食有泄漏现象，原告在上车查看过程中从车上摔落受伤。

中国平安财产保险股份有限公司北京分公司上诉理由：（1）本起事故没有相关行政部门的确认，仅靠证人证言无法确定事故发生的真实性。根据双方签订的保险合同约定，被上诉人在理赔时应当向上诉人提供公安机关等部门出具的证明材料，但本案被上诉人杨某仅提供事故发生时在场人员的证言并且证人未到庭接受质证，无法证明事故发生的真实性。（2）根据机动车车上人员责任险保险条款的规定，被上诉人杨某受伤不属于保险责任赔偿范围。根据机动车车上人员责任险条款第1条的规定，在保险期间内，被保险人及其允许的合法驾驶人在使用被保险车辆过程中发生意外事故，致使被保险车辆车上人员遭受人身伤亡，依法应当由被保险人承担的经济赔偿责任，保险人按照本保险合同的规定负责赔偿。但本案根据被上诉人杨某的住院病历记载，其自认系从高处摔伤导致事故发生，并不是在使用被保险车辆过程中发生的意外事故。一审法院以条款中没有对使用车辆做出明确解释和界定为由,将使用扩大解释为包括行驶、停放等,并认定被上诉人杨某因查看车辆所载货物受伤属于机动车车上人员责任险范围没有充分的法律依据和事实根据。如认定杨某为查看货物受伤,则该行为与使用车辆毫无关联性,因此不属于保险责任范围。(3)被上诉人杨某不属于机动车车上人员责任险保险理赔范围。涉案车辆主车在上诉人处投保了机动车车上人员责任险,但是挂车并未投保机动车车上人员责任险。《机动车出境综合商业保险示范条款》第29条规定:"主车和挂车连接使用时视为一体,发生保险事故时,由主车保险人和挂车保险人按照保险单上载明的机动车第三者责任保险责任限额的比例,在各自的责任限额内承担赔偿责任,但赔偿金额总和以主车的责任限额为限。"本案涉案车辆在发生事故时属于停止状态,不属于《机动车出境综合商业保险示范条款》第29条规定的主挂车视为一体的情形,且涉案车辆挂车未投保机动车车上人员责任险,所以上诉人无须承担保险理赔责任。

杨某辩称,一审法院确认的案件事实及确定的保险责任准确,应予维持。(1)案件发生时答辩人因得知集装箱内粮食泄漏遂欲攀爬到集装箱顶部查看,在攀爬过程中因车辆晃动不慎从车上摔落受伤,后被现场其他工人协助进行救治,其间货场的工作人员和其他工人均在现场并就该事实以证人证言的形式进行了说明,不存在上诉人所说的答辩人捏造案件事实的情形。(2)答辩人是案涉车辆辽H车的驾驶员,在驾驶车辆的过程中不仅仅是在驾驶室驾驶车辆,同时对于车辆的故障有义务进行检查和排除,所以答辩人得知车辆粮食泄漏进行查看也是驾驶员的职责所在。机动车车上人员责任险条款明确规定:"合法驾驶员在使用被保险机动车的过程中发生的意外事故……保险公司负责承担赔偿。”可见,只要驾驶员在使用被保险机动车的过程中受伤保险公司就应履行保险责任,而不是单纯指驾驶车辆过程中发生意外才是保险责任。(3)牵引车本身不能承载货物,是依靠牵引挂车完成运输目的。意外是在牵引车牵引挂车的情况下发生的,是驾驶员在使用车辆过程中发生意外,和保险公司提出的是否视为一体、是否处于停止状态均无关系。法院判令保险公司承担责任的基础是驾驶员在使用车辆过程中发生了意外,并且使用的是机动车车上人员责任险。而不是上诉人在第三点意见中引用的第三者责任险条款。且挂车本身并不允许搭载乘客,遂无法投保机动车车上人员责任险。综上,请依法驳回上诉人上诉请求。

二审法院认为,关于本案事故发生真实性的问题,虽然案涉交通事故没有相关部门出具的证明材料,但本案一审中被上诉人杨某已提供证人证言证明事故发生,上诉人未有证据推翻证人证言证明的事实,结合一审查明的事实,可以认定杨某上车查看粮食泄漏情况过程中从车上摔落受伤的事实。关于杨某从车上摔下是否属于上诉人的保险范围问题,根据《道路交通安全法》第 119 条第 5 项的规定,交通事故是指车辆在道路上因过错或意外造成的人身伤亡或财产损失的事件。车辆运行过程中的停靠、检查等均为不可缺少的环节,应当属于交通活动的一部分。杨某检查粮食的本意是为排除车辆行驶中的交通安全隐患,此时发生的事故,符合交通事故定义中“因意外造成人身伤亡”情形。关于上诉人应否以机动车车上人员责任险进行赔付的问题,虽然杨某受伤时未在驾驶座位上,但事故发生之时其在车辆之上,应属于机动车车上人员责任险理赔范围。本案事故发生时车辆虽非行驶状态,但亦属于车辆连续使用的情形,故上诉人应当在机动车车上人员责任险限额内承担赔偿责任。

点评：通过这个案例我们可以提炼出以下几点：其一，证明上下车时发生摔伤的事实，证据要求较低，并不是必须有现场监控或者公安部门出具的事故报告，现场证人证言作证也可以证明事故的事实；其二，司机正常使用车辆，包括进入和离开驾驶室，到车顶或车厢整理货物时受伤都属于机动车车上人员责任险的保险范围，并非必须在车辆行驶状态下于驾驶室内发生事故受伤才能获得保险赔偿；其三，主车投保了机动车车上人员责任险，在主车连接挂车时，司机在挂车上受伤可以由主车投保的机动车车上人员责任险赔偿。

23. 什么是机动车附加险？

律师答疑

机动车附加险是附加在机动车商业险之上的保险，在投保机动车第三者责任险、机动车损失险和机动车车上人员责任险后，可以选择针对某种具体情况投保附加保险，使特定情况下的保险额度提高或是对保险免赔项目重新约定赔偿。

附加险是相对于主险而言的，顾名思义是指附加在主险合同下的附加合同。它不可以单独投保，只能附加于投保的主险之上，主险因失效、解约或期满等原因中止或终止，附加险效力也随之中止或终止。在机动车损失险的问题中，我们介绍了车险改革后已经取消的几种附加险。目前可以投保的附加险有11种，包括附加绝对免赔率特约条款、附加车轮单独损失险、附加新增加设备损失险、附加车身划痕损失险、附加修理期间费用补偿险、附加发动机进水损坏除外特约条款、附加车上货物责任险、附加精神损害抚慰金责任险、附加法定节假日限额翻倍险、附加医保外医疗费用责任险、附加机动车增值服务特约条款。

一、附加绝对免赔率特约条款

附加绝对免赔率特约条款(以下简称绝对免赔率特约条款)相当于车险改革前的反方向的不计免赔险,投保绝对免赔率特约条款相当于车险改革前未投保不计免赔险。

不计免赔险是车辆损失险、第三者责任险、机动车车上人员责任险之上都可以投保的附加险,被保险车辆在使用过程中,发生保险事故需要赔偿损失,对其在符合赔偿规定的金额内按车险基本险条款规定计算的免赔金额,保险公司负责赔偿。

在车险改革前,如果投保了主险但未附加投保不计免赔险,则应根据事故责任情况免赔5%—20%。具体来说驾驶人承担全部事故责任保险免赔20%,承担主要责任保险免赔15%,承担同等责任保险免赔10%,承担次要责任保险免赔5%。例如,购买了100万元限额的第三者责任险后发生需要承担全部责任的交通事故,造成第三者50万元人身损失。不计算交强险赔偿,50万元损失应由第三者责任险承担。但是如未投保不计免赔险,承担全部责任时商业保险应免赔20%的份额,也就是保险公司只赔偿40万元,其余10万元赔偿责任保险公司免予赔偿,应由驾驶人赔偿。

车险改革后已经取消了不计免赔险,只要投保主险就自带不计免赔险,驾驶人承担事故全部责任时保险公司也不会再免除20%的赔偿责任了。绝对免赔率特约条款相当于做减法,投保绝对免赔率特约条款可以通过减少保费的方式,去除主险赠送的不计免赔险。之所以叫作“特约条款”而非“保险”,就在于投保人无须向保险公司缴纳保费,保险公司也不提供对应的保险服务,而是通过减少保费的形式,减轻保险公司的赔偿责任。

投保建议:不推荐。附加不计免赔险是车险改革前极为重要的附加险,在车险改革前是必须投保的附加险。车险改革后附加不计免赔险已经随主险赠送,更是没有不要的理由。不要为了减少些许保费而缩减保险覆盖范围,这是得不偿失的。

二、附加车轮单独损失险、附加车身划痕损失险

投保机动车损失险后可以附加投保车轮单独损失险、车身划痕损失险,这两个险种是保障车轮受损或车身被划后找不到责任人时的附加保险。

机动车损失险赔偿应以交通事故为前提,并不包含车辆配件自然老化、毁损,也不保障车轮丢失或者车身划痕的损失。车轮受损和车身被划应向侵权人主张赔偿损失,而非要求保险公司履行保险责任。但如果投保了这两种附加险,一旦出现这两种情况就可以要求保险公司维修车辆或者支付维修金。这两种附加险保险标的金额都不大,保费也不高,系车险改革后的创新型附加险,参保率也不高。

投保建议:如果所处城市车轮丢失的情况很多,可以考虑投保附加车轮单独损失险;如果没有购买或者租赁停车位,需要天天抢公共车位或停在路边,可以考虑投保附加车身划痕损失险。

三、附加新增加设备损失险

机动车损失险只保障机动车出厂时的设备受到损失时由保险公司承担赔偿责任,车辆所有人购买机动车后自行加装的设备不在机动车损失险保险范围内。如果保险期间内,投保了附加新增加设备损失险的被保险机动车因发生机动车损失保险责任范围内的事故,造成车上新增加设备的直接损毁,保险人在保险单载明的该附加险的保险金额内,按照实际损失计算赔偿。

发生保险事故后,保险人依据附加新增加设备损失险条款约定在保险责任范围内承担赔偿责任。赔偿方式由保险人与被保险人协商确定。

赔款 = 实际修复费用 - 被保险人已从第三方获得的赔偿金额

新增的设备一般是音响、内饰、制冷设备等,也可以是车内、车外的其他附着物。但是价值不确定,无正规来源渠道的物品不能投保附加新增加设备损失险。

如果新增设备是因为交通事故而被撞坏,或者因全车失窃而丢失,保险公司应承担赔偿责任。但如果是新增设备单独被盗窃、丢失、被破坏,保险公司不负责赔偿。所以前面的例子中,小焦就算为车窗前的泡泡玛特投保附加新增加设备损失险,在机动车全车未丢失仅有车内物品丢失的情况下,保险公司也不予理赔。

投保建议:不推荐。一般家用车不会自己改装,无须投保附加新增加设备损失险。

四、附加修理期间费用补偿险

投保了机动车损失险后可以投保附加修理期间费用补偿险。该附加险是指保险期间内,投保了本保险的机动车在使用过程中,发生机动车损失保险责任范围内的事故,造成车身损毁,致使被保险机动车停驶,保险人按保险合同约定,在保险金额内向被保险人补偿修理期间费用,作为代步车费用或弥补停驶损失。

附加修理期间费用补偿险保险金额 = 补偿天数 × 日补偿金额。补偿天数及日补偿金额由投保人与保险人协商确定并在保险合同中载明,保险期间内约定的补偿天数最长不超过 90 天。

附加修理期间费用补偿险的出险和理赔流程是，发生单方交通事故后到保险公司指定修配厂定损并维修，维修期间每天补偿替代性交通工具损失或停运损失。机动车损害不严重时，维修时间在几天到十几天，从保险条款上分析，一般不包含交警队扣押机动车的时间。

投保建议：出租车可以考虑投保。附加修理期间费用补偿险对于私家车来说出险率较低，且赔偿数额也不高，无投保必要性。

五、附加发动机进水损坏除外特约条款

投保了机动车损失险后可以投保附加发动机进水损坏除外特约条款，其可以减少部分机动车损失险的保费，但如果在行驶中发动机进水，保险公司将不再赔偿。

投保建议：有自信绝对不会涉水行驶，可以投保该特约条款。

六、附加车上货物责任险

附加车上货物责任险附加在机动车第三者责任险之上，而非机动车损失险之上。投保附加车上货物责任险后，发生意外事故致使被保险机动车所载货物遭受直接损毁，依法应由被保险人承担的损害赔偿责任，保险人负责赔偿。

保险人不承担保险责任的情形包括：(1)偷盗、哄抢、自然损耗、本身缺陷、短少、死亡、腐烂、变质、串味、生锈、动物走失、飞失、货物自身起火燃烧或爆炸造成的货物损失；(2)违法、违章载运造成的损失；(3)包装、紧固不善，装载、遮盖不当导致的任何损失；(4)车上人员携带的私人物品的损失；(5)保险事故导致的货物减值、运输延迟、营业损失及其他各种间接损失；(6)法律、行政法规禁止运输的货物的损失。

被保险人索赔时，应提供货运单、起运地货物价格证明等相关单据，保险人在责任限额内按起运地价格计算赔偿。

投保建议：专为保障货物设立的险种，中型及重型货车可以投保，微型货车几乎无投保必要。

七、附加精神损害抚慰金责任险

投保机动车第三者责任保险或机动车车上人员责任险的机动车，可投保附加精神损害抚慰金责任险。投保机动车损失险则不能投保附加精神损害抚慰金责任险，因为机动车损失险保障的是车辆本身，系财产保险，即便损坏也不能附带精神赔偿。

在第三者责任险之上投保附加精神损害抚慰金责任险其实没什么用处。虽然根据保险条款约定第三者责任险不赔偿第三者的精神损失，但是第三者责任险是在交强险限额外承担责任，而交强险死亡伤残赔偿限额内是可以赔偿精神损失费的。在目前的司法环境中，精神损害赔偿请求只有被评定为伤残才能获得法院支持，一般每个伤残等级赔偿3000元至1万元，逐级递增，造成死亡的事故精神损害抚慰金在3万元到10万元。这个赔偿数额未超过交强险死亡伤残赔偿限额，完全可以在交强险范围内赔偿。在整体赔偿数额不变的情况下，由商业险还是由交强险承担精神损害赔偿没有区别。

在机动车车上人员责任险上投保附加精神损害抚慰金责任险有一定意义，机动车车上人员责任险并非在交强险赔偿后再赔偿。但是机动车车上人员责任险出险率较低，车内人员的安全性相比于车外人员会高出很多，除非发生重大交通事故，或者翻车等情况，车上人员一般不会受到特别严重的人身损害。对于私家车来说，没有必要投保机动车车上人员责任险，更不用说在机动车车上人员责任险上附加投保精神损害抚慰金责任险了。

投保建议：考虑到出险率和重大事故概率，重型货车较为适合在投保机动车车上人员责任险时投保这个附加险。投保第三者责任险无须再购买附加精神损害抚慰金责任险。

八、附加法定节假日限额翻倍险

投保了机动车第三者责任保险的家庭自用汽车,可投保附加法定节假日限额翻倍险。保险期间内,被保险人或其允许的驾驶人在法定节假日期间使用被保险机动车发生机动车第三者责任保险范围内的事故,并经公安部门或保险人查勘确认的,被保险机动车第三者责任保险所适用的责任限额在保险单载明的基础上增加一倍。

这是一个很特别的附加险。首先,附加法定节假日限额翻倍险仅能附加在机动车第三者责任险上,不能在机动车损失险和机动车车上人员责任险之上。这也很好理解。机动车损失险超额投保无效,应退还保费,所以保额是不可能因为节假日而翻倍的。其次,附加法定节假日限额翻倍险只能用于家用车,不能是营运车辆。最后,责任限额翻倍,并不等同于赔偿数额翻倍。也就是说,投保100万元第三者责任险同时投保附加法定节假日限额翻倍险后,节假日时第三者责任险的保额可以增长到200万元。既然是这样,为什么不直接投保200万元限额的第三者责任险?这样,无论是工作日还是节假日保额都会是200万元,最关键的是保费相差不大。

投保建议:不建议投保。这个险种似乎只适合平常很少开车,但一到节假日就出去玩的社交达人或者经常有婚车服务需求的兼职司机,日常家用车无投保必要。

九、附加医保外医疗费用责任险

附加医保外医疗费用责任险是车险改革后新设计的险种,与附加精神损害抚慰金责任险一样,只能附加在机动车第三者责任险或者机动车车上人员责任险之上。机动车损失险保障的是财产损失，并非人身损失，故不涉及医疗费问题，不能投保本附加险。

投保附加医保外医疗费用责任险后，在保险期间内，被保险人或其允许的驾驶人在使用被保险机动车的过程中，发生主险保险事故，对于被保险人依照中华人民共和国法律应对第三者或车上人员承担的医疗费用，保险人对超出《道路交通事故受伤人员临床诊疗指南》和国家基本医疗保险同类医疗费用标准的部分负责赔偿。

实践中有过这样的观点，保险公司不想让投保人知道附加医保外医疗费用责任险，是因为投保了该险后，保险公司就不会再免赔医疗费了。实际上并非如此，保险公司怎么会拒绝投保呢？只是这个附加险是新险种，人们普遍认知度不高。保险赔偿可以通过理赔或者诉讼两种方式获得：一般受伤较轻、赔偿数额较小、争议不大的人身损害赔偿案件保险理赔较多；而事故责任有争议、人员受伤较重、法律问题比较复杂的案件更多的是通过诉讼途径解决。受到人身损害的第三者如果将直接侵权人和保险公司一同诉至法院，即便机动车所有人没有投保医保外医疗费用责任险，法院审理时仍然很有可能判决保险公司赔偿全额的医疗费，而不是扣除全部或者部分医疗保险外用药费用后由侵权人承担剩余部分责任。

投保建议：根据当地司法环境决定。如果第三者起诉后法院一般判决保险公司全额支付医疗费，无须购买附加医保外医疗费用责任险；如果第三者起诉后法院判决驾驶人支付医保外医疗费，则应当投保该附加险。

相关规定

《中国保险行业协会机动车商业保险示范条款(2020版)》

附加绝对免赔率特约条款 绝对免赔率为5%、10%、15%、20%,由投保人和保险人在投保时协商确定,具体以保险单载明为准。被保险机动车发生主险约定的保险事故,保险人按照主险的约定计算赔款后,扣减本特约条款约定的免赔。

即:主险实际赔款=按主险约定计算的赔款×(1-绝对免赔率)

24. 保险合同是次日零时生效吗?

律师答疑

司法实践中不统一。有的法院判决交强险应立即生效,商业险应遵循保险合同的约定;有的法院判决商业险保险合同系格式合同,也不能免责;有的法院认为交强险与商业险保险合同均应当在次日零时生效。

次日零时生效条款是指为机动车投保交强险及商业险时,如被保险机动车未在保险期限内,新投保保险应在投保之日的次日零时开始生效,也称为"零时生效"或"零时起保";如被保险机动车尚在保险期限内,则在现有保险到期后立即生效。

"零时起保"保险制度是保险公司为了督促机动车所有人、管理人积极投保保险,避免出现保险空窗时期。同时也为防止发生交通事故后驾驶人隐瞒交通事故真相,临时投保骗取保险赔偿情况的发生。

投保人一旦在投保当日发生交通事故,保险公司会以保险合同尚未生效为由拒绝履行保险责任(续保除外)。法院审理时因具体案件不同裁判结果存在差异。

参考案例

昝某与中国人寿财产保险股份有限公司宣城市中心支公司保险合同纠纷

案号:(2023)皖18民终1907号

基本事实:2023年3月28日8时30分左右,案外人刘某驾驶皖PK小型面包车自安徽省宣城市区出发,12时57分许与陈某驾驶的“金鹏”牌电动三轮车发生碰撞,造成陈某受伤及两车受损的交通事故。安徽省郎溪县公安局交通管理大队认定:刘某负事故主要责任,陈某负事故次要责任。事故发生后,昝某为陈某垫付医疗费142,000元。上述案涉车辆皖PK小型面包车登记所有人系昝某。2022年3月7日,昝某在中国人寿财产保险股份有限公司宣城市中心支公司(以下简称人寿宣城支公司)处为皖PK车辆购买了机动车交通事故责任强制保险及机动车商业保险,保险期间为一年,即自2022年3月28日0时至2023年3月27日24时止,“是否续保”一栏均注明为“续保”。2023年3月20日,昝某与人寿宣城支公司工作人员通过微信就皖PK车交强险和商业险续保问题进行了沟通。2023年3月28日12时38分,双方开始办理案涉车辆保险合同,2023年3月28日12时47分,昝某与人寿宣城支公司工作人员通过微信网签了皖PK车交强险、商业险合同,合同注明保险期间均为“自2023年3月29日0时0分至2024年3月28日24时0分”。

一审法院认为,本案争议焦点为案涉交通事故是否发生在保险合同约定的保险期内。本案案涉保险合同共两部分,即机动车交通事故责任强制保险和商业保险。因交通事故责任强制保险部分具有公益性,是国家强制购买的责任保险,其设置的目的在于保障机动车道路交通事故受害人依法能够得到及时救助,更为重视对受害人损失的填补功能,且从《机动车交通事故责任强制保险条例》第10条“……被选择的保险公司不得拒绝或者拖延承保”的规定来看,交强险相关规定是保险公司不能变动的,即买即生效。显然,本案诉争交强险合同续保的保险期间应自双方签订保险合同时起算,即保险期间确定为2023年3月28日12时47分至2024年3月28日12时46分,因此前合同尚未签订,昝某关于交强险自2023年3月28日0时起算的意见,不予支持。商业险具有意定性和可协商性,保险期间不需要特别提示和说明义务,双方可以约定保单生效时间,另从昝某提供的双方2022年3月7日签订的商业保单来看,该保单实际生效时间系2022年3月28日0时,昝某显然知道保险合同签订时间不等同于保险期间起算时间,案涉商业保单系双方于2023年3月28日12时47分正式签订生效,但保险期间确定为2023年3月29日0时起算,昝某关于案涉车辆商业险自2023年3月28日0时起算的诉讼请求无合法有效证据支撑,不予支持。鉴于案涉事故发生在交强险合同的保险期间内,根据交强险合同及相关规定,昝某诉请人寿宣城支公司在交强险限额内赔付其垫付的医疗费的请求,予以支持,昝某医疗费赔偿限额之外的诉讼请求,不予支持。昝某主张的利息,予以支持,但应以18,000元为基数起算。判决:(1)昝某与人寿宣城支公司关于皖PK小型面包车签订的交通事故责任强制保险合同保险期间为2023年3月28日12时47分至2024年3月28日12时46分,商业保险合同保险期间为2023年3月29日0时0分至2024年3月28日24时0分;(2)人寿宣城支公司支付给昝某(垫付的)医疗费18,000元及利息。

一审判决做出后昝某与人寿宣城支公司均提起上诉。

昝某认为:(1)案涉两份保险合同均为续保,保险期间均应自2023年3月28日0时开始起算,或自2023年3月28日12时47分缴纳保险费用起算,双方依法成立保险合同关系。(2)案涉商业保险合同保险期间自"2023年3月29日0时起算"系格式条款,是保险人为重复使用预先拟定的条款,并非与投保人协商一致形成合意的结果。次日零时起保条款系保险公司免除其依法应承担的义务,加重投保人、被保险人的责任,排除投保人、被保险人或者受益人依法享有的权利的格式条款。人寿宣城支公司未对该格式条款做出足以引起投保人注意的提示,也未对该条款的概念、内容及其法律后果向投保人做出常人能够理解的解释说明,该条款应属无效。(3)案涉车辆在保险期间内发生交通事故,昝某为陈某垫付医疗费142,000元,人寿宣城支公司应在交强险及商业险200万元限额内承担保险赔偿责任。

人寿宣城支公司认为:(1)案涉保险合同不属于续保,续保的前提条件是保险即将期满而未到期,勾选续保系因投保人未更换承保公司。在保险到期前,人寿宣城支公司工作人员已通知投保人进行续保,投保人未予理会。本案保险期间应以保险合同明确约定为准,案涉事故发生时,合同已经订立但尚未生效。(2)案涉保险期间条款不属于格式条款,亦不属于免责条款。该条款经过投保人确认,无法重复使用,亦不存在免除保险人责任,加重投保人责任的情形。(3)昝某明知保险到期且在投保过程中仍未中止车辆使用,其主观认为保险已经生效并无依据。昝某明知车辆保险到期仍继续使用的行为,不仅违反了交通法律法规,也对社会造成不可控风险,保险人不应当承担其自身违法违规行为带来的不利后果。

二审法院审理后认为,案涉保险合同保险期间条款的性质为格式条款。在案涉保险合同签订过程中,保险期间条款系通过系统自动生成,平台未提示投保人可以进行修改,人寿宣城支公司亦无证据证明就该条款对投保人尽到了明确提示和说明义务,且征得了投保人的同意。因该条款系保险公司按照“次日凌晨生效”的行业惯例预先拟定,并未与投保人进行协商,符合格式条款“为了重复使用而预先拟定”的特征,昝某上诉主张案涉保险期间条款系格式条款,于法有据,本院予以支持。二审判决:变更一审判决,改判人寿宣城支公司支付给昝某保险金(垫付的医疗费)142,000元。

点评:笔者认为一审判决较为合理,二审判决虽然论述较多,但理由略显牵强。并且二审法院认为的交强险与商业险均应投保后即时生效的理论也没有得到普遍认可。在本案中,投保人于保险期满次日投保,显然不属于续保。投保时间为2023年3月28日12时47分;而发生交通事故时间为2023年3月28日12时57分,仅间隔10分钟,不能不让人怀疑是否系隐瞒交通事故后紧急投保。事后保险会使保险合同失去射幸合同的属性,对保险公司显失公平。

相关规定

《民法典》

第四百九十六条 格式条款是当事人为了重复使用而预先拟定，并在订立合同时未与对方协商的条款。

采用格式条款订立合同的，提供格式条款的一方应当遵循公平原则确定当事人之间的权利和义务，并采取合理的方式提示对方注意免除或者减轻其责任等与对方有重大利害关系的条款，按照对方的要求，对该条款予以说明。提供格式条款的一方未履行提示或者说明义务，致使对方没有注意或者理解与其有重大利害关系的条款的，对方可以主张该条款不成为合同的内容。

25. 酒后驾驶机动车发生事故，保险赔吗？

律师答疑

饮酒驾驶机动车致第三者人身损害的，交强险应当在责任限额内赔偿第三者，商业险一般免予赔偿。

一、酒后驾驶机动车会受到什么处罚？

酒后驾驶是指车辆驾驶人员血液中的酒精含量大于或者等于20mg/100ml。驾驶人员血液中的酒精含量在20mg/100ml至80mg/100ml属于饮酒驾车；驾驶人员血液中的酒精含量大于或者等于80mg/100ml属于醉酒驾车。

二、未对驾驶人员进行血液酒精含量检测，是否可以认定构成酒后驾驶？

现实的交警执法中可能出现某些执法瑕疵问题，如查处酒后驾车的执法现场只有辅警，驾驶人只对酒精检测棒吹气未进行血液检测，执法人员没有佩戴执法记录仪等。那么交警部门存在执法瑕疵时是否还能认定驾驶人构成酒后驾驶呢？

参考案例

孙某与海城市交管局行政诉讼案

案号：(2021)辽0381行初68号

基本案情：原告孙某认为当日查酒驾的"执法交警"不是交警何某、马某某本人，系聘用人员冒充交警何某、马某某执行，当事人血样（尿样）提取登记表、医务人员提取血液样本告知书两份办案文件均为聘用人员代签。基于上述事实，原告认为交通管理大队"执法交警"冒充交警何某、马某某，系在没有执法权的情况下违规办案。因此，交通管理大队严重违规办案，海城市交管局据此做出的吊销原告驾照的行政处罚是错误的。诉讼请求：(1)依法撤销行政处罚决定书；(2)诉讼费用由被告承担。

法院审理后认为，关于本案争议焦点被告执法程序是否合法问题，被告下属交通管理大队在查处酒驾时有两名警察及辅警在场，并对原告进行呼吸式酒精检测，符合相关的规定。根据《道路交通安全违法行为处理程序规定》第36条："对车辆驾驶人进行体内酒精含量检验的，应当按照下列程序实施：(一)由两名交通警察或者由一名交通警察带领警务辅助人员将车辆驾驶人带到医疗机构提取血样,或者现场由法医等具有相应资质的人员提取血样;……”的规定,交通管理大队工作人员将原告送往医院进行血液检验过程中,因系辅警执法,不符合上述规定,故程序存在轻微违法,但有全程录音录像,客观记录执法的过程,对原告权利不产生实际影响,故原告要求撤销行政处罚决定的诉讼请求,证据不足且不符合法律规定,本院不予支持。综上,依据《行政诉讼法》第74条第1款:“行政行为有下列情形之一的,人民法院判决确认违法,但不撤销行政行为:……(二)行政行为程序轻微违法,但对原告权利不产生实际影响的。”之规定,判决如下:确认被告做出的某公(交)行罚决字(2020)××号公安交通管理行政处罚决定违法,但不予撤销。

点评:通过裁判文书网检索类案分析,鲜少有法院认定交警部门违法并撤销行政处罚的判决。交警执法活动中存在瑕疵并不一定会导致行政处罚决定无效。即使仅对驾驶人吹气检验未进行血液内酒精含量检测,也可能认定为驾驶人存在酒后驾车的行为。《关于办理醉酒危险驾驶刑事案件的意见》颁布后进一步规范了认定酒后驾车时的血液检测程序。

三、酒后驾驶机动车发生交通事故保险免赔吗?

酒后驾驶机动车发生交通事故造成第三者人身或者财产损失,以及本车及驾驶人损失的,保险公司是否赔偿呢?

(一)酒后驾驶机动车造成第三者人身损害的,交强险应向第三者垫付费用,保险公司赔偿后可向侵权人追偿

对于醉酒驾驶机动车只有造成第三者人身损害,保险公司才应该在交强险责任限额内赔偿,如果仅造成财产损失,保险公司并不会赔偿。保险公司在向第三者垫付赔偿费用后可以向实际侵权人,即醉酒驾驶人行使追偿权。

法律规定保险公司应在交强险范围内垫付赔偿并不代表保险公司会在事故发生后直接理赔，有可能仍然需要第三者起诉到法院，由法院审理查明案件事实，对第三者的各项人身损失数额进行确认后，再判决保险公司赔偿。

（二）酒后驾驶机动车造成第三者人身损害的，商业三者险免除赔偿责任，但法院审理后可能认定保险公司未尽到告知义务，判决免责条款无效，仍然需要赔偿

商业保险免予赔偿，保险公司应尽到免责条款的告知义务，法院在审理此类案件时的重点集中在：（1）投保人是否在免责条款上签字或盖章；（2）免责条款是否加粗、加黑做到足以引起投保人注意；（3）如果系电子投保，关于人脸识别技术、电子签名技术的适用。

参考案例

鞍山天瑞运输有限公司与中国人民财产保险股份有限公司鞍山市千山支公司保险合同纠纷案

案号：（2023）辽01民终2974号

基本案情：上诉人鞍山天瑞运输有限公司（以下简称鞍山天瑞公司）认为：（1）上诉人在被上诉人中国人民财产保险股份有限公司鞍山市千山支公司（以下简称人保千山公司）处投保商业险时并未亲自到场签约，而是由保险员携带合同尾页至上诉人处签字，上诉人至今未见过完整涉案商业保险合同，其仅在合同尾页上签字确认，被上诉人人保千山公司从未向上诉人就合同中的免责条款尽到提示义务及明确说明义务，合同中的免责条款因此不产生效力，被

上诉人人保千山公司依法应承担赔偿责任，原审判决中认定辽CF重型半挂牵引车投保商业险时保险公司已明确告知免除保险人责任条款的内容及法律后果，投保人签字签章确认，系明显事实认定错误；(2)原审判决适用法律错误，依法应发回重审或改判。通过保险法有关规定可知，保险人负有对免责事项做出足以引起投保人注意的提示和解释说明义务。即使是以法律、行政法规中的禁止性规定情形作为保险合同免责条款的免责事由，保险人仍然对该条款有提示的义务，《最高人民法院关于适用〈中华人民共和国保险法〉若干问题的解释(二)》(以下简称《保险法解释二》)第10条只是免除了保险人提示之后的明确说明义务，并非免除其做出足以引起投保人注意的提示义务。

二审法院认为，关于上诉人提出的应由商业险保险公司承担赔偿责任的问题。经审查，本案交通事故发生后，交警部门出具道路交通事故认定书，载明田某酒后超载驾驶车辆与程某驾驶的超载重型半挂牵引车相撞后，又与停驶状态的辽车相撞，事故导致田某当场死亡，三方车辆受损。田某饮酒后驾驶机动车超载、超速行为，是造成事故的原因之一，程某、田某各负此次事故同等责任。《保险法解释(二)》第10条规定："保险人将法律、行政法规中的禁止性规定情形作为保险合同免责条款的免责事由，保险人对该条款作出提示后，投保人、被保险人或者受益人以保险人未履行明确说明义务为由主张该条款不成为合同内容的，人民法院不予支持。"因此，对于本案田某饮酒后驾车的违法情形，因其行为本身已经违反了法律、行政法规中的禁止性规定，所以根据上述法律规定，承保商业险的保险公司只要对保险合同中的免责条款履行了提示义务即可免赔，不要求其履行明确说明义务。商业险保险公司在保险合同中对责任免除条款已采用黑体字以区别于其他条款，应视为保险公司已尽到提示义务。故一审认定商业险保险公司不承担赔偿责任，符合法律规定。对上诉人提出的该项上诉请求，本院不予支持。

中国平安财产保险股份有限公司烟台中心支公司与王某责任保险合同纠纷案

案号：(2023)鲁06民终973号

基本案情：上诉人中国平安财产保险股份有限公司烟台中心支公司提出上诉理由：(1)全国法律都一样，不能烟台例外。上诉人已提交山东省高级人民法院等全国各地法院的案例，本案的判决与既往各地判决均不一致，请求二审法院依法改判或发回重审。(2)一审法院的判决会产生极其恶劣的法律影响，即“无论保险公司提供何种证据，均败诉”。(3)被上诉人声称自己没有签名，这是一句虚假陈述，上诉人在庭审时已提交了人脸识别照片，被上诉人虽然否认，但无法合理解释该人脸识别照片的来源，人脸识别照片就是本案被上诉人投保所用。一审法院没有必要审查签名是不是被上诉人本人签字。上诉人只有提示义务，没有告知义务，保险条款为保险行业协会及银保监会起草，投保人电子投保时必然会看见保险内容已经山东省高级人民法院多次确认，属于免证事实。人脸识别照片为被上诉人本人照片，被上诉人本人投保无任何争议。一审法院不顾事实，请求依法纠正。

被上诉人王某辩称，上诉人提交的证据中均未涉及其对于免责事项进行提示的具体过程、方式方法，因此无法证明在投保时上诉人对免责事项尽到了提示义务。一审法院认定事实清楚，适用法律正确，请求驳回上诉，维持原判。

一审认定王某醉酒驾驶机动车致案外人梁某某死亡的事实清楚。王某在上诉人处投保商业三者险,上诉人主张王某醉酒驾驶,上诉人无须承担赔偿责任。二审法院认为,上诉人将法律中的禁止性规定情形作为保险合同免责条款的免责事由,上诉人需对此履行提示义务。提示义务是指保险人对免责条款,以足以引起投保人注意的文字、字体、符号或其他明显标志做出提示,并向投保人主动出示该条款,提醒投保人注意到该条款的存在,否则投保人难以知悉该条款的存在。并不是保险人只要对免除保险人责任的条款以文字、字体、符号等方式做出特别标识即认为保险人已经履行提示义务。保险人的提示义务是主动义务,而不是应投保人要求才产生的被动义务。本案中,上诉人仅对免责条款加黑加粗,未提交证据证明其主动向王某出示该免责条款,并使王某注意到该条款的存在,且上诉人亦未提供证据证明王某相关签名的真实性。故上诉人主张其已尽到提示义务,证据不足,二审法院不予支持,上诉人应在商业三者险限额内承担赔偿责任。

点评:笔者认为,酒后驾车案件中商业险免赔应为常态,商业险不免赔为特殊情况。对于电子投保,因为电子签名与手写签名方式有较大不同,电子签名是用手指在屏幕上书写,手写签名是用笔在纸张上书写,不能因为电子签名与手写签名字体不一致就认为电子签名并非本人签署,应当通过人脸识别、指纹识别等技术手段进一步确认。

(三)酒后驾驶机动车造成本车受损,机动车损失险免除赔偿责任

驾驶人酒后驾车发生单方交通事故,一般不会报警和报告保险

公司，很可能是弃车后呼叫朋友帮助处理现场，之后自己承担车辆损失。当然也有在第二天酒醒后再报警并要求保险公司赔偿的。如果发生双方交通事故，饮酒的驾驶人在现实中更愿意选择私了解决，而不是报警，以免遭到刑事处罚。

驾驶人在饮酒或者醉酒状态下发生交通事故被交警部门查实的，会被处以拘留的治安处罚，甚至以涉嫌危险驾驶罪追究肇事者的刑事责任。很少有饮酒驾驶人在解除行政或刑事强制措施后，从免责条款未被告知角度要求保险公司在车辆损失险范围内赔偿车辆损失，更多的人自知理亏，直接认栽不向保险公司索赔了。即使有人按照这个法律关系起诉保险公司赔偿，法院也不会支持他的诉讼请求。

（四）酒后驾驶机动车造成本车司机或者其他乘客受伤，机动车机动车车上人员责任险免赔

酒后驾驶机动车造成本车司机或者其他乘客受伤，即便投保了机动车车上人员责任险，保险公司也会免予赔偿。对于司机来说，自身酒后驾驶机动车是极为严重的违法行为，不像第三者受伤的无辜状态，会获得更多的同情。对于车内其余乘客来说，其对司机饮酒驾车状态应当知情，应当劝导司机不要酒后驾驶，如果司机不听劝导应该自行离开车辆，避免危险。乘车人未尽到风险防范义务，自身也存在一定过错，导致保险免赔条款难以被突破，乘车人受伤应当由驾驶人承担赔偿责任，并且由法院酌定赔偿比例。当然，也有案例判决这种情况下保险公司免责条款不生效，仍然应当赔偿。

参考案例

中国人寿财产保险股份有限公司新乡市中心支公司、田某财产保险合同纠纷案

案号:(2019)豫07民再122号

基本案情:再审申请人中国人寿财产保险股份有限公司新乡市中心支公司(以下简称人寿财险新乡支公司)认为:申请人已经将保险条款交给被申请人,并就醉酒驾驶机动车免除保险责任向被申请人做了提示,申请人已经尽到了提示义务。本案的被申请人为醉驾,醉驾是一种极其严重的违法行为,原审判决的结果使酒后驾驶给自己造成的损失也能够获得保险赔偿,这种做法客观上会鼓励、纵容醉酒驾车这一严重违法的高度危险行为,不符合公序良俗原则。请求撤销原审判决,依法改判申请人不承担赔偿责任。

被申请人田某辩称,涉案保险单的签字人员无法确定,不能确定本案保险是否系君安中介公司代为购买。现有证据无法证明保险公司就免赔条款尽到了提示义务,不应对田某发生法律效力,请求维持原判。

再审法院审理后认为,本案中,案涉机动车商业保险条款中明确规定饮酒驾驶机动车属于保险人责任免除情形之一。案涉机动车投保单上载明:本人确认投保单已附投保险种对应的保险条款,并且保险人已将保险条款的内容,尤其是免除保险人责任的条款,向本人进行了明确说明,本人对保险条款已认真阅读并充分理解。从该投保单上载明的内容看,再审申请人人寿财险新乡支公司已将保险人免责事项进行了说明与提示。被申请人田某否认该投保单

上的签名系其本人所签,免责条款不对其发生效力。故本案的争议焦点在于该免责条款是否对田某发生效力。田某辩称涉案保险是由其本人亲自购买的,而非君安中介公司代办,但同时其又否认投保人签名是本人所签。无论投保人签名是其本人所签还是他人代签,基于涉案保险系田某亲自购买,其对办理保险事宜具有决定支配权,即便投保人签名非本人所签而由他人代签,代签的行为也应视为一种委托代理行为。根据相关法律规定,责任免除条款向代理人做出提示的,应当视为向委托人做出提示。故案涉免责条款应当对田某发生效力。

酒后驾驶机动车是道路交通安全法明确禁止的违法行为,而醉酒驾驶机动车更是一种严重的违法行为,甚至可能构成犯罪被追究刑事责任。田某醉酒驾驶机动车,有交通管理部门出具的交通事故认定书等证据予以证实。酒后禁止驾驶机动车作为基本的驾驶常识,田某作为完全民事行为能力人,应当知晓并严格予以遵守。

综上,按照人寿财险新乡支公司与田某之间保险合同关于饮酒驾驶机动车属于免除责任条款的规定,人寿财险新乡支公司可以免除对田某的赔偿责任。人寿财险新乡支公司再审申请理由成立,应予支持。

判决如下:撤销本院(2018)豫07民终2258号民事判决书和新乡市红旗区人民法院(2018)豫0702民初95号民事判决书,驳回田某的诉讼请求。

点评:再审改判案例十分难得,可见司机酒后驾车发生交通事故造成司机自己人身损害的,保险公司免于在机动车车上人员责任险范围内赔偿。

我国智能手机普及率几乎完成全面覆盖,电子支付也越来越便利,电子投保比例早已超过纸质投保,甚至很多保险公司已经取消了纸质投保。在人脸识别技术和电子签名技术不断进步的今天,保险公司履行告知义务途径更加完善,想要以保险公司未尽到告知义务而使免责条款无效的难度相比于前些年提高了很多。酒后驾车的社会危害性较大且与交通事故的因果关系紧密,因而判决侵权人自行承担赔偿责任的可能性更高,而不是将违法后果转嫁给保险公司。

相关规定

《道路交通安全法》

第九十一条　饮酒后驾驶机动车的,处暂扣六个月机动车驾驶证,并处一千元以上二千元以下罚款。因饮酒后驾驶机动车被处罚,再次饮酒后驾驶机动车的,处十日以下拘留,并处一千元以上二千元以下罚款,吊销机动车驾驶证。

醉酒驾驶机动车的,由公安机关交通管理部门约束至酒醒,吊销机动车驾驶证,依法追究刑事责任;五年内不得重新取得机动车驾驶证。

饮酒后驾驶营运机动车的,处十五日拘留,并处五千元罚款,吊销机动车驾驶证,五年内不得重新取得机动车驾驶证。

醉酒驾驶营运机动车的,由公安机关交通管理部门约束至酒醒,吊销机动车驾驶证,依法追究刑事责任;十年内不得重新取得机动车驾驶证,重新取得机动车驾驶证后,不得驾驶营运机动车。

饮酒后或者醉酒驾驶机动车发生重大交通事故,构成犯罪的,依法追究刑事责任,并由公安机关交通管理部门吊销机动车驾驶证，终生不得重新取得机动车驾驶证。

《保险法》

第十七条 订立保险合同，采用保险人提供的格式条款的，保险人向投保人提供的投保单应当附格式条款，保险人应当向投保人说明合同的内容。对保险合同中免除保险人责任的条款，保险人在订立合同时应当在投保单、保险单或者其他保险凭证上作出足以引起投保人注意的提示，并对该条款的内容以书面或者口头形式向投保人作出明确说明；未作提示或者明确说明的，该条款不产生效力。

《最高人民法院关于适用〈中华人民共和国保险法〉若干问题的解释(二)》

第十条 保险人将法律、行政法规中的禁止性规定情形作为保险合同免责条款的免责事由，保险人对该条款作出提示后，投保人、被保险人或者受益人以保险人未履行明确说明义务为由主张该条款不成为合同内容的，人民法院不予支持。

《最高人民法院关于审理道路交通事故损害赔偿案件适用法律若干问题的解释》

第十五条 有下列情形之一导致第三人人身损害，当事人请求保险公司在交强险责任限额范围内予以赔偿，人民法院应予支持：(一)驾驶人未取得驾驶资格或者未取得相应驾驶资格的；(二)醉酒、服用国家管制的精神药品或者麻醉药品后驾驶机动车发生交通事故的；(三)驾驶人故意制造交通事故的。保险公司在赔偿范围内向侵权人主张追偿权的，人民法院应予支持。追偿权的诉讼时效期间自保险公司实际赔偿之日起计算。

《中国保险行业协会机动车商业保险示范条款(2020版)》

第二十二条 在上述保险责任范围内,下列情况下,不论任何原因造成的人身伤亡、财产损失和费用,保险人均不负责赔偿:……(二)驾驶人有下列情形之一者:……2、饮酒、吸食或注射毒品、服用国家管制的精神药品或者麻醉药品……

26. 发生交通事故后逃逸,保险赔吗?

律师答疑

发生交通事故后逃逸与酒后驾驶机动车均系违法行为,如果发生交通事故致第三者人身损害,都是由交强险在责任限额内赔偿第三者,商业险一般免予赔偿。

一、如何认定发生交通事故后逃逸?

逃逸是指发生交通事故后,没有正当理由离开事故现场的行为。如果肇事司机自己受伤需要就医或者将他人撞伤后陪同就医以及到交警队报案,都可以视为有正当理由离开现场,不能认定为逃逸。

二、发生交通事故后逃逸对驾驶人的处罚有哪些?

发生交通事故后逃逸由公安机关交通管理部门对逃逸者处200元以上2000元以下罚款,并且吊销机动车驾驶证,且终生不得重新取得机动车驾驶证。逃逸还是交通肇事罪的加重情节。

三、发生交通事故后逃逸,驾驶人应当承担全部责任吗?

发生交通事故后逃逸,并非逃逸者一定承担全部责任,如果能查清交通事故案发事实,仍然应该根据事故双方的过错程度划分事故责任。也有逃逸者存在侥幸心理,返回现场,将现场遗落的车身零部件取走,或者擦拭撞击部位,消灭痕迹,这些行为均系故意破坏、伪造现场,毁灭证据的行为,驾驶人一旦做出这些行为应当承担交通事故全部责任。

四、发生交通事故后逃逸造成第三者人身损害,保险公司是否赔偿?

交强险应当赔偿,商业险根据保险合同约定免予赔偿。

驾驶人发生交通事故后逃逸,造成第三者人身损害的,仍然应当由交强险赔偿。交强险本身兼具社会救济性功能,在驾驶人出现违法行为时应优先赔偿,即便驾驶人发生事故后逃逸,依然由交强险优先承担赔偿责任,因为没有明确的法律规定交强险因驾驶人逃逸而免除赔偿责任。而且保险公司在交强险范围内赔偿第三者损失后也无权向直接侵权人进行追偿,因为没有法律依据。与之不同的是,驾驶人酒后驾车或无证驾驶机动车发生交通事故产生的抢救费用,保险公司在交强险限额内赔偿第三者后有权就赔偿数额向直接侵权人进行追偿。超过交强险责任范围的赔偿责任,商业三者险根据保险合同约定免于承担赔偿责任,这点逃逸与酒后驾车的法律后果是一致的。

参考案例

中华联合财产保险股份有限公司佳木斯中心支公司
与徐某机动车交通事故责任纠纷案

案号:(2023)黑08民终163号

基本案情：朱某驾驶出租车，占用左侧车道与徐某驾驶的私家车相撞，事故发生后朱某驾车逃逸，经同江市交警队认定朱某负本起事故全部责任，徐某无责任。徐某车辆维修费30,183元，朱某在中华联合财产保险股份有限公司佳木斯中心支公司（以下简称中华财险公司）处投保了机动车交通事故责任强制保险及商业第三者险，该事故发生在保险期内。

中华财险公司上诉理由：(1)朱某驾驶机动车发生交通事故后逃逸，依据《机动车商业保险示范条款》第22条的规定，中华财险公司不应承担保险责任；(2)本案交通事故发生后，中华财险公司依据保险法和机动车商业保险条款，于2019年9月6日向被保险人秦某送达了拒赔通知书，经其签字、捺印后生效。

法院认为，肇事逃逸免赔条款作为免除保险人责任的格式条款之一，保险人应当尽到提示和明确说明义务，条款才产生效力。庭审中中华财险公司出示的保险示范合同中该免赔条款属于格式条款，中华财险公司未能向法庭出示证据证明肇事车辆的投保人在投保时，保险公司已尽到详细说明该免赔条款的法律责任和后果的义务，且没有投保人签名，故交通肇事逃逸免赔的约定归于无效，保险公司应当履行赔付责任。中华财险公司与车辆投保人签订的拒赔通知书以肇事逃逸为由免除自己的全部责任，违反公平原则、诚实信用原则和保险法的规定，投保人与中华财险公司签订的拒赔通知书不能对抗善意第三人即本案徐某，该拒赔通知书的签订属于无效。

点评：本案中肇事司机逃逸后，法院仍然判决保险公司在商业险范围内赔偿第三者，突破了保险合同中的免赔条款。决定本案判决的关键情节是投保人未在保单上签字，因而认定保险公司未向投保人履行告知义务,故免赔条款无效。本案另一个情节是事故发生后保险公司拟定了拒赔通知书并经过了投保人签字认可,可以视为双方签订了补充合同。但法院以拒赔通知书违反公平原则和无法对抗善意第三人为由,否认了拒赔通知书的法律效力。

五、发生单方交通事故后,驾驶人不报警、不报险,而是自行离开事故现场,第二天报险要求保险公司赔偿车辆维修损失可以吗?

在关于酒后驾车的问题中我们分析过,如果饮酒驾车发生单方交通事故,驾驶人往往不会报警和报保险,因为报警后交警认定驾驶人饮酒驾车发生交通事故,不但保险公司不会赔偿机动车损失,肇事司机还可能被行政拘留或者被追究刑事责任。如果发生单方交通事故后,驾驶人不报警也不报保险,第二天再向保险公司索要车辆维修损失,保险公司有可能赔偿修车费吗?

参考案例

中国人民财产保险股份有限公司荆州市分公司与王某财产保险合同纠纷案

案号:(2022)鄂10民终97号

基本案情:王某驾驶小轿车在荆州市沙市区行驶时,撞上路边石头墩而发生交通事故,导致车辆受损。事故发生后,原告王某驾驶车辆驶离现场。同日15时30分许王某驾驶肇事车辆到事故现场并拨打电话报险。当日17时30分许,王某报警,交警部门到达事故现场后,对王某进行了呼吸式酒精检测,判定结果为未超标、酒精含量0mg/100ml,同时王某承诺该事故不找交警处理,后果自负。之后王某自行维修小轿车并支付修车费用151,838元。经查,王某驾驶的小轿车在中国人民财产保险股份有限公司荆州市分公司(以下简称中财保荆州市分公司)投保了限额536,350.40元的“机动车损失险”及“不计免赔险”。

中财保荆州市分公司上诉理由:(1)原审判决认定被上诉人王某半夜发生交通事故后自行离开现场,不影响对事故的认定和保险理赔,显然违背基本的常理和法律规定。被上诉人发生事故后驾车驶离现场,直到11个多小时后才又驾车返回事故现场向保险公司报案、13个多小时后才拨打交警部门电话报警,且其自行承诺该事故不找交警处理,后果自负。被上诉人辩称下车查看后以为只是小事故明显是撒谎,其目的就是离开现场、待酒精吸收后再来报警;而报警后承诺不找交警,是怕交警调取事发当晚的沿途监控,查清其饮酒的事实。但是,原审判决却认为这是正常现象,不影响对事故的认定和保险理赔,显然违背基本的常理和法律规定。(2)发生交通事故后,被上诉人在未依法采取措施的情况下遗弃机动车逃离现场,属于保险条款明确规定的免责情形,原审判决判令上诉人承担赔偿责任明显错误。被上诉人在事故发生后离开现场,且承诺该事故不找交警处理,后果自负,因此交警部门只出具了接处警工作登记表而没有依法做出道路交通事故认定书,这不能证明事故发生时驾驶人的状况,不能排除酒驾、毒驾、顶包等违法情形。更重要的是,保险条款第24条规定的免责情形是“事故发生后,被保险人或其允许的驾驶人在未依法采取措施的情况下遗弃被保险机动车逃离事故现场”,而本案正是这种情形,显然保险公司不应负责赔偿。(3)原审判决以上诉人未尽到提示义务为由,认定免责条款不产生效力,从而判令上诉人承担赔偿责任,完全是罔顾事实。本案中,上诉人提交了2019年5月的投保单和2020年5月的电子保险单及投保流程、保险条款，投保单上标明“本人确认收到条款及《机动车综合商业保险免责事项说明书》。保险人已明确说明免除保险人责任条款的内容及法律后果”，被上诉人明确承认投保单上签名属实，对证据的真实性没有异议；而电子投保时的流程和保单生成过程，都能证明上诉人已经尽到了提示和明确说明义务。但是，原审判决却以上诉人未尽到提示义务为由，认定免责条款不产生效力，从而判令上诉人承担赔偿责任，完全是罔顾事实，实在不能令人信服。(4)现有证据能够证明被上诉人存在酒驾行为，上诉人依法不应承担理赔责任，原审判决未采信调查公司的调查报告属认定事实错误、适用法律不当。即使调查方法存在欠妥当之处，被上诉人事发前饮酒的事实也是无法否认的。

二审法院认为，根据《道路交通安全法》的规定，在道路上发生交通事故，未造成人身伤亡，当事人对事实及成因无争议的，可以即行撤离现场，恢复交通，自行协商处理赔偿事宜。在道路上发生交通事故，仅造成轻微财产损失，并且基本事实清楚的，当事人应当先撤离现场再进行协商处理。本案事故系单方事故，仅造成自身车辆损坏，被上诉人在发生交通事故后撤离现场，并不影响交警部门对事故的责任认定以及保险公司的理赔，符合我国《道路交通安全法》对于事故处理的规定。

上诉人还认为，被上诉人事后13个多小时再返回事故现场报警，是为了避免其酒后驾驶的行为被发现，这是违反保险合同最大诚信原则的，保险公司拒赔完全符合法律规定。二审法院认为，上诉人在一审、二审中没有向法庭提交有效的证据证明被上诉人存在酒驾行为，也无交警部门的相关认定，在此情况下，一审判决上诉人向被上诉人支付车辆维修费并无不当。综上,上诉人的上诉理由不能成立。

点评:本案结果较为难得。其一,驾驶人发生单方事故后自行驾车离开现场,事发11多个小时后报告出险,交警未认定为逃逸;其二,无事故认定书,仅有接警记录也完成了对事实的认定;其三,电子投保流程完整,但法院依然认定保险公司未尽告知义务;其四,保险公司有证据证明驾驶人事故发生前饮酒,但因证据取得程序不当,被一审法院排除。具体何种证据二审判决中未提及,一审判决未上网公示故无从查询。值得说明的是,类似案件的审判结果并非均与本案一致,法院判决驳回原告诉讼请求,保险公司依法免予承担赔偿责任的案件也有很多。

关于发生交通事故后驾驶人逃逸,保险能否赔偿的问题。(1)交强险应当对第三者进行赔偿,且赔偿后无权向直接侵权人追偿;(2)商业三者险免于承担赔偿责任,法院审理后如认为保险公司未尽到免责条款告知义务,可以判决保险公司在商业三者险范围内承担赔偿责任,但相对较难;(3)发生单方交通事故未报警也没有报告保险公司,第二天再报险仍然有一定概率通过诉讼方式要求保险公司在本车的机动车损失险范围内赔偿车辆损失,当然最好不要心存侥幸;(4)机动车车上人员责任险虽然也有逃逸免赔的条款,但是与常识相悖,不可能出现在车内受伤后逃逸,又要求保险公司赔偿的情况。

相关规定

《刑法》

第一百三十三条 违反交通运输管理法规,因而发生重大事故,致人重伤、死亡或者使公私财产遭受重大损失的,处三年以下有期徒刑或者拘役;交通运输肇事后逃逸或者有其他特别恶劣情节的,处三年以上七年以下有期徒刑;因逃逸致人死亡的,处七年以上有期徒刑。

《道路交通安全法实施条例》

第九十二条 发生交通事故后当事人逃逸的,逃逸的当事人承担全部责任。但是,有证据证明对方当事人也有过错的,可以减轻责任。当事人故意破坏、伪造现场、毁灭证据的,承担全部责任。

《中国保险行业协会机动车商业保险示范条款(2020版)》

第二十二条 在上述保险责任范围内,下列情况下,不论任何原因造成的人身伤亡、财产损失和费用,保险人均不负责赔偿:……(二)驾驶人有下列情形之一者:1、交通肇事逃逸……

27. 无证驾驶机动车发生交通事故,保险赔吗?

律师答疑

无证驾驶机动车发生交通事故造成第三者人身损害的,由交强险在责任限额内赔偿第三者;商业险依据保险合同约定免赔,但如保险公司未尽到免责条款告知义务则免责条款不发生效力,仍然应当赔偿。

无证驾驶机动车发生交通事故的各种保险赔付责任与酒后驾驶类似,均为交强险在责任范围内赔偿第三者之后向直接侵权人追偿,商业三者险、机动车损失险、机动车车上人员责任险根据保险合同约定免予赔偿,但可能因保险人未履行免责条款告知义务而使免责条款不发生法律效力。但无证驾驶的认定相比于酒后驾驶更为复杂,在某些情况下即便保险公司尽到免责条款的告知义务,商业险也仍然需要赔偿。

一、什么是无证驾驶机动车?

无证驾驶是指机动车驾驶人在未获得驾驶资格的情况下驾驶机动车的违法行为。广义的无证驾驶还包括:(1)驾驶人驾驶的机动车车型超出驾驶证核定的准驾车型的范围;(2)驾驶证过期超过一年而被注销,或被暂扣、吊销;(3)驾驶出租车或公交车却无交通运输管理部门核发的许可证书或其他必备证书;(4)实习期内驾驶公共汽车、营运客车或者执行任务的警车、载有危险物品的机动车或牵引挂车;(5)学习驾驶机动车时无教练随车。

二、驾驶人驾驶机动车车型与驾驶证不符时,发生交通事故能否获得赔偿?

驾驶证允许驾驶车型与驾驶人实际驾驶车型不符,如 C1 证驾驶重型货车,应认定为无证驾驶,法律后果与驾驶人没有取得驾驶证相同。

参考案例

中国人民财产保险股份有限公司驻马店市分公司与驻马店市正达物流有限公司、吴某、田某机动车交通事故责任纠纷案

案号:(2020)豫 17 民终 954 号

基本案情:2018 年 4 月 15 日田某驾驶中型普通客车行驶至正阳县清水河路与慎阳大道十字交叉口时,与张某驾驶重型自卸货车

发生碰撞,造成两车受损,园林树木及绿化设施部分损坏,田某等多名人员受伤、死亡的交通事故,正阳县交警大队做出的道路交通事故认定书显示,田某负事故的主要责任,张某负事故的次要责任。事故发生当日,涉案中型普通客车存放于正阳县公安局交警大队,并于2018年7月23日放车,后于2018年9月3日至2018年11月2日在正阳县精诚重卡维修厂进行维修。另查明,田某驾驶的中型普通客车的实际车主及挂靠人均为吴某,并挂靠在农村客运名下。经正阳县人民法院委托鉴定,评估涉案中型普通客车损失价值为24,400元,车辆日营运损失为1061元。另查明,肇事车辆在保险公司投有交强险和限额为500,000元的商业第三者责任险,且事故发生在保险期间内。

上诉人中国人民财产保险股份有限公司驻马店市分公司(以下简称人民财险驻马店公司)上诉理由:(1)田某驾驶与驾驶证准驾车型不符的机动车,应属无证驾驶,保险公司应在交强险责任限额内免除赔偿责任。(2)田某无证驾驶、无从业资格证等属于商业三者险约定的免赔情形,投保人在保单中签字盖章,能证明其公司尽到明确说明义务。(3)根据保险合同条款约定,上诉人不承担停运损失、鉴定费、评估费。(4)停运损失时间过长,交警队扣车期间应依法扣除。

被上诉人田某辩称,自己曾具有A2车型驾驶资格,有较长驾驶年限,因年满60周岁其驾照被强制降为C1,不属于无证驾驶,其准驾不符行为与本次事故的发生不具有因果关系。保险公司不能证明就免责条款对被保险人尽到提示说明义务,免责条款不发生法律效力。

二审法院认为,案涉事故系因田某与张某所驾驶车辆发生碰撞造成，田某负事故的主要责任，对因事故给驻马店市正达物流有限公司造成的财产损失应承担相应的赔偿责任。田某所驾驶的车辆在人民财险驻马店公司投有交强险及商业三者险，一审判决人民财险驻马店公司在保险限额内先行赔付并无不当。关于人民财险驻马店公司主张田某准驾不符应免除其公司赔偿责任的问题。对保险合同中免除保险人责任的条款，保险人应当在保单或其他保险凭证上做出足以引起投保人注意的提示，并对该条款的内容做出明确说明；保险人将法律、行政法规中的禁止性规定情形作为免责条款的免责事由的，亦应当对该条款做出足以引起投保人注意的提示。本案中，人民财险驻马店公司针对其免责的主张，一审中仅提交了投保单及保险条款，保单中无投保人签章及对上述免责事由的提示内容，也无相关证据证明其已将保险条款送达投保人或就上述免责事由进行了足以引起投保人注意的提示与说明，其主张免责的理由不能成立。关于停运损失计算时间问题。本次交通事故致一死多伤，历经多次诉讼，交警大队因事故扣车100天，其间不能运营系客观事实，结合之后车辆实际维修情况，停运时间较长，一审支持停运期间为159天并无不当。关于人民财险驻马店公司主张根据保险条款不予赔偿停运损失及鉴定费、评估费的问题，亦缺乏相关的证据证明其公司针对免除上述赔偿义务的事由向投保人进行了明确说明，其理由不能成立。

点评：田某系年龄原因导致驾驶证强制降级，造成了与准驾不符的情况。国家强制要求营运车辆司机不能超过法定退休年龄有一定道理，人的反应能力、操作能力会随着年龄增长而下降，也许田某在十年前的状态下不会发生本次交通事故。因而，田某的准驾不符与交通事故理论上存在因果关系。田某认为自己并非无证驾驶的理由不成立，但法院认定保险公司未尽到免责条款告知义务，故仍然判决保险公司赔偿。关于停运损失和鉴定费问题，我们在后续章节中继续引用本案进行分析。

三、无从业资格证驾驶营运车辆发生交通事故，保险能否赔偿？

驾驶营运性机动车发生交通事故要求保险公司赔偿时，保险公司不仅审查驾驶证、行驶证还会审查车辆有无营运证，驾驶人有无道路从业人员资格证。缺少证件或者证件过期未年检，保险公司仍然会履行交强险范围内的赔偿责任，但会在商业险范围内拒绝赔偿。该拒赔理由并不合理，在《机动车商业保险示范条款》中已经删除了驾驶营运车辆的驾驶人应当提供从业资格证的条款。

参考案例

中国人寿财产保险股份有限公司黑龙江省分公司牡丹江中心支公司与闫某、于某等机动车交通事故责任纠纷案

案号：(2021)黑09民终617号

基本案情：张某驾驶重型特殊结构货车(车主于某)在黑龙江省七台河市新兴区正阳停车招待所门前路段道路中心双黄实线实施掉头时，与闫某驾驶的无号牌二轮摩托车相撞，造成闫某受伤、双方车辆受损的交通事故。经黑龙江省七台河市新兴交警大队处理，认定：张某承担事故的全部责任；闫某无责任。事故车辆在中国人民财产保险股份有限公司安达支公司投保交强险，在中国人寿财产保险股份有限公司黑龙江省分公司牡丹江中心支公司(以下简称人寿保险公司)投保商业第三者责任险。

人寿保险公司上诉理由：由于被保险车辆的驾驶员张某在事故发生时，没有从业资格证及道路运输经营许可证，属于商业第三者责任险拒赔的情形。按照《道路运输条例》《道路运输从业人员管理规定》《最高人民法院关于适用〈中华人民共和国保险法〉若干问题的解释（二）》的规定，驾驶营运车辆需要持有从业资格证及道路运输经营许可证，否则保险人不负责赔偿，这是强制性规定。保险人将其作为保险合同免责条款的免责事由，依法不适用免责格式条款无效的原则，原审判决错误。为此，人寿保险公司不服，提出上诉。

二审法院认为，人寿保险公司并未提供证据证明已经尽到了足以引起投保人注意的提示说明义务，且驾驶人能否驾驶机动车的前提是驾驶人是否按照规定取得相应的驾驶证，而不是驾驶人是否取得了从业资格证。在案卷宗显示，人寿保险公司并无证据证明驾驶人没有从业资格将会必然增加承保车辆运行的危险程度，亦无证据证明驾驶人系违反有关货运法律法规、机动车维修和货物装载保管基本知识导致交通事故的发生，因此，人寿保险公司应当如约履行保险合同。综上所述，人寿保险公司的上诉请求不能成立。

点评：保险公司要求营运车辆驾驶人必须具备从业资格证更多的是从减少保险理赔和加强保险管理方面考虑，而非影响交通事故危险系数。因而，营运车辆驾驶人没有从业资格证或从业资格证未及时年检时发生交通事故，保险公司不应免赔。

四、实习期内驾驶公共汽车、营运客车或牵引车发生交通事故，保险能否赔偿？

实习期包括取得驾驶证的实习期和增加驾驶车型的实习期。

增驾实习期免责应单独约定免责条款，否则保险公司不能因驾驶人在增驾实习期内驾驶机动车而免除赔偿责任。

参考案例

张某、河南兴鹤同力运输有限公司与中国人民财产保险股份有限公司鹤壁市分公司机动车交通事故责任纠纷案

案号：（2021）鲁民再200号

基本事实：秦某驾驶重型半挂车沿省道315线由西向东行驶时，与步行的李某、案外人K发生碰撞，造成K当场死亡、李某受伤、主车和半挂车损坏的道路交通事故。事故发生后，聊城市公安局交通巡逻警察支队临清大队认定秦某承担此事故的主要责任，李某承担事故的次要责任，K承担事故的次要责任。半挂车实际车主系张某，挂靠在河南兴鹤同力运输有限公司（以下简称同力运输公司）；事故发生时该车驾驶员系秦某，有A2准驾证（增驾A2，实习期至2018年5月5日），系张某雇员。半挂车在中国人民财产保险股份有限公司鹤壁市分公司（以下简称人保鹤壁公司）投保交强险及100万元商业第三者责任保险，并投保不计免赔险，事故发生在保险期间。

张某、同力运输公司提出再审理由：（1）二审认定事实错误，人保鹤壁公司未就免责条款向投保人履行明确的告知和说明义务。（2）原判决适用法律错误。首先，《道路交通安全法实施条例》系行政法规，明确规定实习期仅指初次申领驾驶证后的12个月，并不包含增驾实习期。公安部的《机动车驾驶证申领和使用规定》（2016年修改）[①]系部

① 最新版本为2024年修改，后文不一一赘述。

门规章，其虽规定实习期包含增驾实习期，但下位法的内容与上位法冲突时，应以上位法的效力为准。其次，对于实习期是否包含增驾实习期的争议，根据《保险法》第30条，应做出不利于保险人的解释。最后，增驾实习期的目的是使驾驶人熟悉准驾车型、车辆性能、运行等行驶情况，如不能在实习期内驾驶准驾车型，则失去了实习期本身的设立目的和意义。综上，人保鹤壁公司应在商业三者险范围内承担赔偿责任。

人保鹤壁公司辩称，根据《机动车驾驶证申领和使用规定》(2016年修改)，驾驶机动车牵引挂车必须持有A2驾驶证。根据该规定第14条，初次申领驾驶证范围不包括A2驾驶证，A2驾驶证只能通过增驾取得，《道路交通安全法实施条例》第22条第3款明确规定了驾驶人在实习期间不得驾驶载有爆炸物等危险物品的机动车，驾驶机动车不得牵引挂车，若该规定的实习期不包含增驾实习期则其第22条第3款规定无意义，因为只有驾驶人在获得相应车辆对应的驾驶证的前提下，才能有实习期内的相关禁驾规定。《机动车驾驶证申领和使用规定》(2016年修改)第75条规定与《道路交通安全法实施条例》第22条第3款规定一致。基于此，《道路交通安全法实施条例》规定的实习期是包含增驾实习期的，保险合同约定的实习期不存在争议，且保险条款该免责情形是法律、行政法规的禁止性规定，根据保险法司法解释，保险人仅负有提示义务，人保鹤壁公司在原一审、二审中已经提交相应证据证明其尽到了法律规定的义务。综上，本案应驳回申请人的再审请求，维持二审判决。

一审法院认为，因有关"实习期"的现行规定存在不一致，故对保险条款的理解易产生歧义，因此保险人在订立合同时的说明义务应当较之其他免责条款更为"明确、详尽"，即保险人应将保险条款中的“实习期”到底系何种含义向投保人或被保险人做出明确说明。本案中,人保鹤壁公司主张其已就免责条款向同力运输公司进行了明确说明,但投保人处的签名为“冯某”,系保险公司业务员,且保险公司提交的投保人声明并未体现保险人已就免责条款中“实习期”适用何种解释向投保人做了明确说明,因此人保鹤壁公司称其已就免责条款向投保人同力运输公司进行提示说明,一审法院不予采信,该免责条款对同力运输公司不产生效力,因此人保鹤壁公司应在商业三者险范围内承担赔偿责任。

二审法院认为,人保鹤壁公司主张秦某在增驾实习期内驾驶机动车牵引挂车,该公司在商业险范围内不承担赔偿责任。公安部《机动车驾驶证申领和使用规定》(2016 年修改)第 74 条规定了增驾车型的实习期,并规定在实习期内驾驶机动车不得牵引挂车。虽然公安部《机动车驾驶证申领和使用规定》(2016 年修改)不是行政法规,但该规章是交通安全管理的规范性文件,是对法律和行政法规的补充。公安部作为负责全国道路交通安全管理工作的行政部门,其发布的部门规章具有效力,在实践中也得到了普遍遵守。机动车驾驶人及相关运输企业均应知晓上述增驾实习期的规定。因此,在通常理解下,保险合同免责条款中“实习期”应包含增驾车型的实习期。依据一审中人保鹤壁公司提交的保险条款、保险投保单、投保人声明,保险合同中责任免除条款部分均用黑体字印刷,同力运输公司在投保单和投保人声明上均加盖公章予以确认,因此,应认定人保鹤壁公司就免责条款向投保人同力运输公司履行了提示和明确说明义务。秦某在实习期内驾驶机动车牵引挂车符合商业保险合同中责任免除条款的规定,一审判决人保鹤壁公司在商业三者险合同限额内予以赔偿显属不当,应予纠正。人保鹤壁公司的该项上诉请求成立,二审法院依法予以支持。

再审法院认为,首先,人保鹤壁公司作为保险人是否能以秦某处于A2增驾实习期内作为免责事由,应以秦某增驾实习期内驾驶禁驾机动车是否明显增加涉案交通事故发生的危险程度作为衡量标准,如果涉案交通事故的发生与秦某处于增驾实习期存在因果关系,则保险人有权依据免责条款拒绝承担保险责任,反之保险人仍应承担涉案保险事故的赔偿责任。根据事发地公安交通管理部门依法制作的涉案交通事故认定书的记载,秦某承担涉案交通事故主要责任的原因是其超速行驶、驾驶制动不良的机动车上路行驶、观察不当,违反了《道路交通安全法》第42条第1款、第21条、第22条第1款的规定,而上述法律规定中并无增驾实习期的禁止性规定。据此可见,涉案交通事故的发生与秦某处于A2增驾实习期没有因果关系。若以秦某处于增驾实习期作为免除人保鹤壁公司保险责任的事由,明显超出保险人控制经营风险的合理需要,不符合公平原则及被保险人的合理期待原则。其次,涉案商业三者险保险合同约定的实习期是否包括增驾实习期是判定保险人是否承担涉案保险赔付责任的关键。涉案机动车商业保险条款第24条约定:“在上述保险责任范围内,下列情况下,不论任何原因造成的人身伤害、财产损失和费用,保险人均不负责赔偿:……(二)驾驶人有下列情形之一者……5、实习期内驾驶公共汽车、营运客车或者执行任务的警车、载有危险物品的机动车或者牵引挂车的机动车……”本案事故发生时,秦某持有的驾驶证为“增驾A2,实习期至2018年5月5日”。根据我国现行道路交通法律法规、规章的规定,涉案保险条款约定的实习期存在两种解释。一是《道路交通安全法实施条例》第22条第2款、第3款规定的实习期,即机动车驾驶人初次申领机动车驾驶证后的12个月为实习期。二是公安部《机动车驾驶证申领和使用规定》(2016年修改)第74条、第75条规定的实习期,即机动车驾驶人初次申请机动车驾驶证和增加准驾车型后的12个月为实习期。涉案商业三者险保险条款是采用人保鹤壁公司提供的格式条款订立的,保险合同中仅约定了实习期,但该实习期是否包括增驾实习期未明示。《保险法》第30条规定:“采用保险人提供的格式条款订立的保险合同,保险人与投保人、被保险人或者受益人对合同条款有争议的,应当按照通常理解予以解释。对合同条款有两种以上解释的,人民法院或者仲裁机构应当作出有利于被保险人和受益人的解释。”据此规定,按照《道路交通安全法实施条例》规定的实习期对涉案保险条款进行解释显然有利于被保险人,而且《道路交通安全法实施条例》是行政法规,而《机动车驾驶证申领和使用规定》是部门规章,两者对实习期的规定冲突时,应以行政法规的规定为据。因此,二审判决认定涉案保险条款约定的实习期包括增驾实习期与《保险法》的规定不符。最后,《保险法》第17条第2款规定,对保险合同中免除保险人责任的条款,保险人在订立合同时应当在投保单、保险单或者其他保险凭证上做出足以引起投保人注意的提示,并对该条款的内容以书面或者口头形式向投保人做出明确说明;未作提示或者明确说明的,该条款不产生效力。按照上述法律和司法解释规定,公安部《机动车驾驶证申领和使用规定》中规定的增驾实习期不属于法律、行政法规中的禁止性规定情形,保险人以增驾实习期作为免责事由的,除通过在保险单上由投保人签署特别声明以示注意的方式,以及对保险免责条款采取加黑加粗等特别标注的方式履行提示义务外,还应当对投保人就增驾实习期作为免责事由的概念、内容及法律后果等,以书面或者口头形式向投保人做出明确说明，以便投保人明确保险免责条款的真实含义和法律后果，否则该保险免责条款对投保人不发生效力。就本案而言，虽然人保鹤壁公司已对案涉实习期的免责条款做了加黑加粗处理，同力运输公司作为涉案机动车投保人也在声明处加盖印章，但是这只能证明人保鹤壁公司对免责条款尽到了提示义务，不能证明人保鹤壁公司就增驾实习期的含义、内容以及增驾实习期内驾驶禁驾车辆所产生的法律后果履行了明确说明义务，故本案二审判决认定涉案保险合同约定的涉及实习期的免责条款对投保人产生效力，缺乏事实和法律依据。

综上，张某、同力运输公司的再审请求成立，再审法院依法予以支持。判决如下：(1)撤销山东省聊城市中级人民法院(2019)鲁15民终777号民事判决书；(2)维持山东省临清市人民法院(2018)鲁1581民初21号民事判决书。

点评：本案二审、再审两次改判，三级法院的法官对案件都有不同理解，对相关问题的论述已经非常全面。一审法院认为，投保单虽有公司盖章但投保人签名为保险公司业务员，且免责条款中没有明确增驾实习期字样，故不能免赔；二审法院认为，公安部颁布的规章在实践中已经得到广泛遵守，本案驾驶人应当知晓，且投保单中的免责条款已经加粗加黑，故应当认定保险公司履行了告知义务，保险免赔成立；再审法院认为，两部法律对同一问题有冲突时，应按照《保险法》的要求，对保险公司做出不利解释，故不应认定增驾实习期的合法性，并且增驾实习期免责应单独约定免责条款。笔者支持再审法院观点。

五、学习驾驶机动车时发生交通事故，如何赔偿？

学习驾驶时应由教练陪同，教练有时在车里，有时在车外。如果教练在车外指导学员驾车时发生碰撞,保险公司是否赔偿呢?

参考案例

中华联合财产保险股份有限公司渭南中心支公司与张某、王某、大荔县金龙机动车驾驶员培训学校机动车交通事故责任纠纷案

案号:(2022)陕05民终2532号

基本案情:赵某带领学员王某在秦东考务中心场地进行机动车驾驶人考试科目二基础和场地考前练习。秦东公司将驾校学员车交给赵某。驾校学员王某驾驶该车辆练习时,赵某在场地内进行指导。王某结束练习停靠车辆时,因操作不当将站立在场地东南角凉棚下的张某及凉棚碰撞,致张某受伤,凉棚与车辆受损。

中华联合财产保险股份有限公司渭南中心支公司上诉理由:(1)《道路交通安全法实施条例》第20条对学员学习驾驶机动车已有了具体规定,即学员学习机动车驾驶技能应当在教练员随车指导下进行,明确教练员必须在车上。教练车在副驾驶室均安装有辅助刹车设施,在遇到突发情况时,教练员可以随时处置,对发生事故起到防范作用。所以,不能因为驾驶培训行业普遍存在教练员车下、车外指导的情形就认为该行为合法。被上诉人王某在无教练员随车指导的情况下,单独驾驶案涉车辆,应依法认定其为无证驾驶。(2)依据《机动车交通事故责任强制保险条例》第22条以及《最高人民法院关于审理道路交通事故损害赔偿案件适用法律若干问题的解释》第15条之规定,被上诉人王某未取得驾驶资格驾驶车辆,即便上诉人承担交强险赔偿责任,也有权在赔偿范围内向侵权人主张

追偿权。(3)上诉人已提交了投保人盖章的投保单,投保人明确表示完全理解保险条款内容,对免责条款无异议,上诉人也在保险条款中对免责条款内容进行了加黑、加粗字体的特别标注。上诉人认为,依据《最高人民法院关于适用〈中华人民共和国保险法〉若干问题的解释(二)》第10条、第11条之规定,应当认定上诉人已经履行了提示义务,上诉人不应承担商业险赔偿责任。

被上诉人大荔县金龙机动车驾驶员培训学校(以下简称金龙驾校)答辩称,本案的车辆是驾校的"学"字牌车,应与一般车辆区别对待,这是投保人与保险人都明知的。交通事故发生后,交警勘查现场后认为本事故不是在道路上,而是在封闭的训练场上发生的,所以只做了交通事故证明,没有进行事故责任认定。因为不是在道路上,而是在封闭的训练场地发生的交通事故,本案不适用《道路交通安全法实施条例》第20条的规定。在特定环境下,对"随车"应该有特定理解,不论是车上还是车外都应理解为跟随。

二审法院认为,关于学习机动车驾驶,《道路交通安全法实施条例》第20条规定:"学习机动车驾驶,应当先学习道路交通安全法律、法规和相关知识,考试合格后,再学习机动车驾驶技能。在道路上学习驾驶,应当按照公安机关交通管理部门指定的路线、时间进行。在道路上学习机动车驾驶技能应当使用教练车,在教练员随车指导下进行,与教学无关的人员不得乘坐教练车。学员在学习驾驶中有道路交通安全违法行为或者造成交通事故的,由教练员承担责任。"上述法条规定,在"道路"上学习机动车驾驶技能,教练员应随车指导。关于"道路"的含义,《道路交通安全法》第119条规定,道路是指公路、城市道路和虽在单位管辖范围但允许社会机动车通行的地方,包括广场、公共停车场等用于公众通行的场所。本案中,王某学习驾驶机动车是在封闭的教学训练场上进行,不是在道路上,没有违反《道路交通安全法实施条例》第20条的规定。对于学员在道路之外如教学场地上单独驾驶车辆学习驾驶技能,法律法规没有禁止性规定,根据法无禁止即可为的原则,王某的行为不应认定为无证驾驶。本院认为,结合《道路交通安全法实施条例》规定和驾驶员培训时的惯常做法,对格式条款中"教练员随车指导"的适用范围,按照通常理解,应指学员在道路上学习驾驶机动车。案涉交通事故发生在封闭的、社会机动车不能通行的驾校训练场,故不适用上诉人主张的免责条款。

案涉交通事故虽然发生在道路之外,但根据《机动车交通事故责任强制保险条例》第43条的规定,机动车在道路以外的地方通行时发生事故,造成人身伤亡、财产损失的赔偿,比照适用本条例。王某不属于无证驾驶情形,被保险车辆发生交通事故,上诉人应当在交强险限额范围内予以赔偿。综上所述,上诉人的上诉理由不能成立,上诉请求应予驳回。

点评:法院认为事故发生地点并非"道路",而免责条款是建立在"道路"基础上的,所以免责条款无效。但是对第三者的赔偿,根据有关规定,不区分是非"道路"情况还是"道路"情况。结合本案可知,学员在驾校练车时教练在车上或者车外指导的,均不属于无证驾驶。

相关规定

《最高人民法院关于审理道路交通事故损害赔偿案件适用法律若干问题的解释》

第十五条 有下列情形之一导致第三人人身损害,当事人请求保险公司在交强险责任限额范围内予以赔偿,人民法院应予支持:(一)驾驶人未取得驾驶资格或者未取得相应驾驶资格的……

《中国保险行业协会机动车商业保险示范条款(2020版)》

第九条 在上述保险责任范围内,下列情况下,不论任何原因造成被保险机动车的任何损失和费用,保险人均不负责赔偿:……(二)驾驶人有下列情形之一者:……3、无驾驶证,驾驶证被依法扣留、暂扣、吊销、注销期间;4、驾驶与驾驶证载明的准驾车型不相符合的机动车。

第二十二条 在上述保险责任范围内,下列情况下,不论任何原因造成的人身伤亡、财产损失和费用,保险人均不负责赔偿:……(二)驾驶人有下列情形之一者:……3、无驾驶证,驾驶证被依法扣留、暂扣、吊销、注销期间;4、驾驶与驾驶证载明的准驾车型不相符合的机动车……

28. 机动车未年检发生交通事故的法律后果是什么?

律师答疑

机动车未年检不能成为保险公司免除自己赔偿责任的理由。

车险改革后商业险中关于机动车是否拥有合格路权以及发生交通事故是否免赔时的表述从“发生保险事故时被保险机动车行驶证、号牌被注销的,或未按规定检验或检验不合格”改变为“发生保险事故时被保险机动车行驶证、号牌被注销;被扣留、收缴、没收期间”,已经删除了未按规定年检和检验不合格的表述。即使在车险改革前,因机动车未年检保险公司拒赔也并未获得法院认可,多数情况下法院仍然会判决保险公司承担赔偿责任。

参考案例

中国人寿财产保险股份有限公司大连市分公司与中国太平洋财产保险股份有限公司大连分公司、向某保险人代位求偿权纠纷案

案号:(2023)辽02民终855号

基本案情:向某驾驶小型汽车,在大连市沙河口区五四路正仁街与王某驾驶小型汽车发生交通事故。经交通警察支队沙河口大队认定,向某负全部责任,王某无责任。发生事故时,向某驾驶的机动车逾期未年检。另查,王某在中国太平洋财产保险股份有限公司大连分公司(以下简称太平洋保险大连分公司)处投保了机动车交强险及商业第三者责任险。发生事故时,该车辆处于保险期间。王某车辆因本次事故共花费维修费97,261元,因责任方未向其支付,王某申请太平洋保险大连分公司先行垫付。太平洋保险大连分公司向维修单位直接支付该笔维修费。后王某向太平洋保险大连分公司出具了机动车辆索赔权转让书,认可收到太平洋保险大连分公司的车损赔款,并授权太平洋保险大连分公司得以其名义或自己名义向责任方追偿。经查,向某在中国人寿财产保险股份有限公司大连市分公司(以下简称人寿财险大连分公司)处为车辆投保交强险及商业第三者责任险。人寿财险大连分公司提供的保险单显示,向某系通过电子投保方式在其处为车辆进行投保,在机动车商业保

险/机动车交通事故责任强制保险投保单尾部投保人签名处有向某的签名；在机动车综合商业保险免责事项说明书尾部投保人声明处用加黑字体记载“保险人已通过上述书面形式向本人详细介绍并提供了保险险种所适用的条款，并对其免除保险人责任的条款（包括责任免除条款、免赔额、免赔率等免除或者减轻保险人责任的条款），以及本保险合同中付费约定和特别约定的内容向本人做了书面明确说明，本人已充分理解并接受上述内容，同意以此作为订立保险合同的依据。本人自愿投保上述险种”，在该免责事项说明书尾部投保人签章处有向某签名。该机动车商业第三者责任保险第24条载明，在上述保险责任范围内，下列情况下，不论任何原因造成的人身伤亡、财产损失和费用保险人均不负责赔偿……被保险人机动车有下列情形之一者：发生保险事故时被保险机动车行驶证、号牌被注销的，或者未按规定检验或检验不合格。

人寿财险大连分公司上诉理由，被上诉人向某驾驶车辆在事故发生时未进行年检。虽然向某在事故发生后到车辆主管部门进行了车辆检验，但该检验行为发生于事故发生后，并不当然能够证明事故发生时车辆安全且不存在安全隐患，也不能排除事故发生时车辆存在的风险。上诉人与被上诉人向某之间形成的保险合同关系是双方真实意思表示，内容不违反法律、行政法规的强制性规定，合法有效，对双方当事人具有约束力，双方当事人应按照保险合同约定全面履行合同义务。《道路交通安全法》第13条第1款规定，对登记后上道路行驶的机动车，应当依照法律、行政法规的规定，根据车辆用途、载客载货数量、使用年限等不同情况，定期进行安全技术检验。保险条款第24条第3款第1项约定，发生保险事故时被保险机动车行驶证、号牌被注销的，或者未按规定检验或检验不合格，属于保险人责任免除的情形。本案中,向某车辆未按期检验在客观上完全归责于被上诉人向某,且向某未提供证据证明事故发生前该车辆不存在安全隐患及风险,因此该车辆所发生交通事故造成的损失符合案涉保险合同中所约定的保险人免责的情形。

二审法院认为,首先,人寿财险大连分公司提交的投保人声明有"向某"的签字确认,认可保险人已针对免除保险人责任的条款向其做了明确说明,向某虽否认该签名为其本人所签,但未提交相反证据或申请司法鉴定,故应认定上诉人已就免责条款向被上诉人向某进行了提示说明。其次,保险人将车辆未按规定检验的情况约定为其不负责赔偿的情形,系因未年检且不具备安全性能的车辆会导致发生保险事故的风险增加,保险人为防止此种风险而做此约定。而本案中,案涉保险事故系因向某未遵守交通规则所致,上诉人无证据证明案涉事故发生时,向某的车辆存在安全隐患可致其车检不合格,或车辆的安全隐患与案涉保险事故间存在因果关系,向某车辆未及时年检并未加重上诉人的保险责任风险。且上诉人认可向某车辆在事故发生第二天即进行了车检,并仍在上诉人处投保了交强险,即上诉人对向某车辆的安全性能是认可的。综上所述,上诉人人寿财险大连分公司的上诉请求不成立,应予驳回。

点评:发生事故时如果机动车未年检,但在之后通过正常年检的,证明机动车并无安全性能问题,发生交通事故与机动车未年检并无关系,因而,保险公司不应当因机动车未年检而免赔。

29. 机动车危险程度显著增加后发生交通事故如何赔偿？

律师答疑

机动车被转让、改装、加装或改变使用性质等导致机动车危险程度增加的，应通知保险公司，否则商业险免于承担赔偿责任。一般情况下，机动车转让并不会导致机动车危险程度增加，因而机动车转让无须通知保险公司。

危险程度增加有两个方面：一是对机动车进行改装、加装使机动车本身的性能发生变化；二是改变机动车的用途、使用频率等，使事故风险增加。

在司法实践中，保险公司需要承担危险程度显著增加，以及因危险程度显著增加而发生的保险事故的举证责任。除非有政府机关出具的相应证明文书，否则在证据的关联性认定上较为困难。

参考案例

中国大地保险股份有限公司潍坊中心支公司、曹某财产保险合同纠纷案

案号：(2022)鲁07民终9489号

基本案情：曹某为其自有车辆轻型栏板货车在中国大地保险股份有限公司潍坊中心支公司（以下简称大地保险公司）投保机动车

综合商业保险，其中机动车损失保险金额为160,542元。2022年4月15日，寿光市恒友果蔬专业合作社蔬菜收购点泡沫箱仓库北侧空地处发生火灾，过火面积600平方米，烧毁曹某的货车、泡沫包装箱、板房、冷库设备等物品。经寿光市消防救援大队现场勘查认定起火原因：排除人为纵火、遗留火种、货车自燃引发火灾的可能，不排除曹某卸载泡沫箱时，泡沫箱被风吹起触碰上方的电线，电线发生故障引燃周边可燃物引发火灾的可能。

大地保险公司上诉理由：(1)上诉人一审中提交了案涉车辆火灾事故发生前及发生时车上违规加装铁架装载泡沫箱情况证明，足以证实车辆载货量巨大，存在超高超宽、违规装载情况。《道路交通安全法》第48条规定，机动车载物应当符合核定的载质量，严禁超载；载物的长、宽、高不得违反装载要求，不得遗洒、飘散载运物。《道路交通安全法实施条例》第54条规定，机动车载物不得超过机动车行驶证上核定的载质量，装载长度、宽度不得超出车厢，并应当遵守下列规定：……其他载货的机动车载物，高度从地面起不得超过2.5米。从上诉人一审中提交的事故车辆行驶途中卡口监控录像截图明显可以看出，案涉车辆装载的泡沫箱宽度超出车辆车厢左右两侧，装载高度明显超出车头高度一倍，远高于限制高度2.5米。上诉人一审中提交的事故现场查勘照片及对被上诉人的询问笔录中均有记载事故前、事故时案涉车辆加装6米铁架并满载泡沫箱的情形。上诉人提交证据足以证明事故前、事故时案涉车辆存在非法改装、违规装载情形。(2)案涉火灾发生与被上诉人违规装载存在因果关系。案涉火灾系卸载泡沫箱过程中泡沫箱被风吹起碰触上方电线、电线发生故障引燃导致。根据交警部门卡口监控截图可见，案涉车辆所载泡沫箱系多个一捆横向摆放，再借由帆布架子及捆扎绳进行捆绑固定。卸车时由装卸人员解除捆绑绳，托举成排泡沫箱卸下。火灾事故现场周边电线架设高度在5米左右。案涉车辆泡沫箱装载高度接近电线架设高度，虽车辆正常通行过程中碰触不到沿边电线，但泡沫箱在卸下过程中由装卸人员托举，若遇风吹起已解除捆绑固定或正在装卸的泡沫箱，因泡沫箱质量较轻但体积较大受风面积大，极易碰触与之相近高度的电线引发故障引燃导致火灾。被上诉人违反安全装载规定，超高、超宽装载泡沫箱，且存在违规改装、加装铁架装载货物的法律禁止性行为，导致案涉车辆卸货过程中遭遇事故风险加大，与火灾事故发生具有直接关联，属于上诉人机动车损失保险免除赔偿责任情形。(3)上诉人已就上述免责事由尽到提示义务，亦尽到明确说明义务，上诉人商业保险不承担赔偿责任。保险条款中机动车损失保险责任免除部分第10条第2项、第3项规定，“违反安全装载规定；被保险机动车被转让、改装、加装或改变使用性质等，导致被保险机动车危险程度显著增加，且未及时通知保险人，因危险程度显著增加而发生保险事故的，保险人不承担赔偿责任”，该条款已做加粗加黑处理，足以引起投保人注意。免责事项说明书就上诉人案涉免责事项已做书面解释说明，且以上两项目均系法律禁止性规定，上诉人提交的投保单、免责事项说明书投保人声明处记载“本人(单位)已经仔细阅读保险条款，尤其是黑体字部分的条款内容，并对大地保险公司条款内容的说明和提示完全理解，没有异议，申请投保。以上填写的内容均属实，同意以此投保单作为订立保险合同的依据”。投保人签名处有曹某的签字。上诉人已就涉案保险免责条款向投保人尽到提示义务，商业险不应当承担赔偿责任。

二审法院认为，上诉人补充提交的证据均非《民事诉讼法》规定的一审判决后形成的二审新证据，且部分证据存在来源与形式瑕疵。从证据的内容来看,现有证据并不足以有效证实上诉人有关因被上诉人违规装载致涉案火灾事故发生的主张成立,故对上述证据就上诉人免责主张的证明效力,二审法院不予确认。本案中,交警或消防等职权部门并未确认被保险车辆违规改装及装载系火灾发生原因的事实,上诉人虽在一审、二审中就其主张举证及补充举证,但现有证据仍不足以证实被保险机动车因违规改装、装载致危险程度显著增加并致火灾事故发生的事实成就,上诉人应对此承担不利法律后果,故其保险免责主张,事实依据不足,二审法院不予支持。

点评:保险公司代理人到交警队调取了事发前案涉车辆的视频,提供事故现场勘查照片及对投保人的笔录,证明案涉车辆经过违法改装;还提供投保人签字的免责声明,且免责条款已经加粗加黑,甚至提供证据证明事发时天气情况,已经穷尽举证能力,虽然法院未予采纳,但也可以给代理类似案件的律师作为参考。

刘某与中国平安财产保险股份有限公司哈密中心支公司财产保险合同纠纷案

案号:(2021)新22民终698号

基本案情:2020年9月7日,刘某购买起亚牌SUV车辆,并在中国平安财产保险股份有限公司哈密中心支公司(以下简称平安保险公司)投保了机动车损失保险。保险单上载明车辆使用性质为非营运,保险期限自2020年9月7日至2021年9月7日。2020年9月24日上午,李某与飞翔公司签订租赁合同,约定飞翔公司将案涉车辆租给李某,租期15天,约定租金4950元。2020年9月24日19时许,李某驾驶案涉车辆与他人驾驶的车辆相撞,造成车辆损坏的交通事故,交警部门认定李某负事故全部责任。事故发生后,案涉车辆被送至哈密市宝宇德汽车销售有限公司进行维修，产生维修费用共计99,101.42元。平安保险公司于2020年10月20日向刘某出具机动车辆保险拒赔通知书。刘某不服，提起诉讼。一审判决后，刘某不服一审判决结果，提起上诉。

刘某上诉理由：(1)投保车辆的租赁行为并未改变车辆的非营运性质。营运车辆系以获取报酬为目的，从事公路运输经营活动，汽车租赁公司将车辆出租后，报酬并非基于从事公路运输经营活动而获得，而是基于向承租人让渡了租赁车辆的使用权而获得。同时，承租人在使用租赁车辆从事道路运输活动的过程中，并不以获取报酬为目的，而仅仅是将租赁车辆作为自身的代步工具而使用，属于非营运性运输。刘某与飞翔公司相关人员系朋友关系，临时把车辆出借给飞翔公司使用是一种分享行为，该行为并未改变车辆的非营运性质。(2)投保车辆的出借行为，并未导致保险标的物的危险程度显著增加。刘某临时将车辆借给飞翔公司使用，与飞翔公司将车辆用于公司日常经营活动使用或将车辆交付公司高管使用作为公司的福利待遇相比，并不必然导致车辆使用频率增加。保险公司在承保时实际上应当知晓投保车辆可能被用于个人租赁使用，而保险公司同意以非营运车辆性质承保汽车租赁公司的车辆时，实际属于保险公司已然知晓并允许投保车辆可用于个人租赁使用。在此情况下，保险公司不应该在投保车辆发生交通事故时，以租赁行为改变了车辆非营运性质为由而拒绝进行商业保险理赔，逃避相应的法律责任。(3)保险合同条款属于格式条款，平安保险公司与刘某签订合同时并没有对免责条款尽到说明注意义务。原审法院适用法律错误。刘某和平安保险公司在签订保险合同时，平安保险公司并未对个人借用车辆行为是否属于营运性质以及免责事由尽到提示说明义务,说明平安保险公司在订立合同时已经认同非营运性质包括借用车辆的行为,故平安保险公司应当承担保险责任。

二审法院认为,保险合同是双务合同,保险标的的危险程度与保费为对价关系,保险公司根据被保险车辆的用途,设置了不同的保险费率。《保险法》第52条规定:"在合同有效期内,保险标的的危险程度显著增加的,被保险人应当按照合同约定及时通知保险人,保险人可以按照合同约定增加保险费或者解除合同。保险人解除合同的,应当将已收取的保险费,按照合同约定扣除自保险责任开始之日起至合同解除之日止应收的部分后,退还投保人。被保险人未履行前款规定的通知义务的,因保险标的的危险程度显著增加而发生的保险事故,保险人不承担赔偿保险金的责任。"结合本案情况,相较于非营运车辆,营运车辆使用频率高,运行里程多,发生交通事故的概率自然也大。以非营运性质投保的车辆,如果从事运营活动,显然导致车辆风险显著增加,投保人应当及时通知保险公司,保险公司可以对保险合同是否继续履行做出相应的选择。本案中,刘某将其所有的起亚牌SUV车辆按照非营运性质向平安保险公司投保,但车辆使用过程中却改变用途,将车辆交付给飞翔公司用于出租经营,车辆的使用范围、时间、频率及发生事故的可能性一般会高于非营运性质车辆,属于"保险标的的危险程度显著增加的"情形。除此之外,平安保险公司提供的机动车综合商业保险单中,特别约定事项第5条载明:非营运车辆从事营业性运输或租赁活动,发生保险责任范围内的事故,不负责赔偿。刘某认为,其车辆用于出租不属于"营业性运输",性质上仍然属于"非营运",营运车辆运管部门会颁发专门的运输资格证。对此,二审法院认为,机动车按使用性质分为营运、非营运和运送学生。营运机动车是指个人或者单位以获取利润为目的而使用的机动车，非营运机动车是指个人或者单位不以获取利润为目的而使用的机动车。有关规定将租赁定性为“营运”性质，即租赁是指专门租赁给其他单位或个人使用，以租用时间或者租用里程计费的机动车。换言之，广义的“营运”车辆即以获取利润为目的而使用的机动车，本案刘某的行为符合该条件，故可认定为改变车辆的用途。飞翔公司提出哈密途安汽车租赁有限公司向平安保险公司投保的机动车综合商业保险，该保单显示使用性质为“非营运”，但在租赁过程中发生保险事故，保险公司均进行了理赔。对此，二审法院认为，首先，保险合同仅对签订双方产生约束力，其效力不及于第三人。其次，租赁性质的车辆并非不能投保，而是产生的保费不同，故其提供的该保单与本案无关。本案中案涉车辆的租赁使用导致危险程度显著增加，属于法定免责事由，刘某以平安保险公司未尽到免责条款的提示义务为由主张免责条款无效的理由不成立。综上所述，刘某的上诉请求不能成立，应予驳回。

点评：本案中两个基本问题：一是将车辆出租给租车公司，租车公司又出租给其他人，是否属于营运？二是保险公司因危险系数增加免予赔偿，是依据法律规定还是合同约定，保险公司是否应当尽到免责条款告知义务？围绕这两个问题司法实践中争论不休，并不能因为某个判决支持或不支持原告诉讼请求，就将同一问题简单化、片面化地理解为其他案件均应如此适用。

相关规定

《中国保险行业协会机动车商业保险示范条款(2020版)》

第三十四条 下列原因导致的人身伤亡,保险人不负责赔偿:……(二)被保险机动车被转让、改装、加装或改变使用性质等,导致被保险机动车危险程度显著增加,且未及时通知保险人,因危险程度显著增加而发生保险事故的……

《保险法》

第五十二条 在合同有效期内,保险标的的危险程度显著增加的,被保险人应当按照合同约定及时通知保险人,保险人可以按照合同约定增加保险费或者解除合同。保险人解除合同的,应当将已收取的保险费,按照合同约定扣除自保险责任开始之日起至合同解除之日止应收的部分后,退还投保人。被保险人未履行前款规定的通知义务的,因保险标的的危险程度显著增加而发生的保险事故,保险人不承担赔偿保险金的责任。

30. 什么是机动车辆安全统筹?

律师答疑

机动车辆安全统筹(以下简称机动车统筹)类似于机动车商业保险,但与商业保险存在本质区别。

1993年云南省成立了云南省交通安全统筹中心。云南省的机动车统筹制度要求该省交通厅原直属企事业单位按所拥有的车辆数目缴纳交通安全统筹费，用于参加交通统筹的车辆在遭遇交通事故以及受到自然灾害、造成旅客意外伤害等情况后的各种经济赔偿。《道路交通安全法》实施后，云南省政府法制办请示国务院法制办交通安全责任统筹能否视同第三者责任强制保险。国务院法制办收到请示后，回函认为，机动车投保第三者责任强制保险是必须的，交通安全责任统筹不能代替交强险。

但是对于商业险，并不是强制投保，所以也有许多运输服务公司销售类似于车险商业保险的车辆统筹，如机动车第三者责任统筹、机动车车辆损失统筹。

机动车统筹与机动车商业保险有类似之处，都是由车辆所有人或管理人缴纳一定数量的保费或统筹经费，发生事故后由保险公司或者统筹公司优先在合同范围内承担赔偿责任。

机动车统筹与机动车商业保险不同的地方在于：

（1）销售主体不同。开展“机动车辆安全统筹”业务的汽车服务公司属于一般公司，而销售机动车商业保险的是国务院保险监督管理机构批准设立的保险公司。

（2）监管主体不同。“机动车辆安全统筹”在“投保”和“理赔”上均不像保险公司有严格的标准和原则，投保费率上有较大的空间，理赔时效及基本理赔规则也不在我国《保险法》及原银保监会的监管范围之内，目前我国也没有专门的监管机构和专门的法律法规对机动车统筹业务进行约束，如何理赔、理赔标准、赔多赔少、何时赔都是按“机动车辆安全统筹”合同约定。

（3）风险承担能力不同。国家不允许保险公司破产，如果保险公司资不抵债无法经营，应该进行重组或者合并。债权债务关系由其他保险公司承继，故保险公司也不能因资不抵债而拒绝履行生效判决。例如安邦保险公司因各种原因被取缔,之后由新成立的大家保险公司承继了安邦保险公司的权利和义务,包括人员、财产、保单等。保险公司的经营问题并不会使保险责任无法生效。开展机动车统筹业务的公司则完全不同,仅根据《公司法》进行运营,一旦公司出现资不抵债问题,很可能使统筹责任无法履行。

(4)诉讼主体地位不同。司法解释专门规定了保险公司在机动车交通事故案件中的诉讼主体地位,甚至有的法院在立案审查时要求必须将交强险公司列为共同被告,否则不予立案,除非案涉车辆发生事故当时没有投保交强险。开展机动车统筹业务的汽车服务公司在机动车交通事故案件中的诉讼主体地位存在争议,有的法院认为为减轻当事人诉累,应该比照商业险保险公司将机动车统筹公司也一并列为共同被告,便于审理;而有的法院则认为,将车辆统筹公司列为共同被告没有法律依据,应该按照合同相对性原则,在责任方赔偿受害人后再根据"机动车辆安全统筹"合同要求车辆统筹公司承担责任。

(5)管辖法院不同。交通事故案件属于侵权案件,既可以在侵权行为地法院提起诉讼,也可以在被告所在地法院起诉。但是如果不能将车辆统筹公司列为共同被告,则只能按照合同纠纷处理。有的"机动车辆安全统筹"合同还约定了管辖法院,发生争议需要到该公司所在地法院起诉,这就将带来更多的诉讼成本。

车险改革后机动车商业保险的费率有了显著降低,机动车统筹保费已经没有多少优势,在理赔上统筹比之保险更是先天不足。有的重型自载货车出险次数多,导致保险公司拒绝为他们承保商业险,这些车主又有保险需求,因而购买了机动车统筹业务。建议车辆所有人或管理人到保险公司购买适合的保险,而不是参加机动车统筹。

第四篇

赔偿项目之医疗费

引　言

本篇主要讲述人身损害赔偿项目的计算方式以及证据要求。首先自然是医疗费，医疗费是人身损害赔偿中伤者最先要面对的问题。交通事故的伤者从受伤开始，一直到赔偿结束，都需要考虑和解决围绕医疗费产生的诸多问题。

这些问题包括：住院应该谁垫付医疗费？没钱看病，对方也不给垫付怎么办？住院治疗的级别是否有限制，单间是否可以？救护车能不能用私人的？护理费属于医疗费吗？不在医疗保险范围内的医疗费应由谁承担？保险公司能否垫付医疗费，能垫付多少钱，怎么申请？二次手术费能否在二次手术之前主张？交通事故受伤后同时治疗自身疾病的费用，如何认定？获得交通事故赔偿后，能否再到寿险保险公司理赔？

人身损害赔偿是个易学难精的内容，代理人只要了解基本的法律规定就可以代理大多数案件。医疗费相关问题也是如此，如果用一句话简单概括交通事故中医疗费纠纷的相关问题及处理方法，那就是：起诉后一般都赔。但是想要明确掌握医疗费赔偿中各种法律问题的细节和背后的法律原理并在案件中加以使用则并不简单。

31. 医疗费都包含哪些项目？

32. 后续治疗费能否在实际发生前赔偿？

33. 医疗保险之外的医疗费，保险公司赔偿吗？

34. 超出医疗终结期的医疗费能否赔偿？

35. 交通事故产生的医疗费，其他保险能否赔偿？

36. 交通事故导致自身病情加重，产生的医疗费应该如何赔偿？

31. 医疗费都包含哪些项目？

律师答疑

医疗费从狭义上理解只包括伤者在住院期间产生的费用，不包括在药店购买药品的费用和出院后产生的其他治疗费。广义上理解的医疗费既包括受伤后送医时产生的救护车费，也包括门诊治疗费，住院治疗期间产生的手术费、床位费、药品费，还包括出院后购买药品、复查病情以及康复治疗产生的一切与治疗病情相关的费用。司法实践中的医疗费具体可以包含：挂号费、门诊费、药品费、住院费、康复费、整容费、二次手术费、救护车费等。

(1)挂号费。挂号费是指到医院治疗前按照医院规定选择科室和医生问诊的费用，不包括找挂号公司购买高价二手医生号的费用。非法费用不能获得法院支持，这是法院审理案件的基本原则，就如同手术费也不包括红包费一样。

(2)门诊费。门诊费是指到医院门诊治疗产生的费用。门诊费包括门诊药费、门诊手术费、门诊诊疗费等，伤者经过住院治疗，出院后再次到医院复查病情，也属于合理的门诊费。从证据形式上看，医院一般会为挂号费单独出具票据，故这里将门诊费与挂号费分别列出。门诊治疗与住院治疗最大的区别是门诊当天完成治疗，如果门诊治疗后伤者仍需要继续治疗，就需要办理入院手续住院治疗，或者去其他医院就诊治疗。伤者在经过门诊治疗后，在保险理赔或者诉讼时，为证明门诊治疗情况需要提供门诊手册。有的伤者去过多家医疗机构进行了多次门诊治疗，就需要提供每一次治疗的门诊手册作为证据。曾有当事人在受伤后的两年内，因为滑膜炎去了八家医院挂号及门诊治疗，既有省内也有省外的医疗机构。多数医院都建议她住院治疗，结果她不遵从医嘱，只是不停到各地问诊。庭审时，法官问她为啥不住院治疗？她说没钱住院。但是在各地医院的门诊费也花了不少，最后也没住院治疗。保险公司对她的门诊费不予认可，认为她对同一确定病情多次问诊，属于扩大损失，仅同意赔偿第一次门诊费用。最终，法官审理后还是支持了她所有的门诊费。

(3)药品费。药品可以在医院购买也可以在医院外的药店或者网络购买，在药店购买的药品小票应尽量换成发票。在医院之外药店购买药品，一般需要提供医生诊断证明，证明购买药品的合理性。很多医生都不给开具需要购买某种药品的医生医嘱单，仅给予口头医嘱，告诉伤者家属需要购买某类药物。有时家属要求医生在购买的药品发票后加盖医生名章，这一行为并不会直接被认定为该药品系遵循医生医嘱购买，但也能从侧面增加法官对这一证据的感官认识，对法院运用自由裁量权认可药品合理性有一定帮助。

(4)住院费。住院费是指伤者因住院治疗产生的费用，包括手术费、药品费、床位费、护理费等。有的医院会把空调费、暖气费等医院成本一并算入伤者的医疗费里，而且还写在了医疗费用明细中。有的伤者在发生交通事故后住院时住了单间，产生单间费、服务费等费用。这些在保险理赔或者诉讼时都比较容易产生争议，保险公司理赔时一般会将医疗费中的医疗保险名录之外的药品、器材和超出必要的医疗服务核减出去，不同意赔偿。如果伤者直接起诉要求法院判决保险公司赔偿全部医疗费呢？法官有一定的自由裁量权,在审查医疗费票据和住院费用清单后,对于医保外的费用有可能直接判决赔偿义务人赔偿,也可能直接将不合理的费用剔除,由受害人自行承担。在争议不大的医疗费用合理性问题上,法官具有自由裁量权,并非所有的案件均需要赔偿义务人提供足以改变案件事实的关键证据。交通事故的伤者住院治疗需要遵循什么标准没有明确的规定,根据侵权责任的一般原理,只应赔偿伤者必要的损失,但具体到个案中并没有统一标准。

曾有一个案件的当事人住院花费医疗费6万余元,其中有将近2万元的高级单间费,保险公司拒赔。后来伤者起诉到法院,法官审理后也认为高级单间费不属于合理费用,因而在判决中没有支持这部分费用。对于这部分医疗费,当事人自己也有预期,虽然没有获得赔偿,但也没有因此责怪代理人,而且其他赔偿项目获得的赔偿款比保险公司理赔金额也高出很多,当事人对最后的判决结果也比较认可。在另一个案件中,一个刚满20岁的小姑娘因骨盆骨折住院,她感觉自己如厕有一定困难,因而选择了住医院单间。理赔时保险公司也拒绝赔偿单间费,但法院审理后认为伤者的诉求合理,判决支持了全部的医疗费用。另外,空调费、取暖费,法院一般也是可以直接判决赔偿义务人承担的。

(5)康复费。俗话说"伤筋动骨一百天",就是说骨折后治疗和恢复至少需要三四个月的时间。其中,伤者的住院治疗时间可能只有十几二十天,养病却要两三个月或者更长时间。不过,伤者进行手术治疗更容易恢复,后期康复时间相对会少一些。

《最高人民法院关于审理人身损害赔偿案件适用法律若干问题的解释》中明确规定"器官功能恢复训练所必要的康复费"属于合理的医疗费用,因而康复费应当由赔偿义务人承担。有些伤者在选择康复医院时存在疑问,害怕康复治疗缺乏合理性,导致后期无法获得赔偿。伤者如果想在高级别医院治疗后转院到低级别医院进行康复治疗是行不通的,高级别医院一般不会出具转院证明。因为转院只能从低级别医院转到高级别医院,不能反过来从高级转到低级。其实伤者可以直接办理出院手续,然后再到需要住院治疗的康复医院办理入院即可。没有转院证明并不会影响康复治疗的合理性。

实践中康复费往往并不会被单独主张,而是一同计算为医疗费。这与伤者选择的康复机构有关,如果是正规的三甲公立医院,能够出具住院病案和医疗费票据,一般会按照医疗费主张。如果是低级别医院、私立医院,或者无须住院治疗的康复机构,伤者可能需要按照康复费主张赔偿,举证也较为困难。发生交通事故后,如果肇事司机保险足额,应尽量选择正规医院,以免给后续赔偿造成不利影响。

(6)整容费。整容费并不仅仅指面部整容,身体外露部分的疤痕修复费也属于整容费,实际产生后法院也应当支持这部分损失。关于整容费还需注意的是,整容仅指针对交通事故造成的损失进行修复,而非为了满足伤者额外的美容需求,如割双眼皮、开眼角等医美活动并不属于合理费用,不应当由赔偿义务人承担。

(7)二次手术费。交通事故导致伤者骨折,就医时需要选择是手术治疗还是保守治疗。一般来说,保守治疗是给骨骼提供自己愈合的环境,因而费用较低,但恢复时间长;手术治疗会在体内植入钢钉、钢板,这样伤者恢复更快,但医疗费用也较高,而且需要在骨骼生长稳定后进行手术将体内的钢钉、钢板取出。取出体内固定物的手术一般称为“二次手术”,有时候伤者体内的固定物需要多次分不同时段取出，对第三次、第四次手术一般也称为二次手术。二次手术费是因交通事故侵权行为产生的后续合理费用，应当由赔偿义务人承担。

(8)救护车费。救护车费可能在伤者入院、出院和转院时产生。救护车虽然是一种交通工具，但也配备了一定的医疗器械和医护人员，在救护车运输伤者的途中也会进行一些简单的医疗行为，所以救护车费既可以属于交通费也可以属于医疗费。不同医院对救护车的管理有很大差别，有的医院有专属救护车，救护车费一并计算到伤者的医疗费中，在医疗明细单中有具体记载；有的则由本市急救中心统一调遣，开展救护车的运营，统一出具救护车专属票据；还有的医院管理混乱或者较为偏远，只提供私人的救护车服务。那么起诉时应当将救护车费算作医疗费还是交通费呢？

情景实例

村花小苏驾驶农用四轮车与驾驶凯迪拉克回家收玉米的老肖发生交通事故，交警认定小苏负事故主要责任，老肖承担次要责任。交通事故造成小苏受伤，老肖帮小苏呼叫救护车将其送到县医院治疗，老肖并未跟随。县医院发现小苏伤情严重建议转院，当日小苏转院到市医科大学第一附属医院治疗。因路途遥远，小苏花费救护车费8000元。小苏住院花费医疗费5万元，伤情不构成伤残。经查，老肖因生意问题已经被列入失信被执行人名单，他和债务人商谈还债事宜时，趁债务人不注意私自将债务人的凯迪拉克开走。如果小苏提起诉讼，救护车费应当按照医疗费主张还是按交通费主张？

答：起诉时将救护车费列入交通费赔偿项目可能比列入医疗费赔偿项目获得更多的赔偿。因为小苏承担事故主要责任，并且小苏花费的医疗费已经超出18,000元的交强险医疗费责任限额,如果将救护车费计算到医疗费中,就需要划分责任赔偿,小苏只能够按照8000元的30%即2400元获得赔偿。如果将救护车费算作交通费,因为小苏不构成伤残,所以交强险死亡伤残限额18万元可以足额赔偿该8000元交通费,无须根据事故责任认定按比例计算赔偿数额。另外,还需要判断老肖的实际履行能力。赔偿数额在交强险责任限额内由保险公司赔偿,但如果在交强险责任限额之外,应当由侵权人老肖进行赔偿,然而老肖已经成为失信被执行人,没有能力履行判决,最后这部分损失小苏可能就无法获得赔偿了。即便事故车辆凯迪拉克投保了机动车商业三者险,但当时老肖系私自开走他人车辆,未经投保人同意,并非合法驾驶人,保险公司勘察案件后会在商业险范围内拒绝赔偿,所以仍然存在判决无法履行的风险。不同的法官可能对救护车费的属性有不同的看法,但是这样细微的差别,多数时候法官是不会在意的,经法院确认赔偿数额的合理性后,原告或者代理人按照何种赔偿项目主张均可。法官与律师的司法地位不同,考虑问题角度也不同,法官需要对判决的公正性负责,律师应更多考虑判决的实际效果,最大限度维护当事人实际利益。

相关规定

《最高人民法院关于审理人身损害赔偿案件适用法律若干问题的解释》

第六条 医疗费根据医疗机构出具的医药费、住院费等收款凭证,结合病历和诊断证明等相关证据确定。赔偿义务人对治疗的必要性和合理性有异议的,应当承担相应的举证责任。

医疗费的赔偿数额,按照一审法庭辩论终结前实际发生的数额确定。器官功能恢复训练所必要的康复费、适当的整容费以及其他后续治疗费，赔偿权利人可以待实际发生后另行起诉。但根据医疗证明或者鉴定结论确定必然发生的费用，可以与已经发生的医疗费一并予以赔偿。

32. 后续治疗费能否在实际发生前赔偿?

律师答疑

不同法院对后续治疗费的裁判不同，有的法院会采纳鉴定机构关于后续治疗费的司法鉴定意见书，在实际发生前一并赔偿后续治疗费；有的法院则认为后续治疗费应当在实际产生后另行主张。

后续治疗费主要包括康复费、整容费和二次手术费。根据司法解释的规定，后续治疗费可以在实际发生后另行诉讼，如果有医疗证明或者鉴定意见确定必然发生，也可以与已经发生的医疗费一并要求赔偿，也就是说可以在实际发生前获得赔偿。但司法实践中需要根据具体地方法院的司法惯例来决定，一般是每个地区高级人民法院决定本地区司法适用情况。例如，北京市和河北省，均不支持后续治疗费在实际产生前通过诉讼途径获得赔偿，即便鉴定机构根据伤者受伤情况预估出伤者取出体内固定物的费用，法院在审理后也不支持该部分的诉讼请求。当然，如果在保险责任范围内，保险公司对鉴定意见认可并同意赔偿；或者在保险责任外，其他赔偿义务人同意赔偿的话，法院也是可以判决在实际费用产生前赔偿的。也有的地区，如黑龙江省认可后续治疗费预估的鉴定意见，即便赔偿义务人不同意在实际费用产生前赔偿,法院也可以根据鉴定意见在本次诉讼中直接判决赔偿义务人一并承担赔偿责任。

实践中,二次手术费经过鉴定机构评估的数额会低于医院医生给出的估算数额。一方面,鉴定中心会综合考虑各级医院的收费标准,并不完全参照三甲医院的手术费收费标准;另一方面,医生给出后续治疗费建议时也会留出空间,以免后续治疗实际花费比预估得多时,家属来找医生的麻烦,产生不必要的医患纠纷。鉴定机构一般会给出一个确定的数额或者数额区间,再补充一句“以实际花费为准”。如果确实没有必要进行后续治疗,也会做出“不支持后续治疗”的鉴定意见。

如果在本诉中通过鉴定意见支持了后续治疗费,那么后续实际产生的治疗费高于鉴定意见确认的金额时,伤者也无权再主张已经获得赔偿数额与实际损失之间的差额;如果实际后续治疗费低于鉴定意见确认金额,赔偿义务人也无权要求伤者返还差额,当然更多的时候是赔偿义务人并不会了解伤者实际花费的后续治疗费金额。

如果后续治疗费允许在实际发生前获得赔偿,还会产生其他问题,例如,伤者在二次手术治疗时使用医疗保险报销是否可以?因为交通事故属于第三人侵权,所以住院治疗费用是不能要求医疗保险报销的。但如果第二次住院时伤者不承认是后续治疗,只说是自己原因所致,要求使用医保结算,医院也是不能拒绝的。实践中,也确实有伤者通过医保报销二次手术费的情况。也许有人会问,医生不核实二次手术因何产生的吗?没有第一次手术在体内植入固定物,哪来的二次手术取出固定物?拿出第一次病例不就都看出来了吗?事实上,在现存的医疗体系中,医院和医生并没有义务核实患者真实的受伤原因。医院只对受伤程度的真实性以及治疗过程合理性负责,并不负责受伤原因的真实性。对于受伤原因实行的是患者自认制度,而不是医院核查制度。这可能也是多数法院不支持后续治疗费在前次诉讼中通过鉴定评估来一并赔偿的原因之一。

另外,如果确实在前次诉讼中已经通过鉴定意见获得了后续治疗费赔偿,但是实际后续治疗费又远超过已经获得的赔偿数额时,伤者还会通过二次诉讼方式要求赔偿义务人支付医疗费差额,而且仍然有可能获得法院支持。

相关规定

《最高人民法院关于审理人身损害赔偿案件适用法律若干问题的解释》

第六条第二款 医疗费的赔偿数额,按照一审法庭辩论终结前实际发生的数额确定。器官功能恢复训练所必要的康复费、适当的整容费以及其他后续治疗费,赔偿权利人可以待实际发生后另行起诉。但根据医疗证明或者鉴定结论确定必然发生的费用,可以与已经发生的医疗费一并予以赔偿。

33. 医疗保险之外的医疗费,保险公司赔偿吗?

律师答疑

如医疗费未超过交强险医疗责任限额,保险公司应全额承担,不应扣减医保外用药医疗费;超出交强险医疗责任限额部分,如投保了商业三者险中的附加医保外医疗费用责任险,保险公司应全额赔偿医疗费;即便未投保附加医保外医疗费用责任险,仅投保了商业三者险,诉讼时法院仍然倾向判决保险公司赔偿全部医疗费,而不是将医保外用药部分判决由实际侵权人承担。

医疗保险之外的费用主要指哪些呢?一部分是医疗保险名录之外的药品和耗材,如进口钢钉、钢板等;另一部分是超出必要治疗限度的高级服务费,如空调费、单间费等。

交通事故的伤者出院后到保险公司核定保险损失并申请理赔款时,保险公司会要求将医疗保险之外的部分或者全部自费用药剔除,降低赔偿比例或拒绝赔偿。保险公司不予理赔的费用,伤者会要求直接侵权人承担。如果直接侵权人不同意承担伤者的这部分损失,比如,很多人都有"我都买保险了,为啥还要我自己赔钱"这种思想,拒绝自己赔偿任何费用。这时伤者想快速获取赔偿就只能由自己承担医保外用药医疗费。伤者如果无法通过保险理赔途径拿到赔偿,还可以到法院提起诉讼,通过司法途径解决赔偿纠纷。

在车险改革后保险公司增设了附加医保外医疗费用责任险,投保该附加险后,发生交通事故造成第三者或者车上人员的人身损害时,商业险可以全额赔偿伤者医疗费,不再考虑是否有医保外用药的问题。至于交强险中医疗费限额18,000元,本来也不应该考虑伤者是否使用了医保外用药。

即便投保人未购买医保外医疗费用责任险,如果伤者通过诉讼主张赔偿,法院审理后多数情况下也会全额支持医疗费的诉讼请求,并不会采纳保险公司提出的"扣除医疗险外用药部分医疗费"的抗辩意见。因为保险合同是投保人和保险人签订的,根据合同相对性原理合同双方的约定不能对抗善意第三人。另外,保险公司在庭审中如何举证证明伤者医疗费中哪些是医保外用药也有一定难度，保险公司出具的评估报告不具有中立性和客观性，法院一般不采纳。有的法院允许保险公司对伤者的医保外用药进行鉴定，确认医保外用药的数额，然后将医保外用药费用判决由直接侵权人承担。

参考案例

阳光财产保险股份有限公司北京分公司与北京俊达宏顺商贸有限公司等机动车交通事故责任纠纷案

案号：(2023)京03民终429号

基本案情：2021年6月23日，闫某驾驶重型自卸货车将乘坐潘某二轮摩托车的高某撞伤，经事故认定闫某负事故全部责任，潘某和高某无责任。事故发生后，高某被送往北京朝阳急诊抢救中心治疗，经多次手术治疗，花费了医疗费762,808.62元。闫某驾驶的重型自卸货车在阳光财产保险股份有限公司北京分公司（以下简称阳光保险公司）投保了交强险及三者险100万元，含不计免赔险，事故发生时在保险期间内。

阳光保险公司上诉理由：一审法院判决阳光保险公司赔偿高某的医疗费中包含医保外用药及不合理费用，应予剔除。根据《道路交通事故受伤人员临床诊疗指南》第2篇第3条的规定，在对道路交通事故受伤人员进行临床诊疗的过程中，各项临床检查、治疗包括用药和使用医用材料，以及病房和病床等标准在当地基本医疗保险规定的范围内选择。高某医疗费用中含有医保外用药及不合理费用，经医疗审核综合报告剔除，医保外用药及不合理费用为

216,218.39 元。根据上述规定,阳光保险公司仅对未超出国家基本医疗保险标准的医疗费用在保险责任内赔偿。且根据《机动车辆商业保险示范条款》第 24 条规定,下列人身伤亡、财产损失和费用,保险人不负责赔偿:……超出《道路交通事故受伤人员临床诊疗指南》和国家基本医疗保险同类医疗费用标准的费用部分。因此,对于超过国家社会医疗保险规定范围的用药和治疗,保险公司不承担赔偿责任。一审法院应将高某医保外用药及不合理费用剔除。

二审法院认为,首先,阳光保险公司并未提交充分证据证明高某的医疗费用中包含医保外用药及不合理费用 216,218.39 元,其提交的审核报告仅系阳光保险公司单方出具,且审核结论缺乏客观依据,故对于阳光保险公司关于高某的医疗费用中包含医保外用药及不合理费用 216,218.39 元的上诉主张,本院不予采信。其次,即使高某的医疗费用中包含部分医保外费用,但阳光保险公司并未提交充分证据证明就其主张的超医保用药范围的医疗费用保险公司免赔的条款,其履行了充分的提示及说明义务,故对于阳光保险公司以此为由提出的不应承担赔偿责任的上诉主张,本院亦不予支持。

点评:本案例具有一定代表性,伤者在私立医院治疗医疗费高达 70 余万元,其中医保外用药高达 20 余万元,最终法院仍判决保险公司全额支付医疗费。不过,本案也并非通用案例,对于保险公司是否应当扣除医保外用药费用,不同省份的法院有不同的审理倾向,应根据当地司法惯例来分析案件走向。

相关规定

《中国保险行业协会机动车商业保险示范条款》

机动车第三者责任保险 第二十四条 下列人身伤亡、财产损失和费用,保险人不负责赔偿:……(六)超出《道路交通事故受伤人员临床诊疗指南》和国家基本医疗保险同类医疗费用标准的费用部分……

34. 超出医疗终结期的医疗费能否赔偿?

律师答疑

超出医疗终结期的医疗费如不能说明合理性,法院不应予以支持。

医疗终结期是鉴定机构根据病例记载的伤情及鉴定时查体情况,确认伤者诊断治疗过程基本结束的日期。医疗终结期并不等同于出院时间,伤者在出院后还可以继续到其他医疗机构治疗或者进行康复性理疗。医疗终结期也不等同于误工期。医疗终结期的概念多在工伤程序中使用,决定受伤职工的停工留薪期;而交通事故造成的人身伤害损害赔偿案件,伤者应鉴定误工期以用来计算误工费,而非鉴定医疗终结期。部分地区的法院有在交通事故赔偿案件中使用医疗终结期鉴定代替误工期的做法,这种做法是不规范的。

超出医疗终结期的医疗费还能赔吗?这个问题存在争议,不能概括性回答能否赔偿。

首先,医疗终结期必须经过鉴定机构鉴定方能确定。而医疗终结期又决定了医疗行为长度的合理性,所以对伤者来说是一种不利的鉴定,不建议在申请伤残等级或者误工期、护理期、营养期鉴定时一并申请医疗终结期鉴定。如果法院强制要求伤者鉴定医疗终结期,否则不能委托其他鉴定,建议要求法官提供强制伤者鉴定医疗终结期的法律依据。从司法解释条文上看,赔偿义务人对伤者的医疗合理性问题存在疑问,应由赔偿义务人提供证据证明,由赔偿义务人申请鉴定伤者的医疗终结期,而非伤者自己申请,很多时候赔偿义务人因害怕麻烦和风险便不去申请鉴定医疗终结期。既然没有鉴定医疗终结期,自然就不存在超出医疗终结期的过度治疗行为。

其次,即便鉴定了医疗终结期,某些超出医疗终结期的医疗费仍然可能获得法院支持,如二次手术费,即使进行二次手术时已经超出了医疗终结期,但也不能否认其合理性。毕竟医疗终结期很少超过一年,而体内植入固定物手术两年后再取出完全是正常的。手术取出固定物显然与手术植入固定物具有必然的关联性,不会因为超出医疗终结期而被否认。

再次,法院审理时,还可能根据同情弱者原则,适当支持超出医疗终结期的医疗费。

最后,不同的法院和不同的案件中,法官对超出医疗终结期的医疗费问题观点有所不同,但排除赔偿义务人赔偿责任的观点仍然是主流。笔者也支持超出医疗终结期产生的常规医疗费不应该获得赔偿。

参考案例

李某霞、中国人民财产保险股份有限公司济南市分公司等机动车交通事故责任纠纷案

案号:(2021)粤07民终5373号

基本案情:2017年8月10日,陈某驾驶小轿车行驶至江门市江海区与何某驾驶的小轿车(搭载李某霞)发生碰撞,造成何某、李某霞受伤的交通事故。经交警部门认定,陈某承担此事故的全部责任,李某霞不承担任何责任。事故发生后李某霞经多次治疗及康复训练,花费高额医疗费。

2021年3月31日,李某霞、中国人民财产保险股份有限公司济南市分公司(以下简称人保济南分公司)通过道交一体化平台,委托广东五邑司法鉴定所进行医疗费合理性评定,该机构做出法医临床鉴定意见书:(1)门诊期间费用无收费清单,无法进行医疗合理性评估。(2)被鉴定人李某霞的治疗终结时间为2019年4月23日。(3)被鉴定人李某霞从2017年8月10日至2018年4月18日共计住院250天,医疗费合计187,874.97元。李某霞在2018年4月18日后产生的医疗费共146,306.34元,其中,无法进行医疗合理性评估的费用共计2348.89元,符合医疗合理性评定的医疗费中超出医疗终结期限的费用共计58,593.52元,与本次事故无关的费用共计739.49元,与本次事故相关的治疗费用中非医保费用共计9889.91元。委托方均对鉴定结果无异议。

李某霞上诉理由:(1)一审判决扣减了交强险医疗费赔偿限额10,000元,系重复扣减计算错误,应当改判赔偿;(2)对于非医保用

药9889.91元部分,既没有让保险公司承担,也没有让侵权人承担,即便医保外用药经告知义务免赔,也应当判决侵权人承担;(3)符合医疗合理性但超出医疗终结期限的医疗费用58,593.52元属于器官功能恢复训练所必要的康复费以及后续治疗费且具有合理性和必要性。

二审法院审理后认为,交强险医疗费赔偿限额10,000元不应重复扣减,李某霞上诉请求合理。李某霞主张非医保用药9889.91元不应在医疗费中扣除。对此根据《广东省道路交通事故损害赔偿项目计算标准(试行)》规定,对扣除非医保项目费用以及医疗措施必要性、合理性的争议由侵权人或者保险公司承担举证责任。本案中人保济南分公司未举证证明涉案非医保项目费用存在不合理性与不必要性,而广东五邑司法鉴定所出具的五邑司鉴[2021]临鉴字第146号法医临床鉴定意见书载明涉案非医保费用与本次事故相关,故本院对李某霞该项主张予以支持,涉案非医保费用不在医疗费中扣减。人保济南分公司主张根据交强险条款第19条和机动车第三者责任保险条款第26条第6项的规定,超出《道路交通事故受伤人员临床诊疗指南》和国家基本医疗保险同类医疗费用标准的费用部分不属于赔偿的范围,对此本院认为,是否属于保险公司赔偿范围属于保险公司与侵权人赔偿责任承担的问题,与医疗费数额无关,故本院对人保济南分公司该项主张不予支持。

李某霞主张超出医疗终结期限的医疗费用58,593.52元属于器官功能恢复训练所必要的康复费以及后续治疗费且具有合理性和必要性,不应在医疗费中扣减。对此本院认为,广东五邑司法鉴定所出具的法医临床鉴定意见书中对李某霞治疗时限的认定符合《道路交通事故受伤人员治疗终结时间》的规定,且治疗终结期限届满后,李某霞膝关节损伤已经达到临床稳定状态,一审法院对李某霞治疗终结时限的认定并无明显不当，本院予以确认，超出医疗终结期限的医疗费用58,593.52元应在医疗费中进行扣减。

综上所述，李某霞的上诉请求部分成立，有理部分，应予支持；无理部分，应予驳回。

点评：李某霞的三项上诉请求二审法院支持了两项，其中交强险医疗限额重复扣除部分和医保外用药免赔部分均得以改判，由保险公司承担，但超出医疗终结期的医疗费仍然没有得到支持。

中国人民财产保险股份有限公司大庆市分公司、陈某欣机动车交通事故责任纠纷案

案号：(2020)黑06民终1438号

基本案情：2018年8月18日18时，孙某驾驶出租车在让胡路区中央大街科苑岗路口处与陈某欣相撞，经大庆市公安局交通警察支队让胡路大队认定，孙某承担此次事故的主要责任，陈某欣承担次要责任。陈某欣伤后在大庆市第四医院住院治疗24天，花费住院费4227.11元，后又陆续花费门诊费12,478.22元，两项共计16,705.33元。陈某欣的伤情经黑龙江民强司法鉴定中心鉴定，意见为：陈某欣子宫出血与交通事故没有因果关系，不构成伤残，不支持后续治疗费用；……医疗终结期为伤后3个月。另查：孙某驾驶的小型轿车在中国人民财产保险股份有限公司大庆市分公司（以下简称人保大庆分公司）投保交强险和商业第三者责任险，事故发生在保险期限内。

人保大庆分公司上诉理由：原审法院对人保大庆分公司应在交强险保险责任限额范围内赔偿的医疗费金额认定错误。陈某欣在事故发生后经黑龙江民强司法鉴定中心鉴定，其中医疗终结期的鉴

定结果为伤后3个月，且陈某欣子宫出血与交通事故致诱因关系，不构成伤残，不支持后续治疗费用，各方当事人及原审法院对该份医疗鉴定报告均予以认可。而陈某欣是在超过医疗终结期后发生的闭经现象，并为此花费医疗费8186.60元。原审法院认为闭经的发现有滞后性，陈某欣曾有月经稀发病史，有多囊卵巢综合征临床迹象，便将陈某欣超出医疗终结期后治疗闭经的医疗费判决由人保大庆分公司承担50%，即4093.30元。然而陈某欣超出医疗终结期后治疗闭经的医疗费已由鉴定报告确认不应支持，且陈某欣的既往病史在鉴定过程中也认定有导致闭经的可能性。原审法院在认可鉴定报告结论的同时又做出与鉴定报告结论相悖的判决，且判决的依据缺乏相关医学领域的专业意见，仅凭一般人的推断便得出结论，不尊重已有的鉴定结论，导致判决错误。

二审法院认为，关于人保大庆分公司主张不应承担陈某欣营养费3000元、医疗费4093.30元的请求，案涉交通事故发生时，陈某欣系高三应届考生，正处于紧张的复习备考阶段，一审法院综合考虑陈某欣伤后的医疗与休养时长，以及必然会产生的营养费用，判定人保大庆分公司在保险责任范围内承担陈某欣部分医疗费及营养费并无不当，本院依法予以维持。

点评：本案中，鉴定结论医疗终结期为伤后3个月，并且明确不支持后续治疗费，但法院仍然突破鉴定意见判决保险公司承担陈某欣后续闭经医疗费的50%。法院可能考虑到，陈某欣事故发生时为高三学生，因交通事故受伤可能会影响其高考，她受到的实际影响会远大于获得的人身损害赔偿，所以法官使用自由裁量权适当突破了鉴定意见，判决保险公司赔偿了陈某欣超过医疗终结期后产生的部分后续治疗费用。

35. 交通事故产生的医疗费，其他保险能否赔偿？

律师答疑

交通事故伤者治疗花费的医疗费不能在侵权赔偿的同时再获得其他方式的赔偿；如通过交通事故诉讼或者理赔未能获得医疗费全额赔偿，伤者还可以要求其他保险承担补充责任。

一、关于社保中的医疗保险

交通事故受伤住院治疗不能使用医疗保险报销，除非在医生询问伤情时否认是交通事故所致。这样可以在出院结算时由医保报销一部分，但也会产生诸多新的法律问题。

（一）医生是否会审查受伤原因的真实性？

现实中，除非伤者由救护车送到医院，否则医生只会根据伤者自述的受伤原因记载病例，并不会详细分析和推导受伤原因。医院和医生只对伤者伤情的真实性负责，不对受伤原因的真实性负责，实际上医院和医生也没有能力调查伤者受伤原因，所以受伤原因都是伤者自述。

（二）隐瞒受伤原因使用医疗保险报销医疗费，是否属于骗保，是否会被拘留或者判刑？

伤者虚构受伤原因使用医疗保险报销确实涉嫌骗保，但目前国家尚未对这种情况处以行政处罚，更不会追究刑事责任。毕竟伤者的伤情是真实的，医保缴费也是真实的，虚构的事实尚不足以被认定违法或者犯罪，不会被行政拘留也不会被追究刑事责任。

（三）病例记载系自己摔伤，是否还能向侵权人主张赔偿？

还可以主张侵权赔偿。法院一般都是根据交通事故责任认定书认定案件事实，而不是根据住院病历记载的受伤原因认定案件事实，因为交通事故责任认定书中对交通事故的记载更加详细，也更有证明力。

（四）使用医疗保险报销医疗费之后还能向侵权人主张医疗费赔偿吗？

已经由医保报销的医疗费不能再次向侵权人主张赔偿，但可以就医保外未能报销部分医疗费向侵权人主张赔偿。医疗费不能双倍赔偿是一个基本的道理，如果允许医疗费可以同时获得医保报销和侵权赔偿，会使受伤成为一种盈利，更会使伤者在治疗时倾向于花费更多医疗费，甚至还会为伪造交通事故提供温床。

二、关于伤者的人寿保险

如果伤者在发生交通事故前自己投保了人寿保险，如“百万医疗险”或意外险等，是否能同时获得侵权人赔偿和人寿保险赔偿在法律上存在争议。因为人寿保险是以被保险人的身体和健康为保险标的的射幸合同，一旦保险合同中约定的事由出现，保险人就应当履行赔偿义务，第三人是否已经赔偿并不影响保险人履行保险合同义务。一般认为，伤者花费的医疗费无论任何情况均不应当获得超出实际花费的赔偿，但对于其余的人身损害项目，如残疾赔偿金等是可以同时通过侵权程序和保险合同获得赔偿的。

医疗费损失应严格落实“填平原则”。什么是填平原则？举例来说，如果路上有个坑，这个坑就是受害人的损失。我国对侵权行为救济的立法和司法遵循“尽量让路上的坑被填平”的原则，尽量全额弥补受害人的损失，既不要不足也不能超出。不能在填上坑后继续在被填平的坑上垒出个土山来，不能让受害人因为被侵权而获得额外的收益。否则客观上会鼓励受害人被侵权，可能会人为制造自伤案件。我们国家法律在人身损害赔偿中不实行惩罚性赔偿，类似于老太太被麦当劳的热咖啡烫伤，而获得了超高额赔偿的美国司法案件，在我国是不可能实现的。

36. 交通事故导致自身病情加重，产生的医疗费应该如何赔偿？

律师答疑

应当由赔偿义务人决定是否申请交通事故与损害的因果关系鉴定。如鉴定意见为交通事故与损害之间存在部分因果关系而非全部因果关系，则由法院在审理后决定是否采纳鉴定意见，并根据因果关系分配医疗费。

交通事故后关于医疗费还容易发生的争议是伤者本人存在陈旧性伤情或者病情，因为交通事故使自身病情加重了，那么所产生的医疗费是应该由侵权人全部承担，还是由伤者和侵权人分担？以及因为交通事故住院后，因为医院的医疗过错对伤者造成二次伤害，能否向医院主张赔偿？如何确定赔偿比例？

《最高人民法院关于审理人身损害赔偿案件适用法律若干问题的解释》规定，侵权人如果认为受害人的医疗行为缺乏必要性和合理性应当承担举证责任。实践中，侵权人很难收集到伤者自身病情的证据，一般做法是在对伤者病例中其他病情的治疗提出异议后，向法院申请委托鉴定机构。由鉴定机构根据伤者本次和之前病例,鉴定本次交通事故与医疗行为之间的因果关系,再根据鉴定意见来确认是否存在不合理或非必要的医疗行为,若存在,请求法院排除该部分医疗费用。如果鉴定意见书认为,伤者自身病情或陈旧性伤情与本次交通事故后产生的治疗行为和花费的医疗费之间存在一定因果关系,法院在审理后可能减轻赔偿义务人的赔偿责任,但也可能不减少。

参考案例

荣某诉王某、永诚财产保险股份有限公司江阴支公司机动车交通事故责任纠纷案

案号:最高人民法院指导案例24号

基本案情:2012年2月10日,王某驾驶小轿车,沿江苏省无锡市滨湖区蠡湖大道由北往南行驶时碰擦行人荣某致其受伤。滨湖交警大队认定王某负事故的全部责任,荣某无责。事故发生当天,荣某即被送往医院治疗,发生医疗费用30,006元。荣某申请并经无锡市中西医结合医院司法鉴定所鉴定,结论为:(1)荣某左桡骨远端骨折的伤残等级评定为十级;左下肢损伤的伤残等级评定为九级。损伤参与度评定为75%,其个人体质的因素占25%。(2)荣某的误工期评定为150日,护理期评定为60日,营养期评定为90日。

荣某损伤参与度评定为75%,其个人体质的因素占25%。一审法院据此确认残疾赔偿金27,658.05元扣减25%为20,743.54元。

无锡市滨湖区人民法院做出(2012)锡滨民初字第1138号判决:(1)被告永诚财产保险股份有限公司江阴支公司(以下简称永诚保险公司)于本判决生效后10日内赔偿荣某医疗费用、住院伙食补

助费、营养费、残疾赔偿金、护理费、交通费、精神损害抚慰金共计45,343.54元。(2)被告王某于本判决生效后10日内赔偿荣某医疗费用、住院伙食补助费、营养费、鉴定费共计4040元。

无锡市中级人民法院审理后以原审适用法律错误为由做出(2013)锡民终字第497号民事判决书:(1)撤销无锡市滨湖区人民法院(2012)锡滨民初字第1138号民事判决书;(2)被告永诚保险公司于本判决生效后10日内赔偿荣某52,258.05元。(3)被告王某于本判决生效后10日内赔偿荣某4040元。(4)驳回原告荣某的其他诉讼请求。

二审法院认为,交通事故中在计算残疾赔偿金是否应当扣减时,应当根据受害人对损失的发生或扩大是否存在过错进行分析。本案中,虽然原告荣某的个人体质状况对损害后果的发生具有一定的影响,但这不是侵权责任法等法律规定的“过错”,荣某不应因个人体质状况对交通事故导致的伤残存在一定影响而自负相应责任,原审判决以伤残等级鉴定结论中荣某个人体质状况“损伤参与度评定为25%”为由,在计算残疾赔偿金时作相应扣减属适用法律错误,应予纠正。

从交通事故受害人发生损伤及造成损害后果的因果关系看,本起交通事故的引发系肇事者王某驾驶机动车穿越人行横道线时,未尽到安全注意义务碰擦行人荣某所致;本起交通事故造成的损害后果系受害人荣某被机动车碰撞、跌倒发生骨折所致,事故责任认定荣某对本起事故不负责任,其对事故的发生及损害后果的造成均无过错。荣某年老骨质疏松仅是事故造成后果的客观因素,并无法律上的因果关系。因此,受害人荣某对于损害的发生或者扩大没有过错,不存在减轻或者免除加害人赔偿责任的法定情形。

根据我国《道路交通安全法》的相关规定,机动车发生交通事故造成人身伤亡、财产损失的,由保险公司在机动车交通事故责任强制保险责任限额范围内予以赔偿。而我国交强险立法并未规定在确定交强险责任时应依据受害人体质状况对损害后果的影响作相应扣减,保险公司的免责事由也仅限于受害人故意造成交通事故的情形,即便是投保机动车无责,保险公司也应在交强险无责任限额内予以赔偿。因此,对于受害人符合法律规定的赔偿项目和标准的损失,均属交强险的赔偿范围,参照“损伤参与度”确定损害赔偿责任和交强险责任均没有法律依据。

点评:对于这个指导案例并不能简单地理解为“损伤参与度不能减轻赔偿责任”。因为案件的具体情况不会完全一致,比如,事故责任认定、受害人自身伤情病情、争议的赔偿项目等可能有较大差异,所以司法实践中并非所有案件都会参照最高人民法院的指导案例判决。

但从本指导案例中我们可以提炼出一些审判规则:(1)受害人的老年骨质疏松对残疾赔偿金赔偿项目没有影响。当然这只是狭义的理解,但至少这个狭义解释应该是可以在其他案件中通用的。(2)受害人自身基础疾病经鉴定与交通事故损伤存在因果关系,但不影响误工费、护理费、营养费赔偿。(3)交强险限额内的赔偿责任不因受害人存在自身原因的“损伤参与度”而减轻。

庙某与中国太平洋财产保险股份有限公司北京分公司等机动车交通事故责任纠纷案

案号:(2018)京0102民初40531号

基本案情:2017年8月17日,张某驾驶小轿车行至海淀区高梁桥斜街交大西门时发生交通事故将庙某(原告)撞伤。经交警队认定:张某负事故全部责任。事故发生后,庙某被送往北京积水潭医院治疗。

2017年8月17日至9月11日,庙某住院治疗25天。住院期间为明确有无下肢深静脉血栓,预防致死性肺栓塞,行外周动静脉造影术,下腔静脉滤器植入术,后行左胫骨平台、左锁骨骨折切开复位钢板螺丝钉内固定术。出院诊断为:胫骨平台骨折(左);锁骨骨折(左);胸部挫伤(左);子宫切除术后,自身免疫性溶血性贫血;胆囊切除术后,下肢静脉血栓形成。

2017年9月11日至19日,庙某于出院当日到北京积水潭医院血管外科住院治疗8天。住院期间行下腔静脉造影,下腔静脉滤器取出术。

2017年10月9日至27日,因庙某左小腿创面一直未愈合,到北京积水潭医院烧伤科住院治疗18天。住院期间行左小腿扩创术。

2017年11月6日至22日,因庙某左小腿创面一直未愈合,再次到北京积水潭医院烧伤科住院治疗16天。住院期间行左小腿扩创,腓肠肌内侧头肌皮瓣转移,大腿取皮,供瓣区植皮术。

2018年3月12日至4月10日,庙某因胫骨平台术后感染(左),到北京积水潭医院创伤骨科住院29天。住院期间行清创、内固定物取出、抗生素链珠植入术;扩创术抗生素骨粉植入术。

2019年4月10日至15日,庙某到北京积水潭医院住院5天,行锁骨骨折术后内固定物取出术。

庙某上述住院期间及复查自行花费医药费共计191,404.68元。

张某认为,庙某自身免疫性溶血性贫血与医疗行为存在关联性,申请对庙某伤情与本次交通事故的因果关系进行鉴定。法院委托北京盛唐司法鉴定所就此进行鉴定,该所出具的鉴定意见为本次交通事故损伤与庙某的血栓形成之间存在直接因果关系，建议其参与度（责任程度）为61%—90%。

关于该部分费用被告方所应承担的责任比例问题，法院审理后认为，庙某在发生交通事故前患有自身免疫性溶血性贫血，存在血栓形成的病理性基础，但根据病历记载，庙某在入院时并未发现静脉血栓，入院10余天后检查见静脉血栓形成，可以确认交通事故导致的创伤是庙某发生血栓的直接起动因素，庙某自身疾病对血栓形成起辅助作用的因素。虽然庙某自身疾病对其血栓形成存在一定程度的影响，但亦不能否认被告一方因交通事故的过错行为导致庙某发生胫骨平台骨折、锁骨骨折等损害后果的因果关系。结合庙某六次住院病历记载的治疗内容及手术情况，庙某在事发后第一次住院期间，医院为其行下腔静脉滤器植入术系医生拟行创伤手术过程中采取的预防深静脉血栓形成的例行、必需措施，与庙某自身疾病对血栓形成的参与度无关。故庙某在交通事故发生当日至9月19日发生的医药费及2019年4月10日至15日进行左锁骨骨折内固定物取出术发生的医药费，法院确认不因庙某自身疾病而减轻被告的赔偿责任。关于庙某在第一次手术后因左小腿创面一直未愈合、出现伤口渗液，在2017年10月9日至27日住院期间所行的左小腿扩创术，在2017年11月6日至22日住院期间所行的供瓣区植皮术，在2018年3月12日至4月10日住院期间所行的抗生素链珠植入术、扩创术抗生素骨粉植入术发生的医药费，及在此期间就诊复查所发生的医药费，法院结合庙某自身疾病，考虑其患有的自身免疫性溶血性贫血导致的免疫力下降对伤口愈合产生的不利因素，参考鉴定意见认定的交通事故损伤的因果关系参与度，酌定庙某应自行负担医药费30,000元，被告应负担161,404.68元。庙某主张的住院伙食补助费，法院根据庙某六次住院天数，确定第一次、第二次、第六次住院共计38天，按每天100元标准计算为3800元。其余期间住院63天，按每天100元标准计算为6300元，考虑庙某自身疾病的参与度，酌定按75%比例计算为4725元，总计8525元。

点评：交通事故受害人自身患有免疫性溶血性贫血是导致手术后伤口不愈合的原因之一，客观上使医疗过程增长，医疗费用增加。法院审理后根据鉴定意见减少了受害人医疗费和住院伙食补助费。可见，最高人民法院指导案例并不能简单地理解为“损伤参与度不能减轻赔偿责任”，法官在审理具体案件时会具体问题具体分析。

第五篇

赔偿项目之误工费、护理费、营养费

引　言

本篇我们讲解人身损害赔偿项目中的误工费、护理费和营养费。误工费和护理费是最注重证据的赔偿项目,也是诉讼中相对争议较大的项目。医疗费赔偿项目中虽然可能存在争议,但只会在少数案件中出现;残疾赔偿金赔偿必须经过司法鉴定程序,因为有专业的鉴定意见,当事人一般不会有疑问。误工费和护理费问题相对容易理解,且需要受害人自己收集证据,相关问题并不容易获得各方的一致认可。如受害人是什么职业? 谁来护理伤者? 受害人每个月收入多少? 这部分证据的真实性不容易保障,庭审时的争议也较大。

37. 误工期如何确定?

38. 伤残评定之后的误工费能否赔偿?

39. 有固定收入受害人误工费如何赔偿?

40. 无固定收入受害人误工费如何赔偿?

41. 特别职业受害人的误工费如何赔偿?

42. 超过法定退休年龄受害人能否主张误工费?

43. 护理费如何赔偿?

44. 什么是护理依赖护理费?

45. 营养费如何赔偿?

37.误工期如何确定?

律师答疑

受害人的伤情较轻时,一般根据医生开具的诊断证明中应休假天数确定误工时间;受害人伤情较重时,按照司法鉴定机构评定的误工期确定误工时间。医生开具的诊断书中每次可以开具一周到两周的休假,最长不会超过一个月。如果受害人在休假期满后,伤情仍没有恢复,可以找主治医生复查病情,由医生根据受害人的复查情况,继续开具休假证明。这就需要受害人多次到医院复查,如果受害人去医院路途较远会不太方便。

医生开具的休假的证明并非获得误工费赔偿的必要条件。去保险公司理赔时有的保险公司有自己的法医,会根据受害人的门诊手册、住院病历记载和现场查体情况,并依据《人身损害误工期、护理期、营养期评定规范》核定误工期。保险公司在审核保险损失时,可能会选取受害人伤情对应的法定误工期标准的中间数值。比如耳郭撕裂创,误工期为 15 日至 30 日,保险公司可能会核定误工期为 20 日。这时候如果能提供医生开具的 1 个月的休假证明,保险公司会根据医生医嘱核定伤者存在 30 日的误工期。如果休假证明过长,比如还是耳郭撕裂创,医生开了 3 个月的休假证明,保险公司一般不会认可,仅会同意按照《人身损害误工期、护理期、营养期评定规范》中的上限计算误工期,也就是不认可 3 个月的休假,仍然仅同意赔偿 30 日的误工损失。不同的保险公司在不同案件中的理赔松紧度也是不同的，如果受害人不同意保险公司的理赔数额，可以起诉到法院由法官审理后依法判决赔偿。一般来说，发生交通事故后如果受害人伤情较轻，理赔数额不大，侵权人的保险足额的话，更多的是采取保险理赔方式结案，而不是到法院诉讼。

如果受害人伤情较重，受害人起诉后请求由法院委托鉴定机构对自己的伤情进行误工期鉴定，一般也会同时委托护理期和营养期鉴定，误工期、护理期、营养期鉴定在司法实践中统称三期鉴定。司法鉴定机构根据病历和查体情况，并依据《人身损害误工期、护理期、营养期评定规范》确认误工期、护理期和营养期。

综合来说，误工期的确认在理赔程序和诉讼程序中，分别是由保险公司或鉴定机构根据《人身损害误工期、护理期、营养期评定规范》予以确认。医疗机构出具的休假证明可以作为参考。

相关规定

《最高人民法院关于审理人身损害赔偿案件适用法律若干问题的解释》

第七条第二款第一句 误工时间根据受害人接受治疗的医疗机构出具的证明确定。

38. 伤残评定之后的误工费能否赔偿?

律师答疑

一般不应该赔偿，但司法实践中存在超出定残日仍判决赔偿误工费的案例。

一、误工时间可以计算至定残日前一天中的“可以”是什么意思?

实践中对于司法解释中“可以计算至定残日前一天”中的“可以”,有不同的理解。一种说法认为,“可以计算至定残日前一天”,就代表“也可以不计算至定残日前一天”,既可以短于也可以长于定残日。另一种说法认为,“可以计算至定残日前一天”是指最多计算至定残日前一天,不用“应当”,是为了避免所有案件都计算至定残日前一天的情况。误工期应该根据受害人受伤和恢复程度确定,显然不能将误工期都无限延伸到定残日。有的受害人在事故发生后三四个月就能评定伤残,但有的要两三年时间才评定伤残。如果误工期全部都计算至定残前一日显然是不合理的,所以不能使用“应当”的字样。因而,司法实践中有时也出现误工期超过定残日的判决。

笔者认为,司法解释中“可以计算至定残日前一天”,应当理解为误工期“最长”计算到定残前一日。如果根据受害人伤情核定的误工期超过定残日,司法鉴定机构及审判机关应当按照定残日确定误工期;如果根据受害人伤情核定的误工期未超过定残日,应当根据伤情确定误工期。

误工期不得超过定残日的内在法律原理在于,残疾赔偿金赔偿的是受害人因受伤导致劳动能力受限而减少的收入。受害人评定伤残后,已经取得残疾赔偿金,评定伤残后再赔偿其误工费就属于重复赔偿,不符合侵权责任的填平原则。

二、定残日指的是哪天呢?

定残日是指伤残评定意见书中确定的日期,下面我们举例来理解。

情景实例

2023年1月1日老张被老赵驾车撞伤之后被送往市第一人民医院住院治疗30日，于2023年2月1日出院。出院后老张立即到法院起诉，法院委托司法鉴定中心于2023年4月1日对老张进行伤残评定。司法鉴定中心于2023年5月1日做出司法鉴定意见书，老张被评定为十级伤残，误工期180日。法院于2023年6月1日开庭审理本案。老张的误工期为多长时间？

答：案例中有四个日期，分别为受害人出院之日，伤残鉴定查体之日，司法鉴定意见书做出之日，法院一审庭审辩论终结之日。定残日指的是司法鉴定意见书做出日，即本案例中的2023年5月1日。虽然司法鉴定意见书中误工期为180日，但因误工期超过“定残前一日”，故应按照定残前一日计算，也就是计算至2023年4月30日。自2023年1月1日到2023年4月30日，共120日，故老张的误工期应为120日。

三、误工期为什么不能超过定残前一日？

误工期不能超过定残前一日的理由在于，一般认为残疾赔偿金是用来赔偿伤者因伤致残而持续减少的劳动收入，领取残疾赔偿金后同时还领取误工费就属于重复赔偿了，因而，应当将误工期确定至定残前一日。

但是残疾赔偿金是补偿受害人的持续误工损失，这个理论也存在问题。比如，无劳动能力的老年人依然可以获得残疾赔偿金又该如何解释？0岁的婴儿和60岁的老人残疾赔偿金期限都按照20年计算，但二者受影响的劳动时间长度可能不同，是否合理？基于此，也有人提出，残疾赔偿金包含影响劳动能力和生活能力两部分，无劳动能力的老年人受伤后虽然不会影响其收入但会增加其支出，所以也应当获得残疾赔偿金。残疾赔偿金不超过20年的规定还与恢复期限有关，受害人受伤生活20年后，伤者应当已经适应了自身伤残，影响劳动能力和生活能力的程度会减弱，所以不赔偿超过20年的残疾赔偿金。既然残疾赔偿金的目的并非完全补偿受害人的持续误工损失，那么残疾赔偿金和误工费同时存在也并非不可接受。进一步来说，评定伤残后也不影响同时获得误工费。但这一理论并没有得到一致认可。

四、司法鉴定意见书中误工期超过定残前一日时法院应如何判决？

正常来说司法鉴定意见书确定的误工期不应该超过定残日，否则不符合《人身损害误工期、护理期、营养期评定规范》的规定。但有可能是司法鉴定机构人员疏忽大意，也有可能是该机构疏于管理。

司法解释中的误工时间存在模糊地带，这也使法官在审理相关案件时存在不一致的理解，有的法官认为误工期不能超过定残日，故将误工期计算至定残前一日；有的法官认为既然鉴定意见确定了误工期，即便误工期超过了定残日也应当以鉴定意见为准。

五、二次手术误工期能否在评定伤残时一并主张？

有的地方的司法鉴定机构可以在受害人二次手术之前鉴定二次手术费，并且还可以鉴定二次手术期间的误工期、护理期、营养期。如果受害人伤情能够评定伤残，则二次手术的误工期一定是在伤残评定之后。这种情况下法院也可能会根据鉴定意见判决赔偿义务人支付受害人已经产生的误工费和二次手术期间的误工费。

当然，更多的情况是法院不允许委托鉴定二次手术误工期。

最后，为了方便大家理解，归纳下本节的问题及解答。如果司法鉴定机构确定的误工期是错误的，法院审理时应当纠正，超出定残日的误工期法院不应该支持。受害人已经获得残疾赔偿金，在二次手术后另行主张二次手术费和二次手术期间误工费的，二次手术期间的误工费法院一般不支持。在未获得残疾赔偿时，受害人同时鉴定了误工期和二次手术误工期，并在诉讼中作为误工费一并主张的，根据地区不同，有的法院可能会支持这部分赔偿。

相关规定

《最高人民法院关于审理人身损害赔偿案件适用法律若干问题的解释》

第七条第二款第一句 误工时间根据受害人接受治疗的医疗机构出具的证明确定。

《人身损害误工期、护理期、营养期评定规范》

A.5 对于一些损伤后恢复期较长，但已进入调解程序或诉讼程序的，“误工期、护理期、营养期”评定的上限可以至伤残评定前一日。

39. 有固定收入受害人误工费如何赔偿？

律师答疑

受害人有固定工作的，按照误工期内实际减少的收入计算。

如何证明固定收入和实际减少收入？

受害人证明有固定收入和实际减少收入，需要提供四种类别的证据，包括劳动合同、误工证明、工资发放记录（银行流水）、纳税证明。

（1）劳动合同，用来证明受害人的工作单位、工作内容、劳动报酬等情况。没有劳动合同不意味着受害人不存在固定收入，仅有劳动合同也不能证明受害人的固定收入。许多低收入群体的工作并不签订劳动合同，即便签订了劳动合同有些用人单位也不给劳动者缴纳社会保险，不去人力资源和社会保障局（以下简称人社局）为劳动者备案劳动合同，这也使法院往往无从审理劳动合同的真实性。法院在审理民事侵权责任案件时，对受害人提供的工作方面的虚假证据并不会做出处罚，只是不予采纳该份证据，一般不会按照妨害作证罪追究其刑事责任。换言之，如果受害人在庭审中仅提供一份没有在人社局备案的劳动合同，且没有其他佐证证明的，法院一般不予认可劳动合同的真实性。

（2）误工证明，也可表述为扣款证明、工资停发证明等，用来证明受害人的误工损失数额。这个证据与劳动合同类似，民事庭审中不容易查清真实性，甚至虚假的误工证明相比于虚假的劳动合同更为常见。这种现象形成的原因是多方面的，有的保险公司理赔员还会暗示受害人去开具虚假误工证明，以便配合保险公司核定受害人的误工损失，给予误工费赔偿。当然，无论保险公司理赔员还是法院的主审法官，都不会轻易采信受害人提供的误工证明，最多根据误工证明来确认受害人所属行业，再参照上一年度该行业的职工平均工资计算误工损失。

（3）银行流水，用来证明受害人在误工期内实际误工损失数额。

银行流水是误工费证据的关键，一般需要受害人提供完整的工资发放记录，如果受害人的工资是通过微信或支付宝发放的，还需要核实工资发放主体、时间频率，工资数额等问题。受害人应提供事故发生前至少半年的银行流水用来证明受害人存在固定收入，以及事故发生后确定的误工期内银行流水，证明实际减少的收入。例如，受害人在交通事故发生前每个月有稳定的8000元收入，持续半年或一年以上时间；交通事故发生后受害人的银行卡没有资金汇入，可以证明受害人确实存在误工损失，法院可能会按照受害人实际减少的收入，即每月8000元来判决赔偿受害人的误工费。如果受害人提供的银行流水能够证明事故发生前的平均工资为每个月8000元，但事故发生后仍然有每个月2000元的固定收益，那么法院是有可能按照减少固定收益，即以6000元计算误工费，但更多的可能是参照上一年度行业平均工资计算误工损失。如果受害人不能提供事故发生前稳定的工资收入证明，则不能证明受害人的误工损失，法院可能直接参照上一年度行业平均工资计算误工损失；如果受害人提供的银行流水表明事故发生后收入并没有减少，法院则会判决不支持受害人的误工费赔偿请求。

（4）纳税证明，用来证明受害人获得劳动报酬的合法性，非法劳动收入不能获得法律保护，不能按照受害人实际损失来进行赔偿。例如，有的单位为了给劳动者避税，会从不同渠道给劳动者发放工资，银行转账一部分工资，每个月再给劳动者发一部分现金；或者给劳动者发一部分工资，再给劳动者的家属发放另一部分工资。避税部分的劳动收入不能确定收入的真实性，更缺乏合法性，因此不能按照受害人实际减少的损失赔偿误工费。

相关规定

《最高人民法院关于审理人身损害赔偿案件适用法律若干问题的解释》

第七条第三款第一句　受害人有固定收入的，误工费按照实际减少的收入计算。

40. 无固定收入受害人误工费如何赔偿？

律师答疑

无固定收入受害人应提供证据证明最近三年平均收入，不能举证证明其最近三年的平均收入的，参照法院所在地相同或者相近行业上一年度职工的平均工资计算。

一、如何证明最近三年的平均收入？

受害人的固定或无固定收入均指的是受害人的劳动工资或劳务报酬，并不包括经营企业所得利润和投资收益。

受害人无固定工作时证明最近三年收入无须劳动合同和误工证明，但应当提供事故发生前三年的完整银行流水记录，来证明最近三年的平均收入，以及事故发生后到误工期限截止日期的银行流水记录，来证明实际减少的收入。虽然《最高人民法院关于审理人身损害赔偿案件适用法律若干问题的解释》中仅要求证明受害人最近三年的平均收入，但实践中受害人在事故发生后的收入不为零时，一般仍然需要扣除事故后取得的收入，按照实际减少数额计算误工损失。曾有这样一起人身损害案件，崔某是某保险公司的业务经理，在事故发生前每个月大约有四五万元的保险佣金。发生事故受伤后，因为无法外出开展业务，业绩受到很大影响，但每月仍有1万元左右的收入。庭审时崔某提供了自己完整的银行流水和纳税证明，保险公司也出具了相应的收入证明。最终，法院审理后采纳了代理律师提出的按照收入差额计算误工损失的意见，判决被告赔偿了崔某15万余元的误工费，但该案并非具有普遍适用性。即便受害人提供证据证明最近三年的平均收入，也有可能不被法院采纳，依然按照行业平均工资计算误工损失。

二、误工费不能超过当地平均工资三倍，是这样的吗？

不是。在人身损害赔偿案件中并没有相关规定，这个说法来自《工伤保险条例》，只有在工伤赔偿案件中才适用。

三、受诉法院所在地上一年度相同或相近行业年度职工平均工资怎么计算？

绝大多数人身损害赔偿案件中误工费均是参照受诉法院所在地上一年度相同或相近行业年度职工平均工资计算的。

（一）误工费的计算公式

误工费 = 行业职工年平均工资 ÷ 365 × 误工期

计算误工费具体的方式是，先确定受诉法院的省份或者直辖市，再结合受害人的行业，根据当地统计部门公布的上一年度该行业职工平均工资数据计算出受害人的日平均工资，再用上一年度日平均工资乘以误工期计算出误工费。

（二）受害人的行业如何确定？

受害人应当提供劳动合同、误工证明等证据，证明自己的工作性质以及所属行业。如果受害人可以提供证据证明自己的工作行业，如建筑业、金融业或批发零售业，法官会按照具体行业标准计算误工损失。

（三）受害人不能提供证据证明自己行业时如何计算误工费？

受害人不能提供证据证明自己所属行业的，如系农村户籍可以参照上一年度农林牧副渔行业平均工资标准计算误工损失；城镇居民不能区分行业的，可以参照城镇居民服务业标准计算误工损失。城镇居民服务业平均工资一般低于全行业平均工资标准，有的法院也可能参照上一年度全行业的职工工资标准计算误工费。有的法院并不按照本省行业标准计算误工损失，而是根据本地区的司法惯例或者本院出台的相关指导意见确认误工费标准。可能同一个城市中，两个区法院在审理人身损害赔偿案件时都存在细微的差别。所以关于误工费的问题，还是应该根据受诉法院所在地的具体标准来认定。作为代理律师，应秉承着就高不就低的诉讼原则，由法官根据当地具体标准判决即可。

（四）进城务工的农民如何确定所属行业和误工费标准？

我们知道，在人身损害赔偿中残疾赔偿金已经取消城镇和农村标准，统一按照城镇标准赔偿，但是误工费的计算并没有类似规定。进城务工的农民如不能证明自己所属的行业，一般仍然按照农林牧副渔行业标准计算误工费，而且很多省份农林牧副渔行业标准已经高出城市居民服务业标准了。不过也有的法院会认为农村村民因为有口粮田，即使受伤也不影响实际收入，不存在误工损失，因而不能赔偿误工费，但这种审判思路是少数意见。

（五）受害人固定收入低于行业平均收入如何计算误工费？

虽然《最高人民法院关于审理人身损害赔偿案件适用法律若干问题的解释》中表述为有固定收入的受害人应当按照固定收入计算

误工损失，但一些低收入群体，也可以不按照固定收入而是参照行业平均工资计算误工费。例如，从事保洁工作发生交通事故导致受伤并因此误工的保洁员，即便提供银行流水证明其月薪2000元，法院也可以参照居民服务业标准计算误工费。

相关规定

《最高人民法院关于审理人身损害赔偿案件适用法律若干问题的解释》

第七条第三款第二句 受害人无固定收入的，按照其最近三年的平均收入计算；受害人不能举证证明其最近三年的平均收入状况的，可以参照受诉法院所在地相同或者相近行业上一年度职工的平均工资计算。

《工伤保险条例》

第六十四条第二款 本条例所称本人工资，是指工伤职工因工作遭受事故伤害或者患职业病前12个月平均月缴费工资。本人工资高于统筹地区职工平均工资300%的，按照统筹地区职工平均工资的300%计算；本人工资低于统筹地区职工平均工资60%的，按照统筹地区职工平均工资的60%计算。

41. 特别职业受害人的误工费如何赔偿?

一、公务员的误工费能获得赔偿吗?

公务员不能获得误工费赔偿。

公务员向单位请病假一般来说不会被扣发工资，最多影响年终考评。因而，公务员在发生交通事故受伤后，并没有实际的误工损失，无权向侵权人主张赔偿误工费。当然，不同单位也可能有不同规定，某些机关也存在扣发病假工资的可能。但从证据上说，公务员一般不能取得单位出具的误工证明，来证明实际减少的收入。因为公务员工资一般不是本单位财政支付，法院政治处也不开具误工证明。

如果公务员、事业编制或国有企业员工，发生交通事故后很想主张误工费，也只有隐瞒自己职业起诉，法院在无法查清受害人工作的情况下，一般参照无固定工作人员判决赔偿误工费。不过这就要面临虚假诉讼的风险，一旦被查出来，可能涉及违法问题，相信没人会因小失大。

二、公司高级管理人员的年终奖和公司分红能否按照误工费赔偿？

不可以。

公司高级管理人员（高管）的薪资可能由多部分组成，既有劳动报酬，也有项目奖金、年终奖、公司分红等。对于高管的工资，如果受害人依法对实发工资纳税，并且有证据证明了事故发生前后的工资差额，那么即便数额再高也可以获得法律支持。但年终奖和企业分红，则很难获得赔偿。因为影响年终奖的因素很多，既包括劳动者的出勤率、工作业绩，也有公司效益等。司法实践中，确实存在受害人发生事故导致缺勤，最后扣发了全部或者部分年终奖，并且提供了公司开具年终奖损失的证明，还比对了前几年年终奖差额，但法院仍然没有按照误工费项目支持受害人的年终奖损失。对于公司分红或者股权收益，因为不属于劳动收入，不会因为被侵权而减少，更不能因此获得赔偿。因为公司是根据股权激励计划让员工获得存在诸多考核因素的股权，故当其发生了损失，并不能按照误工费项目赔偿。

三、个体工商户的店铺损失可以计算为误工费吗？

不可以。

公司经营收入受到多种因素影响，因而不能按照误工损失赔偿，即便个体工商户也不能根据店铺的营业收入差额计算误工费。笔者之前代理过一个案件，受害人开了一家熟食店，在交通事故发生前每个月有五六万元的毛利。因为发生了交通事故，只能关店歇业，受害人住院，妻子陪护。最终法院参照上一年度城市职工的平均工资计算了受害人的误工费。

四、学生补课费能否按照误工费赔偿？

有可能。

俗话说学生的工作就是学习，如果中小学生因交通事故受伤影响了学习，家长聘请辅导老师或者到辅导机构为学生补课，产生的补课费是否能获得赔偿呢？是否可以参照误工费标准计算呢？这个问题受到政策影响，答案略有不同。

2021 年 7 月 24 日，中共中央办公厅、国务院办公厅印发《关于进一步减轻义务教育阶段学生作业负担和校外培训负担的意见》，要求各地区各部门结合实际认真贯彻落实，一是有效减轻义务教育阶段学生过重的作业负担，二是减轻学生校外培训负担，简称为“双减”政策。

在“双减”政策出台前，确实有法院判决支持侵权人应当赔偿受害人因耽误学习另外花费的补课费。但随着“双减”政策的落地，中小学生课外补课已经不具有合法性，即便是学生因为受伤耽误学业，学生家长将孩子送到课外辅导机构补习也不具有合法性。课外辅导机构也无法为家长开具补课费发票,从证据上看也无法获得法院支持。因而,法院已经不再判决赔偿学生的补课费了。

但是,日后“双减”政策可能还会有变化,学生因发生交通事故错过学校学习,额外补课产生的补课费,可能又可以获得法院支持了。

五、全职家庭主妇能否主张误工费?

可以。

全职家庭主妇是个很特殊的群体,虽然没有直接的收入,但是每天照顾家庭照顾孩子,为家庭做出贡献,并不轻松。因而,全职家庭主妇发生交通事故后应当获得误工费赔偿。

参考案例

杨某与朱某等机动车交通事故责任纠纷案

案号:(2023)鲁0683民初705号

基本案情:2021年11月11日,杨某驾驶电动自行车沿大原大街行驶与前方顺行朱某驾驶的鲁FA号重型仓栅式货车相撞,致杨某受伤,电动自行车损坏。事故发生后杨某被送往市人民医院进行治疗。市交警大队认定杨某与朱某均负事故的同等责任。朱某驾驶的鲁FA号重型仓栅式货车在安华农业保险公司投保了交强险及商业三者险,事故发生在保险期间内。杨某就赔偿事宜无法与被告协商达成一致意见,为维护其合法权益,诉至法院。

杨某诉请被告安华农业保险公司赔偿其误工损失24,290元,并当庭提交了莱州市新诺塑料制品厂营业执照复印件、停发工资证明、工资表。经质证,被告安华农业保险公司对上述证据的真实性有异议，主张从工资表上看员工姓名处杨某的签字以及领款人处杨某的签字一致，杨某不可能既是制表人又是领款人，杨某没有提交相关的劳动合同、社保缴纳证明以及工资流水等予以佐证，不足以证明杨某实际在该单位工作，更无法证明杨某的真实工资数额。保险公司去实地调查，没有找到出具误工证明的该单位，且杨某已经达到法定退休年龄，无证据证明其实际有收入，更无法证明其收入减少，故保险公司对误工费不予认可。被告安华农业保险公司提交了录像视频，经质证，杨某称被告安华农业保险公司提交的证据不能证明其公司所要证明的事实。

法院认为，发生事故时杨某虽已超过法定退休年龄，但并不必然丧失劳动能力，鉴定机构鉴定杨某存在误工期，被告也未提供证据证实杨某受伤前已丧失劳动能力。杨某要求按月工资收入计算误工费，除提供的工资表、停发工资证明外，没有提供其他证据相佐证。杨某即使为家庭主妇，所承担的家务对其他家庭成员的正常务工收入而言，无疑具有支持和保障作用，其因交通事故受伤，整个家庭的收入和开支势必受到影响。故杨某的误工费按城镇居民人均可支配收入计算为宜，经法院确认，杨某的误工费为23,911.83元。

点评：该案原告已达法定退休年龄，在原告证据不足时判决保险公司赔偿误工费稍显牵强，不过判决书中关于家庭主妇应获得误工费赔偿的论述是非常合理的。家庭主妇所承担的家务对其他家庭成员具有支持和保障作用，其受伤后会对家庭收支有影响，故应当赔偿家庭主妇的误工损失。该案如果原告未达到法定退休年龄，则判决会更为没有争议。

42. 超过法定退休年龄受害人能否主张误工费?

律师答疑

有证据证明达到退休年龄的受害人确实存在误工损失的,可以要求赔偿误工费。

现有法律和司法解释中并没有规定已经达到法定退休年龄的受害人不能获得误工费赔偿。无论受害人是否达到法定退休年龄,是否领取了退休金,均不影响受害人获得误工损失赔偿。但相对来说,已经达到法定退休年龄的受害人主张误工费的证据标准较高,应提供客观证据证明受害人在交通事故发生前确实存在劳务工作,并获取一定的劳务报酬。

保险公司理赔时拒绝赔偿超过法定退休年龄的受害人的误工费。但受害人如能提供事故发生前后的银行流水证明存在实际误工损失,保险公司应当也会同意理赔误工损失。

参考案例

中华联合财产保险股份有限公司沈阳中心支公司
与佟某机动车交通事故责任纠纷案

案号:(2023)辽01民终6927号

基本案情:2021年6月14日5时10分许,王某强驾驶其所有的辽AE重型栏板货车至沈于线集光线路口时,与骑电动车的佟某发生交通事故,造成车辆损坏、佟某受伤的交通事故。交警部门出具道路交通事故责任认定书,认定佟某与王某强负此事故同等责任。事故发生后,佟某入住沈阳医学院附属中心医院住院治疗77天,出院诊断休息六周。事故发生时王某强驾驶的辽AE重型栏板货车在中华联合财产保险股份有限公司沈阳中心支公司(以下简称中华联合保险公司)投保了交强险及商业三者险,限额50万元。

一审法院认为,关于误工费,佟某向一审法院提供其为沈阳市于洪区仲元物资经销处员工的证明,其误工证明显示月工资4500元,误工费计算为22,350元[4500元÷30天×(77天+30天+42天)],应当予以支持。

中华联合保险公司不服一审判决提起上诉,认为被上诉人佟某主张的误工费不应得到支持。被上诉人事发时已超过法定退休年龄,应视为无劳动能力,不存在赔付误工费的问题。同时,被上诉人仅提交误工证明,没有提交领取工资的银行卡交易明细,所谓的误工事实是不真实的,被上诉人主张的误工费不应得到支持。

二审法院审理后认为,一审法院依据佟某提交的误工证明认定其工资收入,根据其提交的诊断书、医嘱认定实际休息天数并计算其误工费具有事实及法律依据。上诉人虽主张不应赔付误工费,但未提交证据加以证实。故对上诉人提出的该项上诉请求,本院不予支持。判决驳回上诉,维持原判。

点评:超过法定退休年龄的受害人,如欲证明确实存在误工损失,应提供受害人在交通事故发生前的工资领取记录,或者工作中留存的其他相应证据。司法实践中确实存在超过法定退休年龄的受害人仅提供误工证明,没有提供事故发生前的工资银行流水等其他证据,法院也支持了受害人误工费诉讼请求的情况。

43. 护理费如何赔偿？

律师答疑

雇佣护工护理按照实际支付费用计算护理费，家属护理的按照受诉法院所在地上一年度居民服务业平均工资计算护理费。

护理费的数额决定于三个概念，即护理人员的收入、护理期限、护理人数。三个数字相乘后得出护理费数额。

一、护理人员的收入

根据护理人员的性质可分为家属护理和雇佣护工护理。

（一）家属护理参照误工费的规定计算

我们在之前的问题中已经详细地解释了误工费的计算方式和证据要求，家属护理的护理费，按照护理家属误工费计算。

有一个经常会问到的问题，就是找一个工资高的家属来护理病人，是否可以获得较高的护理费赔偿。答案是不行的。高工资护理人员主张误工费的证据标准非常高，需要提供银行流水证明事故发生前工资收入和事故发生后工资收入有明显的减少，这些证据在多数工作中都是无法取得的。护理费与误工费不同的是，误工费是伤者本人的劳动报酬损失，受伤的事实已经确定，故只能按照伤者本人的误工情况计算误工费。但由谁来护理是可以在事故发生后选择的，假如老爸因交通事故受伤住院，明明可以由每个月退休金2000元的老伴来护理，偏偏要用月工资5万元的女儿来护理，女儿因此产生了误工损失显然并不合理，法院在审理时绝对不会按照每月5万元的标准来判决护理费。

（二）雇佣护工护理根据支付的护工报酬计算护理费

医院护工价格并不低，一般是200元/日—500元/日，甚至还可能更高。雇佣护工护理的证据包括：护理合同（服务合同）、护理费发票（收据）、雇佣护工的护工证和身份证、支付记录。如果证据不齐，法官可能会按照受诉法院所在地上一年度居民服务行业标准或者由法官酌定数额支持护理费。

二、护理期限

护理期限可以根据医院开具的陪护证明，或者出院后到鉴定机构鉴定来确定。受害人伤情较轻时，可以由医院开具护理证明。每个医院有不同的管理规定，有的医院可以由护士站开具护理期限证明，有的医院不开具护理证明，伤者只能通过司法鉴定来确定护理期限。

三、护理人数

护理分一级护理和二级护理，分别对应全天24小时护理和白天的护理。一级护理可以安排两人护理，二级护理是一个人，医院基本不会开具两个人护理的证明。护理人数只能在司法鉴定意见书中确认，可以与护理期限一并申请，不同地区对护理人数的鉴定意见不同。有的地区的司法鉴定机构可以认定两人护理，比如，伤者胫腓骨骨折，在手术后住院18日。鉴定机构可能会出具护理期60日，其中住院期间应由两人护理的鉴定意见。但同样的病情，在不同地区的鉴定机构可能只能认定应由一人护理。

家属护理和护工护理也并不是绝对排斥的。伤者可能在住院期间雇佣护工护理，在出院后由家属护理。在鉴定两人护理的期限时，也可以一人为护工，另一人为家属，两人分别护理。最后分别计算护理费再相加得出最后的护理费数额。

情景实例

老张发生交通事故后在省医院住院治疗20日，后转入县医院康复30日。出院后老张起诉到法院，法院委托鉴定机构评定老张护理期90日，其中前30日为两人护理，其余为一人护理。老张在省医院聘请护工护理350元/日，在县医院聘请护工护理250元/日，假定家属护理标准为150元/日。法院应当支持老张多少钱的护理费？

答：经过鉴定老张护理期为90日。其中省医院住院20日，每日350元，共计7000元。县医院住院30日，每日250元，共计7500元。剩余40日（90日－30日－20日）为家属护理，每日150元，共计6000元。鉴定意见前30日两人护理也计算为家属护理，每日150元，共计4500元。

老张总护理费为7000元＋7500元＋6000元＋4500元＝25,000元。

相关规定

《最高人民法院关于审理人身损害赔偿案件适用法律若干问题的解释》

第八条第一款、第二款　护理费根据护理人员的收入状况和护理人数、护理期限确定。护理人员有收入的，参照误工费的规定计算；护理人员没有收入或者雇佣护工的，参照当地护工从事同等级别护理的劳务报酬标准计算。护理人员原则上为一人，但医疗机构或者鉴定机构有明确意见的，可以参照确定护理人员人数。

44. 什么是护理依赖护理费?

律师答疑

护理依赖护理费是指受害人因残疾不能恢复生活自理能力,需要长期有人来照顾其生活所产生的护理费。

护理依赖程度需要鉴定机构进行评定,不能由医疗机构出具意见决定。司法鉴定机构会根据伤者的伤残等级和自理能力确认护理依赖程度或者护理依赖系数,一般来说七级以上伤残等级才可能由鉴定机构评定护理依赖程度。

护理依赖程度用来计算后续产生的护理费。具体计算公式为:护理费 = 护理费标准 × 护理依赖年限 × 护理人数 × 护理依赖系数。

护理费标准可以参照受诉法院所在地上一年度居民服务业平均工资计算,或者护理人员的上一年度行业平均工资计算,也有的法院会根据地方的司法惯例酌定护理费标准,例如每日 150—200 元。

护理依赖系数,由司法鉴定机构直接做出,或者法院审理后根据司法鉴定意见确认的区间酌定。比如,鉴定机构认定护理植物人病人或者高位截瘫病人的护理依赖程度是完全护理依赖,那么护理依赖系数应当为 100%;如果鉴定机构认定重型开放性颅脑损伤病人为大部分护理依赖,需要法院对护理依赖系数进行酌定,可能会酌定护理依赖系数为 70% 或者 80% 。

护理依赖年限根据受害人的年龄、健康状况等因素由法院确定,最长不超过 20 年,最低不少于 5 年。有的法院内部出台了指导意见,对于第一次诉讼的护理依赖伤者只判决 5 年的护理费,5 年期满后,受害人仍然存活的需要再次诉讼确定护理依赖期限。长时间的护理依赖年限,如 10 年或者 20 年,需要面对一个问题就是受害人是否能够生存 10 年或者 20 年。如果受害人在法院判决后短期内死亡了,那么获得的赔偿款就有一部分属于超额赔偿款,这部分超额赔偿款受害人家属是不会退回给赔偿义务人的。有时保险公司会说,为了家属护理得更好,护理依赖年限不应该一次性判决 20 年,因为家属取得护理费后可能不会尽心地照顾,反而希望伤者尽早过世,以减轻自己的压力。考虑这种情况,确实有法官一次性判决赔偿 3—5 年的护理依赖费用,而不是 20 年。当然,司法实践中仍然存在一次性判决 20 年护理费的可能。受害人的年龄对护理依赖期限只是参考,并没有直接的法律规定,应该参照残疾赔偿金的赔偿年限计算护理依赖的年限,因而,即便是 70 岁高龄的受害人,也可能一次性判决赔偿 20 年的护理依赖护理费。

有的地区法院将伤者出院后的短期护理称为护理依赖,并认为出院后的护理虽然也在护理期内,但赔偿比例应该减少,比如杭州市就对出院后受害人的护理费只按照 50% 的比例予以支持。但笔者认为,这与本问题讨论的是完全不同的两个概念,不能混为一谈。

参考案例

某保险公司与张某 1 等机动车交通事故责任纠纷案

案号:(2023)京 03 民终 18216 号

基本案情:2022 年 7 月 27 日 17 时 09 分,在北京市怀柔区京加路汤河镇河东路口,张某 1 驾驶轻便三轮摩托车由东向西行驶,与驾驶冀X小型轿车由南向北行驶的张某2发生交通事故,造成张某1受伤,两车损坏。北京市公安局怀柔分局交通支队出具事故认定书,认定张某1和张某2负事故同等责任。事故发生后张某1前往北京大学人民医院、北京怀柔医院住院治疗30日,支付医疗费259,171.12元。张某1住院期间接受护理服务18日,支付护理费3960元。

张某1在所受损伤治疗终结后自行委托北京中衡司法鉴定所就其所受损伤的伤残等级、误工期、营养期进行评定;该鉴定机构于2023年3月7日出具鉴定意见,张某1中度智能障碍,日常生活能力部分受限,但能部分代偿,部分日常生活需要帮助,属六级伤残;双侧累计17根肋骨骨折,未见畸形,属九级伤残;开颅术后属十级伤残;骨盆多发骨折畸形愈合,属十级伤残(建议综合赔偿致伤60%);误工期截至伤残评定前一日,营养期90日。张某1为此支付鉴定费5750元。一审审理过程中,某保险公司对张某1自行委托的鉴定提出异议,申请重新对张某1的伤残等级进行鉴定,一审法院经审查后予以准许;同时,张某1申请就其所受损伤的护理依赖进行评定。经随机摇号确定的法大法庭科学技术鉴定研究所于2023年8月17日出具鉴定意见,张某1中度智能缺损(偏轻)的伤残等级为六级,其多发肋骨骨折(双侧2—9肋)的伤残等级为九级,其开颅术后的伤残等级为十级,其骨盆骨折畸形愈合的伤残等级为十级,伤残率为60%;张某1目前状态需要部分护理依赖。张某1为此支付鉴定费900元,某保险公司为此支付鉴定费3150元。

张某1向一审法院提交谢某的证人证言载明“本人谢某……我与张某1……为工友关系,我们一起在杜某处工作,张某1负责小工,工资现金发放。2022年7月27日,张某1发生交通事故受伤,后未再返岗工作，特此证明”；向一审法院提交杜某的证人证言载明“兹证明张某1……在我处担任小工，月工资为5000元，工资现金发放。2022年7月27日，汤河口发生交通事故，因考虑其伤情短时间内无法回复，故解除对其的聘用，特此说明”。张某1向一审法院提交2022年6月9日的收据1份，载明“力帆休闲车，红色4820，¥3200，收款人：宿”，证明其损坏的电动车价值。

一审法院认为，关于伤残赔偿金，张某1所受损伤经重新鉴定后的鉴定意见与其自行委托鉴定的结果一致，依据鉴定报告综合赔偿指数的意见、北京市2022年城镇居民可支配收入以及张某1定残时的年龄等因素认定806,620.8元。关于护理费，对张某1住院期间护理费3960元予以认定；根据鉴定报告的意见酌定护理依赖赔付比例50%；参考张某1的年龄、所受损伤的实际情况等因素，一审法院暂酌定护理期限为10年，根据属地护理行业平均水平合计酌定护理费289,080元。张某1的实际护理期超过一审法院认定的护理期后，其可再次向张某2主张权利。关于鉴定费，根据鉴定费发票认定6650元。关于误工费，根据查明的事实并结合属地的实际情况，一审法院认定张某1超过退休年龄仍从事劳务，参考鉴定报告的意见酌定误工期为220日；张某1未向一审法院提交近三年平均收入情况，一审法院根据属地实际情况和张某1从事行业的平均收入情况酌定误工费17,013元。关于财产损失，一审法院根据车辆购买的时间、使用情况等因素，酌定2000元。

某保险公司不服一审判决，提起上诉。上诉理由：上诉人认为一审法院判决中认定的伤残赔偿金数额不当。本案一审中委托鉴定机构针对张某1伤情进行伤残等级鉴定，被评定为四处伤残，应按照53%的标准予以认定综合赔偿指数，一审法院按照60%计算伤残赔偿金,上诉人认为没有法律及事实依据。另外,一审法院判决按照50%的比例计算部分护理依赖程度,上诉人认为该比例明显过高,有失公平,同时一审法院还认定了10年的护理期限,此期限明显过长,缺乏依据,张某1年龄较大,且根据填平原则亦应当以实际发生的相关费用证据为依据认定护理费。

二审法院审理后认为,某保险公司对一审确定的伤残赔偿金数额及护理费不服提出上诉。关于伤残赔偿金数额,张某1所受损伤经一审法院委托重新鉴定后的鉴定意见与其自行委托鉴定的结果一致,鉴定结果显示伤残率为60%,某保险公司于一审中亦对该鉴定报告表示认可,现其主张应按照53%的标准认定综合赔偿指数事实依据不足,本院不予采信。关于护理费,本案中张某1因此次交通事故造成多处伤残,受伤较重,部分日常生活需要帮助,需要部分护理依赖。一审判决根据鉴定意见酌定护理依赖赔付比例50%,以及综合考虑张某1的年龄、所受损伤的实际情况等因素暂酌定的10年护理期限均无不当,某保险公司的上诉理由不足以支持其上诉请求,本院难以采信。各方未对一审判决的其他内容提起上诉,本院均予以确认。二审判决,驳回上诉请求,维持原判。

点评:(1)受害人构成多处伤残的,伤残指数叠加结算,应以最高级伤残赔偿指数为基础,其余每多一处伤残增加1%—5%,最多不超过10%。受害人构成四处伤残分别为一个六级、一个九级和两个十级,故应当以六级伤残的赔偿指数50%为基准,其余伤残等级依次叠加。依据河北省的交通事故案件地方解释,叠加伤残指数应根据多处的伤残等级计算,保险公司将其余三处伤残均按照1%赔偿指数叠加,故计算为53%。但按照北京市的多处伤残指数一般由鉴定机构直接确定,每多一处伤残均按照5%赔偿指数叠加,但叠加伤残上限为10%，故最终伤残赔偿指数为60%。本案法院所在地为北京，故应当参照北京市的司法管理和伤残赔偿指数确定伤残赔偿金。(2)关于单方鉴定效力，受害人诉前单方委托鉴定，保险公司不予认可申请重新鉴定，故法院随机选取新的鉴定机构进行鉴定。(3)关于鉴定费，受害人诉前单方委托鉴定，但保险公司诉中申请鉴定的结论与诉前鉴定相同，故诉前鉴定的鉴定费属于合理费用，张某1诉前鉴定费5750元，诉中增加护理依赖鉴定请求支付900元，共计6650元，应由直接侵权人张某2承担。保险公司申请诉中鉴定费应自行承担。(4)关于护理依赖程度，司法鉴定意见为部分护理依赖，法院酌定50%并无不可。(5)关于护理依赖年限，张某1年龄偏大，法院酌定护理依赖赔偿年限为10年，在法律范围内，且10年后如果张某1仍然生存可以另行主张护理费。(6)张某1已超法定退休年龄，虽然其提供证人证言欲证明存在退休后的劳务报酬，但证据真实性存疑，法院并未采纳，而是采取调查走访方式确认误工损失的真实性。(7)张某1提供手写电动车购买收据，证明电动车损失，法院未采纳该证据，法院综合全案酌定电动车损失为2000元。

相关规定

《最高人民法院关于审理人身损害赔偿案件适用法律若干问题的解释》

第八条第三款、第四款　护理期限应计算至受害人恢复生活自理能力时止。受害人因残疾不能恢复生活自理能力的，可以根据其年龄、健康状况等因素确定合理的护理期限，但最长不超过二十年。受害人定残后的护理，应当根据其护理依赖程度并结合配制残疾辅助器具的情况确定护理级别。

第十九条 超过确定的护理期限、辅助器具费给付年限或者残疾赔偿金给付年限,赔偿权利人向人民法院起诉请求继续给付护理费、辅助器具费或者残疾赔偿金的,人民法院应予受理。赔偿权利人确需继续护理、配制辅助器具,或者没有劳动能力和生活来源的,人民法院应当判令赔偿义务人继续给付相关费用五至十年。

45. 营养费如何赔偿?

律师答疑

根据医嘱或者鉴定意见确定营养期,再结合当地营养费的每日标准计算最终营养费。

营养费是个相对抽象的概念,不像医疗费、护理费等赔偿项目有实际支出,也不像误工费或残疾赔偿金有预期的收入减少。营养费没有特别明确的概念。受害人应当如何加强营养呢?买点排骨回家炖了,促进骨骼生长,排骨钱是否属于营养费?或者买保健品、阿胶等的花费,能否归属于营养费呢?实践中营养费也不容易举证证明。所以都是由医生或者鉴定机构确定营养期,之后按照当地惯例确认的营养费标准,计算出最终营养费。

有的医院医生开具的诊断证明中,可能会出现“加强营养”字样,有的医院则不允许医生开具类似的诊断证明。保险理赔时有些保险公司不同意赔偿营养费,但如果受害人提起诉讼,法院会委托鉴定机构根据伤情和恢复情况确认营养期,再判决赔偿营养费。保险公司一般也不会仅针对营养费提出上诉。

营养费标准根据当地经济水平和司法惯例，每日 30 元、50 元、100 元不等。有的法院判决赔偿营养费时不参照鉴定意见，由法官根据受害人受伤情况自行估算营养费，比如，根据胫骨平台骨折程度，法官自由裁量营养费为每月 2000—3000 元。

营养费和受害人的伤残等级没有直接联系，并非必须构成伤残才能赔偿营养费，也非伤残等级越高营养费就越高。

相关规定

《最高人民法院关于审理人身损害赔偿案件适用法律若干问题的解释》

第十一条　营养费根据受害人伤残情况参照医疗机构的意见确定。

第六篇

赔偿项目之残疾赔偿金、生活费

引　言

本篇中我们介绍人身损害赔偿项目中的残疾赔偿金和被抚养人生活费。死亡和残疾赔偿金是人身损害赔偿中最重要的项目，受害人评定伤残后的赔偿项目不仅有残疾赔偿金，还会涉及被抚养人生活费和精神损害抚慰金。残疾赔偿金和被抚养人生活费是办理人身损害赔偿案件必须了解的法律知识。

46. 残疾赔偿金如何计算?

47. 残疾赔偿系数如何确定?

48. 法院不同对残疾赔偿金有影响吗?

49. 户籍不同对残疾赔偿金有影响吗?

50. 残疾赔偿年限如何计算?

51. 残疾赔偿年限届满后，可以继续主张残疾赔偿金吗?

52. 未成年被抚养人生活费如何赔偿?

53. 丧失劳动能力的成年被扶养人生活费如何赔偿?

46. 残疾赔偿金如何计算？

律师答疑

残疾赔偿金和死亡赔偿金并不是固定的数字，需要根据残疾赔偿标准、残疾赔偿年限、残疾赔偿系数这三个变量相乘得出具体金额。

计算公式：

残疾赔偿金 = 残疾赔偿标准 × 残疾赔偿年限 × 残疾赔偿系数

死亡赔偿金 = 死亡赔偿标准 × 死亡赔偿年限 × 100%

残疾赔偿标准也与三个变量相关，会受到地域影响、户籍影响和时间影响。但在2022年《最高人民法院关于审理人身损害赔偿案件适用法律若干问题的解释》修改后，户籍已经不能影响残疾赔偿标准了。因而，残疾赔偿标准仅与地域和时间相关。地域因素，即受诉法院所在地的区别。

残疾赔偿年限是指根据受害人评定伤残之日的年龄计算至80周岁，最长不超过20年，最低不少于5年。死亡赔偿年限按照死亡之日计算。

一共有十个伤残等级，一级最重伤残赔偿系数为100%，每增加一个伤残等级，减少10%的赔偿系数，十级伤残赔偿系数为10%。死亡赔偿系数为100%。

相关规定

《最高人民法院关于审理人身损害赔偿案件适用法律若干问题的解释》

第十二条第一款 残疾赔偿金根据受害人丧失劳动能力程度或者伤残等级,按照受诉法院所在地上一年度城镇居民人均可支配收入标准,自定残之日起按二十年计算。但六十周岁以上的,年龄每增加一岁减少一年;七十五周岁以上的,按五年计算。

第十五条 死亡赔偿金按照受诉法院所在地上一年度城镇居民人均可支配收入标准,按二十年计算。但六十周岁以上的,年龄每增加一岁减少一年;七十五周岁以上的,按五年计算。

47. 残疾赔偿系数如何确定?

律师答疑

由司法鉴定机构对受害人所受伤情进行伤残评定,并出具司法鉴定意见书,确认受害人的伤残等级,有的司法鉴定机构还会一并确认受害人的残疾赔偿系数。

一、什么是残疾赔偿系数?

残疾赔偿系数是指参照受害人的伤残等级计算残疾赔偿金时的倍率,伤残等级一般根据司法鉴定机构出具的意见书确定。伤残等级一共分为十级，十级伤残的赔偿系数是10%，九级伤残的赔偿系数是20%，以此类推，一级伤残的赔偿系数是100%与死亡的赔偿系数相同。

二、丧失劳动能力等级与伤残等级是否一致？

不一样。

交通事故案件系侵权案件，只能根据受害人的伤残等级对应的残疾赔偿系数计算残疾赔偿金。受害人因伤致残确实会丧失部分或者全部劳动能力，但伤残等级与丧失劳动能力等级是两个完全不同的概念。丧失劳动能力等级以及与之相配套的劳动能力鉴定均只在工伤赔偿案件中应用，并不能在交通事故引起的侵权赔偿案件使用中。

丧失劳动能力程度系工伤赔偿中的概念，在人身损害赔偿中保留丧失劳动能力使得伤残等级概念不准确，可能对基层司法审判活动形成误导，笔者建议修改《最高人民法院关于审理人身损害赔偿案件适用法律若干问题的解释》中的残疾赔偿金条款，去掉“丧失劳动能力程度”的表述，修改为：“残疾赔偿金根据受害人伤残等级，按照受诉法院所在地上一年度城镇居民人均可支配收入标准，自定残之日起按二十年计算。但六十周岁以上的，年龄每增加一岁减少一年；七十五周岁以上的，按五年计算。”

三、受害人构成多处伤残时，如何确定残疾赔偿系数？

因地区不同，多处伤残的赔偿指数也不尽相同。有的法院由司法鉴定机构在评定伤残时直接确定赔偿指数，有的法院根据当地高院颁布的相关指导意见具体确定赔偿指数。同一侵权行为造成受害人多个部位伤残的，应分别对不同的受伤部位进行伤残评定，如由多个受伤部位构成伤残，应当以其伤残评定中最高等级伤残为基数，其余部位评定伤残等级的，每多加一个增加1%至5%的残疾赔偿系数。因多处伤残增加的残疾赔偿系数最多不得超过10%。

举例来说，受害人有三个不同部位受伤，分别构成一个九级伤残和两个十级伤残。这时应先根据最高等级的伤残，即九级伤残确定20%的赔偿系数为基数，之后两个十级伤残每个增加1%至5%，也就是赔偿系数在22%至30%，因为地区不同而最终赔偿系数也不同。例如，北京市多处伤残每多增加一处增加5%的赔偿系数，而河北省可能只增加2%。

伤残一级与死亡赔偿系数相同，均为最高的100%赔偿系数。如果受害人有多个部位构成伤残，且其中存在一级伤残的，其余部位伤残评定不影响赔偿系数，因为残疾赔偿系数不能超过100%。这个也很好理解，因为死亡的赔偿系数为100%，伤残等级再高也不应该超过死亡赔偿系数。笔者曾经办理过一起案件，受害人被鉴定为：三肢瘫肌力二级以下为一级伤残，开颅术后为十级伤残。虽然受害人两个不同部位都构成伤残，但因残疾赔偿系数最高不得超过100%，故合并后的残疾赔偿系数仍为100%。

相关规定

《人体损伤致残程度分级》

4.4 本标准将人体损伤致残程度划分为10个等级，从一级（人体致残率100%）到十级（人体致残率10%），每级致残率相差10%。致残程度等级划分依据见附录A。

48. 法院不同对残疾赔偿金有影响吗?

律师答疑

有影响。残疾赔偿金根据法院所在地的上一年度城镇居民人均可支配收入标准计算,不同地区的法院上一年度城镇居民人均可支配收入不同,导致最终残疾赔偿金数额不同。

一、法院不同导致残疾赔偿标准不同

死亡和残疾赔偿金都是"按照受诉法院所在地上一年度城镇居民人均可支配收入标准"计算。这就导致法院所在的地区不同,城镇居民人均可支配收入也会不同。这也使同一个案件,受害人在不同地区的法院起诉,获得的死亡和残疾赔偿金会不同。

例如,北京市2023年度城镇居民人均可支配收入为88,650元/年,如果在北京市的基层法院起诉,受害人构成十级伤残,且受害人未年满60周岁,那么残疾赔偿金的计算公式为88,650元/年×20年×10%=177,300元。

黑龙江省2023年度城镇居民人均可支配收入标准为36,492元/年,如果在哈尔滨市的基层法院起诉,受害人也构成十级伤残,且受害人未年满60周岁,那么残疾赔偿金的计算公式为36,492元/年×20年×10%=72,984元。

通过比较我们不难发现,两个交通事故受害人虽然都构成十级伤残,但因为起诉法院的地域不同,赔偿数额相差一倍有余。因而,人身损害赔偿案件中残疾赔偿金的赔偿数额计算时一定要考虑管辖法院的因素。

比如,一个家住北京市大兴区的司机驾驶车辆在河北省廊坊市广阳区与一个河南省鹤壁市人相撞。受害人既可以选择在侵权行为地廊坊市广阳区法院起诉,也可以选择在被告司机所在地北京市大兴区法院起诉。如果受害人的伤情能评定伤残,那么在北京市法院起诉获得的残疾赔偿会高于在河北省廊坊市起诉。还有时候,两个河北人在河北发生交通事故,因为事故车辆投保交强险或商业三者险的保险公司在北京,为了获得更高的死亡伤残赔偿金也选择在北京市的基层法院起诉。

二、交通事故案件多个法院均有管辖权

交通事故案件属于侵权责任纠纷的一种,侵权行为地和被告所在地法院均有管辖权,且交通事故案件被告较多,导致有管辖权的法院也有很多。在多个法院均有管辖权时,受害人可以自行选择在任一有管辖权的法院提起诉讼,法院均应审理。

(一)交通事故发生地法院

交通事故发生地即侵权行为地。交通事故发生后,交警部门应当出具道路交通事故责任认定书,明确记载交通事故地点,根据该地点确定管辖法院。交通事故发生地法院具有无可争议的管辖权,选择在侵权行为地法院起诉,法院应当受理案件,且其不会移送其他法院审理。

(二)机动车驾驶人所在地法院

发生交通事故的机动车驾驶人是直接侵权人,也是侵权案件中必要的被告。在机动车驾驶人住所地法院即被告所在地法院提起诉讼,法院应当受案并审理。不过有的法院在立案时要求原告提供被告居住地证据,如果受害人仅提供交警部门做出的道路交通事故责任认定书,法院可能不会认可道路交通事故责任认定书上的驾驶人现住址就是他的户籍所在地或者经常居住地,除非交警为受害人提供驾驶人的身份证复印件,或者在道路交通事故责任认定书中明确记载了驾驶人的户籍所在地,这样才能明确机动车驾驶人的户籍所在地。当然,有的法院也会直接按照道路交通事故责任认定书上记载的驾驶人现住址确认为被告所在地给予立案。

(三)机动车所有人所在地法院

机动车所有人住所地法院也有管辖权。机动车所有人既可以是自然人也可以是法人。机动车所有人系自然人且与机动车驾驶人不一致时,如果机动车所有人对交通事故的发生和损害负有过错,也应当承担一定的赔偿责任。因而,机动车交通事故责任纠纷案件,可以将机动车所有人列为共同被告,由机动车所有人住所地或者经常居住地法院管辖,具体是否应当承担赔偿责任要在审理后才能决定。

机动车所有人是法人的,可能与机动车驾驶人存在雇佣或挂靠关系,可能成为交通事故赔偿的主体,故有时也将机动车所有人列为共同被告起诉,尤其在保险不能足额赔偿的时候。

(四)机动车驾驶人的工作单位所在地法院

法院在审理侵权案件时,为了避免当事人的诉累可以在多个法律关系存在时合并审理,可以将机动车驾驶人的工作单位列为共同被告。《民法典》明确规定工作人员执行工作任务时造成他人损害的,由用人单位赔偿。这里的工作人员既包括存在劳动关系的劳动者,也包括存在劳务雇佣关系的雇工,或者政府部门工作人员。例如,交警在骑行追车时发生交通事故,造成他人人身损害的,应该由交警队赔偿,而非由交警个人赔偿。如果机动车驾驶人的工作单位并非机动车所有人，受害人应当提供机动车驾驶人的劳动合同或者工作证明来证明工作关系，这对于受害人来说一般是难以取得的。因而，选择机动车驾驶人的工作单位所在地法院立案的交通事故案件并不多见。

（五）营运性机动车的被挂靠人所在地法院

营运性机动车必须落户在公司上，并由具有资格的公司办理营运手续，但营运机动车的实际所有人很多时候是个人，特别是长途运输的重型自载货车。营运机动车发生交通事故造成第三人损害的，被挂靠人应当承担连带赔偿责任。因而，受害人起诉时可以将被挂靠人列为共同被告，被挂靠人所在地法院也具有管辖权。不过司法实践中并不常见。

（六）事故车辆的交强险或商业险保险公司所在地法院

机动车交通事故案件，承保事故车辆的交强险保险公司是必要的共同诉讼主体，除非已经履行了交强险赔偿义务且无争议的，否则起诉时一定要将交强险保险公司列为共同被告。承保事故车辆的商业险的保险公司也可以列为共同被告，如果受害人起诉时没有列出，交通事故实际侵权人也可以请求追加商业险保险公司为共同被告。如果保险公司所在地与侵权行为地、机动车驾驶人所在地、机动车所有人所在地均不一致，保险公司所在地的法院是否有管辖权不同的法院和法官可能有不同的理解，有的案件会直接进入审判程序审理，有的案件也有法院认为不具有管辖权不予受理，还有的案件审理法官会在受理后将案件移送到侵权行为地或被告住所地法院审理。

参考案例

刘某龙、刘某翠诉曲某林、中国平安财产保险股份有限公司黑龙江分公司机动车交通事故责任纠纷案

案号:(2023)黑0103民初29532号

刘某龙、刘某翠依据中国平安财产保险股份有限公司黑龙江分公司所在地,在黑龙江省哈尔滨市南岗区人民法院提起诉讼。南岗区人民法院受理后认为,本案系机动车交通事故责任纠纷,属于侵权纠纷,故本案的管辖应当依照侵权纠纷的管辖确定。《民事诉讼法》第29条规定:"因侵权行为提起的诉讼,由侵权行为地或者被告住所地人民法院管辖。"《最高人民法院关于适用〈中华人民共和国民事诉讼法〉的解释》第24条规定:"民事诉讼法第二十九条规定的侵权行为地,包括侵权行为实施地、侵权结果发生地。"本案事故发生地为哈尔滨市松北区,被告曲某林住所地位于哈尔滨市呼兰区,虽然本案其中一个被告中国平安财产保险股份有限公司黑龙江分公司住所地位于哈尔滨市南岗区,但本案不是保险合同纠纷,而是依附于交通事故将保险公司作为被告。受害人与肇事方系侵权关系,肇事方与保险公司存在保险合同关系,而受害人与保险公司之间不存在任何法律关系,法律之所以在侵权诉讼中允许受害人同时起诉保险公司,系因为交强险具有公益性质,为使受害人得到及时救治,减轻当事人诉累,力求矛盾纠纷一次性解决,故采取一并处理的方法,此属立法技术上的操作,不能改变三方当事人之间的法律关系。从立法规范的意愿来看,《民事诉讼法》立法之时,尚未有责任保险制度,就侵权纠纷的一般情形而言,不会有侵权人以外的人

作为被告,只有侵权人会被列为被告,被告也只能是侵权人。《最高人民法院关于印发〈全国民事审判工作会议纪要〉的通知》(法办〔2011〕442号)第41条规定:“机动车交通事故责任纠纷案件由侵权行为地或侵权人住所地人民法院管辖。被侵权人选择向承保机动车第三者责任强制险的保险公司住所地人民法院起诉的,应告知其向对侵权案件有管辖权的人民法院起诉。”因此,《民事诉讼法》第29条中的“被告住所地”应仅指侵权法律关系中的被告住所地,而不包括保险公司在内。综上,中国平安财产保险股份有限公司黑龙江分公司不是侵权行为实施人,不属于侵权法律关系中的被告,故本案不属于本院管辖,被告曲某林住所地为哈尔滨市呼兰区,侵权行为地为哈尔滨市松北区,故本案应移送哈尔滨市呼兰区人民法院处理。本院对本案无管辖权。

点评:不同法院和不同的法官有不同的理解。笔者认为,《最高人民法院关于审理道路交通事故损害赔偿案件适用法律若干问题的解释》是2012年9月最高人民法院通过的并于2020年修正的司法解释,《最高人民法院关于印发〈全国民事审判工作会议纪要〉的通知》(法办〔2011〕442号)是2011年通过的会议纪要,两者无论是从新法优于旧法还是上位法优于下位法来说,都应该适用《最高人民法院关于审理道路交通事故损害赔偿案件适用法律若干问题的解释》,保险公司所在地法院应当具有管辖权。

三、受害人如何选择法院提起诉讼

虽然说在经济发达的地区提起诉讼,残疾赔偿金数额计算会更多一些,但交通事故案件也不能只考虑法院所在地的经济发展情况,还应当综合考虑受害人的评残难易度、保险额度、起诉时间等多种因素,这样才能为委托人争取到最大的利益。如果受害人的户籍所在地或经常居住地是北京，那么即便在河北省的法院起诉，其残疾赔偿金或者死亡赔偿金标准也可以按照北京地区的城镇居民人均可支配收入。

相关规定

《民事诉讼法》

第二十九条　因侵权行为提起的诉讼，由侵权行为地或者被告住所地人民法院管辖。

第三十六条　两个以上人民法院都有管辖权的诉讼，原告可以向其中一个人民法院起诉；原告向两个以上有管辖权的人民法院起诉的，由最先立案的人民法院管辖。

《最高人民法院关于适用〈中华人民共和国民事诉讼法〉的解释》

第三条第一款　公民的住所地是指公民的户籍所在地，法人或者其他组织的住所地是指法人或者其他组织的主要办事机构所在地。

第四条　公民的经常居住地是指公民离开住所地至起诉时已连续居住一年以上的地方，但公民住院就医的地方除外。

《最高人民法院关于审理道路交通事故损害赔偿案件适用法律若干问题的解释》

第二十二条　人民法院审理道路交通事故损害赔偿案件，应当将承保交强险的保险公司列为共同被告。但该保险公司已经在交强险责任限额范围内予以赔偿且当事人无异议的除外。

人民法院审理道路交通事故损害赔偿案件，当事人请求将承保商业三者险的保险公司列为共同被告的，人民法院应予准许。

《民法典》

第一千一百九十一条第一款 用人单位的工作人员因执行工作任务造成他人损害的，由用人单位承担侵权责任。用人单位承担侵权责任后，可以向有故意或者重大过失的工作人员追偿。

第一千二百一十一条 以挂靠形式从事道路运输经营活动的机动车，发生交通事故造成损害，属于该机动车一方责任的，由挂靠人和被挂靠人承担连带责任。

《最高人民法院关于审理人身损害赔偿案件适用法律若干问题的解释》

第十八条第一款 赔偿权利人举证证明其住所地或者经常居住地城镇居民人均可支配收入高于受诉法院所在地标准的，残疾赔偿金或者死亡赔偿金可以按照其住所地或者经常居住地的相关标准计算。

49. 户籍不同对残疾赔偿金有影响吗？

律师答疑

没有影响。

2022 年 5 月 1 日之后发生的侵权行为造成受害人死亡或者伤残的，死亡伤残赔偿金不再区分受害人为城镇或农村户籍。在 2022

年5月1日之前发生的侵权行为造成受害人死亡或者伤残的，应参照受诉法院所在地各省、市、自治区高级人民法院公布的解释执行，部分省份从2020年开始就不再区分城镇或农村户籍人员的死亡伤残赔偿金；但也有省份是在2022年5月1日即《最高人民法院关于审理人身损害赔偿案件适用法律若干问题的解释》实施后，才开始适用死亡伤残赔偿金不区分户籍赔偿制度。

我国长久以来实行的城镇与农村的二元户籍制度，使人身损害赔偿标准也因为户籍不同造成死亡伤残赔偿金有较大的差额，有时甚至可以相差一倍。人身损害赔偿制度的不平等，违背了平等的司法理念。特别是在城市工作的农村户籍务工人员，仍然参照城市和农村户籍区分死亡伤残赔偿金，显得尤为不合理。

2006年4月3日，最高人民法院民一庭发布了〔2005〕民一他字第25号《关于经常居住地在城镇的农村居民因交通事故伤亡如何计算赔偿费用的复函》（以下简称《交通事故伤亡复函》）。人身损害赔偿案件中，残疾赔偿金、死亡赔偿金和被抚养人生活费的计算，应当根据案件的实际情况，结合受害人住所地、经常居住地等因素，确定适用城镇居民人均可支配收入（城镇居民人均消费性支出）或者农村居民人均纯收入（农村居民人均生活消费支出）的标准。在复函所述案件中，受害人虽然是农村户口，但他在城市经商、居住，经常居住地和主要收入来源地均为城市，有关损害赔偿费用应当根据当地城镇居民的相关标准计算。

《交通事故伤亡复函》公布后在后续司法实践中被不断引用，成为人身损害赔偿案件中重要的法律依据之一，有力地推动了司法平等理念进展。但《交通事故伤亡复函》的覆盖面局限于城镇经常居住和以城镇工作为主要生活来源的农村进城务工人员，并没有包括在农村居住的农业户籍人员。认定受害人“在城镇经常居住”和“以城镇工作为主要生活来源”需要提供相应证据，这往往成为庭审焦点问题。当时，若审理农村户籍适用城镇标准赔偿死亡伤残赔偿金的案件，受害人只有提供房产证、暂住证、社保记录、纳税证明，其请求才能被法院采纳。如果受害人只提供租房合同、劳动合同和证人证言，因较难查明案件事实，法院一般不会采信。因为证据标准并不固定，法院在审理相同或类似案件时是否按照城镇标准判决赔偿死亡伤残赔偿金存在很多相互矛盾的个案判决，因此也产生了庞大数量的上诉案件。

2009 年 12 月 26 日《侵权责任法》(已废止)颁布，其中第 17 条规定，因同一侵权行为造成多人死亡的，可以以相同数额确定死亡赔偿金。因而，如果同一事故中有户籍不同的多人死亡时，可以不再区分城镇和农村户籍，甚至年龄和地域因素也可以不考虑，直接按照相等数额确定赔偿。简单地说就是“同命同价”。这条法律条款仅规范了多人同时死亡情况，并不包括多人伤残，更不包括一人死亡或者伤残。条款中表述适用的是“可以”而非“应当”，在具体案件中是否适用仍需要法官衡量。

随着我国城市化进程不断推进，人身损害赔偿因户籍不同造成赔偿数额不同的问题影响更加广泛。仅凭借民一庭的《交通事故伤亡复函》以及《侵权责任法》(已废止)“打的补丁”，已经不能掩盖立法上的缺失。

2019 年 4 月 15 日，中共中央、国务院出台的《关于建立健全城乡融合发展体制机制和政策体系的意见》第 17 点明确提出：改革人身损害赔偿制度，统一城乡居民赔偿标准。从而进一步将“同命同价”问题提上了日程。

2019 年 8 月 26 日,《最高人民法院关于授权开展人身损害赔偿标准城乡统一试点的通知》(法明传〔2019〕513 号)公布并施行,其授权各省、市、自治区高级人民法院根据各地情况在年内完成城乡标准统一的试点工作。

2020 年,各省高级人民法院基本都根据最高人民法院精神出台了省内指导文件,实行死亡伤残赔偿金不再区分城市与农村户籍制度,统一按照城镇户籍标准赔偿。

2022 年 5 月 1 日,《最高人民法院关于审理人身损害赔偿案件适用法律若干问题的解释》修正并实施,正式规定了死亡伤残赔偿金和被抚养人生活费按照城镇居民人均可支配性收入或者城镇居民消费性支出计算赔偿,与受害人的户籍再无关联。

相关规定

《最高人民法院关于审理人身损害赔偿案件适用法律若干问题的解释》

第十二条第一款　残疾赔偿金根据受害人丧失劳动能力程度或者伤残等级,按照受诉法院所在地上一年度城镇居民人均可支配收入标准,自定残之日起按二十年计算。但六十周岁以上的,年龄每增加一岁减少一年;七十五周岁以上的,按五年计算。

第二十四条　本解释自 2022 年 5 月 1 日起施行。施行后发生的侵权行为引起的人身损害赔偿案件适用本解释。本院以前发布的司法解释与本解释不一致的,以本解释为准。

50. 残疾赔偿年限如何计算？

律师答疑

受害人构成伤残的，根据伤残评定之日计算受害人年龄；受害人死亡的，根据受害人死亡之日计算死者年龄。受害人60周岁以下的，死亡和残疾赔偿年限计算为20年；受害人60周岁以上的，年龄每增加1岁死亡和残疾赔偿年限减少1年，最低不少于5年。

一、定残之日是指的哪天？

《最高人民法院关于审理人身损害赔偿案件适用法律若干问题的解释》规定构成伤残的伤者年龄应该自定残之日起计算。定残之日是指司法鉴定机构对受害人进行伤残评定，并做出司法鉴定意见书的日期。定残之日影响两个赔偿项目：一是受害人误工期不应该长于定残之日；二是受害人在交通事故发生之日已经年满60周岁，且交通事故发生之日和定残之日年龄不同时，残疾赔偿金年限按照定残之日计算相比于按照交通事故发生之日计算会减少。有的法院从保护弱势群体角度，认为应自交通事故发生之日计算受害人的年龄和残疾赔偿年限是不正确的。

参考案例

中国平安财产保险股份有限公司深圳分公司与韩某某机动车交通事故责任纠纷案

案号：(2021)豫15民终1706号

中国平安财产保险股份有限公司深圳分公司上诉请求:(1)依法撤销河南省固始县人民法院(2021)豫1525民初394号民事判决书第一项、第二项,依法予以改判;(2)诉讼费由被上诉人承担。事实和理由:(1)原审残疾赔偿金金额判决存在错误。残疾赔偿金年限的起算点是定残之日,而非交通事故发生之日。被上诉人韩某某是1947年10月18日出生,定残之日是2021年1月5日,已经年满73周岁,残疾赔偿金应当按照7年计赔,原审按照8年计赔存在错误。(2)韩某某的误工费不应支持,即使支持也应按照农民纯收入标准计算而不应当按照农、林、牧、渔业标准计算。

一审法院认定事实:2020年1月9日,被告杜某某驾驶豫S小型轿车行驶至固始县时,撞到前方原告驾驶的电动三轮车,事故致原告受伤,车辆受损。该起事故经固始县公安交通警察大队做出了事故认定书,认定被告杜某某负该起事故的全部责任。2020年12月28日,固始县人民法院委托安徽高诚司法鉴定所对韩某某的伤情、"三期"及精神伤残等级进行鉴定,韩某某构成十级伤残,误工期270日,护理期180日,营养期120日,精神伤残等级八级。

二审法院认为,本案的争议焦点在于:(1)韩某某的残疾赔偿金年限计算是否正确;(2)韩某某的误工费是否应获得支持,赔偿标准是否正确。关于残疾赔偿金的计算。本案中,安徽高诚司法鉴定所于2021年1月5日做出司法鉴定意见书,韩某某的伤情构成八级伤残,即韩某某定残之日的年龄为73周岁。因此,韩某某的残疾赔偿金应为34,200.97元/年×7年×31%=74,216.10元。一审判决将韩某某受伤的时间作为残疾赔偿金的起算点,不符合司法解释的规定,本院予以纠正。关于误工费的计算,韩某某提供的农村土地经营权证及固始县石佛店乡龙潭村村委会证明能够证实韩某某在事故发生前从事农业生产的事实,上诉人未能提供韩某某在事故发生前已丧失劳动能力的证据,一审法院按照农、林、牧、渔业上一年度职工平均工资判决支持误工费并无不当。

二审判决:(1)维持河南省固始县人民法院(2021)豫1525民初394号民事判决书第一项、第三项、第四项和一审案件诉讼费承担部分。(2)变更河南省固始县人民法院(2021)豫1525民初394号民事判决书第二项为被告中国平安财产保险股份有限公司深圳分公司于本判决书生效后赔偿原告韩某某6551.7元。

点评:一审法院按照交通事故发生之日受害人年龄计算伤残赔偿年限错误,被二审法院予以纠正。伤残赔偿年限应根据定残之日受害人的年龄计算。关于误工费,尽管受害人已经年满73周岁,但从事农业工作仍然可以计算误工费,且一审法院按照农、林、牧、渔业上一年度职工平均工资标准计算并无不当。保险公司认为应当按照农民纯收入标准计算误工费没有法律支持,农民纯收入标准为人身损害赔偿司法解释修改之前,残疾赔偿金仍然区分户籍时农业户籍残疾赔偿金的计算标准,与农民误工费标准不能混为一谈。

二、死者年龄自死亡之日计算

受害人发生交通事故后立即死亡或者经医治无效死亡的,均应当按照受害人死亡时的年龄计算死亡赔偿金年限。因为受害人死亡的交通事故案件,可能会涉嫌交通肇事罪,如果受害人家属提起刑事附带民事诉讼可能会持续较长时间。这时可能会出现受害人死亡赔偿年限和死亡赔偿标准计算时间节点年份不统一的问题。

情景实例

2022年4月4日,老赵与老王发生交通事故,老王当场死亡,老赵逃逸。经交警部门认定老赵因发生交通事故后逃逸负事故全部责任,老王无责任。2022年9月9日,老赵被公安机关抓获,因涉嫌交通肇事罪在刑事拘留后被批准逮捕。检察机关于2023年3月3日提起诉讼,被害人家属同时提起刑事附带民事诉讼。法院于2023年5月6日开庭审理。假设老王于1961年6月1日出生,老王的死亡赔偿年限应该计算多少年?死亡赔偿标准应该参照哪一年?

答:老王于1961年6月1日出生,2022年4月4日发生交通事故死亡,死亡时年龄正好为60周岁,故死亡赔偿金年限应计算为20年。死亡赔偿标准应当参照受诉法院所在地上一年度城镇居民人均可支配收入标准。刑事附带民事诉讼于2023年5月6日开庭审理,故应当按照2022年的城镇居民人均可支配收入计算死亡赔偿金。在这个案例中,虽然老王的死亡赔偿年限和死亡赔偿标准计算时间节点不一致,但均符合法律规定。反之,如果按照庭审时的时间节点计算受害人的死亡赔偿年限,会出现受害人已经死亡但年龄仍然增长问题,不但不符合法律规定也不合常理。

三、伤残赔偿年限不因伤者死亡而减少

受害人的伤残赔偿年限根据受害人定残之日的年龄计算,但受害人在伤残赔偿年限未期满之前死亡的,无须缩减或者返还部分残疾赔偿金。

参考案例

鲁某义、蒋某凤等与董某琴、杜某建等保险纠纷

案号:(2023)豫民再698号

基本案情:鲁某义等三人申请再审请求,撤销原审判决,依法改判在原审判决两个保险公司的赔偿金额基础上应再各增加139,233.97元。原审判决认定死亡赔偿金的计算期限以受害者实际生存期限计算,系适用法律错误。残疾赔偿金是受害人遭受人身损害导致丧失部分或全部劳动能力而造成的损失,支付残疾赔偿金的原因和依据是受害人丧失了部分或全部劳动能力,故应采取的抽象损失标准和定型化赔偿以客观方式计算。鲁某平于2022年8月25日定残,此时鲁某平因本次事故受到人身损害丧失劳动能力的程度已经确定。鲁某平在定残后死亡,不影响已经确定的伤残等级或丧失劳动能力程度,也不影响按法定方式对残疾赔偿金的具体金额进行计算。因此,其残疾赔偿金应严格按照法律法规及案件事实计算为:37,094.80元/年×20年×43%(伤残系数)=319,015.28元。

中国人民财产保险股份有限公司郑州市中心支公司辩称,原审法院认定残疾赔偿金从定残之日计算到死亡之日符合法律规定,残疾赔偿金是对赔偿权利人因劳动能力丧失而导致未来收入损失的救济,但鲁某平于评残后死亡,该死亡事实的发生使其丧失了继续获得残疾赔偿金的基础,鲁某平的近亲属所能主张的残疾赔偿金只能限定于从定残之日计算至死亡之日。鲁某平死亡后,已经不存在劳动能力丧失或部分丧失的情况,也不存在因伤残导致其实际收入受到影响的情形,故其死亡后不应当再计算残疾赔偿金。综上,请求驳回鲁某义等三人的再审请求。

一审认定事实,2021年7月25日,鲁某平驾驶电动三轮车在郑州市莲花街郑大北门处于杜某建驾驶的豫A3重型自卸货车前方向南横过道路,与董某琴驾驶的豫A5小型轿车发生交通事故,致鲁某平受伤。郑州市公安局交通警察支队二大队做出道路交通事故认定书认定：本次事故鲁某平负主要责任，董某琴负次要责任，杜某建负次要责任。事故发生后，鲁某平在郑州市中心医院治疗54日，其伤情被诊断为：创伤性急性硬膜下出血，多发性大脑挫裂伤，颞骨骨折，颅脑感染，三根肋骨骨折并伴第一肋骨骨折等。河南威盾司法鉴定中心于2022年8月25日出具鉴定意见书，鲁某平左侧颅脑损伤，遗留偏瘫，右侧肢体肌力4级，评定为七级伤残，左侧脑叶部分切除术后，构成九级伤残，右侧脑室钻孔引流术后，评定为十级伤残，其误工期、护理期、营养期评定至伤残评定前一日，护理依赖程度为部分护理依赖。鲁某平因住院共产生医疗费总额为363,807.89元。后鲁某平于2022年12月24日因病死亡。

一审、二审法院认为，残疾赔偿金是指受害人因伤残导致未来的收入减少或丧失生活来源，而给予的财产损害性质赔偿。因此，残疾赔偿金设定的目的主要在于保障受害人将来生活，与受害人的身体、生命健康联系极为紧密，具有严格的人身专属性和依附性，该权利随权利人生存而生存，随权利人死亡而消灭。本案中，鲁某平在定残后因其他原因死亡，则丧失了继续获得残疾赔偿金的基础。应当按照鲁某平在定残后实际生存时间计算残疾赔偿金处理。鲁某平经具备法医临床鉴定资质的相关鉴定机构针对其因交通事故造成之伤鉴定，其分别构成七级、九级、十级伤残，伤残系数应为43%，结合鲁某平的评定伤残日期及死亡日期，应为5287.79元（37,094.80元÷365日×121日×43%）。

再审法院认为，河南威盾司法鉴定中心于2022年8月25日做出司法鉴定，鲁某平伤残等级为七级、九级、十级，鲁某平于2022年12月24日死亡，双方对鲁某平的残疾赔偿金是从2022年8月25日定残之日计算至其死亡之日，还是计算20年存在争议。由于残疾赔偿金的性质是因受害人丧失劳动能力或部分丧失劳动能力而对其进行的财产损害赔偿,从事故发生时,受害人的该项损失就已发生。而对于该财产损失的数额计算应采用定型化原则,即从定残之日起按固定年限计算,因此,残疾赔偿金数额从受害人定残之日就已确定,受害人亦对该残疾赔偿金享有请求权,而不因受害人的死亡而消灭,亦不因其劳动能力的变化或实际存活年限低于所计算的赔偿年限而减少,故原审将鲁某平残疾赔偿金从2022年8月25日定残之日计算至其死亡之日处理不当。原审判决处理结果不当,本院予以纠正。鲁某义等三人再审请求部分成立,本院予以支持。

再审法院判决:(1)撤销河南省郑州市中级人民法院(2023)豫01民终6716号民事判决书以及河南省郑州高新技术产业开发区人民法院(2023)豫0191民初862号民事判决书;(2)中国人民财产保险股份有限公司郑州市中心支公司于本判决生效之日起10日内赔偿鲁某义、蒋某凤、鲁某莹各项损失共计275,736.9元;(3)中国人民财产保险股份有限公司郑州市分公司于本判决生效之日起10日内赔偿鲁某义、蒋某凤、鲁某莹各项损失共计257,736.9元。

点评:再审法院适用法律正确,伤残赔偿年限不因受害人实际生存年龄而减少。本案还可能出现另一种情况,即不按照鉴定意见确认的伤残等级计算伤残赔偿金主张赔偿,而直接参照死亡赔偿金要求赔偿。虽然鉴定机构已经出具司法鉴定意见书对受害人的伤残评定为七级、九级和十级,但案件诉讼过程中据以评定伤残的案件事实发生变化,受害人已经死亡。如果一审判决做出前,受害人家属的委托代理人与当事人商议,改变诉讼策略,重新申请鉴定交通事故与死亡之间的因果关系参与度,再按照死亡赔偿金主张赔偿各项损失赔偿,可能会更好地保护当事人的合法权益。

四、伤残赔偿标准也会受到庭审时间影响

伤残赔偿标准依据上一年度城镇居民人均可支配收入标准，这个标准每年政府统计部门都会更新。因为30年来我们国家经济一直处于高速增长状态，目前仍没有改变，所以各地区的城镇居民人均可支配收入几乎是每年增长的。例如，2021年北京市城镇居民人均可支配收入为81,518元；2022年北京市城镇居民人均可支配收入为84,023元；2023年北京市城镇居民人均可支配收入为88,650元。

统计局一般在每年的1月或者2月公布上一年度统计数据，如果适用新的统计数据计算残疾赔偿金会获得更多的赔偿。例如，北京市2023年标准比2022年标准多4627元，2022年标准比2021年标准多2505元。如果伤者评定为十级伤残，按照20年残疾赔偿年限计算，适用2023年标准比2022年标准多了9254元，2022年标准比2021年标准多了5010元。所以评定为十级伤残的人身损害赔偿案件，春节后开庭审理得到的残疾赔偿金会比元旦前审理多出5000元至10,000元，可能还影响被抚养人生活费、误工费和护理费。所以为了争取到最大的利益，开庭时间尽量选择到春节后，新的统计标准公布时。虽然律师不能左右法院开庭审理的时间，但可以自主选择立案时间，提前做出规划。

受害人提起诉讼也不是越晚越好，一方面，交通事故后受伤治疗的伤者原有生活已经因交通事故被打乱，往往急需用钱，为了多获得赔偿，拖到两年之后起诉是不可能的。伤者本人不会同意，代理律师也不可能如此操作。另一方面，评定伤残之日还会影响残疾赔偿年限，如果伤者受伤时，已经年满60周岁，应该尽快评定伤残，以免因定残之日年龄增长而缩短残疾赔偿年限，进而减少残疾赔偿金。

相关规定

《最高人民法院关于审理人身损害赔偿案件适用法律若干问题的解释》

第二十二条第二款 “上一年度”,是指一审法庭辩论终结时的上一统计年度。

51. 残疾赔偿年限届满后,可以继续主张残疾赔偿金吗?

律师答疑

受害人获得残疾赔偿金计算年限届满后仍然生存,且没有劳动能力和生活来源的,人民法院应当判决继续赔偿受害人5年至10年的残疾赔偿金。

现在生活条件和医疗条件比以前好很多,长寿人士普遍存在,在残疾赔偿年限期满后仍然生存的不在少数。受害人再次主张残疾赔偿金的,法院应当立案,如果受害人没有劳动能力和生活来源,法院应当判决侵权人继续赔偿残疾赔偿金。

一、继续赔偿残疾赔偿金的条件

继续赔偿残疾赔偿金的条件有两个:(1)受害人获得残疾赔偿金计算年限届满后仍然生存,无论是按照20年最高期限计算,还是5年的最低期限计算,都必须在残疾赔偿期限届满后才能主张权利。(2)受害人没有劳动能力和生活来源的,这个给付条件明显参照被抚养人生活，如果受害人仍然具有劳动能力和工资收入，或者已经获取退休金，法院不会支持再次主张残疾赔偿金。从这个角度来看，继续赔偿残疾赔偿金的法律理念应当是对弱势群体的保障，或者可以称为残疾生活补助费。

二、继续赔偿残疾赔偿金的年限

受害人获得残疾赔偿金年限届满后仍然生存再次请求残疾赔偿金的年限，笔者认为应该遵循两个标准：(1)司法解释规定继续赔偿残疾赔偿金年限在5年至10年，最低5年，最高10年；(2)继续请求残疾赔偿金的年限不应该超出前一次的残疾赔偿年限，也就是说如果前一次判决残疾赔偿金为5年，5年期满后法院只能判决继续赔偿五年的残疾赔偿金。

三、继续赔偿残疾赔偿金的标准

继续赔偿残疾赔偿金是因为原侵权行为赔偿不足以弥补受害人的实际损失，因而获得的后补偿，并非新的侵权行为引发的另行赔偿。因而，继续赔偿残疾赔偿金标准仍然应当参照原残疾赔偿金标准，即原审案件一审法庭辩论终结时的上一年度城镇居民人均可支配性收入，而非新的案件一审庭审时的赔偿标准。

四、应继续赔偿残疾赔偿金但不应继续支持被抚养人生活费和精神损害抚慰金

《最高人民法院关于审理人身损害赔偿案件适用法律若干问题的解释》中仅规定了护理费、辅助器具费和残疾赔偿金在赔偿期限届满后，受害人仍然生存可以另行主张，但没有规定受害人因被评定为残疾，一同赔偿的被抚养人生活费和精神损害抚慰金可以一并主张，因没有法律依据，故不能支持。

参考案例

俞某与宁夏医科大学总医院医疗损害责任纠纷案

案号:(2020)最高法民再66号

抗诉机关:中华人民共和国最高人民检察院

基本案情:1987年6月9日,俞某骑自行车与他人相撞倒地后,被内蒙古自治区阿拉善左旗运输公司客车碾压至臀部受伤,当天由阿拉善盟左旗医院转送宁夏医科大学总医院(被申诉人、一审被告、二审被上诉人)(原宁夏医学院附属医院,以下简称宁医大总院)救治。1992年11月,经阿拉善盟左旗公安局交通警察大队主持调解,由阿拉善左旗运输公司赔偿俞某(申诉人、一审原告、二审上诉人)121,625.74元。1998年俞某向内蒙古自治区阿拉善盟左旗人民法院提起诉讼,要求阿拉善左旗运输公司继续赔偿其交通事故经济损失95万余元,法院经审理驳回了俞某的诉讼请求。俞某不服上诉至内蒙古自治区阿拉善盟中级人民法院,二审法院经审理驳回上诉,维持原判。俞某后向内蒙古自治区高级人民法院申请再审,内蒙古自治区高级人民法院于2000年3月29日做出(2000)内法民再字第3号民事判决(以下简称内蒙古高院3号判决),改判由阿拉善左旗运输公司赔偿俞某医疗费、护理费、住院伙食补助费、20年残疾者生活补助费、交通费、今后治疗费、残疾用具费等共计559,478.26元。

2004年3月,俞某将宁医大总院诉至宁夏回族自治区银川市中级人民法院,以俞某的身体损伤与宁医大总院的医疗过错之间存在因果关系为由要求宁医大总院赔偿各项经济损失951,840元。银川市中级人民法院以宁夏医学会医疗事故鉴定“此病例不属医疗事故”、俞某起诉已超过法定诉讼时效为由驳回了俞某的诉讼请求。俞某不服上诉至宁夏回族自治区高级人民法院,该院在审理过程中委托最高人民法院司法鉴定中心对俞某的病情再次进行鉴定,鉴定结论认为:宁医大总院对俞某实施的医疗行为存有过失,该过失与俞某现有的损害结果存在一定的因果关系。宁夏回族自治区高级人民法院于2005年6月做出(2004)宁民终字第66号民事判决书,认定宁医大总院应当承担相应的民事责任,根据民事赔偿的填补原则,判决宁医大总院赔偿俞某住院护理费和今后护理费、住院生活补助费、住宿费、交通费、残疾辅助器具费共计367,553.77元。现俞某以20年赔偿期限已到且残疾辅助器具费用价格上涨,原判认定赔偿标准不足以满足其治疗要求为由,要求宁医大总院赔偿其2012年9月至2032年9月各项费用共计6,290,364.55元。案件经过一审、二审、再审、发回重审、重审再审、提审,六个程序审理。

点评:该案为最高人民检察院抗诉,最高人民法院审理后改判案件,具有显著代表性,类案应当尊重实施。虽然是医疗损害责任纠纷并非机动车交通事故责任纠纷,但两个案由均为侵犯人身权,对于人身损害赔偿中的残疾赔偿金项目审判规则可以通用。

本案争议焦点很多,包括交通事故和解效力,交通事故与医疗损害责任竞合问题,后续治疗费、后续护理费、后续辅助器具费、伤残赔偿补助金问题以及诸多诉讼程序问题。这里只介绍受害人获得残疾赔偿金年限届满后仍然生存再次请求残疾赔偿金问题,在这个争议问题上,各级法院均持统一观点,并没有改判。通过该案可以提炼出以下观点:(1)受害人获得残疾赔偿金计算年限届满后仍然生存,且没有劳动能力和生活来源的,再次请求残疾赔偿金,人民法院应当支持;(2)再次请求残疾赔偿金年限最高为10年,请求20年赔偿没有法律依据;(3)再次请求残疾赔偿金标准按照原审残疾赔偿金标准,本案中按照宁夏回族自治区2012年度城镇居民人均可支配收入每年19,831.40元计算10年,残疾赔偿金共计198,314元;(4)本案中虽然支持了精神损害赔偿金,但系因为原审生效判决未支持精神损害赔偿,故在残疾赔偿年限届满后另行诉讼时支持了精神损害赔偿,并非精神损害赔偿也可以与残疾赔偿金一样在届满后一同主张。

综合来看,受害人的残疾赔偿金年限不因实际生存年限而缩减,但却可以因实际生存年限而延长。这样的司法裁判规则貌似有些双重标准,但其实是保护弱者司法理念的体现。

相关规定

《最高人民法院关于审理人身损害赔偿案件适用法律若干问题的解释》

第十九条 超过确定的护理期限、辅助器具费给付年限或者残疾赔偿金给付年限,赔偿权利人向人民法院起诉请求继续给付护理费、辅助器具费或者残疾赔偿金的,人民法院应予受理。赔偿权利人确需继续护理、配制辅助器具,或者没有劳动能力和生活来源的,人民法院应当判令赔偿义务人继续给付相关费用五至十年。

52. 未成年被抚养人生活费如何赔偿？

律师答疑

未成年被抚养人生活费计算公式为：被抚养人生活费 = 被抚养人生活费赔偿标准 × 被抚养人生活费赔偿年限 × 残疾赔偿系数 ÷ 抚养义务人数。

被抚养人生活费赔偿标准是指受诉法院一审庭审辩论终结时上一年度城镇居民人均消费性支出。2022 年《最高人民法院关于审理人身损害赔偿案件适用法律若干问题的解释》修正并实施后，残疾赔偿金和被抚养人生活费均已经统一城乡标准，都按照城镇标准计算，没有农村标准了。

被抚养人生活费赔偿年限，即未成年被抚养人年龄与 18 周岁之间的年份差额，未成年被抚养人年龄根据受害人定残之日计算。假设未成年人 0 周岁，计算 18 年。未成年人 17 周岁，计算 1 年。

被抚养人生活费的赔偿系数参照受害人的残疾赔偿金系数，如果受害人被评定为十级伤残，伤残赔偿系数为 10%，被抚养人生活费赔偿系数同样为 10%。

抚养义务人数，未成年人的抚养人一般是其父母，因而未成年被抚养人生活费需计算 50% 的数额。未成年人的父母之一因交通事故受伤构成伤残，影响了劳动收入进而影响了子女生活和教育经费，但是父母的另一方并没有受到影响，因而一般情况下被抚养人生活费计算总数后应该除以二。如果未成年人父母的另一方已经死亡或者丧失劳动能力则不能认为存在其他扶养人,计算式无须对被抚养人生活费除以二。

简单来讲,就是从受害人定残之日计算未成年人年龄,再根据未成年人年龄与18周岁之间的差额确定被抚养人生活费赔偿年限,乘以上一年度城镇人均消费性支出,再乘以受害人的残疾赔偿系数,最后除以二。

未成年被抚养人生活费需要注意的几个问题:

(1)婚生子女与非婚生子女按照同样标准计算抚养费,只要出生证明上显示是孩子的亲生父母即可,没有结婚证也可以获得赔偿。

(2)未成年人的法定抚养人与实际抚养人不一致时,只有在法定抚养人受伤致残时才能主张被抚养人生活费,而非实际抚养人。比如,父母都外出打工的留守儿童,孩子由爷爷奶奶照顾长大。如果爷爷受伤了,虽然实际上孩子是由爷爷抚养的,但也无法主张被抚养人生活费。

(3)未成年继子女与受害人一同生活的应当赔偿被抚养人生活费。跟随再婚夫妻一同生活的非婚生子女,形成事实抚养关系的,可以认定为继子女。夫妻一方受伤的,可以主张继子女的被抚养人生活费。

(4)交通事故发生后再生育子女,在一审庭审法庭辩论终结前孩子已经出生的,也能获得被抚养人生活费赔偿。从法律规定方面说,《民法典》《最高人民法院关于审理人身损害赔偿案件适用法律若干问题的解释》等有关侵权责任的法律与司法解释中,没有排除受害人在被侵权后生育的子女不能领取被抚养人生活费。保险公司商业保险示范条例中,也没有规定这种情况属于免赔。民事权益法无禁止即可为,所以是完全合法的。

(5)被抚养人生活费并入残疾赔偿金,并不是代表被抚养人的生活费不用赔偿。

(6)多名被抚养人分别计算被抚养人生活费,但每年的被抚养人生活费相加后总额不能超过上一年度城镇居民人均消费支出额。

参考案例

中国人民财产保险股份有限公司北屯支公司与张某等机动车交通事故责任纠纷

案号:(2021)鲁01民终967号

基本案情:2019年5月14日21时40分许,高某驾驶鲁AC号重型自卸货车沿工业南路由西向东行驶至工业南路与奥体西路路口右转弯时,适遇张某驾驶电动二轮车由西向东行驶,两车发生碰撞,造成张某受伤。经济南市公安局交通警察支队历下区大队认定,高某承担事故全部责任,张某不承担事故责任。经一审法院委托鉴定:(1)张某之损伤构成十级伤残;(2)伤后误工期限为180日,后续治疗期间误工时间为30日;(3)伤后护理期限为90日,住院期间两人护理,出院后一人护理,后续治疗期间一人护理15日;(4)伤后营养期限为90日,后续治疗期间营养期限为15日;(5)后续治疗费21,000元。另查明,鲁AC号重型自卸货车登记所有人为杨某,杨某于2019年4月6日将该车出卖给李某。该车在人保济南市分公司投保交强险、在人保北屯支公司投保商业三者险,事故发生在保险期间。

一审法院认为,关于张某损失:(1)医疗费,张某自费支付174元。(2)住院伙食补助费,住院62日,住院伙食补助费为6200元。

(3)误工费,根据一审法院从山东省胸科医院调取的张某工资明细,未发现扣发工资的情况。张某主张误工费,一审法院不予支持。(4)护理费,鉴定意见中的护理期限为90日,住院期间两人护理,出院后一人护理,后续治疗期间一人护理15日。一审法院酌定按照42,329元/年的标准计算,共计19,366.97元。(5)交通费,因交通费系伤者入院、出院、复诊的必要支出,一审法院酌定支持500元。(6)营养费,伤后营养期限为90日,后续治疗期间营养期限为15日,营养费计算为5250元(50元×105日)。(7)后续治疗费用,鉴定结论为后续治疗费21,000元,一审法院予以采纳。(8)残疾赔偿金,张某的损伤构成十级伤残,一审法院酌定为84,658元(42,329元/年×20年×10%)。(9)精神损害抚慰金,一审法院酌定为1000元。(10)被抚养人生活费,张某父亲张某某已故,母亲刘某(1937年1月1日出生)由四子女共同扶养,生活费为3341.38元(26,731元×5年×10%÷4人);张某女儿张某棣(2010年1月17日出生)、张某棋(2010年1月17日出生),儿子张某祎(2017年7月19日出生)、张某铭(2017年7月19日出生),四子女由张某夫妇二人抚养。张某棣、张某棋生活费为每人10,692.4元(26,731元×8年×10%÷2人),张某祎、张某铭生活费为每人21,384.8元(26,731元×16年×10%÷2人)。(11)其他财产损失,张某主张其衣物、电动车因涉案事故损失2000元,但未提交证据予以证明,一审法院不予采纳。(12)司法鉴定费为2860元。

一审判决做出后人保公司不服提起上诉,上诉理由:(1)一审法院判决支持被抚养人生活费系认定事实错误,适用法律错误,计算方式错误。首先,本案中,经申请调查,张某的误工费没有被扣除,既不存在收入减少的事实,也证明了其根本未丧失劳动能力。本案中，张某仅构成十级伤残，但伤残等级与劳动能力丧失并非同一概念，在其因本次事故未造成劳动能力丧失及收入减少的事实情况下，一审法院判决支持被扶/抚养人生活费，明显系认定事实错误，适用法律错误。其次，张某主张其需要被扶/抚养的人数为5人，人保北屯支公司认为对其主张的继子女不应予以支持，张某提供的证据材料不能证明继子女随张某共同生活。即使形成了事实的继子女关系，父母与子女的关系，不因父母离婚而消除。离婚后，子女无论由父或母直接抚养，仍是父母双方的子女。离婚后，父母对于子女仍有抚养和教育的权利和义务。本案中，对继子女承担抚养义务的人数也应为3人，不能因为张某的配偶王某达成的离婚协议而消除，改变亲生父亲应该承担的法定强制性抚养教育义务，该离婚协议仅是配偶双方达成的协议，不能约束本案侵权人，也不能加重赔偿义务人应该承担的赔偿责任。最后，根据《最高人民法院关于审理人身损害赔偿案件适用法律若干问题的解释》第28条(2022年修正后的规定在第17条)的规定，被扶养人有数人的，年赔偿总额累计不超过上一年度城镇居民人均消费性支出额，一审法院明显计算错误，本案中张某主张的被扶/抚养人数有5人，其中前8年的年赔偿总额累计均已超过上一年度城镇居民人均消费性支出额。(2)本案中，保险公司已经明确履行了提示说明义务，保险合同的约定合法有效，根据保险合同约定，诉讼费、鉴定费系间接损失，保险公司不予赔偿，应由侵权人承担。

张某辩称，关于被扶/抚养人生活费问题。首先，人保北屯支公司将误工费是否减少与劳动能力是否丧失画等号是错误的，受伤后单位是否扣发工资，影响的是误工费，而非劳动能力。本案中，张某因交通事故受伤，构成十级伤残，相较于正常成年人，其劳动能力必然丧失一部分。而且司法实践中,工伤劳动能力鉴定的门槛比交通事故伤残鉴定的门槛要低得多,交通事故构成伤残的,劳动能力鉴定的等级要更高。所以交通事故司法实践中,一般只要构成伤残,法院就直接支持被扶/抚养人生活费。其次,一审庭审中,张某提交了居委会及所居住小区物业管理处共同开具的共同居住证明、离婚协议等证据,证明两个未成年继子女实际跟随张某生活,且离婚协议约定男方不支付抚养费。实践中,男女双方为达到离婚目的,往往约定一方无须支付抚养费。关于该约定,目前我国法律并未有强制性、禁止性规定,而且索要抚养费系本案女方的法定权利,既然是权利,权利人当然可以自愿放弃,因此该离婚协议约定是合法有效的。《婚姻法》第37条(已废止,现为《民法典》第1085条)也明确规定,男女双方可就抚养费的支付数额和期限问题进行协商。而事实上,自从离婚后,本案男方(两个继子女生父)也一直未向女方支付过任何抚养费,而是张某夫妻共同承担抚养义务。因此,无论是从法律规定还是从实际情况考虑,一审法院认定事实清楚正确。最后,本案5个被扶/抚养人每年的抚养费总额累计均未超过上一年度城镇居民人均消费性支出额,系人保北屯支公司单方对法条的理解错误。

二审法院认为,关于被扶/抚养人生活费。本案中,张某因本次事故构成十级伤残,其劳动能力势必会受到一定影响,根据相关司法解释,应该支持其被扶/抚养人生活费。对于被扶/抚养人的范围问题,一审庭审中,张某提交了居委会及其所居住小区物业管理处共同开具的证明、离婚协议书等证据,可以证明两名未成年继子女实际跟随张某生活,与张某形成事实上的抚养关系。并且王某的离婚协议约定,男方不支付抚养费,故两名继子女实际上均由王某和张某两人抚养。一审法院支持两名未成年继子女的被抚养人生活费并无不当。并且，本案5名被扶/抚养人每年的被扶/抚养费总额，需要计算伤残系数，一审法院确定的最终数额并未超出上一年度城镇居民人均消费性支出，人保北屯支公司的该项主张于法无据，本院不予支持。

二审判决驳回上诉，维持原判。

点评：(1)关于丧失劳动能力。本案中法院认为，丧失劳动能力与否仅与是否构成伤残相关，与是否存在误工损失无关。张某虽然受伤后不存在误工损失，但已经评定为十级伤残，故仍然应当支持被扶/抚养人生活费。笔者认为，该理论值得商榷。(2)关于继子女的被抚养人生活费。《婚姻法》(已废止)及《民法典》均有明确规定，子女包括婚生子女、非婚生子女、养子女和有扶养关系的继子女。张某提供证据证明继子女随同其一起生活，且继子女的生父不承担抚养费，故继子女的被抚养人生活费应当被支持。(3)关于被扶/抚养人生活费上限。本案中法院认为被扶/抚养人生活费上限不应当比照伤残等级比例缩减，该观点值得商榷。劳动能力丧失程度与伤残等级相关，故被扶/抚养人生活影响程度也应当与伤残等级相关，因而，笔者认为，被扶/抚养人生活费每年上限不应该超出受诉法院所在地的城镇居民人均消费性支出并乘以伤残赔偿系数，而非只以城镇消费性支出为限。(4)关于固定工作误工费，本案中保险公司申请法院调取了张某交通事故发生后的银行流水，显示受伤后并未减少收入，故法院未支持张某误工费的诉讼请求。(5)关于后续治疗费，法院委托司法鉴定机构出具鉴定意见书认定后续治疗费为21,000元，法院予以支持。应当是地方司法惯例，不同地区有不同的理解。(6)关于后续治疗期间的误工费、护理费、营养费。

因误工费没有支持,故后续治疗期间误工费更无从支持。但二次手术期间的护理费、营养费,法院参照鉴定意见予以支持。(7)关于交通费,法院酌定支持500元,为法院行使自由裁量权。(8)关于精神损害抚慰金。受害人构成十级伤残,且在交通事故中不承担事故责任,法院酌定判为1000元,略低。(9)关于个人财产损失,张某虽然主张其电动车和衣物损失,但未提供有效证据,法院没有支持。可见,该项费用能否被支持,主要与审理法官的自由心证相关。(10)关于诉讼费、鉴定费。法院认为商业险保险公司未尽到免责条款告知义务,故应当承担诉讼费和鉴定费,但没有具体说明。

思考延伸

2020年6月1日,李某骑电动车与赵某驾驶机动车发生交通事故,致李某肋骨骨折六根。

2021年4月1日,李某向法院提起诉讼,经法院委托,李某于2021年6月1日到鉴定中心进行伤残评定,2021年7月1日鉴定中心出具鉴定结论,李某构成十级伤残。2021年8月1日,法院开庭审理本案。

李某于1980年10月10日出生,2018年李某因丧偶与离异的王某再婚。李某与前妻育有一女李一(2013年3月3日出生),王某与前夫孙某育有一女孙一(2005年5月5日出生),离婚协议中约定孙某不承担孙一的抚养费。发生交通事故时李某的婚生女儿李一,王某女儿孙一,由李某和王某二人共同抚养。2021年7月7日,李某与王某的婚生女儿李二出生。

假设法院所在地上一年度城镇居民人均消费性支出为3万元/年。

问:李某子女(被抚养人)的生活费应如何计算?

相关规定

《最高人民法院关于审理人身损害赔偿案件适用法律若干问题的解释》

第十七条　被扶养人生活费根据扶养人丧失劳动能力程度，按照受诉法院所在地上一年度城镇居民人均消费支出标准计算。被扶养人为未成年人的，计算至十八周岁；被扶养人无劳动能力又无其他生活来源的，计算二十年。但六十周岁以上的，年龄每增加一岁减少一年；七十五周岁以上的，按五年计算。

被扶养人是指受害人依法应当承担扶养义务的未成年人或者丧失劳动能力又无其他生活来源的成年近亲属。被扶养人还有其他扶养人的，赔偿义务人只赔偿受害人依法应当负担的部分。被扶养人有数人的，年赔偿总额累计不超过上一年度城镇居民人均消费支出额。

53. 丧失劳动能力的成年被扶养人生活费如何赔偿？

律师答疑

丧失劳动能力的成年人为被扶养人，被扶养人生活费的赔偿年限为20年，但60周岁以上每多一岁少一年，最低不低于5年。

成年被扶养人一般是指超过60周岁的老年人。未满60周岁的适龄工作群体，如果需要主张被扶养人生活费，在举证没有劳动能力和生活来源时,法院对证据的审查更严格,如要有残疾证、病历、工伤认定书等。如果只有村委会或者社区开具的证明,没有其他更客观的证据,法院一般不会认定被扶养人没有劳动能力。

被扶养人是指受害人依法应当承担扶养义务的未成年人或者丧失劳动能力又无其他生活来源的成年近亲属。如果被扶养对象是未成年人同时又丧失了劳动能力,那么被扶养人生活费的赔偿年限应该计算至未成年人年满18周岁还是计算20年呢?笔者认为,如果严格按照司法解释规定未成年人的被抚养人生活费应该是计算至未成年人年满18周岁,但如果根据社会救济等立法精神,未成年人确实残疾并且已经丧失劳动能力的,也可以认定赔偿20年的被扶养人生活费。

丧失劳动能力的成年扶养人不仅有儿女,也可能是夫妻的另一方,因为夫妻间也有互相扶养的义务。因而成年被扶养人生活费,不仅可以在父母与子女间产生,还可能在夫妻间产生。但如果被扶养人存在有劳动能力的成年子女时,法院可能不根据夫妻间的扶养义务,判决赔偿被扶养人生活费。如果被扶养人的法定第一顺位继承人均已经不在世,或者有正当理由不能履行扶养义务,也可以认定其他顺位的法定继承人,如兄弟姐妹之间存在扶养义务,应当承担被扶养人生活费。

参考案例

中国人民财产保险股份有限公司荆州分公司与李某甲、李某乙等机动车交通事故责任纠纷案

案号:(2023)鄂10民终2944号

上诉人中国人民财产保险股份有限公司荆州分公司(以下简称财保荆州公司)上诉请求:撤销松滋市人民法院(2023)鄂1087民初1991号民事判决书第一项,并依法予以改判。事实和理由:(1)一审法院适用法律错误,应予以纠正。根据民政部《特困人员认定办法》第5条"符合下列情形之一的,应当认定为本办法所称的无劳动能力:(一)60周岁以上的老年人"的规定,受害人易某在事故发生时已经年满69岁,属于无劳动能力人员,受害人自然不能承担扶养李某甲的义务。(2)受害人尚有成年子女承担赡养义务,在受害人易某无劳动能力的条件时,李某甲的扶养应当由被上诉人李某乙承担,故被上诉人李某甲有其他生活来源。

一审法院认定事实:2023年8月3日17时23分,易某驾驶无号牌电动正三轮轻便摩托车沿新江口街道江城大道由东向西行驶,当行驶至该路江城大道006路灯路段向左变更车道时,与临车道同向行驶由陈某鹏驾驶的鄂D3重型自卸货车相撞,造成道路交通事故,导致易某受伤,两车受损。易某后经松滋市人民医院"120"急救人员现场抢救无效确认死亡。松滋市公安局交通警察大队认定易某负此事故同等责任,陈某鹏负此事故同等责任。关于被扶养人生活费。夫妻有相互扶养的义务,原告李某甲系本案受害人易某之妻,其无劳动能力又无其他生活来源,易某生前从事保洁工作有固定收入,李某甲靠易某扶养,故对其主张被扶养人生活费29,121元/年×12年÷2=174,726元,予以支持。

二审中,被上诉人李某甲、李某乙向法院提交三组证据。证据一,松滋市新江口街道白云社区居民委员会证明,拟证明受害人易某与被上诉人李某甲系夫妻关系,属于白云社区居民,且在白云社区松江阳光城小区居住生活多年。与一审时提交的受害人易某签订的劳务协议吻合，能够证明其在新江口城区的湖北金楚绿意保洁有限公司从事保洁工作的客观事实。证据二，永安财产保险股份有限公司团体人身意外伤害保险电子保单，拟证明受害人易某于2023年1月6日与湖北金楚绿意保洁有限公司签订劳务协议后，该公司于2023年6月25日为在册在岗的所有员工（包括易某）共计128人投保团体人身意外伤害保险的客观事实。证据三，民政部《特困人员认定办法》，拟证明上诉人就机动车交通事故民事赔偿中被扶养人生活费适用该办法第5条规定系曲解法律法规，断章取义，适用法律法规错误的事实。

上诉人财保荆州公司质证称，对三组证据的真实性无异议，但对证明目的有异议。正如被上诉人提供证据证明易某存在劳动能力，那么被扶养人李某甲是否丧失劳动能力也应当有相应的证据来支撑，根据《民事诉讼法》的规定，被上诉人主张李某甲丧失劳动能力无生活来源，应当就该事实负有举证责任，但被上诉人在一审、二审中并未就该事实举证，并不符合应当支持被扶养人生活费的情形。电子团体意外保险与本案无关。

二审法院认为本案争议焦点为：一审认定李某甲的被扶养人生活费是否正确。《民法典》第1059条第1款规定，夫妻有相互扶养的义务。事故发生时，受害人易某虽年满68周岁，但据被上诉人李某甲、李某乙一审提交的松滋市街河市镇文公山村民委员会证明、劳务协议、工资结算单及二审提交的永安财产保险股份有限公司团体人身意外伤害保险电子保单，可以证实易某在事故发生前从事保洁工作，具备稳定的收入来源。财保荆州公司上诉主张易某属于无劳动能力人员，不能承担扶养李某甲的义务，不能成立。易某应为李某甲的扶养义务人。一审认定李某甲的被扶养人生活费并无不当。

二审判决：驳回上诉，维持原判。

点评：夫妻之间的相互扶养义务不容易获得法院支持，本案中被上诉人举证了死者生前存在劳动能力和劳务报酬，可以扶养妻子。被扶养人虽然未提供无劳动能力及生活来源证据，但是已经年满60周岁，可以认定系无劳动能力的成年人。法院最终认定易某妻子由配偶和儿子共同扶养，故被扶养人生活费计算时最后除以二。

相关规定

《民法典》

第一千零五十九条 夫妻有相互扶养的义务。需要扶养的一方，在另一方不履行扶养义务时，有要求其给付扶养费的权利。

《最高人民法院关于审理人身损害赔偿案件适用法律若干问题的解释》

第十七条第二款 被扶养人是指受害人依法应当承担扶养义务的未成年人或者丧失劳动能力又无其他生活来源的成年近亲属。被扶养人还有其他扶养人的，赔偿义务人只赔偿受害人依法应当负担的部分。被扶养人有数人的，年赔偿总额累计不超过上一年度城镇居民人均消费支出额。

第七篇

赔偿项目之其他人身损害赔偿项目

引　言

第四篇、第五篇和第六篇中我们分别讲解了医疗费、“三期”赔偿和残疾赔偿金等赔偿项目的法律依据及证据要求，人身损害赔偿的多数赔偿项目已经讲述完毕了。本篇我们将剩余的人身损害赔偿项目进行总结收尾，包含住院伙食补助费、交通费、住宿费、残疾辅助器具费、丧葬费、精神损害抚慰金以及个人财产损失。

54. 住院伙食补助费如何赔偿?

55. 交通费如何赔偿?

56. 住宿费如何赔偿?

57. 残疾辅助器具费如何赔偿?

58. 丧葬费如何赔偿?

59. 精神损害抚慰金如何赔偿?

60. 个人财产损失如何赔偿?

54. 住院伙食补助费如何赔偿?

律师答疑

一般按照受害人住院就医期间每天100元计算。

住院伙食补助费赔偿项目在司法实践中的注意事项:

(1)"当地国家机关一般工作人员的出差伙食补助标准",应该同样是指受诉法院所在地的国家机关出差伙食补助标准,而非受害人户籍地和经常居住地国家机关出差伙食补助标准。

(2)国家机关一般工作人员,不能把此任意扩大,不能适用局级、处级干部的伙食标准。

(3)"可以参照",并非必须参照,人民法院在审理人身损害赔偿案件时可以适当行使自由裁量权来确定伙食补助费,如果有比"参照当地国家机关一般工作人员的出差伙食补助标准"更合理的标准,则依该标准确定,如在某些时候由于特殊情况导致伙食费用高涨,此时再依据当地国家机关一般工作人员的出差伙食补助标准确定显然有失公允,应当依据实际发生的合理费用确定。当然,降低标准也是有可能的。

(4)目前很多法院按照受害人住院期间每天100元的标准计算住院伙食补助费。

(5)超出医疗终结期的住院伙食补助费不应该赔偿。如果受害人住院治疗后在具备出院条件时长期不出院,甚至住院时间超出了医疗终结期,则医疗行为不具有合理性,同样,伙食补助费也不具有合理性。

相关规定

《最高人民法院关于审理人身损害赔偿案件适用法律若干问题的解释》

第十条 住院伙食补助费可以参照当地国家机关一般工作人员的出差伙食补助标准予以确定。

受害人确有必要到外地治疗,因客观原因不能住院,受害人本人及其陪护人员实际发生的住宿费和伙食费,其合理部分应予赔偿。

55. 交通费如何赔偿?

律师答疑

交通费是指受害人入院治疗、出院、转院、复查时产生的合理交通工具费用。受害人需要到外地就医的,陪护人员的合理交通损失也应当赔偿。

交通费赔偿项目在司法实践中的注意事项:

(1)除了受害人入院、出院、转院、复查治疗时产生的费用,伤残鉴定时产生的交通费,法院有时也会支持。但是受害人到法院开庭产生的交通费不能获得赔偿。

(2)护理人员陪同受害人乘车产生的交通费,法院也可以支持。

(3)救护车费可以算作医疗费,也可以算作交通费。算作交通费时可能获得的赔偿更多些。

(4)受害人住院期间陪护家属产生的交通费一般不支持,有地区的保险公司同意按照受害人每天住院期间很少的金额估算交通费。

(5)交通费应当是必要的支出。例如,家属为了探望受伤老人,从其他城市乘坐飞机来回产生的交通费,有可能不会全额赔偿。

(6)交通费应当以正式票据为凭;有关凭据应当与就医地点、时间、人数、次数相符合。证据方面需要保存出租车发票、火车票、救护车发票等。但是提供连号的出租车票据或者手撕客车票作为证据是不能被认可的。

(7)有的法院即使受害人不提供交通费票据,也会酌定判决一定数额的交通费。

相关规定

《最高人民法院关于审理人身损害赔偿案件适用法律若干问题的解释》

第九条　交通费根据受害人及其必要的陪护人员因就医或者转院治疗实际发生的费用计算。交通费应当以正式票据为凭;有关凭据应当与就医地点、时间、人数、次数相符合。

56. 住宿费如何赔偿?

律师答疑

受害人、陪护人员到外地住院、转院之前,未入院产生的住宿费用,应当赔偿。陪护人员在受害人住院期间产生的院外住宿费等合理损失应当赔偿。

实践中,交通事故案件中主张住宿费的比较少。一般以住宿费票据的实际数额予以确认,住宿费的票据应与就医及转院的时间和次数一致。例如,家属护理在受害人住院期间长期居住宾馆产生的住宿费,宾馆开具发票的时间和受害人住院期间相一致,一般是可以赔偿的。比如,外地伤者住院20天,家属为了护理伤者,在周边宾馆住宿,之后开具20天每天200元标准的住宿费发票,起诉主张赔偿住宿费4000元,一般法院会判决赔偿。当然会有限度,假如伤者住院半年,家属声称半年期间都住宾馆,法院就会审查住宿的真实性和合理性了,如是否真的由家属护理,是否住了宾馆,宾馆住宿的实际费用是多少。如果不能给出合理解释,法院审理后会驳回相关诉讼请求。

相关规定

《最高人民法院关于审理人身损害赔偿案件适用法律若干问题的解释》

第十条第二款 受害人确有必要到外地治疗,因客观原因不能住院,受害人本人及其陪护人员实际发生的住宿费和伙食费,其合理部分应予赔偿。

57. 残疾辅助器具费如何赔偿?

律师答疑

轮椅、拐杖、矫形器等根据实际花费赔偿。受害人身体功能缺损需佩戴假肢的,根据实际花费赔偿,还可以根据辅助器具配制机构的意见或者司法鉴定意见赔偿后续更换或维护费用。

残疾辅助器具费赔偿项目在司法实践中的注意事项包括以下6点。

一、医疗辅助器具可以按照残疾辅助器具项目赔偿

残疾辅助器具费并非受害人构成残疾才能赔偿,只要与受害人的病情相关均可。因而,有的残疾辅助器具应当叫作医疗辅助器具或者生活辅助器具,如腕具、腰垫、下肢矫形器等,常见的是轮椅和拐杖。

二、需要医生医嘱并根据实际花费数额赔偿

残疾辅助器具费应根据实际花费金额赔偿,由医生医嘱确认需要赔偿相关的辅助器具。如果没有医生医嘱,且保险公司在理赔时或者诉讼时对购买辅助器具合理性提出异议,受害人也可以申请法院委托鉴定机构对辅助器具价格进行鉴定。鉴定机构评估的辅助器具价格一般会高于市场平均价格。

三、受害人功能性残疾辅助器具包括首次安装费和后续维护及更换费

受害人因身体缺陷需要配置功能性或装饰性残疾辅助器具所支出的费用,比如假肢、义眼;可以要求赔偿首次安装辅助器具实际支出的费用和后续更换、维护辅助器具的费用,参照辅助器具配制机构的意见确定相应的合理价格和更换周期。

四、辅助器具更换年限计算至法院所在地人均寿命年限

残疾辅助器具后续更换年限并非计算为20年,而是计算至法院所在地人均寿命。

辅助器具更换费 = 单次更换价格 × 更换次数

辅助器具更换次数 =（当地人均寿命 − 受害人首次更换辅助器具年龄）÷ 更换周期

辅助器具更换周期和单次更换费由辅助器具配制机构的意见确定。

五、辅助器具配置时的食宿费、护理费也有可能得到赔偿

受害人在安装和更换辅助器具时产生的食宿费、护理费也可以要求赔偿，同样根据辅助器具配制机构的意见确定。

六、辅助器具配制机构的意见确定不被认可的应当申请鉴定

辅助器具配制机构也是营利性公司，既销售辅助器具也给出辅助器具更换价格及更换周期的意见，颇有既做裁判员又当运动员的情况，因而，辅助器具配制机构给出的配置意见一般会高于市场实际价格。

参考案例

王某林、中国某保险公司等机动车交通事故责任纠纷

案号：(2024) 粤 01 民终 1731 号

保险公司变更上诉请求：残疾辅助器具费应为 268,030.03 元。具体包括：(1) 假肢安装 9 次，计算年龄至 77.93 岁（2020 年预期寿命），单次更换费用 20,466.67 元（以三种型号的假肢平均价格计算），合计为 184,200.03 元（20,466.67 元 ×9 次）；(2) 硅胶套安装的单次费用为 3610 元，2 年一次，共更换 13 次，合计 46,930 元（3610 元 ×13 次）；(3) 装配器具的首次和后续住宿费、伙食费、陪护费、交通费为 36,900 元。

保险公司对原审法院认定的残疾器具辅助费有异议：依据广

东省司法鉴定协会发布的粤鉴协[2018]31号文关于后续治疗项目的意见,上臂假肢费用在20,000元到24,000元,王某林到假肢配置公司购买的假肢费用为45,600元,远超出上述标准,该购买假肢的方案没有与其他当事人协商。王某林也没有提供其实际购买假肢费用的支付凭证,实践中确实存在假肢配置公司虚开发票的情况。同时,根据上述规定,残疾辅助器具费已包含安装费用与维修费用,且假肢配置公司对假肢都会有质保期,故王某林要求假肢的维修安装费没有依据,故不同意再按年支付假肢费用8%的维修费。

二审法院认为,关于残疾辅助器具费和装配器具食宿费、陪护费的问题。《最高人民法院关于审理人身损害赔偿案件适用法律若干问题的解释》(法释〔2020〕17号)第13条规定,残疾辅助器具费按照普通适用器具的合理费用标准计算。伤情有特殊需要的,可以参照辅助器具配制机构的意见确定相应的合理费用标准。辅助器具的更换周期和赔偿期限参照配制机构的意见确定。本案中,王某林因本次交通事故受伤,导致左小腿不全离断,右胫腓骨开放粉碎性骨折并软组织缺损、脱套,右踇长伸肌腱断裂,右胫骨前动脉、腓深浅神经损伤,创伤失血性休克等伤情,经评定构成七级伤残,需要配置残疾辅助器具(假肢),由此产生的相关费用应认定为本案的损失。首先,王某林在2023年3月15日首次装配国产普及型假肢及硅胶套一套,共支付45,600元,并提交了相应票据予以证实。其次,出具《关于王某林配置残疾辅助器具(假肢)的证明》的广州博尔特假肢矫形器有限公司是经民政部认可的假肢与矫形康复机构,是从事辅助器具研究和生产的专业机构,可从事残疾辅助器具的鉴定和配置工作。该公司出具的证明载明王某林的检查结果为"1.左小腿截肢(残肢较短)。2.肌力较弱,残端肌肉萎缩,幻肢痛较强。3.右小腿多处骨折”,故该公司综合上述检查情况,考虑王某林年龄、体重、活动量及伤情的需要,为尽量减小因截肢给王某林生活带来的影响,恢复部分生活自理能力,保证正常穿戴和行为,认为必须穿戴国产普及型小腿专用硅胶套一套(使用寿命为2年,需每2年更换一次,每次更换硅胶套价格为8600元);另外假肢每年还需保养维修(费用为假肢总额的8%),赔偿期限参照受诉法院所在地人均寿命。可见,配置专用硅胶套,对假肢进行定期调整、维护确有必要。因此,原审法院采信广州博尔特假肢矫形器有限公司的证明并支持维修假肢18次、更换假肢10次(含首次)、更换硅胶套费用15次(含首次)共计552,280元,并无不当,本院予以维持。最后,保险公司主张不应支持假肢装配期间食宿费、护理费的问题,王某林系左小腿截肢后,需通过装配假肢后借助残肢对假肢的控制以达到能够行走、站立、下蹲等功能。王某林所装配的假肢是应其本人的具体伤情而专门装配的,而假肢并非其自身的组成部分,且残肢的功能和肌力均不如健肢,王某林不可能无须训练即能自如使用、控制假肢。且王某林为实现包括上下楼梯、上下斜坡、凹凸路面、湿滑路面、乘坐公共交通等不同环境下的假肢使用,也必须经过专业的装配训练才能实现。而相关假肢装配期间的食宿费、陪护费已由具备假肢配置资质的广州博尔特假肢矫形器有限公司出具证明予以证实且在合理范围内。为了减少当事人的诉累以及存在另行起诉是否能得到执行等实际情况,原审法院核定装配器具期间食宿费27,680元、陪护费25,950元,并无不当,本院亦予以维持。保险公司、基础集团、机施公司虽有异议,但并未提交任何证据证实王某林无须配置硅胶套,也未提交证据证实王某林所配置假肢不合理、不必要，且未举证证实王某林在日常使用期间无须对假肢进行调整及维护和无须对假肢装配使用进行训练，依据“谁主张、谁举证”的原则，保险公司、基础集团、机施公司关于残疾辅助器具费和装配器具食宿费、陪护费上诉请求和理由均不成立，本院不予支持。

二审判决：驳回起诉，维持原判。

点评：赔偿义务人如果对辅助器具配制机构给出的配置意见不认可，应当申请法院委托司法鉴定机构对辅助器具更换价格及更换周期做出司法鉴定意见。法院应当采纳司法鉴定意见。如果赔偿义务人仅提出异议但不申请鉴定，法院可以根据辅助器具配制机构给出的配置意见做出判决。司法鉴定机构由司法局管理，相对来说比辅助器具配制机构更中立。

相关规定

《最高人民法院关于审理人身损害赔偿案件适用法律若干问题的解释》

第十三条　残疾辅助器具费按照普通适用器具的合理费用标准计算。伤情有特殊需要的，可以参照辅助器具配制机构的意见确定相应的合理费用标准。辅助器具的更换周期和赔偿期限参照配制机构的意见确定。

58. 丧葬费如何赔偿?

律师答疑

受诉法院所在地上一年度职工平均工资数额的一半。

丧葬费赔偿法律规定十分明确,实践中争议较少,需要注意以下几点:

(1)丧葬费不同于死亡赔偿金,赔偿数额从来不区分城镇户籍与农村户籍,一直都是按照上一年度城镇职工年平均工资标准的一半计算。

(2)丧葬费的计算标准是6个月的上一年度城镇职工平均工资并不是城镇居民可支配收入。

(3)为死者办理丧事实际花费高于丧葬费标准的,超出部分赔偿款法院不予支持;为死者办理丧事实际花费低于丧葬费标准的,也不用返还剩余部分赔偿款。比如,为死者购买墓地,即使提供了购买凭证,法院仍然可能参照法律规定判决丧葬费,而不是按照实际花费计算。

(4)亲属办理丧事时的误工费和交通费仍然可以请求赔偿。虽然《最高人民法院关于审理人身损害赔偿案件适用法律若干问题的解释》修改后取消了相关表述,但如果有证据证明实际发生损失,法院也可以根据侵权赔偿原则支持亲属为了办理丧事产生的相关费用。

相关规定

《最高人民法院关于审理人身损害赔偿案件适用法律若干问题的解释》

第十四条　丧葬费按照受诉法院所在地上一年度职工月平均工资标准,以六个月总额计算。

59. 精神损害抚慰金如何赔偿?

律师答疑

受害人构成伤残时可请求赔偿精神损失费,根据伤残等级法院酌定赔偿数额。刑事附带民事诉讼中不赔偿精神损失。

精神损害抚慰金俗称精神损失费,是因为侵权行为使受害人感受到精神方面的痛苦而支付的补偿。

关于这个赔偿项目有很多误区,经常有人说,我被撞了,受了这么多罪,我要 2 万块钱精神损失费多吗?问他伤在哪了,他说是踝关节挫伤,这伤在法律上肯定是不支持精神损害抚慰金的。精神的损失是个不可以量化的概念,但是在诉讼程序中主张权利,必须有其标准,所以我们国家在诉讼中对精神损失也进行标准量化管理。

(1)精神损害抚慰金只能在侵权案件中主张,而且必须是侵犯人身权,并且伤情要构成残疾,法院才会判决赔偿精神损失费。违约案件、侵犯财产权案件、人身受到伤害但未构成伤残的案件,法院均不支持精神损害抚慰金的诉讼请求。

(2)关于精神损害抚慰金的数额。司法实践中精神损害抚慰金的赔偿数额也是对应伤残等级,一般是每个级别3000元至1万元,逐级递增。比如,伤残十级可能判决赔偿精神损失费5000元,死亡可能判决精神损失费5万元,根据过错程度、受诉法院所在地的经济水平有所调整。

(3)刑事附带民事诉讼程序中不支持精神损害抚慰金赔偿。刑事附带民事诉讼请求赔偿精神损害抚慰金的,法院会驳回这部分诉讼请求,因为对刑事被告人判处刑罚并追究刑事责任就相当于对被害人的精神赔偿。

如果刑事程序中不提出附带民事诉讼,而是另行提起民事诉讼,要求法院判令被告赔偿各项损失以及精神损害抚慰金,法院可能会在民事程序中支持精神损害抚慰金的诉讼请求。

相关规定

《最高人民法院关于确定民事侵权精神损害赔偿责任若干问题的解释》

第五条 精神损害的赔偿数额根据以下因素确定:(一)侵权人的过错程度,但是法律另有规定的除外;(二)侵权行为的目的、方式、场合等具体情节;(三)侵权行为所造成的后果;(四)侵权人的获利情况;(五)侵权人承担责任的经济能力;(六)受理诉讼法院所在地的平均生活水平。

《最高人民法院关于人民法院是否受理刑事案件被害人提起精神损害赔偿民事诉讼问题的批复》(已废止)

对于刑事案件被害人由于被告人的犯罪行为而遭受精神损失提起的附带民事诉讼,或者在该刑事案件审结以后,被害人另行提起精神损害赔偿民事诉讼的,人民法院不予受理。

60. 个人财产损失如何赔偿?

律师答疑

交通事故发生后,有证据证明受害人存在财产损失的,应当与人身损害一同赔偿。

交通事故不仅会造成人身损害也会造成一定的财产损失。财产损失中最重要的就是车辆损失,不仅有车辆维修费,还可能伴随产生施救费、营运损失、替代性交通工具损失等费用。这里我们先了解行人和非机动车驾驶人在交通事故中会产生哪些财产损失,以及如何赔偿。

在交通事故案件中侵权人不可能获得利益,所以均是按照被侵权人的损失确定赔偿数额。常见的个人财产损失包括以下几种:

(1)电动车。电动车是常见的个人财产。一般电动车的购买价格为几千元,维修费用为几百元到一千元,如果超过2000元维修费就没必要修理了。请求赔偿电动车损失应提供购车发票或者收据、维修发票、维修记录、电动车损坏照片等。证明电动车的受损程度及维修费用。

(2)自行车赛车。专业的自行车赛车价值十分昂贵,几千元、几万元、十几万元是完全可能的。自行车赛车很多都比较脆弱,经过剧烈撞击往往会导致多处变形,需要更换多个配件,甚至只能报废。自行车赛车的修理费可能数千元或者数万元,可以凭借购买发票和维修发票向赔偿义务人索赔,如果无法达成一致,也可以向法院起诉。法院受理后，也是与其他案件一样，证据齐全的话直接判，证据不齐全则委托鉴定机构评估损失，然后根据鉴定意见判决赔偿。

(3)贵重物品，手机、手表、首饰等。身上携带的贵重物品，因交通事故受损，可以主张赔偿维修费。受损严重无法修理的，也可以要求按照原价赔偿。与其他财产损失不同的是，贵重物品可能会丢失。发生交通事故后，现场可能较为混乱，导致身上佩戴的手表、手机、首饰丢失，伤者被送到医院在病情稳定后，再想起来找物品已经找不到了。那么主张赔偿的时候一个重要的问题是，怎么证明交通事故前其身上携带了该物品，同时在交通事故中丢失。如果能够通过调取监控录像或者行车记录仪显示确实有物品丢失，那可以作为直接的证据要求赔偿。没有监控时，可以通过和交警沟通，要求交警将丢失物品记载到事故认定书中。有了事故认定书上的记载，再提供购买发票，一般也可以得到赔偿。当然，也要有合理性，千元或者几千元的物品的证据要求和数万元、数十万元的物品证据要求肯定不同。如果一块30万元的手表确实因为交通事故丢了，就得到当地派出所备案，另案处理，不能在侵权案件中一并要求赔偿。

(4)小件物品。交通事故也可能造成小件物品损坏，如衣物、鞋子以及其他易携带的物品。如果保存了购物发票或者小票，可以要求赔偿义务人照价赔偿。即使没有，那么提供事故发生后物品损坏的照片，保险公司会给予赔偿，法院一般也会酌情判决赔偿。

(5)预期活动。影响预期活动造成的损失有可能被认定为财产损失，也可以一并请求赔偿。交通事故发生后，如果伤者受伤较重，需要住院治疗，因此耽误之前的计划，如考试、结婚、旅游等。高考前两天发生交通事故住院，无法参加考试，只能复读重考，产生的复读损失；结婚迎亲途中，新郎发生交通事故住院，婚礼无法举行，酒店也不予退款；原定一家人去欧洲旅游，结果出游前一天，妈妈因交通事故受伤了，旅游计划只能取消，但酒店订房不予退款。这些交通事故导致的原定活动无法参加的情形，造成的损失一般都不予赔偿。影响考试的因素比较多，即使参加考试也不确定能获得好成绩，所以一般不会赔偿。影响重大活动或者出行，如果能提供切实证据，法院也有可能按照财产损失判决赔偿。

相关规定

《民法典》

第一千一百八十二条　侵害他人人身权益造成财产损失的，按照被侵权人因此受到的损失或者侵权人因此获得的利益赔偿；被侵权人因此受到的损失以及侵权人因此获得的利益难以确定，被侵权人和侵权人就赔偿数额协商不一致，向人民法院提起诉讼的，由人民法院根据实际情况确定赔偿数额。

第八篇

赔偿项目之
车辆损失

引　言

车辆损失是财产损失的一种，因交通事故引起的财产损失案件中超过90%都是车辆损失。车辆损失的赔偿项目、赔偿方式、证据要求与人身损害是完全不同的，因而我们在独立篇章中加以论述。

机动车因交通事故受损后，不仅可能产生维修争议，还会涉及很多其他赔偿项目。《最高人民法院关于审理道路交通事故损害赔偿案件适用法律若干问题的解释》第12条规定："因道路交通事故造成下列财产损失，当事人请求侵权人赔偿的，人民法院应予支持：(一)维修被损坏车辆所支出的费用、车辆所载物品的损失、车辆施救费用；(二)因车辆灭失或者无法修复，为购买交通事故发生时与被损坏车辆价值相当的车辆重置费用；(三)依法从事货物运输、旅客运输等经营性活动的车辆，因无法从事相应经营活动所产生的合理停运损失；(四)非经营性车辆因无法继续使用，所产生的通常替代性交通工具的合理费用。"我们将机动车损失赔偿项目归纳为：(1)车辆维修费；(2)车载物品损失费；(3)车辆施救费；(4)车辆重置费；(5)营运车辆停运损失；(6)非经营性车辆替代性交通工具损失。同时再谈一下交通事故导致车辆贬值损失问题。

61. 机动车维修费应如何赔偿？

律师答疑

机动车之间发生交通事故造成车辆受损的，车辆维修费根据交通事故责任划分由机动车驾驶人按比例承担。对方承担事故全部或部分责任的，由对方车辆交强险保险公司在财产损失范围内赔偿，其余损失按照事故责任由对方车辆商业三者险承担，未投保商业三者险或保额不足的，由对方车辆驾驶人承担补充赔偿责任。对方车辆无事故责任的，车辆损失自行承担，如果本车投保了机动车损失险，由保险公司赔偿。

一、是否应当在保险公司指定地点维修机动车

发生交通事故后修车是基本的问题。机动车受损后会出现去哪维修、维修费由谁支付、维修费发生争议如何解决等问题。

发生交通事故导致机动车受损后，首先要报告保险公司出险情况，在确认没有人员伤亡事故后，保险公司会告知驾驶人到就近的定损中心定损。保险公司在定损后根据交通事故责任、保险情况、车辆损失及维修场所情况，决定是否垫付维修费用。如果保险公司同意垫付维修费会在机动车维修完毕后直接将维修款打款到修配厂，车辆所有人只要在机动车维修完成后取车即可。如果保险公司不同意垫付车辆维修费，车辆所有人则需要自己维修后再根据维修情况到保险公司理赔或要求侵权人赔偿。

无论保险公司是否同意垫付维修费，都是由车辆所有人和管理人选择在哪个修配厂维修机动车的,而并非必须听从保险公司安排。没有任何法律要求机动车损坏后必须要到保险公司指定的修配厂维修,保险合同中也没有这方面的强制条款。特别是保险公司没有赔偿义务或者拒绝履行赔偿义务的,更无须考虑保险公司意见,机动车所有人或管理人可以自行选择修配厂维修受损车辆。但现实中存在保险不赔时机动车所有人和管理人还到保险公司指定的4S店维修的情况。

如果不选择到与保险公司具有合作关系的维修厂家维修机动车,保险公司可能不会垫付维修费,而是需要由车辆所有人或管理人向修配厂支付维修费后再到保险公司理赔,如果理赔产生争议,就需要通过诉讼解决。

在非保险公司指定的场所维修车辆完成后,保险公司可能也不会依据定损金额赔偿,主要在于保险公司无法保证修配厂维修车辆更换的配件系原厂配件,故会参照副厂配件价格赔偿车辆损失。而且在维修工时费的计算上,在修配厂维修的工时费会比在4S店维修的工时费低一些。

曾经有位车主因为与保险公司在哪维修自己的车辆发生了争议,于是他在社交平台上曝光保险公司查勘员的通话录音寻求公正解决问题。查勘员给车主的答复就是如果在非保险公司合作的修配厂修理车辆,只能按照副厂配件价格支付维修费。最终保险公司迫于舆论压力与车主达成和解,由保险公司直接采购受损机动车需要更换的原厂配件后送给车主指定的修配厂,由修配厂进行更换和维修,保险公司再按照4S店标准工时费支付给修配厂。这次事情的处理貌似皆大欢喜,但无法形成规范性的制度,只是保险公司为了应对舆论影响选择的特殊途径而已,不可能每个机动车损失案件都能通过网络曝光方式影响保险公司的定损和理赔。

如果保险公司都按照原厂配件价格定损维修费,然后修配厂用副厂配件甚至用拆车配件更换已损坏的配件,保险公司的赔偿款就会高于实际的车辆损失,车辆所有人或管理人会因为交通事故获利。这显然不符合侵权法中"任何人不得以违法行为获利"的基本原则,甚至会催生伪造交通事故的行为。这也使在很多案件中保险公司坚持按照副厂价格配件定损,当然也有保险公司不想损失这部分利润的原因。使用副厂配件维修车辆,然后虚开维修费发票从而获得保险公司超额赔偿车辆维修费的行为已经涉嫌保险诈骗,虽然较难发现,但仍然时有发生,因此被追究刑事责任的人也不在少数。

二、维修费由谁支付

机动车维修费应由实际侵权人或者其投保车辆的保险公司承担,如果侵权人或者保险公司不同意垫付维修费,应由受损机动车所有人自行支付维修费后向侵权人或保险公司索赔。如受损车辆投保了机动车损失险,也可以向自己车辆的保险公司索赔或者要求代为赔偿。

三、机动车维修产生争议如何解决

机动车维修费发生争议的,应当由受损车辆的所有人或者管理人自行维修车辆后作为原告向法院提起诉讼。原告应举证交通事故责任、车辆权属关系、车辆维修部位及维修价格。如果赔偿义务人对维修合理性或维修价格存在异议,应当申请法院委托具有司法鉴定资质的评估机构对车辆维修合理性和维修价格进行价值评估,法院参照评估数额确定合理的车辆损失数额。受损车辆的所有人或者管理人也可以选择先不维修车辆,直接向法院提起诉讼,在法院委托具有司法鉴定资质的评估机构对车辆维修费进行价值评估后再维修。

四、车辆维修费争议诉讼案件主要类型

(1)保险拒赔案件。例如,发生交通事故时肇事司机或机动车本身存在某些保险免赔的违法情形,导致商业保险拒绝赔偿。这时车辆所有人仍然想通过保险赔偿,就只能向法院提起诉讼,法院审理后可能会认定保险公司未尽到告知义务,免除责任条款不生效,仍然需要赔偿。

(2)肇事车辆没有投保商业险或保险额度不足赔偿全部损失,且赔偿义务人怠于履行车辆损失赔偿义务的。例如,事故车辆未投保商业三者险时,机动车发生严重损坏,交强险限额不足以赔偿,因为交强险财产损失限额仅有2000元。这就需要由实际侵权人承担对方车辆损失的赔偿责任,如果事故双方对交通事故责任存在争议,或者根本就不想赔偿,就很难达成和解,仍然需要到法院起诉。

(3)车辆维修费保险公司可以赔偿,但停运损失或者替代性交通工具损失不在保险赔偿范围内,如出租车发生交通事故,向侵权人要求赔偿停运损失。

(4)机动车维修部位和维修价格存在争议。车辆维修费诉讼需要提供的证据包括:事故责任认定书,车辆行驶证,机动车登记证书(俗称大本),驾驶员的驾驶证,机动车维修项目清单,维修视频或照片,维修发票等。

如果机动车所有人起诉时已经维修机动车,并对维修费进行初步举证,被告如对车辆维修费不认可,应当申请法院委托评估机构鉴定,确认维修费的合理数额。机动车所有人也可以不维修车辆直接到法院提起诉讼,由法院委托评估机构评估机动车维修损失,法院将依据评估报告判决赔偿。

参考案例

张某与中国平安财产保险股份有限公司北京分公司等机动车交通事故责任纠纷案

案号:(2023)京01民终5321号

基本案情:2021年10月29日,在北京市昌平区G6辅路新龙大厦口,查某驾驶小型普通轿车与马某驾驶普通二轮摩托车发生交通事故,造成两车损坏,马某受伤,经交管部门认定查某负事故全部责任,马某无责任。事发后,查某认为交通事故责任划分存在争议,且马某车辆有几处损伤可能不是本次事故造成的,故拒绝赔偿。马某驾驶的普通二轮摩托车的车辆登记所有人为张某。

原告张某提出诉讼请求:(1)被告查某赔偿原告车辆维修费损失合计21,474元;(2)被告中国平安财产保险股份有限公司北京分公司(以下简称平安保险公司)在保险责任范围内向原告直接承担保险赔偿责任;(3)二被告承担本案全部诉讼费用及律师费。

查某辩称其不认可责任划分问题。当时交警在现场划分责任的时候,查某认为交警对这个问题不太懂,其声称自己是右拐,已经完成了右转弯,原告是直行,原告直行时在路口没有减速没有注意采取安全措施保持安全距离,也没有注意前方车辆直接导致追尾自己的车,应当由原告负全责。关于车辆维修费不符合事实的,当时撞击损坏部分自己都有照片,碰撞的地方跟事故当时的车辆损失完全不符,有的损坏的地方不是事故导致的。

平安保险公司提交书面答辩状称,查某所有车辆,在我司投保交强险,事故发生在保险期限内,我司同意在交强险限额下赔付

2000 元。

案件审理中,查某申请对车辆维修项目合理性及维修价格进行鉴定,法院委托北京晶实机动车鉴定评估有限公司进行鉴定,由北京晶实机动车鉴定评估有限公司出具鉴定意见。维修项目见《晶实事故车损维修清单》;其中《晶实事故车损维修清单》载明损失项目:前泥板、头罩、左围板、保险杠、排挡杆、脚踏,损失程度均为报废,修理方式均为更换,配件价格合计 5268 元,工时费(含辅料、喷漆、贴纸、拆装)为 4000 元,维修费用合计为 9268 元。查某为此支付鉴定费 5500 元。原被告在收到该鉴定意见书后均对该鉴定意见书存在异议,后北京晶实机动车鉴定评估有限公司通过异议回函的形式进行了回复,原告、被告对该异议回函仍有异议但经本院释明双方均表示不申请鉴定人出庭。

一审法院认为,张某、查某虽均对该鉴定意见书有异议但在本院释明是否申请鉴定人出庭后双方均表示不申请鉴定人出庭,结合交通事故认定书、事故车辆照片、鉴定意见书、异议回函等证据,本院依法采信鉴定意见书,认定车辆的维修费为 9268 元,该维修费依法应先由平安保险公司在交强险项下支付财产损失 2000 元,后由查某赔偿 7268 元。

一审判决做出后,查某不服提起上诉,认为一审判决第二项中判令查某支付张某 7268 元修理费是错误的。(1)左护板小包、左护板、贴纸、后平叉,根本没有维修,保险杠没有更换。车辆损坏现场照片是交警和当事人当场拍的。其他损坏部分都是前期造成的,与其无关。事故单上也清楚写明了,前车尾部和后车前部基础部位受损。(2)左边护板小包喷漆 600 元,左护板喷漆 600 元,贴纸更换 700 元,后平叉修理 100 元,保险杠更换 680 元,合计 2680 元。7268

元是张某伪造事实弄虚作假，恶意扩修的费用。(3)由查某承担的5500元的鉴定费是错误的。鉴定之前与张某沟通过如果修理费与事实不符，张某自己愿意承担所有鉴定费。(4)张某伪造修理费弄虚作假，恶意扩修。如果按正常修理费赔付查某也不可能鉴定。根据“谁主张、谁举证”原则，张某应承担举证不能的责任。

二审法院审理后认为，一审法院综合在案证据对鉴定意见书的结论予以采纳并无不当，驳回上诉，维持原判。

点评：车辆维修费争议问题主要存在于维修损失的举证责任分配和鉴定请求的申请责任配上。(1)如果受损车辆已经维修，应当由受损车辆所有人提供事故发生后的现场照片、维修发票、维修价格单、维修记录等证据，证明机动车维修费的合理性。赔偿义务人，包括保险公司和直接侵权人，认为维修费不合理的，有义务申请法院鉴定维修损失。如果赔偿义务人不申请鉴定，法院应按照受损车辆所有人提供的证据酌情判定维修损失。(2)如果赔偿义务人申请鉴定车辆损失，但受损车辆所有人不配合鉴定，致使无法鉴定的，法院会酌情采纳赔偿义务人的辩护观点，排除受损车辆中不合理的维修损失。(3)如果受损车辆没有实际维修，受损车辆所有人也可以在提起诉讼后申请法院委托鉴定机构对车辆维修费进行价值评估。(4)鉴定机构由法院委托，经过验车、询价、听证等程序后，做出鉴定结论确认车辆损失金额。法院应当按照鉴定结论判决，即使原告、被告一方或者双方对鉴定结论不认可，只能申请鉴定人员出庭质询，本案中原告、被告双方没有申请鉴定人出庭质询，但即使出庭质询了，也基本不会改变鉴定结论。(5)鉴定费按照责任分担并无不可，但在本案中查某关于鉴定费应由被上诉人承担的理由有一定道理，其他类案中也有判决另一方承担的生效判决。(6)除个别地区外，法院在审理侵权纠纷案件中均不支持败诉一方赔偿胜诉一方的律师费。

思考延伸

某天，未成年人小柳在商场地下车库见到一台兰博基尼，于是上前将脚踩在兰博基尼的前机器盖上自拍视频，并将视频传到自媒体上进行炫耀。兰博基尼车主兰先生偶然间刷到了小柳的视频，才知道自己前机器盖受损系小柳踩踏所致。于是到法院对小柳和其家长提起诉讼，要求赔偿车辆维修费17万元，其中材料更换费13万余元，工时费2200元，喷漆费36,000元。兰先生称维修数额系咨询兰博基尼官方所得，但并未取得定损报告或者价值评估意见书。请问兰先生损失如何确定，应由谁承担？

62. 行人或非机动车需要赔偿机动车受损后的维修费吗？

律师答疑

行人或非机动车与机动车发生交通事故致机动车受损时，一般来说行人或非机动车应当按照事故责任赔偿机动车一方的维修费，但也有一些地区的法院不支持机动车一方向行人和非机动车索赔机动车维修费。

机动车与非机动车之间发生交通事故导致机动车受损的，应当由责任方保险公司在交强险财产损失限额内优先赔偿受损车辆维修费 2000 元。维修费超出交强险财产限额部分按照交通事故责任认定书划分的事故责任由各方分担,这是没有争议的。但是在机动车与行人和非机动车发生交通事故后导致机动车受损,行人和非机动车是否应当赔偿机动车损失则存在争议。因为《道路交通安全法》第 76 条第 1 款第 2 项中表述为"有证据证明非机动车驾驶人、行人有过错的,根据过错程度适当减轻机动车一方的赔偿责任"。这里法条使用的是可以"减轻"机动车的赔偿责任,并没有说行人和非机动车应当按照事故责任比例赔偿机动车损失。

司法实践中对这一问题存在截然不同的两种判决,有的案件中法院判决行人和非机动车应当按照事故责任比例承担机动车损失,有的案件中法院则不支持受损机动车向行人和非机动车索赔。

参考案例

王某玲、中华联合财产保险股份有限公司益阳市资阳区支公司保险人代位求偿权纠纷案

案号:(2022)湘 09 民终 265 号

基本案情:2021 年 8 月 23 日,王某玲驾驶二轮电动车与胡某驾驶的湘 H8 小型客车相撞后,胡某驾驶的湘 H8 小型客车又撞向停在左侧机动车道上等候放行信号周某峰驾驶的湘 H5 小型客车车尾上,造成王某玲受伤、三车受损的道路交通事故。经桃江县交警大队出具的道路交通事故认定书,王某玲负本次事故的主要责任,胡某负事故的次要责任,周某无责任。胡某驾驶的湘 H8 小型客车在保险公司处投保了车辆损失保险,胡某向保险公司提交"代位求偿"案件索赔申请书,保险公司经机动车辆定损单确认该事故造成湘 H8

小型客车实际花费84,120元维修费。胡某将其对王某玲的部分车辆损失维修费的索赔权转让给保险公司,后保险公司向维修单位湖南某汽车销售服务有限公司支付84,120元。之后,保险公司向王某玲提起诉讼,请求王某玲按照事故责任赔偿50,472元(84,120元×60%)。

一审法院认为,根据《保险法》的规定,保险公司取得对王某玲的代位求偿权。关于王某玲依据《道路交通安全法》第76条规定提出其作为非机动车驾驶人不应承担事故主要责任的主张,该法律规定体现的是机动车对非机动车驾驶人、行人的无过错责任原则,并非免除非机动车驾驶人承担主要责任的条款。判决:王某玲偿还中华联合财产保险股份有限公司益阳市资阳区支公司保险赔偿金50,472元。

王某玲不服一审判决,提起上诉,上诉请求撤销一审判决,改判驳回保险公司的诉讼请求。事实和理由:(1)一审判决适用法律错误,保险公司依法没有代位求偿权。王某玲驾驶的二轮电动车属于非机动车,尽管对事故的发生承担主要责任,但只能根据其过错减轻机动车一方的赔偿责任,以此实现对非机动车一方的过错评价,法律并没有规定非机动车驾驶人必须根据自己的过错赔偿机动车一方的车辆损失。王某玲是本案交通事故的受害人,不是侵权人,若要求王某玲承担胡某的车辆损失,显失公平。(2)机动车作为高速运载工具,对非机动车、行人等周围环境有较高的运行风险,机动车一方是高危作业的受益者,根据优者危险负担原则,国家通过强制机动车投保第三者责任强制保险的方式,已经实现了机动车一方承担风险的分担和转移,保险公司赔偿机动车财产损失后,请求非机动车赔偿财产损失于法无据。(3)类似判例判决驳回了保险公司代位求偿的诉讼请求。(4)保险公司对胡某车辆的定损依据不足。综上,保险公司的代位求偿权源于受害人对侵权人的损害赔偿请求权,在非机动车方无须对机动车方财产损失承担赔偿责任的前提下,保险公司不享有代位求偿权。

二审法院认为,《道路交通安全法》第76条虽仅规定机动车一方造成非机动车驾驶人损害时,机动车一方承担赔偿责任,对非机动车驾驶人造成机动车损害应否承担赔偿责任没有明确规定,但并不能就此推定机动车一方无权索赔,这种推定有违法律适用的一致性和平等性。《道路交通安全法》第76条规定的非机动车有过错的,根据过错程度适当减轻机动车一方的赔偿责任,此原则不仅应体现在机动车一方的赔偿责任上,也应体现在非机动车一方对机动车一方损失的赔偿责任上。过错责任是侵权责任的一般归责原则,非机动车驾驶人对造成机动车一方损失有过错的承担赔偿责任,既符合公平原则,又能促使非机动车驾驶人更好地遵守交通规则。故王某玲提出非机动车驾驶人无须对机动车一方财产损失承担赔偿责任的上诉意见,本院不予采纳。判决驳回上诉,维持原判。

中国太平洋财产保险股份有限公司青岛分公司、曹某华追偿权纠纷案

案号:(2022)鲁民申5413号

基本案情:2021年3月12日,曹某华驾驶电动自行车行驶至莱西市烟台路与滨河路路口时,与孙某耀驾驶的鲁B3小型轿车相撞,致车辆损坏。经莱西市交通警察大队认定,曹某华承担事故全部责任。事故发生后,孙某耀对鲁B3车辆进行维修,更换了右前车门、

右后车门及轮胎等部件。鲁B3车在原告处投保车损险，原告太平洋财产保险股份有限公司青岛分公司（以下简称太平洋财产保险公司）对该车定损4605.20元，并进行了赔付，孙某耀在赔偿协议及权益转让书上签字，将上述赔款追偿权转让给原告。为此，太平洋财产保险公司诉至本院，向曹某华追偿。庭审中曹某华对太平洋财产保险公司的主张不予认可。

一审法院认为，根据《道路交通安全法》的规定，机动车与非机动车、行人之间发生道路交通事故的，按照无过错原则归责，但可以适用过失相抵原则，即如果非机动车、行人在交通事故中具有过错，按照过失相抵原则，可以减轻机动车一方的损害赔偿责任，但机动车一方不能因此请求有过错的非机动车一方赔偿其因交通事故所遭受的财产损失。综上所述，本案在非机动车一方无须对机动车一方的财产损失承担赔偿责任的前提下，原告太平洋财产保险公司无权主张保险代为请求权，故对原告之诉讼请求应依法予以驳回。

太平洋财产保险公司对一审判决不服，向青岛市中级人民法院提起上诉，二审法院经审理后维持一审判决。

太平洋财产保险公司对二审判决不服，向山东省高级人民法院申请再审。

再审法院认为，经审查，本案源于机动车与非机动车发生交通事故造成机动车车损引起的纠纷，关键问题是申请人作为保险人向被保险人机动车一方履行了保险义务后，能否向非机动车行为人一方行使追偿权。从立法原意及实践上讲，因机动车作为高速度便利的交通工具，危险性上远高于非机动车和行人，根据权利义务对等原则，对机动车一方控制交通事故的危险和避险义务要高于非机动车和行人一方，有利于督促机动车一方更加严格遵守交通法规和谨慎驾驶，预防和减少交通事故的发生。法律法规通过减轻机动车对非机动车一方的赔偿责任的方式，已经实现对机动车一方财产损失的弥补和对非机动车一方的过错评价，且通过引导机动车投保商业三者险，特别是车辆损失险的方式，已经实现了机动车一方自身财产损失风险的分担和转移。如果非机动车一方对交通事故的发生存在故意或者重大过失，违法行为后果达到一定程度时亦有相关法律、法规调整，且其自身亦会遭受一定的财产或人身损害，其向机动车一方主张赔偿时也会因其自身过错而被扣减相应的赔偿项目及数额，甚至机动车一方不应当承担赔偿责任，这亦是非机动车一方的违法风险，并不存在"诱发一系列社会道德风险"的可能。保险公司存在的意义在于承担社会风险保障功能，而不是保障其自身的盈利，即便保险公司依据保险合同赔偿被保险人车辆损失后，在非机动车一方依法无须对机动车一方财产损失承担赔偿责任的前提下，保险公司无权主张代位求偿权。故原审判决并无不当，判决驳回申诉，维持原判。

点评：两个相似案件都是保险公司赔偿机动车损失后行使代位求偿权，但判决结果截然不同。我国并不是判例法国家，在很多具体法律问题上，各地区之间或各个法院之间存在不同的理解。

笔者支持行人和机动车一方应当按照事故责任赔偿机动车一方损失，理由与(2022)湘09民终265号判决书中法院的观点一致。通过中国裁判文书网查询相似案例，还有很多案件在判决中并没有详细论述行人和非机动车一方是否应当赔偿机动车一方的损失，而是直接根据侵权责任归责原则判决负有事故责任的行人和非机动车一方按照责任比例赔偿机动车损失。

相关规定

《道路交通安全法》

第七十六条 机动车发生交通事故造成人身伤亡、财产损失的，由保险公司在机动车第三者责任强制保险责任限额范围内予以赔偿；不足的部分，按照下列规定承担赔偿责任：(一)机动车之间发生交通事故的，由有过错的一方承担赔偿责任；双方都有过错的，按照各自过错的比例分担责任。(二)机动车与非机动车驾驶人、行人之间发生交通事故，非机动车驾驶人、行人没有过错的，由机动车一方承担赔偿责任；有证据证明非机动车驾驶人、行人有过错的，根据过错程度适当减轻机动车一方的赔偿责任；机动车一方没有过错的，承担不超过百分之十的赔偿责任。

交通事故的损失是由非机动车驾驶人、行人故意碰撞机动车造成的，机动车一方不承担赔偿责任。

63. 车载物品损失费如何赔偿？

律师答疑

车载物品损失费是指发生交通事故时，车内或车上物品因交通事故造成损坏，需要修理或更换的费用。车载物品损失费争议的焦点在于车载物品是否真实存在且是否因为发生交通事故受损。

一般来说，车载物品价值不会很高，如果能提供购买发票、维修记录、维修发票等，可以直接要求侵权方赔偿。如果车载物品价值较高，双方对损失价格无法达成一致时，则需要到法院起诉，在评估价格后判决赔偿。有争议的车载物品多数是货物，不同于车辆维修费，车载物品损失较难证明交通事故发生时物品在车内，且因为交通事故受损。车载物品损失费也容易引发骗保案件。

参考案例

吴某庆与莫某、天安财产保险股份有限公司茂名中心支公司机动车交通事故责任纠纷

案号：(2014)茂信法民三初字第238号

基本案情：吴某庆自称从哈尔滨进货(鸽子)到广东销售，其将车辆开到信宜市休息时，莫某驾驶车辆将其货车撞入河道内，造成两车泡水，车内货物也被水浸泡的交通事故。交警认定莫某负事故全部责任，吴某庆无责任。事故发生后由信宜市顺安拯救队进行打捞，收取了施救费2860元。吴某庆认为，拯救队没有尽到义务，打捞时使25箱鸽子从车厢中滑落被水冲走，损失15万余元。于是吴某庆将莫某、天安财产保险股份有限公司茂名中心支公司(以下简称天安保险)和信宜市顺安拯救队起诉到法院请求赔偿。

莫某辩称：(1)认可原告损失；(2)自己驾驶的车辆投保了交强险和三者商业险，应由被告天安保险在交强险与商业险限额内足额赔偿吴某庆的损失。

天安保险辩称：(1)原告没提供购物发票，无法证明实际货物金额。(2)从现场抢救的图片及打捞的物资，再根据事故现场河流的宽度及河水速度，原告称有25箱鸽子跌入河内是不真实、不客观的。

(3)其认为本案是原告和被告莫某故意串通骗保制造的。因原告与被告莫某是朋友,都从事鸽子生意,原告毫无理由在河边停车,被告莫某对停在路边的车辆不避让,且将其撞到河边。(4)交警部门认定原告不承担事故责任是没有法律依据的。因事故发生时原告临时停车没有设置警示、打双闪灯,即使被告莫某和原告不存在串通,原告也应负事故的同等责任。

信宜市顺安拯救队辩称:(1)原告陈述是虚假的,拯救过程中,原告没有对货物进行清点,其连肇事车辆装载的什么物品都不清楚,更没有清点货物的义务。(2)信宜市顺安拯救队当天没有出具证明,原告在事故发生后几天才拿着一份材料,要求信宜市顺安拯救队队长盖印,之后原告将斤改为公斤,并私自雕刻了印章加盖上去。(3)信宜市顺安拯救队不负有保护货物的义务,既不是合同义务,也不是法定义务。赶到现场时,该车已跌入水中,车上根本没有任何货物,当事人仅在路边等保险公司,根本没有任何焦急伤心。(4)本案没有任何证据证实原告因此遭受了损失,所谓的收据全部是虚假的,不是正式发票,不能证明其损失,没有营业执照、检验检疫证明、卫生许可证,也没有保鲜装置,不能证明是从哈尔滨运来信宜市。

法院审理认为:(1)关于事故责任,法院认定被告莫某负事故的全部责任,原告吴某庆不负事故责任。(2)关于货车上货物的损失为多少的问题。原告吴某庆没有提供经营鸽子的相关营业执照、食品许可、卫生许可等证据,无法证实其经营鸽子的真实性及合法性。(3)原告吴某庆提供的四张进货单显示鸽子共2458kg,原告诉称全部鸽子都存在厢式货车上,并因本次交通事故全部灭失,该收款收据与本案缺乏关联性,且2458kg鸽子已远远超出该车核载重量 850 kg。(4)吴某庆在事故现场没有提供购进鸽子的相关票据给交通警察大队以证实肇事车辆车载货物的情况。(5)事故发生后，轻型厢式货车及车上货物已被烧毁，该车打捞回来的货物也没有经有关资质部门进行货物损失评估，无法核实该货物的数量、重量、质量等。因此，上述证据无完整的证据链，各证据间缺乏关联性，从而无法证实轻型厢式货车货物的实际数量、重量、质量等相关事实。综上，根据原告提供的现有证据未能证明轻型厢式货车上的鸽子的实际数量、重量、质量等情况，无法核实该鸽子损失的金额情况，对原告诉请鸽子损失价值 15 万元，法院不予支持，由原告吴某庆承担举证不能的法律后果。判决驳回原告全部诉讼请求。

点评：法院认可了交通事故的真实性，以原告方证据不足驳回了诉讼请求。吴某庆提供的证据自相矛盾，缺少购物发票和货物单，诉请金额没有依据。

64. 车辆施救费如何赔偿？

律师答疑

车辆施救费是交通事故发生后为防止或者减少机动车的损失所支付的合理费用，包括清障费、拖车费、破拆费、倒货费等。施救费的金额因施救难度及各地方施救标准而不同，从几百元、几千元到几万元不等，甚至十几万元的施救费也可能存在。施救费赔偿项目属于保险公司的赔偿范围。

在诉讼中，施救费往往随着其他车辆损失项目一同主张，这也使施救费数额合理性得不到重视，而法院对于被告（主要是保险公司）关于施救费过高的抗辩理由一般不予采纳。除非施救费价格极其不合理才会作为案件焦点来审理。

对于施救费收费混乱问题在一些省份得到了重视，相关部门出台了地方法规予以规范，但是因缺乏相应措施难以对其进行实际处罚和制约，故施救多收费、乱收费现象仍然时有发生。

施救费的混乱体现在缺乏监管上，无资质、高收费、乱收费、代开发票等现象一直难以遏制。法院在审理类似案件中，施救费往往是整个案件中争议较小的部分，很容易被忽略。即使注意到了，法院也无权处罚施救公司。法官往往会考虑照顾弱者原则等因素，将责任转嫁到保险公司或其他被告身上。

参考案例

哈尔滨兴睿运输有限公司、中国人寿财产保险股份有限公司哈尔滨中心支公司保险纠纷案

案号：(2021)黑01民终9262号

基本案情：2019年3月28日，哈尔滨兴睿运输有限公司（以下简称兴睿公司）与中国人寿财产保险股份有限公司哈尔滨中心支公司（以下简称哈尔滨人保公司）签订了《机动车辆商业保险保险单》，约定兴睿公司将其名下挂车投保机动车损失保险，保险金额/责任限额为198,400元，保险费为1593.57元；投保第三者责任保险，保险金额/责任限额为300,000元，保险费为505.63元；投保不计免赔率险，保险费为314.89元，保险费合计2414元；保险期间自2019年4月1日0时起至2020年3月31日24时止。2019年7月25日22

时,驾驶人潘某权驾驶半挂牵引车在杭瑞高速公路从西往东行驶时突然起火,后经沅陵消防大队救援,造成半挂车车辆烧毁、车上承载货物受损及高速公路路面损失。湖南省高速公路交通警察局怀化支队沅陵大队对上述事故出具湖南省高速公路赔(补)偿核算表,根据湖南省发展和改革委员会、湘发改价费〔2017〕265号文件高速公路赔偿项目及标准认定潘某权应赔(补)偿桥面、路面反光漆标线、环氧砂浆修补栏杆等项目,赔偿费总计18,724元。潘某权已向湖南省高速公路管理局常德管理处财务缴纳赔偿费18,724元。沅陵县价格认定中心出具《价格认定结论书》(沅价认定函[2019]5号),认定:货车及挂车价值245,000元。兴睿公司在当地将货车及挂车按照废品处理,获得残值10,000元。

兴睿公司起诉,要求法院判令哈尔滨人保公司给付其车辆损失费用198,400元及施救费14,000元。

一审法院认为,兴睿公司为其名下挂车单独投保机动车损失保险,保险金额为198,400元,现作为保险标的物的机动车发生损毁,哈尔滨人保公司应当按照约定向兴睿公司支付保险金。兴睿公司应获得的保险标的损失费及施救费的总金额最高不应超过车辆损失险的最高保额,即198,400元。哈尔滨人保公司向兴睿公司支付保险金后,该保险标的物残值应依法归哈尔滨人保公司所有。兴睿公司应将损毁后的车辆残值10,000元抵销哈尔滨人保公司未付保险费。上述款项抵销后,哈尔滨人保公司应当给付兴睿公司车辆损失费用188,400元。驳回兴睿公司的其余诉讼请求。

兴睿公司不服提起上诉,上诉请求:撤销一审判决第三项,改判哈尔滨人保公司赔偿施救费14,000元;诉讼费由哈尔滨人保公司承担。事实和理由:一审法院在施救费承担问题上适用法律错误。本案中,保险事故发生后,兴睿公司采取了施救措施并支付了施救费14,000元。采取施救措施有利于减少二次事故损失,减少第三者的损失,对哈尔滨人保公司有利。本案被保险车辆在哈尔滨人保公司投保了车辆损失险,保险金额/责任限额为198,400元,施救费为14,000元,没有超过保险金额198,400元,哈尔滨人保公司应在保险金额之外另行赔偿。

哈尔滨人保公司辩称,不同意兴睿公司的上诉请求,根据保险法及司法解释规定,施救费不应超过保险限额,因本案保险限额已赔满,故不应再支付施救费。

二审法院认为,关于兴睿公司上诉主张的施救费应否由哈尔滨人保公司承担的问题,《保险法》第57条第2款规定:"保险事故发生后,被保险人为防止或者减少保险标的的损失所支付的必要的、合理的费用,由保险人承担;保险人所承担的费用数额在保险标的的损失赔偿金额以外另行计算,最高不超过保险金额的数额。"从语法逻辑分析,"最高不超过保险金额的数额"的主语为"被保险人为防止或者减少保险标的的损失所支付的必要的、合理的费用"(本案的施救费);从文义解释分析,施救费在保险标的的损失赔偿金额以外另行计算,且施救费的数额最高不得超过保险金额。该条规定的理论基础在于为避免被保险人在保险事故发生时,基于救助费用过高无法获得保险理赔的考虑,不竭尽全力进行救助,从而造成更大的损害,所以应保证被保险人因救助行为产生的必要、合理的费用得到赔偿,故从鼓励人性发挥及保险合同最大诚信原则分析,该条规定中所称"最高不超过保险金额的数额"应指由保险人负担的施救费用不超过保险金额,而不是指保险人赔偿的保险金与负担的施救费用总额不超过保险金额。因兴睿公司仅提供4000元施救费的发票,故本院对兴睿公司的上诉请求予以部分支持。二审改判哈尔滨人保公司于本判决生效之日起5日内给付兴睿公司施救费4000元。

点评：施救行为的目的既包括拯救生命和健康，也包括减少保险标的物损失。发生交通事故后在施救行为实施时，并不会立刻得知保险标的实际损失，尽力施救对挽救生命和财产具有积极意义，不能因为损失可能超出保险限额就提前终止施救行为，即便施救行为结果最终没有减少保险标的损失，施救行为的正当性也不能被否认。

思考延伸

货车司机刘师傅与妻子一同驾驶重型货车运送货物，车辆行驶至湖南省某高速路段时因车辆故障抛锚。刘师傅随即呼叫高速公路救援，不多时救援人员赶到，随同高速救援人员赶到现场的还有一家吊装公司的人员。吊装公司随即要求对刘师傅车辆进行施救，并要求刘师傅支付20万元施救费，其中为避免高速路停车发生交通事故，临时摆放竖数排锥桶，费用为8000元。刘师傅在观察了该吊装公司的吊车后，认为他们不具备吊装能力，仅支付了8000元锥桶摆放费，但不同意吊装公司进行施救。刘师傅自行维修车辆，吊装公司对其阻拦，刘师傅不得已打电话报警。在高速交警介入下，车辆维修得以继续，并在3个小时后排除故障。刘师傅要开车上路，吊装公司人员对其阻拦，称仍然要支付施救费，打折后共计59,000元。

问：假如刘师傅向吊装公司支付施救费后，要求保险公司在机动车损失险项下赔偿车辆施救费共计59,000元，保险公司是否应当赔偿？如保险公司拒绝赔偿，刘师傅到法院起诉，法院应如何判决？

相关规定

《保险法》

第五十七条 保险事故发生时，被保险人应当尽力采取必要的措施，防止或者减少损失。

保险事故发生后，被保险人为防止或者减少保险标的的损失所支付的必要的、合理的费用，由保险人承担；保险人所承担的费用数额在保险标的损失赔偿金额以外另行计算，最高不超过保险金额的数额。

65. 车辆重置费如何赔偿？

律师答疑

车辆重置费是指交通事故造成受害车辆损坏严重，导致其实际灭失或是无法修复，为了保证受害人合法拥有车辆的权利，受害人为此重新购买与受损车辆价值相当的车辆的费用。

有两种情况可以赔偿车辆重置费：一种是在交通事故中受损的车辆已经达到了实际灭失或是无法修复的程度；另一种是虽然事故车辆可以修复，但维修金额已经超过事故发生时的车辆价值，报废车辆后重新购买相较于修理车辆更加优惠。

车辆重置费 = 车辆受损前的价值 – 报废后残值

车辆重置费不包含车辆购置税、车牌费、车辆交强险保费和车上物品安装费等费用。车辆受损前的价值体现为市场交易的价值，车辆购置税、车牌费用、车辆交强险费用系当事人在购买车辆的过程中依法缴纳的相关税费,并不构成车辆自身价值的一部分,不能成为侵权行为侵害的对象。

车辆发生事故后实际灭失或是无法修复,如起火后焚烧殆尽,只能选择车辆报废途径。但如果事故车辆仍然可以修复,只是维修价格过高,那么既可以选择维修也可以选择报废,不同选择会产生不同的法律结果。如果选择维修车辆,应由赔偿义务人支付车辆维修费,维修完毕后车辆所有人获得一辆能正常行驶的事故车。如果选择报废车辆,则车辆所有人根据车辆发生事故时的现价获得赔偿,但获得的赔偿数额可能不足以购买相同或类似性能的车辆。

车辆重置费产生的争议问题主要在车辆是该修理还是该报废上,可能还会涉及车辆维修费是否合理的问题。车辆报废需要车辆所有人和赔偿义务人达成一致,如果应由保险公司赔偿,保险公司有自己的评判标准。有时车辆所有人只想维修不想报废车辆,但保险公司强烈建议报废车辆;还有时车辆所有人想要报废车辆,获得赔偿后购买新车,但是保险公司不同意报废。例如,水淹车已经泡水到座位高度了,但保险公司只同意修理,保险公司认为泡水要到达仪表盘中间位置才能报废机动车。

如果发生事故后车辆所有人自行选择修配厂维修车辆,花费的修理费比车辆价值还高,超过车辆价值的维修费是否应当获得赔偿呢?这就要根据具体情况进行分析。如果发生单方交通事故,车辆所有人根据机动车损失险向保险公司理赔,那么无论是维修车辆还是报废车辆,获得的赔偿款都不能超出投保机动车损失险时的车辆价值。如果是双方或者多方交通事故,车辆所有人向其他赔偿义务人主张赔偿时,超出车辆价值的维修费仍然有可能获得赔偿。

参考案例

大连美易行汽车商贸有限公司与中华联合财产保险股份有限公司大连分公司、朱某辉等机动车交通事故责任纠纷案

案号:(2022)辽02民终11115号

基本案情:2021年9月4日,被告周某富驾驶辽B6号牌重型自卸货车沿201国道由东向西行驶至1656公里处违规超车,撞向行驶的由案外人杨某驾驶的辽B0号牌小型轿车后,剐蹭同向行驶的由于某芳驾驶的辽B3号牌小型轿车。此事故造成三车受损,杨某受伤,辽B0号牌小型轿车乘客受伤。此事故经大连市保税区分局交通警察大队认定,周某富负事故全部责任,杨某和于某芳无责任。辽B0号车辆登记所有人为原告大连美易行汽车商贸有限公司,初始登记时间为2018年9月3日,使用性质为预约出租客运。2021年5月27日,大连美易行汽车商贸有限公司与案外人杨某签订汽车租赁合同,约定大连美易行汽车商贸有限公司将辽B0号车辆出租给杨某从事网约车经营,租期6个月(2021年5月27日至11月26日)。辽B6号车辆登记所有人为被告朱某辉,该车辆在被告中华联合财产保险股份有限公司大连分公司(以下简称中联财保公司)处投保交强险和商业三者险100万元,事故发生在保险期间。

原告大连美易行汽车商贸有限公司向大连市金州区人民法院提起诉讼,诉讼请求经过变更后为:(1)判令三被告赔偿原告车辆维修费用121,849元;(2)判令三被告赔偿原告营运损失费3300元(自2021年11月27日起至被告赔偿之日止,按每日300元计算,暂

计算至起诉日)；(3)判令三被告支付鉴定费7100元。

被告中联财保公司申请对案涉辽B0号车辆事故发生时(2021年9月4日)的实际价值和事故发生后的市场残值进行鉴定。2022年2月28日，原告大连美易行汽车商贸有限公司申请对案涉辽B0号车辆维修费用进行鉴定。2022年6月23日，大连荣信机动车价格评估有限公司出具价格评估意见书，价格鉴定结论为：(1)鉴定标的于鉴定基准日时的合理修复费用为人民币壹拾贰万壹仟捌佰肆拾玖元整(121,849元)；(2)鉴定标的于鉴定基准日时的事故前价值为人民币柒万叁仟玖佰柒拾陆元整(73,976元)；(3)鉴定标的于鉴定基准日时的车辆残值保底价格为人民币壹万元整(10,000元)。原告支付评估费7100元，被告中联财保公司支付评估费6700元。

一审法院认为，本案争议焦点：一是案涉辽B0号车辆损失数额应按车辆维修价格计算还是按事故发生时车辆的实际价值计算；二是案涉辽B0号车辆停运损失是否应得到赔偿，赔偿责任主体如何确定。关于第一个焦点问题，即案涉辽B0号车辆损失数额应按车辆维修价格计算还是按事故发生时车辆的实际价值计算。根据价格评估意见书，案涉辽B0号车辆在事故发生前的价值(73,976元)远低于其事故发生后所需要的维修费用(121,849元)。本院认为，根据法律规定，被侵权人虽然有权主张侵权人赔偿维修被损坏车辆所支付的费用，但该维修费用应限制在合理范围内，如果维修费用远高于物的实际价值，将给侵权人造成不合理的负担。本案中，辽B0号车辆在事故发生前评估价值为73,976元，而评估的维修费用为12万余元，考虑到车辆为消耗品的属性，且在事故发后价值加速贬值的情况，花费12万余元修复实际价值7万余元的车辆明显不符合正常逻辑及日常交易习惯，而且截至一审法庭辩论终结前案涉车辆并没有实际维修。鉴于《大连市人民政府办公厅关于印发大连市网络预约出租汽车经营服务管理实施细则的通知》第10条第6项已对拟从事网约车经营的车辆应当符合的条件做出规定，而辽B0号车辆在事故发生时距离初次注册登记时间仅仅3年零1天，根据公平合理原则本院酌定辽B0号车辆残值（10,000元）不予扣除。综上，辽B0号车辆的损失应为73,976元。因案涉辽B6号车辆在被告中联财保公司处投保交强险和商业三者险，故原告的车辆损失应由中联财保公司先予赔偿，即在交强险财产损失限额内赔偿2000元，在商业三者险保额内赔偿71,976元。关于第二个焦点问题，即案涉辽B0号车辆停运损失是否应得到赔偿，赔偿责任主体如何确定。首先，案涉辽B0号车辆依法从事网约车运营，因交通事故导致在一定期限内无法从事相应经营活动，所产生的合理停运损失应得到赔偿。但原告诉请自租赁合同到期之日起暂至起诉之日止，按每日300元标准计算营运损失为3300元，有失公平。原告为车辆租赁公司，在其与案外人杨某的汽车租赁合同期满后至受损车辆修复或换新前的期间内，车辆停驶给原告造成的损失是租金，而非网约车营运收入，故原告的停运损失可参照与案外人杨某签订的汽车租赁合同中约定的租金4000元/月计算，为1466.67元（4000元/月÷30天×11天）。其次，停运损失属于间接损失，根据保险条款约定，被告中联财保公司不负赔偿责任；合理停运损失应由侵权人被告周某富承担，因被告周某富受雇于被告朱某辉，其在雇佣期间给他人造成的损失，应由雇主被告朱某辉承担。关于评估费，原告及被告中联财保公司为确定车辆损失而支付的评估费，系必要合理支出，鉴于原告申请鉴定的结论本院未予采纳，其支付的费用应自行承担；被告中联财保公司支付的费用应由被告朱某辉承担。

一审法院判决:(1)被告中联财保公司于本判决生效之日起10日内在机动车交通事故责任强制保险财产损失限额内赔偿原告大连美易行汽车商贸有限公司车辆损失2000元;(2)被告中联财保公司于本判决生效之日起10日内在机动车商业第三者责任保险保额内赔偿原告大连美易行汽车商贸有限公司车辆损失71,976元;(3)被告朱某辉于本判决生效之日起10日内赔偿原告大连美易行汽车商贸有限公司车辆停运损失1466.67元;(4)被告朱某辉于本判决生效之日起10日内给付被告中联财保公司评估费6700元;(5)驳回原告大连美易行汽车商贸有限公司的其他诉讼请求。

一审判决做出后,大连美易行汽车商贸有限公司提起上诉:(1)请求改判被上诉人中联财保公司支付上诉人车辆维修费121,849元;(2)请求改判被上诉人朱某辉赔偿上诉人截止到2021年12月7日的车辆停运损失1466.67元,并自2021年12月8日起至维修费用付清之日止按照每月4000元支付停运损失费;(3)请求法院增加遗漏判项,被上诉人朱某辉给付上诉人评估费7100元。

上诉理由:(1)一审法院对"案涉车辆的实际损失"部分的事实认定错误、适用法律错误。一审法院认为:"案涉车辆在事故发生前的价值远低于其事故发生后所需要的维修费用。被侵权人虽然有权主张侵权人赔偿维修被损坏车辆所支付的费用,但该维修费用应限制在合理范围内,如果维修费用远高于物的实际价值,将给侵权人造成不合理的负担。"首先,鉴定机构仅是对案涉车辆本身的价值进行鉴定,并不会对车辆的使用性质加以考虑。而案涉车辆恰恰系营运车辆,带营运证的正规营运车辆的价值是远高于非经营性车辆的。《大连市人民政府办公厅关于印发大连市网络预约出租汽车经营服务管理实施细则的通知》中第10条规定:"拟从事网约车经营的车辆,应当符合以下条件:……(六)车辆初次注册登记日期至申请网约车经营时未满3年……”由此可知,年限超过3年的车辆不能再申请从事网约车经营。上诉人若要购买年限3年以内的车辆,价格就远超过鉴定机构所鉴定出的车辆事故前的价值73,976元。因此,一审法院仅以鉴定机构撇去“营运车辆”这一附加性质后所鉴定出的车辆价值与车辆维修费用相比较,与本案中的实际情况不符,属事实认定错误。其次,《最高人民法院关于审理道路交通事故损害赔偿案件适用法律若干问题的解释》第12条明确规定:“因道路交通事故造成下列财产损失,当事人请求侵权人赔偿的,人民法院应予支持:(一)维修被损坏车辆所支出的费用、车辆所载物品的损失、车辆施救费用;(二)因车辆灭失或者无法修复,为购买交通事故发生时与被损坏车辆价值相当的车辆重置费用;(三)……”上诉人主张侵权人承担案涉车辆的维修费用完全符合上述法条的第1项,从第2项的表述中也可以看出,只有在车辆灭失或者无法修复时,才应当按照车辆事故前的价值赔偿。而且该法条并没有就维修费用的多少做出任何限制,一审法院不应当因维修费用偏高而不予支持上诉人的合理主张,反而在车辆没有灭失能够修复的情况下,判决侵权人按照车辆事故前的价值赔偿上诉人。一审法院适用法律错误。另外,被上诉人作为此次事故全责的一方,理应对上诉人的全部损失承担赔偿责任。上诉人的主张并没有给侵权人造成不合理的负担,上诉人仅是按照法律规定要求被上诉人维修车辆恢复原状。是因被上诉人的过错才产生的此次事故,如果被上诉人仅赔偿上诉人车辆事故前的价值,上诉人用该款项只能买到一辆不能营运的车辆,也就是说,要么上诉人对不能继续营运的损失承担责任,要么自己承担额外的维修费用。一审法院将本应被上诉人承担的责任转移一部分给上诉人承担，违背了公平原则，没有事实和法律依据。综上所述，根据《民法典》第1213条之规定，应当由被上诉人中联财保公司支付上诉人车辆维修费121,849元。(2)一审法院对被上诉人应承担的停运损失的数额计算错误。上诉人在一审中诉讼请求的停运损失系自2021年11月27日起至赔偿之日止，一审法院仅对自2021年11月27日起至12月7日(起诉之日)止的停运损失做出了判决，但未对2021年12月8日起至实际赔偿之日止这一期间内的停运损失进行论述，属于漏判。上诉人认可一审法院认定的计算标准，即按照4000元/月计算，但停运期间应为自2021年11月27日起至车辆维修费用付清之日止。(3)上诉人支付的评估费应当由被上诉人承担。上诉人在一审过程中申请对案涉车辆维修费用进行鉴定，并支付了7100元的评估费。如第一点所述，被上诉人应当向上诉人支付车辆维修费，那么其也应当承担上诉人为鉴定车辆维修费用所支付的7100元评估费。

二审期间，当事人围绕上诉请求依法提交了证据。二审法院组织当事人进行了证据交换和质证。上诉人大连美易行汽车商贸有限公司提交了一份机动车发票及汽车之家—车辆搜索界面截图。欲证明事项：上诉人当时购买案涉车辆时，裸车价为137,800元。通过汽车之家车辆搜索界面搜索3年以内的同款二手车(丰田卡罗拉双擎)，并设置搜索条件为2—3年，在不考虑车况的情况下，二手车市场的价格普遍在10万元以上并且还是在其他城市，也就是说，购买后运输、过户、办证、差旅费等全下来也得12万元以上。再加上重新办理营运手续的费用，维修价值与购买同等车辆的费用其实是等同的。上诉人仅是要求恢复原状以便上诉人能够继续营运，7万余元费用既不够维修案涉车辆，也不够购买同等车辆，一审的判决显失公平，因此被上诉人应当赔偿维修案涉车辆的费用。

二审法院对上述证据进行审查后认为，机动车购车发票及截图内容均无法证实案涉车辆发生事故前的实际价值，对本案无参考价值，与本案不具有关联性，故对该证据不予采信。

二审法院审理后认为，事故发生后，经大连荣信机动车价格评估有限公司出具价格评估意见书，该鉴定机构及鉴定人员均具有鉴定资质，鉴定程序合法，故对该鉴定结论予以采信。根据评估报告的结论，涉案车辆的维修费用远高于事故发生时的实际价值，而依据损失填补原则，在机动车交通事故中，机动车发生损失时，应当按照实际损失进行赔偿，修理成本高于出险时事故车辆的实际价值的，应认定无修理必要，推定全损，按事故发生时车辆的实际价值计算赔偿，故上诉人大连美易行汽车商贸有限公司关于被上诉人中联财保公司应按实际修复费用确认损失数额进行赔付的主张于法不符，本院不予采纳。关于上诉人大连美易行汽车商贸有限公司主张的原判认定的车辆停运损失(租金损失)计算区间有误一节，上诉人大连美易行汽车商贸有限公司在原审庭审中明确表示对维修时间不予申请司法鉴定，且依上节所述，案涉车辆无修理必要，推定全损，按事故发生时车辆的实际价值计算赔偿，故没有修复必要的报废车辆不存在“修复期间”，而且报废车辆的侵权人赔偿了车辆损失费后，相当于赔偿了整车价值，营运车辆所有人是否再重置营运车辆，何时购置营运车辆，均不以侵权人的意志为转移，难以厘清停运损失费的计算期间。就本案而言，案涉车辆已没有修复的必要，丧失了营运的条件和能力，既然受损车辆长久地停止了营运，也就不存在停运损失。故一审法院综合事故发生时间、车辆受损程度及正常维修期间考量，酌情认定停运时间从而确定其停运期间的租金损失,并无不当。另外,关于鉴定费不应由其负担的问题。本院认为,上诉人大连美易行汽车商贸有限公司申请对案涉车辆维修费用进行鉴定,虽然其申请鉴定的结论原审法院未予采纳,但原审法院是基于案涉车辆维修费用远高于案涉车辆事故发生时的实际价值,从而确定案涉车辆因交通事故所遭受的实际损失数额,故该鉴定结论具有必要性与合理性,系必要合理支出,故原审法院判由上诉人自行承担不妥,本院予以纠正。上诉人大连美易行汽车商贸有限公司支付的鉴定费用7100元应由被上诉人朱某辉承担。

二审法院判决:(1)维持大连市金州区人民法院(2022)辽0213民初1787号民事判决书第一项、第二项、第三项、第四项;(2)撤销大连市金州区人民法院(2022)辽0213民初1787号民事判决书第五项;(3)被上诉人朱某辉于本判决生效之日起10日内给付上诉人大连美易行汽车商贸有限公司评估费7100元。

点评:本案的焦点在于车辆价值与维修费的差异问题。通过评估机构做出的意见车辆维修费12万余元,发生事故时车辆价值为7万余元,法院认为维修费已经远超出车辆价值,所以不应该维修,而应该直接报废,最后按照车辆价值判决赔偿。大连美易行汽车商贸有限公司对评估机构做出的7万余元车辆价值不认可,但是因为是法院委托的评估机构做出的意见,程序上合理,没能推翻评估意见。二审期间,大连美易行汽车商贸有限公司虽然提供了类似车辆的交易价格,但是没有被法院采纳。评估机构可能采取的是车辆折旧率办法计算的车辆价值,就是以机动车购置价为标准,再按照购买年份按比例折损计算出现有价值。这也是比较常见的计算折旧办法,一般来说新车5年内的折旧率分别是15%、12%、10%、8%和7%,也就是前3年折旧30%多。但是按照折旧后计算的车辆价值,在二手车市场上则不一定能买到相同车型和年份的车辆。如果按照折旧率方法计算，刚购买的新车开出4S店就能贬值1万余元，但没人真的会卖车。大连美易行汽车商贸有限公司在二审期间提交的相同车型和类似年份的机动车成交价格均超过10万元，虽然二审法院没有采纳，但如果大连美易行汽车商贸有限公司在评估期间将该数据交给评估公司，并要求评估公司按照询价法来评估车辆价值，可能会得出不同的结果。如果经过评估后车辆价值为10万余元，法院审理后可能会认为12万元的维修费和10万元的车辆价值相差并不大，最终全额支持12万元的车辆维修费也有可能。

66. 车辆停运损失如何赔偿？

律师答疑

停运损失是指依法从事货物运输、旅客运输等经营性活动的车辆，因无法从事相应经营活动所产生的合理损失。

(1)只有营运车辆才能获得停运损失赔偿，如出租车、公交车、有营运资格的货车等。未办理营运许可证的私家车即使从事了网约车服务，在发生交通事故后的停驶期间也不能计算停运损失。虽然之前确实有法院根据网约车司机提供的银行流水记录，证明确实从事客运活动，车辆发生交通事故停驶会影响收入，因而判决赔偿停运损失。不过，目前网约车已经不是什么新鲜事物了，司法判例也趋于统一，从事网约车的私家车只有办理营运资格专职从事客运，才能赔偿停运损失。至于驾驶司机是否拥有道路从业人员资格证则无须考虑，停运损失只需要“车”的经营合法性，无须“人”的营业资格，不需要双证合一。

（2）停运损失属于间接性财产损失，根据《中国保险行业协会机动车商业保险示范条款》的相关条款，机动车损失险和机动车商业三者险对停运损失是免赔的。机动车车上人员责任险的保险对象是车上人员的生命和健康，关于车辆损失，无论是直接损失还是间接损失均不在其保险范围。

目前，保险公司已经增设了营运车辆维修停运期间损失的附加险，如果投保了该险种，在营运车辆发生交通事故后被扣押期间和维修期间会按照一定标准理赔停运损失。

（3）交强险有可能赔偿停运损失。因为停运损失是间接性损失，所以商业险免赔。但是交强险的财产损失限额并没有不赔偿间接性损失的法律规定或合同约定，那么能不能让交强险在财产损失限额2000元以内优先赔偿停运损失，车辆维修费在商业险范围内赔偿呢？司法实践中确实存在这种可能，但一般是在交强险和商业险分别投保两家保险公司，且交强险理赔时同意在财产险限额内优先赔偿停运损失的情况下才可以。如果交强险优先赔偿停运损失并没有征得保险公司同意，由机动车受损一方直接提起诉讼，请求一并赔偿车辆维修费和停运损失时，法院不一定会支持侵权人提出的交强险优先赔偿停运损失的答辩意见。

（4）停运时间的确定。停运损失数额由合理的停运时间和停运前的营运收入相乘得出。停运时间一般是车辆维修期间，如果发生事故后车辆被交警队扣押，也会属于合理停运时间。发生交通事故后如果由于支付维修费发生争执，导致运营车辆长时间没有运营的搁置时间不属于合理的停运时间，则不能计算停运损失。

(5)停运损失标准按照受诉法院所在地相关行业标准计算，或者事发该车辆的实际营运收入计算。对出租车来说，一般每个城市都有自己的停运损失行业标准。其他没有行业标准的车辆，如渣土车、油罐车等，在诉讼中对停运损失标准发生争议的，可以由法院按照鉴定评估程序确认每日运营收入，再根据停运时间确认停运损失数额。

(6)交通事故导致营运车辆报废的没有停运损失。

相关规定

《中国保险行业协会机动车商业保险示范条款(2020版)》

第六条 保险期间内，被保险人或被保险机动车驾驶人(以下简称"驾驶人")在使用被保险机动车过程中，因自然灾害、意外事故造成被保险机动车直接损失，且不属于免除保险人责任的范围，保险人依照本保险合同的约定负责赔偿。

第二十四条 下列人身伤亡、财产损失和费用，保险人不负责赔偿：(一)被保险机动车发生意外事故，致使任何单位或个人停业、停驶、停电、停水、停气、停产、通讯或网络中断、电压变化、数据丢失造成的损失以及其他各种间接损失……

67. 替代性交通工具损失如何赔偿？

律师答疑

替代性交通工具损失是指非营运车辆无法使用期间，车辆所有人需乘坐其他交通工具代替出行所产生的合理费用。

（1）替代性交通工具损失的赔偿主体是非营运车辆，营运车辆停运期间要求赔偿的是停运损失。如果营运车辆再赔偿替代性交通工具损失就属于重复赔偿。

（2）替代性交通工具损失也属于间接性损失，与停运损失性质相同。根据保险合同条款，不属于保险责任，保险公司免赔。如果保险公司没有对免责条款尽到告知义务，保险公司仍应当赔偿。

（3）替代性交通工具损失赔偿代替出行所产生的合理费用，如往返公司与家里的出租车或公交车车费，不合理的费用法院不予认定。如果受损车辆所有人能提供每天上下班出行的出租车发票，并且在时间和起始地点上都能吻合，法院应当会认可其维修期间的交通损失。不过提供每天出租车发票几乎是不可能的，司法实践中要么提供零星的几张打车票据，要么是连号的出租车发票。这时法院也可以根据合理的停运时间和每天的出行距离，估算交通费，酌定赔偿一定数额的替代性交通工具损失。司法实践中争议最多的是租车费。关于租车费，是否属于合理损失应审查相关证据的真实性、合法性和关联性，包括非营运车辆停驶时间的合理性、租车发票及租车合同的开具时间、是否有其他实际使用该车辆的证据。假如车辆所有人驾驶奥迪车发生交通事故，维修机动车时间为10天。于是车主去租车平台租了一辆每天250元租金的大众朗逸，实际支出2500元。奥迪车所有人提供了租车发票、租车合同和网络订单，要求侵权人赔偿2500元。合理的替代性交通工具损失，应由赔偿义务人承担，租车费2500元应当获得法院支持。但如果按照每天1000元标准租了一辆宝马车，要求赔偿替代性交通工具损失10,000元，法院可能会认为每日租金过高，并不属于合理的损失，会酌定减少每日的租车标准，或者认为证据缺乏真实性不予支持替代性交通工具损失。

(4)机动车所有人、管理人驾驶本车发生交通事故时,替代性交通工具损失和误工费,存在常识性矛盾,故不能一同赔偿。

参考案例

唐某等与孔某机动车交通事故责任纠纷案

案号:(2023)京01民终3066号

基本案情:2022年6月27日,在北京市昌平区立汤路东沙各庄路口,唐某驾驶车轻型封闭货车由西向东行驶,孔某驾驶小型轿车静止,唐某车前部与孔某车左前部碰撞,造成车辆接触部位损坏,无人受伤。经交管部门认定,唐某负事故全部责任,孔某无责任。唐某在事故发生时,驾驶证累计记分12分。涉案车辆在保险公司投保交强险和商业三者险。

孔某向一审法院起诉请求:(1)唐某、保险公司支付孔某修理费5070元、租车份钱5800元、误工费11,500元;(2)本案诉讼费由唐某、保险公司承担。

孔某称,其日常从事滴滴网约车业务,其驾驶的小型轿车系其从第三方北京途途汽车租赁有限公司租赁,租赁期间为从2022年4月15日11时起至10月14日11时止,租赁期限6个月,月租金6000元。该车的实际所有人为北京新月联合汽车有限公司(以下简称新月公司),新月公司向本院出具证明,同意由孔某在本案中追索因本次交通事故产生的车辆维修费。交通事故导致孔某无法用车,2022年6月28日,孔某再次从北京途途汽车租赁有限公司租赁同型号汽车,租赁时间为2022年6月28日9时至7月27日9时,月租金6000元。庭审中,孔某表示该租金的扣缴方式为日缴,经其查看支付宝支付记录,2022年7月16日至7月26日,北京途途汽车租赁有限公司每日扣缴186.7元。

一审法院认为,经核算,孔某的合理损失为:修车费5070元(凭发票)、租车份钱3920.7元(186.7元×21日)、误工费0元。关于修车费,孔某已就车辆维修费用支出情况提交初步证据,唐某虽称孔某过度维修,对维修费不予认可,但未就此提交证据,庭审中亦明确表示不对维修合理性进行鉴定,故法院对孔某所主张的维修费金额5070元予以认可。关于租车份钱,车辆在维修期间必然影响使用,孔某有权主张赔偿替代性交通工具费,但应在通常性、合理性范围内。庭审中孔某提交了两张结算清单,两张结算清单的内容基本一致,就维修期间部分,孔某做出了合理解释,永泰丰公司亦予以确认,法院结合汽车租赁合同及租赁费扣缴情况,对该期间的租赁费予以酌定。关于误工费,庭审中,孔某表示该项内容为停运期间的损失。孔某称,其驾驶的车辆用于从事滴滴出租车业务,但案发时,该车辆未办理网络预约出租汽车运输证,不符合法律规定的依法从事经营性活动的车辆之情形,故其依据车辆损坏主张误工费,事实及法律依据不足,法院不予支持。

一审法院判决唐某赔偿孔某修车费5070元、租车份钱3920.7元。

一审判决做出后,唐某不服提出上诉,请求:(1)撤销一审判决,改判上诉人不支付因被上诉人恶意维修产生的修车费5070元;(2)改判上诉人不支付被上诉人的租车份钱3920.7元;(3)被上诉人承担本案的全部诉讼费用。事实与理由:(1)关于维修费用,上诉人提交了交通事故发生时被上诉人车辆损坏的相关证据,被上诉人车辆的车大灯并未损坏,但是被上诉人的修理费用中包含了更换车大灯的费用,属于过度维修,一审法院认定上诉人没有提交证据属于认定事实不清。(2)关于租车费用,因交通事故发生时上诉人进了拘留所,其间上诉人告知被上诉人有任何事情可与上诉人朋友沟通,但被上诉人一直拒绝沟通。被上诉人称把涉案车辆一直放在维修厂。因为涉案车辆损坏并不严重,经上诉人与多家修车厂确认,涉案车辆维修最多需要两天,车辆修好后被上诉人也没有取车。被上诉人完全可以把车提走,其不取车的行为不符合常理,因此上诉人不认可被上诉人主张的租车费用。

二审法院审理后认为一审判决认定事实清楚,适用法律正确,应予维持。判决驳回上诉,维持原判。

点评:司机驾驶无运营许可证的私家车从事网约车服务不能主张停运损失,因为本人没有因为交通事故受伤,所以不能主张误工费。唐某发生事故时驾驶证已经扣满12分,属于无证驾驶,保险公司免予赔偿,故本案中保险公司没有在交强险和商业险范围内承担赔偿责任。孔某请求赔偿租车份钱,法院按照替代性交通工具损失项目酌定支持了部分费用。孔某没有提供维修发票仅提供两张维修收据,法院也认可了维修数额的真实性。孔某驾驶没有运营资格证的私家车从事网约车服务,可能会被交管部门处罚。

68. 车辆贬值损失能否获得赔偿?

律师答疑

车辆贬值损失又叫车辆价值贬损,是指车辆因发生交通事故造成市场价值降低产生的损失。车辆贬值损失系间接性损失，不属于保险赔偿范围，保险公司不会理赔。通过诉讼主张赔偿，一般也仅为行驶一年内的新车且因交通事故影响到车辆安全性能时，如发动机、车架等部位，才可能获得赔偿。

事故发生后是否应当赔偿车辆贬值损失经常发生争议，车主会说交通事故导致其车辆成了事故车，会大幅降低车辆价值。赔偿义务人则会说，这车也不一定卖，车主并没有贬值损失。道路交通事故损害赔偿司法解释中没有规定应赔偿车辆的价值贬损，一般运用侵权责任的相关法律原理作为主张该项损失的法律依据。

参考案例

中国平安财产保险股份有限公司北京分公司与彭某等机动车交通事故责任纠纷案

案号：(2023)京03民终7760号

基本案情：2022年1月30日，在北京市朝阳区品牌街，赵某驾驶车辆由北向南行驶，彭某驾驶事故车辆由北向南行驶，案外人吴某驾驶京牌车辆静止，彭某车辆前部与赵某驾驶车辆左侧发生碰撞，赵某驾驶车辆因惯性右后部与吴某驾驶车辆右后部发生碰撞。交管部门认定彭某负事故全责，赵某、吴某无责。彭某驾驶的事故车辆在保险公司投保交强险及商业三者险300万元，事发在保险期间。赵某驾驶车辆于2021年7月2日购置，价格为277,800元，事发时行驶8021公里。事发后，车辆被送至北京中汽京出汽车贸易有限公司维修，修车费69,449.69元、施救费1410元已由保险公司赔偿。赵某提交车辆维修结算单、车历卡、事发现场照片及车辆维修照片等,证明车辆于2022年2月8日送修,2022年4月14日预定交车,维修时对车辆左侧框架进行切割,影响车辆安全性。

审理中,赵某申请对其驾驶的车辆因交通事故贬值损失进行鉴定,一审法院委托中财宝信(北京)房地产土地资产评估有限公司进行鉴定,该机构于2022年10月26日出具资产评估报告,以2022年10月14日为评估基准日,采用成本法进行评估得出车辆贬值损失28,300元。赵某支付鉴定费7200元。赵某据评估报告主张车辆贬值损失28,300元,并提交出租车发票,主张车辆维修期间的替代交通工具费9063元。彭某、保险公司对此不予认可。

保险公司提交保单、投保短信、保险示范条款等,证明已尽到提示告知义务,贬值损失、交通费不属于保险赔偿范围。彭某对此不予认可。

一审法院认为,彭某驾驶车辆发生交通事故,赵某车辆受损,彭某负事故全责。赵某作为车辆所有权人有权主张损失。综合考虑车辆受损时较新、维修时对左侧框架进行切割、车辆部分受损配件已进行换新修复处理之事实,一审法院酌情支持赵某贬值损失16,000元。车辆在维修期间必然影响赵某使用,赵某有权主张替代性交通工具费,但应限于必要、合理范围内,在综合考虑车辆维修期间、替代性交通工具一般价格、赵某自驾成本等因素后,一审法院酌定交通费5000元。贬值损失、交通费皆为间接损失,保险公司提交的证据不足以证明对免责条款尽到提示说明义务,故不能免责,其应在商业三者险范围内赔偿。

一审法院判决:(1)中国平安财产保险股份有限公司北京分公司于判决生效后10日内在商业三者险范围内赔偿原告赵某贬值损失16,000元、交通费5000元,共计21,000元;(2)驳回赵某的其他诉讼请求。

保险公司不服一审判决，上诉请求：撤销一审判决书，改判保险公司不在商业险范围内赔偿赵某贬值损失16,000元，交通费5000元。事实和理由：(1)涉案车辆贬值损失、交通费不仅是间接损失，同时也不属于保险公司商业三者险保险责任范围，与免除保险人责任条款不同，故不适用《保险法》第17条，保险公司不应承担赔偿责任。《保险法》第18条规定保险合同应当包括下列事项："(一)保险人的名称和住所；(二)投保人、被保险人的姓名或者名称、住所，以及人身保险的受益人的姓名或者名称、住所；(三)保险标的；(四)保险责任和责任免除……"该条文明确规定保险合同包括保险责任和责任免除，二者不是同一内容。一审认定的车辆贬值损失、交通费均是间接损失，但《中国保险行业协会机动车商业保险示范条款(2020版)》第二章"机动车第三者责任保险"第20条明确规定："保险期间内，被保险人或其允许的驾驶人在使用被保险机动车过程中发生意外事故，致使第三者遭受人身伤亡或财产直接损毁，依法应当对第三者承担的损害赔偿责任，且不属于免除保险人责任的范围，保险人依照本保险合同的约定，对于超过机动车交通事故责任强制保险各分项赔偿限额的部分负责赔偿。"保险公司承保的产品范围是直接损失，对间接损失不予承保，保险责任与免除保险人责任外观形式相似，但二者是有区别的，免责需要适用《保险法》第17条"订立保险合同，采用保险人提供的格式条款的，保险人向投保人提供的投保单应当附格式条款，保险人应当向投保人说明合同的内容。对保险合同中免除保险人责任的条款，保险人在订立合同时应当在投保单、保险单或者其他保险凭证上作出足以引起投保人注意的提示，并对该条款的内容以书面或者口头形式向投保人作出明确说明;未作提示或者明确说明的,该条款不产生效力”的规定。保险公司应当履行提示说明义务,但保险责任不在承保范围不适用第17条,因此,即使保险公司未履行提示说明义务,也不应承担赔偿义务。一审认定车辆贬值损失、交通费是间接损失,但将保险责任与免责条款混同,导致错误判决。(2)保险公司提供了投保单(短信)等,对免责条款尽到了提示说明义务,故本案商业三者险免责,保险公司不承担责任。即使按照一审判决认定贬值损失、交通费均是间接损失,属免责条款,保险公司也对免责条款尽到了提示说明义务,故本案商业三者险免责。一审判决保险公司承担责任的原因就是朝阳法院对电子投保不认可,没有依据。电子投保不是保险公司私自决定,自2017年始北京市全面实行电子投保,对免责部分的提示和说明形式都是统一的,一审时保险公司向法庭提交了投保单(短信)、保险条款、保单等对责任免除部分进行了明确说明的证据。保险单(正本)重要提示处载明“本保险合同由保险条款、投保单、保险单、批单和特别约定组成”,提示投保人“详细阅读承保险种对应的保险条款,特别是责任免除和赔偿处理”,机动车综合商业保险条款亦对所涉免责条款加粗加黑,故应当认定保险公司已经按照《保险法》要求履行了提示说明义务,商业险不应当承担责任。(3)本案涉案车辆贬值损失不应当支持。在《最高人民法院关于“关于交通事故车辆贬值损失赔偿问题的建议”的答复》中,最高人民法院认为对交通事故车辆贬值损失的赔偿应持谨慎态度,倾向于原则上不予支持。在少数特殊、极端情形下,也可以考虑予以适当赔偿,但必须慎重考量,严格把握。本案不属于支持车辆贬值损失情形:①维修费不到购车款的1/3;②根据维修项目,损坏部位涉及发动机、变速箱等关键部位,且经更换、维修已恢复使用性质,对安全性没有太多影响;③赵某没有举出特殊、极端情形的证据,故按最高人民法院规定,不应当支持辆贬值损失。(4)一审支持的交通费过高,赵某自己不提车,应当自负责任。(5)“类案检索、类案同判”,保险公司同时期收到北京各法院关于车辆贬值费的判决书中,绝大多数法院只要有投保单(短信)等均判决保险公司不承担责任,即使在朝阳法院本院,2022年前均认可电子投保,对车辆贬值损失不支持保险公司承担,约2022年开始,朝阳法院突然改变为判决保险公司承担。一样的电子投保过程、一样的案件事实,却有截然不同的判决。同案不同判决,损害了司法公信力,浪费了司法及社会资源。针对本案,一审没有统一法律适用标准、规范裁量使用权,导致错误判决。

二审法院审理后认为,在保险合同关系中,保险公司处于经济、信息的优势地位,享有制定、提供保险条款的决定权。本案所涉及的免责条款系为免除保险人责任的条款,保险公司对该条款负有比普通合同条款更高的提示义务和明确说明义务,且应在指定该类条款中注意条款的合法有效性。保险纠纷发生后,保险公司应举证证明其就该条款对投保人进行了提示和明确说明义务,使投保人能够知悉存在该免责条款,并明确告知投保人该条款的真正含义。本案中,保险公司未能提供确实、充分的证据证明其在保险合同签订时对“贬值损失”等免责条款尽到了充分的说明、提示义务,应当承担不利的法律后果,故对其以免责条款免除其赔偿责任的上诉意见,本院不予采纳。一审法院综合考虑涉案车辆受损情况、受损部位、行驶里程、购车时间、事故成因以及维修情况等因素酌情认定贬值损失及替代性交通费用的金额并无不当,本院予以维持。驳回上诉,维持原判。

点评:赵某受损车辆符合一年内新车,行驶公里数不足一万,且影响到车辆安全性能等因素,法院应当支持车辆贬值损失。对于电子投保单是否尽到告知义务各地法院仍有不同理解和考量,保险公司提出的抗辩认为法律法规不用尽到告知义务,但法院一般不会采纳。

相关规定

《最高人民法院关于"关于交通事故车辆贬值损失赔偿问题的建议"的答复》

我院在起草《关于道路交通损害赔偿司法解释》征求意见中,对机动车"贬值损失"是否应予赔偿的问题,讨论最为激烈。从理论上讲,损害赔偿的基本原则是填平损失,因此,只要有损失就应获得赔偿,但司法解释最终没有对机动车"贬值损失"的赔偿作出规定。主要原因在于,我们认为,任何一部法律法规以及司法解释的出台,均要考虑当时的社会经济发展情况综合予以判断,目前我们尚不具备完全支持贬值损失的客观条件:(1)虽然理论上不少观点认为贬值损失具有可赔偿性,但仍存有较多争议,比如因维修导致零部件以旧换新是否存在溢价,从而产生损益相抵的问题等;(2)贬值损失的可赔偿性要兼顾一国的道路交通实际状况。在事故率比较高、人们道路交通安全意识尚需提高的我国,赔偿贬值损失会加重道路交通参与人的负担,不利于社会经济发展;(3)我国目前鉴定市场尚不规范,鉴定机构在逐利目的驱动下,对贬值损失的确定具有较大的任意性。由于贬值损失数额确定的不科学,导致可能出现案件实质上的不公正,加重侵权人的负担;(4)客观上讲,贬值损失几乎在每辆发生事故的机动车上都会存在,规定贬值损失可能导致本不会成诉的交通事故案件大量涌入法院,不利于减少纠纷。综合以上考虑,目前,我们对该项损失的赔偿持谨慎态度,倾向于原则上不予支持。当然,在少数特殊、极端情形下,也可以考虑予以适当赔偿,但必须慎重考量,严格把握。我们会继续密切关注理论界和审判实务中对于机动车贬值损失赔偿问题的发展动态,加强调查研究,将来如果社会客观条件允许,我们也会适当做出调整。

感谢您对人民法院工作的支持。

第九篇

民事诉讼之赔偿权利人和赔偿义务人

引　言

本篇前半部分讲述民事诉讼中交通事故案件在特殊情况下由谁承担赔偿责任问题，包括好意同乘、机动车所有人责任、机动车未过户责任、职务行为、车辆挂靠、公交车内受伤等；后半部分介绍民事诉讼程序性规定，包括诉讼主体、诉讼时效等问题。

69. 什么是好意同乘？

70. 出借车辆后发生交通事故，机动车所有人是否需要承担赔偿责任？

71. 机动车转让后发生交通事故，原机动车所有人是否承担赔偿责任？

72. 工作中发生交通事故，谁承担赔偿责任？

73. 车辆挂靠关系赔偿责任如何承担？

74. 乘车人在公交车内摔伤应如何获得赔偿？

75. 交通事故赔偿责任属于夫妻共同债务吗？

76. 限制行为能力人受伤由谁作为原告起诉？

77. 受害人死亡由谁作为原告起诉？

78. 发生交通事故时应该将哪个保险公司列为被告？

79. 交通事故案件诉讼时效是多久？

80. 律师费应由谁承担？

69. 什么是好意同乘？

律师答疑

好意同乘是指乘车人经驾驶人同意无偿搭乘车辆的行为。乘车人在无偿搭乘时发生交通事故受伤，应当减轻驾驶人的赔偿责任。

好意同乘是一种助人为乐行为。助人为乐是中华民族的传统美德，也是公序良俗的重要组成部分，为我国法律所倡导和保护。从道德层面来讲，国家应当鼓励这种助人为乐的行为，需要加强对施惠人的保护，让民众敢于互相帮助，敢于表达自身的善良。

顺路送同事回家或者去机场接机等行为，本来基于好意且未收取任何费用，但如果在路途中发生了比较严重的交通事故造成乘车人受伤，驾驶人仍需要承担赔偿责任。如果乘车人在不需要支付任何费用就享受了他人给予的便利同时，也不需要承担任何风险与责任，而是将风险全部转嫁给了好意驾驶人，显然是极其不公平的。因而好意同乘状态下发生交通事故，乘车人应与好意驾驶人一同分担交通事故责任。

（1）好意同乘仅在乘车人乘坐非营运机动车时成立，乘坐营运机动车构成运输合同关系，不成立好意同乘。

（2）即便乘车人向非营运机动车驾驶人支付了少量交通费，或者其他利益，只要同行是基于好意的，也可能成立好意同乘。

（3）好意驾驶人做出乘车意思表示，包括邀请和允许，不能因为好意驾驶人主动邀请乘车,就改变驾驶人的好意属性,以及乘车人的无偿搭乘的客观事实。即便乘车人是在驾驶人要求下才搭乘其车辆,一旦发生交通事故造成乘车人受伤,驾驶人仍可以认定为好意,并减轻赔偿责任。

(4)好意同乘不能减轻保险公司的保险责任。因为好意同乘本质上是在乘车人无法获得赔偿时驾驶人和乘车人的妥协,如果投保了座位险,则应该先由保险公司在保险责任范围内赔偿,只有在保险责任不足以赔偿乘车人全部损失时,才需考虑是否存在好意同乘。

(5)好意驾驶人在交通事故中承担全部责任或主要责任,并不能认定存在"故意或者重大过失",仍应当减轻其赔偿责任。

(6)法院在具体案件中,根据交通事故责任及案件实际情况决定好意驾驶人与好意同乘人责任承担的大小,具体减轻赔偿责任比例在10%—50%。

(7)好意驾驶人发生交通事故无过错,不承担事故责任时,好意乘车人受伤应向实际侵权方请求赔偿,不能要求好意驾驶人赔偿。

(8)好意同乘时发生交通事故不赔偿精神损害抚慰金。

参考案例

陈某智、常某红机动车交通事故责任纠纷案

案号:(2023)青28民终501号

基本案情:2022年1月11日,常某红驾驶小型客车沿察尔汗厂区内部道路由东向西行驶左转弯时,因操作失误导致小型客车发生翻覆,造成小型客车驾驶人常某红、乘车人陈某智受伤,小型客车部

分机件损坏的道路交通事故。次日，格尔木市公安交警大队做出道路交通事故认定书，认定常某红负全部责任，陈某智无责任。

一审法院认为，公民的生命健康权、财产权受法律保护。原告因交通事故受伤，财产受损失，依法有权获得赔偿。本案系单方事故，被告驾驶机动车发生交通事故承担事故的全部责任，依法应对原告的合理损失承担过错赔偿责任，但本案原告为无偿搭乘，本着公平和弘扬社会主义核心价值观的原则，被告对原告损害后果的责任承担应以过错责任为主、公平责任为辅，一审法院确认由被告承担70%的赔偿责任，剩余30%的责任由原告自行承担。

陈某智不服一审判决，提起上诉：一审法院认为上诉人在本次交通事故中作为无偿搭乘方，应当承担30%的责任。但交通事故责任认定书明确载明了被上诉人负此次事故的全部责任，且在格尔木市事故科上诉人与被上诉人达成了调解协议，由被上诉人承担上诉人的医疗费及其他相关所有损失费用。故被上诉人应当赔偿上诉人所有的损失。综上所述，一审法院审理时认定事实错误、适用法律错误，请求二审法院依法改判或者发回重审。

二审法院审理后认为，本案中，陈某智与常某红系同事关系，依据事故发生前双方的微信聊天记录，常某红邀请陈某智乘车，属于互帮互助，应认定为好意同乘。事故发生时系寒冬时节，常某红因操作失误发生事故，未存在故意或重大过失的情形，故应减轻其赔偿责任。案涉调解协议书由同事晁某代签，但常某红是否明确授权晁某调解权限无法证实，且晁某陈述上述协议上的签字是按事故科要求走的程序，并非经常某红同意后所签署，故该协议书对常某红不发生法律效力。陈某智作为乘车人，长途乘车却未系安全带，对自己的人身损害存在一定的加重后果，一审认定常某红承担70%的赔偿责任，陈某智自行承担30%的责任并无不妥,本院予以确认。

点评:好意同乘一般发生在熟人之间,特别是同事之间。由谁提起同乘行为不影响是否成立好意同乘,即便乘车人是在驾驶人邀请下才搭乘其车辆,也不能改变驾驶人的好意属性,以及乘车人的无偿搭乘的客观事实。驾驶人对交通事故负全部责任并不属于《民法典》第1217条中的重大过失除外情节,仍然可以减轻驾驶人的赔偿责任。

最高人民法院民一庭意见:依据《中华人民共和国民法通则》①第119条的规定,侵害公民身体造成伤害的,应当赔偿医疗费、因误工减少的收入、残废者生活补助费等费用;造成死亡的,应当支付丧葬费、死者生前扶养的人必要的生活费等费用。驾驶者应当对好意同乘者承担责任。好意同乘者无偿搭乘的行为并不意味着其甘愿冒一切风险。驾驶者对于好意同乘者的注意义务并不因为有偿和无偿而加以区分。对于驾驶者同样适用无过错责任。搭乘者有过错的,应减轻驾驶者的民事责任;搭乘者无过错的,可以适当酌情减轻驾驶者的民事责任,但是对于精神损害赔偿法院不应予以支持。②

相关规定

《民法典》

第一千二百一十七条 非营运机动车发生交通事故造成无偿搭乘人损害,属于该机动车一方责任的,应当减轻其赔偿责任,但是机动车使用人有故意或者重大过失的除外。

---

① 已废止,现为《民法典》。

② 参见中华人民共和国最高人民法院民事审判第一庭编:《民事审判指导与参考》(总第36集),法律出版社2009年版。

70. 出借车辆后发生交通事故，机动车所有人是否需要承担赔偿责任？

律师答疑

机动车所有人出借机动车给他人时发生交通事故造成第三人损害的，由机动车驾驶人承担赔偿责任，机动车所有人不承担责任；但如果机动车所有人对交通事故的发生存在过错，应当承担相应责任。机动车所有人的过错主要有以下五种：一是机动车存在缺陷，且与交通事故的发生存在关系的；二是驾驶人无驾驶资格或准驾不符，机动车所有人仍然出借车辆的；三是驾驶人酒驾、毒驾，机动车所有人仍然出借车辆的；四是机动车未投保交强险的；五是驾驶人无偿代驾时发生交通事故的。

一、知道机动车存在缺陷且该缺陷是交通事故发生原因之一

(1)机动车存在缺陷主要是制动能力不符合标准，因机动车未能及时减速发生交通事故，机动车所有人或管理人应当承担相应的赔偿责任。

(2)当发生交通事故时，机动车所有人、管理人和驾驶人均不一致的，应由发生交通事故时的机动车驾驶人承担赔偿责任，机动车所有人、管理人有过错的，承担相应的责任。

二、知道或者应当知道驾驶人无驾驶资格或准驾不符

现实中因为无证驾驶的危险性已经深入人心，所以将普通小汽车借给没有驾驶证的人使用的情况并不多见，但将超标电动车借给他人则时有发生,在使用时发生交通事故造成损害的,电动车的所有人也应当承担相应的赔偿责任。

参考案例

蒋某、李某等机动车交通事故责任纠纷案

案号:(2023)桂03民终5192号

基本案情:2022年10月30日13时51分许,张某华驾驶无号牌电动四轮车搭载蒋某沿桂林市象山区民主路非机动车道行驶,遇李某驾驶普通二轮摩托车,电动四轮车左侧与普通二轮摩托车右侧相撞,造成李某受伤,双方车辆受损的道路交通事故。桂林市公安局交警支队象山区大队做出道路交通事故认定书,认定张某华未取得机动车驾驶证,驾驶制动性能不合格的电动四轮车行驶至事故地点时未注意观察道路动态、未确保安全,承担此次道路交通事故全部责任,李某不承担此次道路交通事故的责任。事故认定书载明:经鉴定,张某华驾驶的无号牌电动四轮车,所有人为蒋某,属于机动车范畴,车辆未投保交强险。

事故发生后,李某因受伤被送到桂林市人民医院门诊治疗共计14天,后经伤残评定构成十级伤残。

一审法院认为,关于车辆所有人或管理人。张某华在交警部门的陈述"车子是我朋友蒋某的"、在庭审陈述"我问蒋某借车子,她说她在'181'看病,后面她说她的车子在楼下,她就叫我去拿车",结合蒋某持有购车发票、合格证的情况,以及交警部门的事故认定书认定蒋某系车辆所有人,蒋某接到事故认定书后未提出任何异议等因素综合考量,本院认为,蒋某系车辆实际管理人,事发前实际控制案

涉车辆。根据相关法律规定,蒋某对损害的发生存在严重过错,应承担连带责任。

一审判决做出后蒋某不服提起上诉,要求撤销一审判决,并在查清事实的基础上,依法改判上诉人不承担连带责任。事实与理由:(1)原审法院认定事实错误。上诉人既不是交通事故的肇事责任人,也不是车辆所有者,只是乘客,不需要对交通事故承担赔偿责任,一审法院认定案涉车辆为上诉人所有错误。(2)交通事故认定书认定肇事车辆为上诉人所有,无任何依据,上诉人是低保困难户,年龄已满63周岁,每月仅靠300多元低保生活,没有钱买四轮电动汽车,车辆也不是上诉人购买,肇事车辆也不在上诉人名下,购车发票、购车凭证也不是上诉人名字,并且上诉人因摔伤,并未到现场签字领取交通事故认定相关文书,仅仅是邮寄送达文书。实际车主是张某德。(3)一审判决适用法律错误,责任分担显失公正。蒋某提供付款个人注明张某德的全国通用商业机打销售票认证联、案涉肇事车辆出厂合格证以及某购物平台上截取的购买车辆页面打印件等证据。

二审法院查明事实,案涉肇事车辆属张某德所有,但蒋某经常使用该车,也对该车进行管理。被上诉人张某德与上诉人蒋某在一起居住生活,张某德系蒋某的伯父。被上诉人张某华与蒋某系朋友关系。张某华向蒋某借用该车后发生本案交通事故。被上诉人张某华认为该车系蒋某所有是由于其经常看到蒋某使用该车,便误认为该车是蒋某的车,因此在交警部门称该车是蒋某的车,导致交警部门错误地认定该车所有人为蒋某。

二审法院认为,上诉人蒋某系肇事车辆的管理人,将制动性能不合格的无牌号电动四轮车借给无驾驶资质的张某华驾驶,发生本案交通事故,导致被上诉人李某人身及财产损害。蒋某对损害的发生负有过错,应承担相应赔偿责任。按照法律规定,张某华与蒋某在本案中应按份承担责任,一审适用连带责任错误,本院予以纠正。结合全案事实及张某华、蒋某各自的过错程度,本院确定张某华负80%赔偿责任,蒋某负20%赔偿责任。被上诉人张某德虽为车辆所有人,但其未出借车辆,亦未知晓蒋某将车辆出借的事实,故其对本案损害的发生没有过错,不承担赔偿责任。

二审判决:改判被上诉人张某华赔偿被上诉人李某各项损失合计101,458元,上诉人蒋某赔偿被上诉人李某各项损失合计25,364元。

点评:将电动车借给他人,电动车不符合电动自行车鉴定标准会被认定为轻便摩托车,借用人如果没有摩托车驾驶资格则属于无证驾驶,根据法律规定电动车的所有人或者管理人负有过错,应当承担相应的责任。即便本案中的电动车没有制动问题,本案的结果也无差异。电动车因为无须登记,故实际所有人应该根据其他相关证据查明,但电动车的实际所有人对本案并无影响,蒋某系电动车的管理人,依然应该根据过错承担出借电动车的责任。

三、知道或者应当知道驾驶人酒驾、毒驾

机动车所有人、管理人在醉酒状态被一同饮酒的他人将机动车取走,属于"应当知道"驾驶人饮酒,负有保管不利的过错,应当承担按份赔偿责任。

参考案例

隋某交通肇事罪

案号:(2023)黑0726刑初6号

基本案情:2022 年 11 月 28 日 23 时许,被告人隋某醉酒后驾驶其朋友闫某所有的黑 F0 号白色轿车,在南岔县由东向西行驶至水解厂南门东侧时将同方向行人谢某某撞倒,造成谢某某抢救无效死亡、车辆损坏的交通事故。经南岔县某局交警大队依法认定,被告人隋某承担该起事故的全部责任,谢某某不承担责任。经南岔县某局司法鉴定中心鉴定,被害人谢某某符合因交通事故过程中遭受钝性外力作用造成严重颅脑损伤导致呼吸循环衰竭死亡;经伊春林业管理局中心医院司法鉴定所鉴定,隋某静脉血液中检出挥发性毒物(乙醇)148.2mg/100ml。2022 年 11 月 29 日,南岔县某局交警大队在南岔县将被告人隋某抓获。

附带民事诉讼原告崔某、谢某 1 诉称:(1)判令被告人隋某赔偿各项费用共计 817,199.58 元;(2)判令附带民事诉讼被告闫某对上述费用承担连带责任;(3)判令附带民事诉讼被告张某对上述费用承担连带责任;(4)判令附带民事诉讼被告中国人民财产保险股份有限公司哈尔滨市分公司(以下简称保险公司)在保险范围内对上述费用承担赔付责任,不足部分由被告人隋某、闫某、张某赔偿。

附带民事诉讼被告隋某辩称,发生交通事故时谢某某不知何原因,已经卧倒在机动车行车道上,故不应认定自己负事故全部责任。机动车系自闫某处借用,自己与闫某一同饮酒,闫某也应承担赔偿责任。发生交通事故时张某系车内同乘人,也应一同承担赔偿责任。

附带民事诉讼被告闫某辩称,自己饮酒后处于昏迷状态,并未借车给隋某,是隋某自己将车辆开走。事故车辆投保了交强险和商业三者险,应由保险公司赔偿。保险公司未对免责条款进行告知,免责条款不生效。闫某不同意赔偿。

附带民事诉讼被告张某辩称，自己与隋某在交通事故发生前系男女朋友关系，隋某晚上到我家楼下要求我下楼，我不知隋某已经饮酒才上了车。自己没有事故责任也没有过错，不同意赔偿。

附带民事诉讼被告保险公司辩称，事故车辆在我司投保交强险和商业三者险限额100万元。发生事故时驾驶人处于醉酒状态，故商业三者险免于承担赔偿责任。我司在交强险赔偿限额赔偿原告后有向驾驶人追偿的权利。机动车所有人闫某在我司投保时系通过手机电子投保，我司提供闫某投保电子签名及人脸识别录像，可见已经尽到免责条款的告知义务。

法院查明，2022年11月28日晚，被告人隋某与附带民事诉讼被告闫某在朋友家中共同饮酒，在离开朋友家后，隋某提出向闫某借车的请求，闫某在明知隋某饮酒的情况下，将其所有的黑F0号白色轿车出借给隋某，并由隋某驾驶该车将闫某送回家。之后，隋某又来到附带民事诉讼被告张某家楼下，张某从家中出来后，隋某载着张某在道路上行驶，行驶至南岔县水解厂南门东侧时将同方向的行人谢某某撞倒，造成谢某某抢救无效死亡、车辆损坏的交通事故。附带民事诉讼被告闫某在附带民事诉讼被告保险公司处投保交强险及商业三者险，事故发生时在保险期限内。

法院审理后认为，被告人隋某违反交通运输管理法规，醉酒驾驶机动车在道路上行驶，发生交通事故，导致一人死亡的后果，负事故的全部责任，其行为已构成交通肇事罪。公诉机关指控被告人隋某犯交通肇事罪罪名成立。公民的生命权受法律保护，此次事故被告人隋某负有全部责任，应当对被害人谢某某死亡产生的损失承担民事赔偿责任。附带民事诉讼被告闫某作为车辆所有人，明知隋某醉酒，仍将车辆借给其驾驶，对损害结果的发生有一定的过错，应承担相应的赔偿责任。根据隋某、闫某的过错，隋某对附带民事诉讼原告的损失应承担70%的赔偿责任，闫某应承担30%的赔偿责任。附带民事诉讼被告保险公司应在交强险责任限额范围内予以赔偿，不足部分，由隋某、闫某按照各自过错的比例承担赔偿责任。要求隋某、闫某、张某承担连带赔偿责任的诉讼请求，于法无据，不予支持。

点评：闫某虽然辩称并未借用车辆给隋某，但其未能保管自己车辆，使醉酒状态的隋某将车开走是案件事实，闫某属于"应当知道"的范畴，对交通事故的发生负有过错，应当承担按份赔偿责任。乘车人张某对交通事故的发生无过错，不应承担赔偿责任。

四、机动车未投保交强险的

机动车管理人与机动车所有人不一致时，投保义务人为机动车管理人。驾驶人驾驶未投保交强险的机动车发生交通事故造成他人受伤的，应由机动车管理人与机动车驾驶人一同承担连带赔偿责任，机动车所有人不承担责任。

参考案例

唐某与虎某、陈某机动车交通事故责任纠纷案

案号：(2024)云01民终5160号

基本案情：2023年11月27日，唐某驾驶小型汽车，在云南省昆明市西山区与虎某普通摩托车发生碰撞，造成两车受损，虎某受伤的道路交通事故。昆明市公安局交通警察支队四大队则认定唐某

在此次事故中负全部责任,虎某无责任。事故发生后,虎某与唐某共同签订一份协议载明:“2023 年 11 月 27 日发生交通事故,赔偿摩托车 800 元,已私了,互不追究。”随后,唐某向虎某支付了 800 元。2023 年 11 月 30 日,虎某到安宁市某医院进行治疗,产生治疗费 70.08 元。2023 年 12 月 1 日,虎某到通海李文俊医院住院治疗,入院诊断为:左手中指近节指骨粉碎性骨折。入院后,行“左手中指近节指骨骨折切开复位、钢板螺钉内固定术 + 腕部支具外固定术”,2023 年 12 月 7 日出院,共住院 6 天,产生治疗费 14,847.03 元。出院医嘱载明:保持术区敷料干燥,隔日换药,1 周后视术口愈合情况拆线;继续维持左手外支具固定 4—6 周,骨折愈合前定期复查,骨折愈合后取出内固定装置;加强营养,加强护理,建议全休 3 个月,其间左手避免剧烈运动。以上医疗费共计 14,917.11 元,已由虎某支付完毕。2023 年 12 月 27 日,虎某委托昆明法医院司法鉴定中心对后续诊疗项目、后期医疗费进行鉴定,昆明法医院司法鉴定中心做出的《昆明法医院司法鉴定中心〔2023〕LC 鉴字第 1263 - 3 号》司法鉴定意见书载明:虎某此次后续诊疗项目为活血化瘀、消肿,促进骨折愈合等药物、物理治疗,并定期复查,择期行左手第 3 指近节指骨内固定取出术,建议后期医疗费评定为 12,000 元。虎某支付鉴定费 800 元。虎某提交昆明市社会保险出具的昆明市社会保险个人参保证明记载,云南某甲图书有限公司为虎某缴纳了社保。虎某提交的工资发放银行流水记载,云南某甲图书有限公司于 2022 年 12 月至 2023 年 11 月向虎某发放工资依次为:4120 元、4702 元、2699 元、2685 元、4645 元、4685 元、2898 元、4528 元、4243 元、4873 元、4735 元、4735 元,通过计算,平均每月为 4129 元。另查明,唐某所驾车辆的所有权人系陈某,发生涉案交通事故时,未投保交强险。庭审中,虎某陈述,事故发生后,其卖掉了受损的摩托车,修车费未实际产生,所以唐某支付的800元摩托车修车费自愿在本案损失中予以扣减,且认为协议中的800元是赔偿摩托车的钱,不是受伤的人身损害赔偿款;且其没有请护工,是其家人请假照顾。唐某陈述涉案车辆是向朋友租的,未支付过租金,租借车辆时没有询问过保险情况;其认为因双方写过协议,赔偿800元后就互不追究了;其不认可虎某受伤与本案事故有因果关系。经法庭询问,唐某对虎某伤情与涉案事故的因果关系不申请鉴定。

一审法院审理后认为,唐某所驾驶的车辆未投保交强险,车辆所有人系陈某,所有人与使用人不是同一人,唐某与陈某应在交强险责任限额范围内承担相应的责任。关于承担责任的比例,陈某作为车辆所有人,明知涉案车辆未投保交强险,仍将车辆租借给他人使用,有过错,故一审法院认为陈某、唐某在交强险限额内承担责任的比例为各50%较为适宜。对超过交强险限额的部分,应由侵权人唐某承担。一审法院对虎某的相关损失数额认定如下:(1)医疗费14,917.11元。本案事故发生后,虎某先后到安宁市某医院、通海李文俊医院治疗,产生医疗费共计14,917.11元,有病历资料、医疗费票据佐证,故一审法院予以确认。(2)后期治疗费12,000元。本案虎某提交的出院医嘱载明,“骨折愈合前定期复查,骨折愈合后取出内固定装置”,且司法鉴定意见书中记载,“择期行左手第3指近节指骨内固定取出术”,能够确认该笔费用必然发生,故一审法院对后期治疗费12,000元予以支持。(3)住院期间伙食补助费600元。虎某住院治疗共计6天,其主张按照100元/天的计算标准未超过法律范围,一审法院予以支持。(4)营养费1800元。虎某的住院医嘱载明:“加强营养”,结合“继续维持左手外支具固定4—6周”的医嘱,一审法院酌情认定营养期为住院期间及出院后一个月,共计36天。虎某主张按照50元/天的标准进行计算未超过法律范围,一审法院予以支持。对营养费予以计算为36天×50元/天=1800元。(5)误工费12,387元。虎某主张其工资收入为5500元/月,但其提交的证据不足以证明。一审法院根据虎某提交的昆明市社会保险个人参保证明、工资发放银行流水,确认虎某发生交通事故之前一年的月平均工资为4129元。根据虎某的治疗情况及"建议全休3个月"的医嘱,一审法院对虎某主张的90天误工期予以支持。对误工费予以计算为:4129元÷30天×90天=12,387元。(6)护理费1950元。本案虎某并未请护工进行护理,结合出院医嘱"1周后视术口愈合情况拆线""加强护理",一审法院酌情认定护理期为住院期间及出院后1周,共计13天。虎某主张按照150元/天标准进行计算未超过法律范围,一审法院予以支持。(7)鉴定费800元。虎某委托司法鉴定中心对后期治疗费进行鉴定并支付鉴定费800元,有发票予以证明,一审法院予以支持。对虎某主张的精神损害抚慰金,虎某未举证证明此次事故造成伤残等级,故一审法院不予支持。唐某辩称,虎某治疗的伤情与本案涉案事故没有因果关系,但未提交证据予以证明,故一审法院不予采纳。对唐某辩称因双方写过协议,赔偿800元后就互不追究的意见,一审法院认为,本案道路交通事故认定书中确认事故造成两车受损,虎某受伤。而该协议中明确800元为赔偿摩托车损失的费用,并未对虎某受伤的费用赔偿进行处理;另若要求普通人在事故发生后即刻对自身伤情做出准确的判断过于苛责,结合虎某的治疗情况,直接以800元作为本案赔偿金额也显失公平。故对唐某赔偿800元后就互不追究的意见不予采纳。综上,虎某在此次事故中所受损失共计

44,454.11元，对该损失，在交强险限额内由唐某、陈某各承担50%，剩余不足部分由唐某承担。根据交强险责任限额规定，医疗费用赔偿限额为18,000元，死亡伤残赔偿限额为180,000元。故虎某的损失中，医疗费14,917.11元、后期治疗费12,000元、住院期间伙食补助费600元、营养费1800元，共计29,317.11元，在交强险医疗费用赔偿限额18,000元中进行赔付；误工费12,387元、护理费1950元，共计14,337元，在交强险死亡伤残赔偿限额180,000元中进行赔付，鉴定费800元不在交强险赔偿范围内。因医疗项下损失29,317.11元超过交强险赔偿限额18,000元，故在交强险医疗费用赔偿限额18,000元中，由唐某承担9000元，由陈某承担9000元，剩余的11,317.11元(29,317.11元－18,000元)由唐某承担；伤残项下损失14,337元未超过180,000元死亡伤残赔偿限额，由唐某承担50%为7168.5元，由陈某承担7168.5元。交强险赔偿范围外的鉴定费800元由唐某承担。综上，对虎某在此次事故中的损失，应由陈某承担16,168.5元(9000元＋7168.5元)，由唐某承担28,285.61元(9000元＋11,317.11元＋7168.5元＋800元)。另唐某向虎某赔付过800元，虎某自愿在本案中予以扣减，系其对自身权利的处分，一审法院予以确认。扣减后，唐某应向虎某赔偿27,485.61元。判决：(1)由被告唐某于本判决生效后15日内向原告虎某赔付27,485.61元；(2)由被告陈某于本判决生效后15日内向原告虎某赔付16,168.5元。

唐某不服一审判决提起上诉请求依法撤销一审判决，并驳回被上诉人虎某的全部诉讼请求。事实和理由：首先，双方已经就相关赔偿事项达成和解。和解是双方真实意思表示，应当予以维持，被上诉人的人身损害在上诉人赔偿800元后就与上诉人无关。其次，被上诉人是在交通事故发生3天以后才到医院进行就医处理，上诉人对此不知情，故无法判定被上诉人的损害就是在3天前因交通事故造成的。一审法院推定被上诉人的损害与交通事故的发生有因果关系属于证据不足，依法应当予以纠正。最后，一审法院就被上诉人的损害赔偿金额计算错误。(1)一审法院依据的司法鉴定意见书中关于后期医疗费评定为12,000元属鉴定错误，不应当直接据此作为赔偿依据，因为2020年5月14日司法部印发的《法医类司法鉴定执业分类规定》第三章第17条规定："赔偿相关鉴定。依据相关标准或者法医临床学的一般原则，对人体损伤、残疾有关的赔偿事项进行鉴定。包括医疗终结时间鉴定，人身损害休息(误工)期、护理期、营养期的鉴定，定残后护理依赖、医疗依赖、营养依赖的鉴定，后续诊疗项目的鉴定，诊疗合理性和相关性的鉴定。"由此可知，后续治疗费用鉴定不在上述分类规定之中，仅可以进行后续诊疗项目的鉴定。2023年1月5日云南省司法厅发布通知："各州市司法局公共法服务管理科(处)，各司法鉴定机构：接司法部通知，因司法鉴定相关法律法规和规范性文件未赋予司法鉴定开展涉及相关价格、价值的鉴定职能，即日起，全省司法鉴定机构不得再开展涉及价格、价值和费用的鉴定或评估，如环境损害致动植物损害的价格、价值鉴定或评估，法医类赔偿相关鉴定的医疗费用评估等。各州市公共法律服务管理部门要加强对在区域内司法鉴定机构的监督管理，确保通知要求落到实处。司法鉴定机构要严格执行司法部要求，不得随意扩大执业范围，依法执业、规范执业。"因此司法鉴定没有依据，不应当作为本案赔偿的依据。(2)关于误工费，误工损失为因损害而减少的收入，但是被上诉人并未提供有效证据证明其减少的收入金额，依法不应当按照每月4129元进行计算。(3)护理费并未实际发生，且本案中被上诉人并没有伤残，无须专人护理，因此不应当计算护理费。

二审法院判决：驳回上诉请求，维持原判。

点评：本案中包含许多前几篇的知识点。(1)事故发生后私了协议的效力。因双方签订的和解协议中仅包含摩托车损失赔偿，故受害人主张人身损害赔偿法院应当支持。(2)伤情与交通事故因果关系。受害人在事故发生后3天才检查住院，应由谁举证损害与交通事故因果关系问题。法院认为，应由赔偿义务人提出证据证明损害与交通事故没有因果关系，因为短期内检查和住院，符合常理。(3)未投保交强险车辆发生事故，法院判决机动车驾驶人与机动车所有人在交强险限额内各承担50%责任，超出交强险限额由机动车驾驶人承担，酌定的责任比例虽然少见，但在法院自由裁量权范围内。(4)后续治疗费。受害人单方委托鉴定机构鉴定后续治疗费，一般不应予以支持，这个与地区司法惯例相关。手部外支具拆除术需要12,000元确实过高，法院判决值得商榷。(5)误工费。原告依据“固定工作”主张误工损失，不仅应提供事故发生前一年的收入情况，还应提供事故发生后收入情况，以确定实际减少的收入。原告不提供事故发生后收入情况的，法院应释明原告自行承担举证不能的不利责任。(6)误工期、护理期、营养期，虽然没有鉴定意见，但法院根据医生医嘱酌定也未尝不可，只是民营医院的医生医嘱自由度相对较高。综合来看，判决赔偿数额相比受害人所需治疗数额略高，特别是在没有保险公司承担责任的情况下。

五、驾驶人无偿为机动车所有人代驾时发生交通事故

驾驶人无偿代驾车辆发生交通事故，机动车所有人作为乘车

人无事故责任，造成他人损害的如何承担赔偿责任存在一定争议。虽然最高人民法院民一庭意见认为应当比照帮工的法律关系处理，由机动车所有人承担赔偿责任，但司法实践中并未得到完全认可，并且无偿驾驶人是否应承担连带赔偿责任也存在一定争议。

参考案例

郭某、严某、杨某等机动车交通事故责任纠纷案

案号：(2022)新28民终240号

基本案情：2020年7月16日，魏某驾驶小型普通客车与马某驾驶的小型普通客车发生碰撞，造成魏某乘坐人郭某、严某受伤的交通事故。经和静县交警部门认定，魏某驾驶机动车上路超速行驶、未按规定超车承担事故主要责任；马某驾驶机动车上路超速行驶承担事故次要责任。郭某、严某出院后将魏某、马某、杨某和人民保险乌鲁木齐公司诉至法院，请求赔偿各项损失。

一审法院审理后认为，应由人民保险乌鲁木齐公司在交强险范围内承担赔偿责任，超出交强险部分由魏某与马某根据事故责任认定，由魏某承担70%责任，马某承担30%责任，杨某无责任。

马某、郭某、严某均不服一审判决，提出上诉，认为一审法院认定事实存在错误。马某驾驶的车辆系杨某所有，应当承担共同赔偿责任，一审法院认定马某承担责任未提供证据证实系错误判决。车辆所有人将车辆交由他人驾驶，况且车辆所有人还乘坐在车上，而车辆所有人也并未给驾驶人支付劳动报酬，本就属于无偿帮工行为，车辆所有人应当承担连带赔偿责任。

杨某辩称，帮工请拿出证据，完全子虚乌有，本人出于朋友面子，现在反咬一口。一审判决和事故认定书充分肯定我无责，不应承担赔偿责任。

二审法院审理后认为，关于被上诉人杨某是否承担赔偿责任的问题。根据一审、二审庭审调查，马某与杨某对于发生涉案交通事故时，两人一同出行的目的各执一词，且均未提供相应的证据证明各自的主张，对于出行的目的不能明确，马某主张的其与杨某形成无偿帮工关系由于证据不足不能成立。交通事故责任认定书载明，"当事人马某驾驶机动车上路超速行驶的行为也是引发本次交通事故的原因之一"，马某作为车辆的实际运行支配人对此次交通事故的发生存在过错，而杨某作为车主对此次交通事故没有过错，根据《民法典》第1209条"因租赁、借用等情形机动车所有人、管理人与使用人不是同一人时，发生交通事故造成损害，属于该机动车一方责任的，由机动车使用人承担赔偿责任；机动车所有人、管理人对损害的发生有过错的，承担相应的赔偿责任"之规定，一审法院认定被上诉人杨某不承担责任无误。

二审判决：驳回上诉，维持原判。

点评：机动车驾驶人与机动车所有人对出行的目的不能明确时应由谁来举证机动车驾驶人系无偿代驾？本案中一审、二审法院均认为应由驾驶人马某举证形成帮工关系，因马某未能举证，故不能认定为无偿代驾，故机动车所有人杨某不承担赔偿责任。笔者认为，法院对举证责任的分配有误，无论何原因马某驾驶杨某车辆的事实存在，且双方均未支付任何费用，可见杨某确实享受到了出行利益。因而，应当由机动车所有人杨某举证马某并非无偿代驾，未能举证证明的，应当由杨某承担对郭某和严某的赔偿责任。本次交通事故中马某负交通事故次要责任，不能认定马某存在重大过失，也不应当认定马某和杨某承担连带赔偿责任。

最高人民法院民一庭意见：驾驶人为了车辆所有人的利益无偿代为驾驶车辆发生交通事故，所有人对车辆既具有运行支配，也享有运行利益，应承担赔偿责任。无偿驾驶人和车辆所有人之间构成义务帮工的法律关系，无偿驾驶人是否应承担连带赔偿责任应根据其主观过错进行判断。①

相关规定

《民法典》

第一千二百零九条 因租赁、借用等情形机动车所有人、管理人与使用人不是同一人时，发生交通事故造成损害，属于该机动车一方责任的，由机动车使用人承担赔偿责任；机动车所有人、管理人对损害的发生有过错的，承担相应的赔偿责任。

《最高人民法院关于审理道路交通事故损害赔偿案件适用法律若干问题的解释》

第一条 机动车发生交通事故造成损害，机动车所有人或者管理人有下列情形之一，人民法院应当认定其对损害的发生有过错，并适用民法典第一千二百零九条的规定确定其相应的赔偿责任：（一）知道或者应当知道机动车存在缺陷，且该缺陷是交通事

① 参见最高人民法院民事审判第一庭编：《民事审判指导与参考》（总第57辑），人民法院出版社2014年版。

故发生原因之一的;(二)知道或者应当知道驾驶人无驾驶资格或者未取得相应驾驶资格的;(三)知道或者应当知道驾驶人因饮酒、服用国家管制的精神药品或者麻醉药品,或者患有妨碍安全驾驶机动车的疾病等依法不能驾驶机动车的;(四)其他应当认定机动车所有人或者管理人有过错的。

《最高人民法院关于适用〈中华人民共和国民法典〉侵权责任编的解释(一)》

第二十一条　未依法投保强制保险的机动车发生交通事故造成损害,投保义务人和交通事故责任人不是同一人,被侵权人合并请求投保义务人和交通事故责任人承担侵权责任的,交通事故责任人承担侵权人应承担的全部责任;投保义务人在机动车强制保险责任限额范围内与交通事故责任人共同承担责任,但责任主体实际支付的赔偿费用总和不应超出被侵权人应受偿的损失数额。

投保义务人先行支付赔偿费用后,就超出机动车强制保险责任限额范围部分向交通事故责任人追偿的,人民法院应予支持。

《最高人民法院关于审理道路交通事故损害赔偿案件适用法律若干问题的解释》

第十六条第一款　未依法投保交强险的机动车发生交通事故造成损害,当事人请求投保义务人在交强险责任限额范围内予以赔偿的,人民法院应予支持。

71. 机动车转让后发生交通事故，原机动车所有人是否承担赔偿责任？

律师答疑

从是否办理变更登记的角度看，机动车转让可以分为两种：一种是买卖双方一同到车管所办理机动车更名过户手续，依法将机动车所有人从卖方变更为买方；另一种是买卖双方私下交易，签署买卖协议后，卖方直接将机动车交付给买方，并不办理更名过户手续，机动车的名义所有人仍然是卖方。例如，有些车主将机动车卖给二手车中介，中介付款收车后，却并不过户，而是告知在找到买主后再过户。

机动车变更登记系行政行为，仅为行政管理需要，是否更名过户并不影响机动车的所有权转移，但会影响发生交通事故后的责任承担，转让人会与受让人一同承担连带赔偿责任。

(1)转让拼装或者已经达到报废标准的机动车的

转让机动车并办理变更登记，被转让的机动车应在年检期限内，且机动车不能进行改装。已经改装的机动车如果想变更登记，需要复原后才可以。拼装车和已经达到报废标准的机动车是不能买卖过户的。

转让拼装或者已经达到报废标准的机动车，发生交通事故造成损害的，由转让人和受让人承担连带责任。转移所有权的方式不仅限于买卖，租赁或者借用等仅改变使用权的，发生交通事故，转让人和受让人也应承担连带赔偿责任。《最高人民法院关于适用〈中华人民共和国民法典〉侵权责任编的解释（一）》施行后，进一步明确了转让拼装车、报废车造成损害时责任承担的主观要件问题，即转让人或受让人以其不知道且不应当知道该机动车系拼装或者已经达到报废标准为由主张不承担侵权责任，均不能成立。

司法实践中，还存在倒签转让合同的现象，即发生交通事故时，机动车所有人和机动车使用人不一致，为了避免机动车所有人承担责任，由机动车所有人和机动车使用人倒签机动车转让合同。法院审理时难以区分转让机动车的真实性，《最高人民法院关于适用〈中华人民共和国民法典〉侵权责任编的解释（一）》弥补了这部分法律漏洞，无论转让机动车的行为是否真实，如机动车系拼装车、报废车等禁止转让的机动车，转让人与受让人均应承担连带责任。

（2）机动车经多次转让均未过户和年检的

机动车经多次转让均未过户和年检，发生事故后，经检验机动车不符合国家机动车安全技术标准的，该机动车属于“依法禁止行驶的其他机动车”，转让人应当与受让人一同承担连带责任。如转让人抗辩认为其转让该机动车时，不存在不符合国家机动车安全技术标准的情形，转让人应当提供相应证据证明，如果未能提供充分证据证明，则应当承担连带责任。如果机动车经检验后，符合国家机动车安全技术标准，则转让人不应当承担连带赔偿责任。

参考案例

张某1、王某1、王某2等交通肇事罪

案号：(2020)鲁13刑终287号

基本案情：2016年5月27日，被告人李某驾驶中型普通货车

(检验合格至2015年8月)行驶至兰陵县矿坑镇棠林西路段时,与张某2驾驶的小型普通客车(车载宋某、王某2)相撞,造成张某2、宋某当场死亡,王某2受伤,两车不同程度损坏的交通事故。事故发生后李某驾车逃逸,后经对张某2进行血液中酒精含量检测,张某2送检血液乙醇含量为1.07mg/ml,经临沂市公安局交警支队兰陵大队认定,李某负事故主要责任,张某2负事故次要责任,王某2、宋某无事故责任。王某2于2016年5月27日至同年6月6日在兰陵县中医院住院治疗10天,支付门诊费1239元。小型普通客车登记所有人为王某2,该车经评估确定损失价值为36,160元。

附带民事诉讼原告张某1、王某1系张某2的父母。李某驾驶的中型普通货车的登记所有人为卜某,该车检验合格至2015年8月,2015年10月23日孙某将该车卖给尹某,2016年3月1日尹某将该车卖给高某,同日高某将该车卖给李某。

一审法院认为,关于卜某、孙某、尹某、高某是否在该事故中承担连带赔偿责任的问题,本案中,李某已实际受让,并对事故车辆进行了控制、管理和使用,应承担赔偿责任。三附带民事诉讼原告诉称李某驾驶的中型普通货车检验合格至2015年8月,事故发生在2016年5月27日,而《最高人民法院关于审理道路交通事故损害赔偿案件适用法律若干问题的解释》(2012年)第6条规定中的“依法禁止行驶的其他机动车”应解释为类似拼装车、报废车等不符合国家机动车安全技术标准的情形的车辆,李某驾驶的中型普通货车不属于拼装车,在转卖给李某时,尚未达到车辆报废年限,三附带民事诉讼原告没有证据证明该车辆属于报废车辆,亦无证据证明该车辆在转让时违反了国家机动车安全运行技术标准,没有证据证明卜某、孙某、尹某、高某在事故发生时存在过错,故不应承担连带赔偿责任。

一审判决做出后,原审附带民事诉讼原告张某1、王某1不服,以"卜某、孙某、尹某、高某在知悉涉案车辆自2015年8月后未依法进行年检,仍将涉案车辆进行多次转让,应当与李某承担连带赔偿责任"提起上诉。

二审法院认为,本案肇事车辆出厂日期为2006年6月24日,注册日期为2006年8月16日,检验有效期至2015年8月,现已被注销。卜某于2013年3月15日转让车辆时,该车辆未过检验有效期,应当认定符合机动车安全技术标准,其不承担连带责任。原审附带民事诉讼被告孙某、尹某、高某转让该车辆时,该车辆已过检验有效期,且孙某、尹某、高某未举证证明该未年检的机动车在转让时不存在不符合国家机动车安全技术标准的情形,应与李某承担连带责任。对孙某、尹某、高某提出的对肇事车辆是否符合机动车安全技术标准进行鉴定的申请,因该车辆多次转让并于2016年发生交通事故,现在进行鉴定并不能证实车辆转让时是否符合机动车安全技术标准,本院不予准许。

二审判决:孙某、尹某、高某与李某一同承担连带赔偿责任。

点评:二审认为在年检期内转让车辆未过户的,转让人没有过错,不应承担连带赔偿责任,但在年检期满后,仍然未年检且转让车辆未过户的,应当承担连带赔偿责任,该连带赔偿责任的成立不以机动车是否存在缺陷为前提。

相关规定

《最高人民法院关于适用〈中华人民共和国民法典〉侵权责任编的解释(一)》

第二十条 以买卖或者其他方式转让拼装或者已经达到报废标准的机动车,发生交通事故造成损害,转让人、受让人以其不知道且不应当知道该机动车系拼装或者已经达到报废标准为由,主张不承担侵权责任的,人民法院不予支持。

《民法典》

第一千二百一十四条 以买卖或者其他方式转让拼装或者已经达到报废标准的机动车,发生交通事故造成损害的,由转让人和受让人承担连带责任。

《最高人民法院关于审理道路交通事故损害赔偿案件适用法律若干问题的解释》

第二条 被多次转让但是未办理登记的机动车发生交通事故造成损害,属于该机动车一方责任,当事人请求由最后一次转让并交付的受让人承担赔偿责任的,人民法院应予支持。

第四条 拼装车、已达到报废标准的机动车或者依法禁止行驶的其他机动车被多次转让,并发生交通事故造成损害,当事人请求由所有的转让人和受让人承担连带责任的,人民法院应予支持。

72. 工作中发生交通事故，谁承担赔偿责任？

律师答疑

驾驶人存在劳动关系或劳务关系，并在执行工作中发生交通事故造成他人损害的，由驾驶人的用人单位或者接受劳务一方承担赔偿责任。用人单位或者接受劳务一方在赔偿第三方损失后，可以向有故意或者重大过失的工作人员追偿。

（1）劳动者或劳务工作者在工作中对第三人造成伤害的，均由用人方承担赔偿责任，劳动者或者劳务工作者不承担赔偿责任。

（2）在劳务派遣期被派遣人员造成他人损伤由接受劳务一方，也就是实际用工方承担赔偿责任，劳务派遣单位承担过错赔偿责任。

（3）外卖平台的骑手一般都不会直接和外卖平台签订劳动合同，而是由第三方用工单位与外卖送餐员形成劳务关系，并非承揽关系。骑手在送单途中，因交通事故造成他人伤害，由平台合作的第三方用工单位承担赔偿责任。如果购买了雇主责任险或者骑手责任险，由保险公司承担赔偿责任，保险不足部分由第三方用工单位承担补充责任。

（4）用人单位或接受劳务一方赔偿第三人损失后可以对存在故意或者重大过失的直接责任方行使追偿权。如在交通事故中的驾驶人承担同等责任或次要责任，则不存在“重大过失”，用人单位或接受劳务一方赔偿第三人损失后不再享有追偿权。如果交通事故中驾驶人承担全部责任和主要责任，也不能直接理解为存在“重大过失”,有的案件中法院仍然不支持用人单位向劳动者追偿,有的案件法院支持用人单位追偿,但追偿比例一般不超过50%。

(5)因交通事故受损的第三人提起侵权之诉索要赔偿时,按照机动车交通事故责任纠纷案由,可以将肇事司机、事故车辆保险公司、肇事司机的用人单位或者个人雇佣者一同列为共同被告,在同一民事诉讼案件中一并审理。

参考案例

新民市易山城市环境服务有限公司与陈某伟追偿权纠纷案

案号:(2023)辽01民终7733号

基本案情:陈某伟受雇于易山城市环境服务有限公司(以下简称易山公司),负责东章士台街道的清理工作。2021年10月27日7时,在十灯线新民市秀杰商店路口处,陈某伟驾驶电动三轮车与骑自行车的董某杰发生碰撞,造成车辆损坏,董某杰受伤的交通事故。经交警部门认定,陈某伟负全部责任,董某杰无责任。之后董某杰向新民市人民法院提起了对易山公司和陈某伟的诉讼。2022年11月16日新民市人民法院做出(2022)辽0181民初6803号民事调解书,董某杰与易山公司自愿达成调解协议如下:(1)易山公司一次性赔偿董某杰全部损失共计13,000元;(2)董某杰与易山公司之间再无其他任何纠纷,一次性解决,易山公司保留对陈某伟行使追偿的权利。现因该赔偿事项产生纠纷,易山公司诉至法院要求陈某伟给付机动车事故赔偿款13,000元,并由陈某伟承担本案诉讼费。

一审法院认为,本案的争议焦点为陈某伟是否存在重大过失的行为，易山公司提供的新民市人民法院调解书，是其与董某杰之间的调解协议，陈某伟并未参与上述案件的审理及调解过程，故该调解书中的内容无法约束陈某伟。易山公司提供的其余证据能够证实，陈某伟在交通事故中负全部责任，但结合陈某伟的工作性质，其是在街道中做清扫工作，且经常骑行电动三轮车，陈某伟年事已高等情况，易山公司能够预见发生交通事故的可能性，故依据现有证据无法认定陈某伟存在重大过失或故意行为，所以易山公司要求陈某伟给付赔偿款13,000元的请求无法获得支持。一审法院依据《民法典》第1192条、《民事诉讼法》第67条之规定，判决：驳回新民市易山公司诉讼请求。

易山公司不服一审判决，提起上诉，请求改判。

二审法院认为，本案中被上诉人陈某伟年龄较大，且为农村“五保户”人员，无生活来源，基于其自身年龄、知识的限制，工作单位在安排其从事清扫工作过程中应充分考虑可能发生的危险、事故。被上诉人虽然在交通事故中被认定为负全部责任，但不能等同于其从事工作存在故意或重大过失，仍应结合事故发生的具体情况，被上诉人在执行工作时的行为加以判断。对于被上诉人承担责任的前提条件，上诉人仍负有举证证明责任，其未能举证证明应承担不利后果。

二审判决：驳回上诉，维持原判。

点评：法院审理侵权案件不仅注重法律法规的适用，也会考虑对弱势群体的保障。在单位向个人追偿这一问题上，很多时候会思考诉讼双方的风险承担能力，最终可能向个人方倾斜。

相关规定

《民法典》

第一千一百九十一条 用人单位的工作人员因执行工作任务造成他人损害的，由用人单位承担侵权责任。用人单位承担侵权责任后，可以向有故意或者重大过失的工作人员追偿。

劳务派遣期间，被派遣的工作人员因执行工作任务造成他人损害的，由接受劳务派遣的用工单位承担侵权责任；劳务派遣单位有过错的，承担相应的责任。

第一千一百九十二条第一款 个人之间形成劳务关系，提供劳务一方因劳务造成他人损害的，由接受劳务一方承担侵权责任。接受劳务一方承担侵权责任后，可以向有故意或者重大过失的提供劳务一方追偿。提供劳务一方因劳务受到损害的，根据双方各自的过错承担相应的责任。

《最高人民法院关于适用〈中华人民共和国民法典〉侵权责任编的解释(一)》

第十五条 与用人单位形成劳动关系的工作人员、执行用人单位工作任务的其他人员，因执行工作任务造成他人损害，被侵权人依照民法典第一千一百九十一条第一款的规定，请求用人单位承担侵权责任的，人民法院应予支持。

个体工商户的从业人员因执行工作任务造成他人损害的，适用民法典第一千一百九十一条第一款的规定认定民事责任。

第十六条 劳务派遣期间，被派遣的工作人员因执行工作任务造成他人损害，被侵权人合并请求劳务派遣单位与接受劳务派遣的用工单位承担侵权责任的，依照民法典第一千一百九十一条第二款的规定，接受劳务派遣的用工单位承担侵权人应承担的全部责任；劳务派遣单位在不当选派工作人员、未依法履行培训义务等过错范围内，与接受劳务派遣的用工单位共同承担责任，但责任主体实际支付的赔偿费用总和不应超出被侵权人应受偿的损失数额。

劳务派遣单位先行支付赔偿费用后，就超过自己相应责任的部分向接受劳务派遣的用工单位追偿的，人民法院应予支持，但双方另有约定的除外。

73. 车辆挂靠关系赔偿责任如何承担？

律师答疑

挂靠人和被挂靠人承担连带赔偿责任。

（1）挂靠车辆是指为了交通营运的需要，车辆实际所有人将购买的车辆登记在某个具有运输经营权资质的公司名下，以单位的名义进行运营，并由车辆实际所有人向车辆登记所有人缴纳一定的管理费。因为道路营运资格只有公司才能办理，而货运车辆的实际所有人多为自然人，因而催生了挂靠制度。车辆实际所有人为挂靠人，车辆登记所有人为被挂靠人。

（2）如果未签订挂靠协议，但从事运输服务的公司收取了货运车辆的相关费用，一旦发生交通事故，也可以认定存在挂靠关系。挂靠费或者管理费的多少不影响挂靠关系的成立，即便每年仅收取几百元管理费，也不影响挂靠关系的成立，从而可能由挂靠人和被挂靠人承担连带责任。反之,如果运输服务公司免费借出营运资质,不收取任何费用,则不能认为存在挂靠关系。

(3)需要挂靠服务的车辆一般是货运车辆,但因为服务性质和盈利模式的不同,使客运车辆往往归属于公交公司或者旅行社,直接由公司经营。如果旅行社将营运客车承包给个人,也成立挂靠关系。

(4)货车的车身大、视觉死角多、载货运行后势能大,一旦发生交通事故,结果往往会造成更严重的人身伤亡和财产损失。法律规定挂靠人与被挂靠人承担连带责任,也是为了更好地保护第三人权利,防止发生事故后挂靠人无力赔偿,最终即使通过法院判决第三人的损失也无法得到赔偿。

(5)如果挂靠人不承认存在挂靠关系,应由受害人举证挂靠关系的存在,实践中一般很难举证。挂靠人与被挂靠人承担连带责任,致使很多从事挂靠服务的公司承担较大的债务,被挂靠公司往往极力否认挂靠关系的成立。

(6)挂靠人与被挂靠人之间约定的责任免除不能对抗第三人,一旦发生交通事故,被挂靠人仍然需要与挂靠人承担连带赔偿责任。

参考案例

遵义某公司与徐某、陆某等机动车交通事故责任纠纷案

案号:(2024)黔03民终2258号

基本案情:2023年1月7日14时30分许,陆某驾驶小型轿车行驶至凤鹿线38公里200米处时与行人徐某相撞,造成徐某多发

性骨盆骨折、双侧股骨骨折、头皮裂伤、胸椎骨折的交通事故，经遵义市务川自治县公安局交警大队认定，陆某负本次事故的全部责任，徐某无责。贵州某医药大学司法鉴定所鉴定后于2023年11月14日做出贵中医司法鉴定[2003]临鉴字第117号司法鉴定意见书，认定徐某在交通事故中其左股骨髁上干骨骺粉碎性骨折，属九级伤残，护理期评定为120日，营养期评定为90日，后续治疗费12,000元。

经查，陆某出资购买小型轿车登记在某出租汽车公司名下从事网约车运营活动，2022年其转款给某出租汽车公司代购相关保险，某出租汽车公司收款后为小型轿车在保险公司投保了交强险（保险期间自2022年3月29日18时起至2023年3月29日18时止）、道路客运承运人保险（保险期间自2022年3月30日0时起至2023年3月29日24时止），并在某某（深圳）安全统筹服务有限公司为该车购买了机动车损失统筹和机动车第三者责任统筹。

一审法院认为，本案中，某出租汽车公司虽然为小型轿车在某某（深圳）安全统筹服务有限公司购买了机动车损失统筹和机动车第三者责任统筹，但是某某（深圳）安全统筹服务有限公司并不是依法设立的保险公司，不具备保险业务经营资质，不是机动车道路交通事故责任纠纷案件的适格被告，故在本案中不予追加某某（深圳）安全统筹服务有限公司为被告。该安全统筹产品并非《保险法》中认定的保险合同，不属于机动车商业保险，故视小型轿车没有机动车商业保险，徐某在交强险责任赔偿后的剩余部分损失应该由侵权人陆某赔偿。陆某出资购买小型轿车后登记在某出租汽车公司名下从事网约车运营活动，并且陆某转款给某出租汽车公司代购相关保险的行为属于典型的以挂靠形式从事道路运输经营活动的行为，被挂靠人某出租汽车公司应当与陆某承担连带赔偿责任。

一审判决后，某出租汽车公司提起上诉，上诉理由：(1)上诉人不应当承担连带责任，上诉人与被上诉人之间系车辆买卖合同关系，并非挂靠关系，只是事故前一直没有办理过户手续，但事故后，双方已经办理了过户手续，而且陆某车辆从事网约车服务根本不需要挂靠公司经营，现过户成其个人户后，该车辆仍然在从事网约车服务，双方根本不存在需要挂靠资质从事网约车营运的情形，双方之间仅仅存在车辆买卖合同关系，且双方除去购车款，上诉人在未过户期间没有收过挂靠费之类其他任何资金，没有从中获利情形，故一审法院认定双方存在挂靠关系从而要求上诉人承担连带责任认定错误。(2)一审法院判决的部分项目计算过高，且存在超过徐某诉讼请求判决的情形，一审判决徐某诉请的交通费金额为18,546.97元，而法院支持的金额为21,045.97元，其间徐某也没有变更诉求，故法院的判决违反了处分原则和不告不理原则，故该认定与判决明显错误。同时法院按照两个人支持护理费也是明显不当的，鉴定书中并没有明确需要两人护理的情况，按照鉴定意见规则就是应当按照一人护理进行计算，故护理费计算过高。同时对于后续治疗费也是不应当支持的，该费用没有作为鉴定结论写进鉴定书，双方对该费用存在争议，应当是实际产生后另案主张。按照当前法律规定，后续治疗费鉴定已经不属于鉴定项目，故一审法院认定后续治疗费的判决错误，应当待实际产生后另案主张。加之本案住宿费、精神抚慰金等也认定过高。徐某主张的康复训练费只能属于医疗费的范畴，医疗费应当是在国家许可的医疗机构产生的费用，本案中该费用系在私有企业产生，没有正规医疗费发票，该康复机构属于私营企业，光凭一张发票根本不能证明实际产生了5万多元费用,起码应当提供付款凭证等证据,一审法院在徐某没有提交这种关键性证据的情况下,草率认定5万多元康复费用的判决明显错误。综上,一审法院认定事实不清,适用法律错误,请求二审法院撤销一审判决,依法改判或发回重审。

二审法院认为,第一,关于上诉人某出租汽车公司应否承担责任的问题。从本案查明的事实看,涉案车辆发生事故时该车辆行驶证载明车辆所有权人为某出租汽车公司,交强险保单载明的被保险人也为上诉人某出租汽车公司,实际系陆某购买后登记挂靠在某出租汽车公司名下经营,原审认定被挂靠人某出租汽车公司应当对挂靠人陆某承担的金额承担连带责任恰当,本院予以确认。某出租汽车公司上诉人认为其与被上诉人陆某系买卖关系的理由不能成立,本院不予支持。第二,关于徐某主张的交通费问题。某出租汽车公司上诉认为一审认定的交通费已超过徐某的该项诉讼请求。经审查,徐某主张的交通费,一审认定的交通费的确超过其主张的金额,但一审认定的交通费为实际产生,且一审认定的总损失金额并未超过其主张的金额,为减轻当事人诉累,本院对此予以确认。第三,关于徐某的护理费计算。某出租汽车公司上诉认为一审认定两人护理不当。经审查,徐某多处骨折,2023年1月27日,遵义某某大学附属医院的出院记录载明徐某至少需要两人陪护,故原审认定两人护理恰当。第四,关于徐某的后续医疗费及康复费问题。经审查,原审系依据司法鉴定意见书认定的后续诊疗费12,000元。第五,关于康复费,根据《最高人民法院关于审理人身损害赔偿案件适用法律若干问题的解释》第6条第2款"医疗费的赔偿数额,按照一审法庭辩论终结前实际发生的数额确定。器官功能恢复训练所必要的康复费、适当的整容费以及其他后续治疗费,赔偿权利人可以待实际发生后另行起诉。但根据医疗证明或者鉴定结论确定必然发生的费用,可以与已经发生的医疗费一并予以赔偿”之规定,康复费属于赔偿范围,且一审认定的康复费系实际产生,原审认定恰当,本院予以确认。某出租汽车公司上诉认为不应计算的理由不能成立,本院不予支持。关于某出租汽车公司购买的统筹险,其可另案主张。

二审判决:驳回上诉,维持原判。

点评:(1)关于是否成立挂靠关系,一审法院、二审法院认为陆某购车登记在某出租汽车公司名下,公司帮助陆某购买车辆保险,即使未收取管理费也应当成立挂靠关系。实践中有一定争议,但问题不大,可以认定为挂靠关系而非买卖关系。(2)关于交通费超出诉请,二审法院认为一审判决虽然超过交通费诉请,应当按照实际产生费用支持,且判决数额未超过原告一审的诉请之和,为减轻诉累予以支持。(3)关于护理人数,医院医嘱为护理人数两人,司法鉴定意见为护理人数一人,在司法鉴定意见与医院医嘱不一致时应当适用司法鉴定意见。(4)关于二次手术费,有的地区确实可以根据鉴定意见支持二次手术费。(5)关于康复费,康复费属于人身损害赔偿项目,如已经产生并且原告提供证据予以证明应当支付。但原告仅提供康复费发票,没有相关病历,医疗项目,康复时间、次数等,应要求原告补充证据,否则承担举证不能的责任。综上,二审部分判决内容有待商榷。

相关规定

《民法典》

第一千二百一十一条　以挂靠形式从事道路运输经营活动的机动车，发生交通事故造成损害，属于该机动车一方责任的，由挂靠人和被挂靠人承担连带责任。

74. 乘车人在公交车内摔伤应如何获得赔偿？

律师答疑

乘车人在公交车内摔伤，可以按照侵权纠纷或者合同纠纷向承运人索赔，按照侵权纠纷起诉时法院可能判决乘车人自己承担一部分损失，按照合同纠纷起诉时法院更多时候会判决承运人全额赔偿。

（1）乘车人受伤可能因交通事故造成，也可能是其他原因造成。发生交通事故造成乘车人受伤的，无论是公交车与其他车辆碰撞还是公交车发生单方事故，都不能认定乘车人存在事故责任，应当由公交公司承担全部赔偿责任，或者根据交通事故责任认定书由责任方承担相应的赔偿责任。

（2）乘车人在公交车内自行摔伤，可以要求承运人即公交公司承担赔偿责任，公交公司拒绝赔偿或者赔偿数额无法达成一致的，乘车人可以选择依据侵权责任纠纷或者客运合同纠纷提起诉讼。选择侵权责任纠纷起诉，一般来说因为乘车人自行摔倒本身会存在一定过错,故应该自己承担一部分的责任;但按照客运合同纠纷起诉,乘车人除非存在故意或者重大过失,否则人身损害赔偿责任均应当由公交公司承担。

(3)免票乘车人乘坐公交车时在公交车内摔伤,同样应由公交车承运人承担赔偿责任。

(4)如果公交车投保了道路承运人责任险,乘车人提起诉讼时可以将承保道路承运人责任险的保险公司列为共同被告,虽然没有明确的法律和司法解释规定保险公司的诉讼主体地位,但是为了避免当事人诉累,很多法院也同意一并审理。

参考案例

抚顺市公共交通有限公司与王某豪生命权、健康权、身体权纠纷案

案号:(2022)辽04民终2247号

基本案情:2022年1月12日上午,王某豪乘坐抚顺市公共交通有限公司(以下简称公交公司)所有的15路公交车时在车内摔倒受伤。当日王某豪被送往辽宁省健康产业集团抚矿总医院住院治疗8天,主要诊断为:“股骨颈骨折(右)。”经王某豪申请,抚顺市中级人民法院委托抚顺公正司法鉴定所受理了王某豪的伤残等级鉴定,鉴定意见为:王某豪右髋部损伤,评定为九级伤残。

一审法院认为,王某豪在乘坐公交公司的公交车期间摔倒并造成身体受伤的后果,公交公司依法应对王某豪的合理经济损失予以赔偿。经过法庭查明,王某豪的合理经济损失共计158,258.12元。法院判决:(1)公交公司于判决生效之日起10日内赔偿王某豪经济损失158,258.12元;(2)驳回王某豪的其他诉讼请求。

公交公司不服一审判决，上诉请求：(1)撤销原判，改判公交公司不承担王某豪经济损失158,258.12元的全部责任；(2)本案一审、二审诉讼费由王某豪承担。事实和理由：公交公司有新证据证明本案事故发生时间为2022年1月12日9时29分，公交公司所属车辆的驾驶员履行职务过程中系正常缓踩刹车直至停稳等待交通信号，而并非王某豪所述具有急踩刹车的行为。此外，公交公司所属车辆为公共交通运输工具，在进站前和车辆行驶过程中，按照日常经验不可能不出现停车、起步的行为，这就要求乘客有站稳扶好，到站后下车的安全注意义务。而王某豪属于66周岁有高血压等疾病的老人，更应该在车辆停稳后下车，而不是在车辆行驶过程中手提重物在车厢内行走，没有抓住扶手导致摔倒，王某豪自身也应承担过错。

二审法院认为，《民法典》第1198条第1款规定，宾馆、商场、银行、车站、机场、体育场馆、娱乐场所等经营场所、公共场所的经营者、管理者或者群众性活动的组织者，未尽到安全保障义务，造成他人损害的，应当承担侵权责任。本案中，王某豪从乘坐15路公交车开始即与公交公司形成客运合同关系，现王某豪以乘车过程中身体受伤为由提起侵权纠纷诉讼，故本案公交公司是否承担赔偿责任应当以其是否对王某豪尽到了安全保障义务为基础进行判断。公交车驾驶员应当保持高度的注意义务谨慎驾驶，避免乘客在车辆启动和行驶过程中摔倒甚至受伤。根据公交车监控录像，公交车前期行驶速度较快，后期逐渐减速刹车，导致从座位起身向车门行走的王某豪身体后仰摔倒在公交车地面上受伤。公交公司主张王某豪摔倒时车辆为缓慢刹车并停稳，但是从车内其他乘客受惯性作用向车辆行驶的方向倾斜，可以看出车辆驾驶员虽然并非急踩刹车，但由于前期车速较快，仍然造成部分乘客身体向车辆运行方向倾斜的情况，并且王某豪和其他乘客同时向同一方向倾斜，说明正是受到车辆刹车后的惯性作用。驾驶员应当预见到因为车辆在高速运行中制动的惯性可能导致部分在车厢内走动的乘客摔倒，但却忽视乘客的安全，未尽到注意义务以及安全保障义务，故公交公司对王某豪损害后果的发生存在过错，应当承担侵权责任。《民法典》第1173条规定，被侵权人对同一损害的发生或者扩大有过错的，可以减轻侵权人的责任。本案中，王某豪作为完全民事行为能力人，乘坐公交车时也应当站稳扶好，尽到安全注意义务，但王某豪在公交车行驶过程中，手提物品且在车厢内走动，对损害发生存在一定过失，故此可适当减轻公交公司的赔偿责任。鉴于公交公司与王某豪的过错程度，本院酌情确定公交公司承担70%赔偿责任，王某豪自行承担30%责任。

二审判决：(1)撤销抚顺市新抚区人民法院(2022)辽0402民初2232号民事判决书；(2)公交公司于本判决生效之日起10日内赔偿王某豪经济损失110,180.68元；(3)驳回王某豪的其他诉讼请求。

青岛公交集团市北巴士有限公司、刘某英城市公交运输合同纠纷案

案号：(2023)鲁02民终6359号

基本案情：2022年9月15日上午，刘某英(原告)搭乘208路公交车时，在车内摔倒受伤，被送往青岛市中心医院急诊就诊，初步诊断为胸腰背部损伤、T7椎体压缩性骨折、4－5椎间盘突出。

一审法院认为,原告系青岛公交集团市北巴士有限公司(被告)处正常营运公交车上的乘客,双方之间成立客运合同关系。承运人应当对运输过程中旅客的伤亡承担赔偿责任;但是,伤亡是旅客自身健康原因造成的或者承运人证明伤亡是旅客故意、重大过失造成的除外。本案中,原告在搭乘公交车期间摔倒受伤,无证据显示伤害是原告自身原因造成的,且结合事发时的具体情形,被告的证据不足以证明原告对其受伤存在故意或者重大过失,被告作为承运人,应当对原告受到的损害承担赔偿责任。判决被告青岛公交集团市北巴士有限公司赔偿原告刘某英全部损失。

青岛公交集团市北巴士有限公司不服一审判决,提起上诉,请求:(1)撤销一审判决第一项至第八项,改判驳回被上诉人对上诉人的诉讼请求。(2)一审、二审诉讼费由被上诉人承担。事实理由:案涉事故发生时,车辆处于正常行驶状态,车速为30km/h,符合城市公交车限速规定。根据事发时间段的车内视频,事发当天是雨天,雨天路滑难走,路况复杂,司机驾驶难度本就增高。途中,上诉人的公交车报站器已经不间断提醒乘客站稳、扶好,对乘客进行了告知,而车辆行驶中提速、减速都是正常情况。被上诉人作为完全民事行为能力人,应当预见到车辆行驶中可能出现的情形,应站稳扶好,但是被上诉人在车内随意换座、走动,未注意握好扶手,对报站器的提醒未予以重视,对不站稳且双手不扶把手的危险性置之不理,未尽到一般乘车人的谨慎义务,导致案涉事故发生,应当认定存在重大过失,应承担事故全部责任。

二审法院认为,本案系城市公交运输合同纠纷或客运合同纠纷。青岛公交集团市北巴士有限公司作为承运人负有将乘客安全运送至目的地的合同义务,现青岛公交集团市北巴士有限公司在合同履行过程中致刘某英受伤造成案涉损失,其应承担损害赔偿责任。青岛公交集团市北巴士有限公司以刘某英对案涉事故存在重大过错为由,主张不应当承担赔偿责任,但从该公司提交的车厢内视频可以看出刘某英上车往车厢后部走的过程中发生本次事故,事故发生突然,刘某英来不及扶栏杆、扶手等,从车厢后部一直倒退至车厢中部并摔倒,其对本案的发生不存在重大过错,即青岛公交集团市北巴士有限公司无证据证明刘某英对案涉事故存在故意或重大过失等情形,本院对该项上诉请求不予支持。

二审判决:驳回上诉,维持原判。

点评:两个类似案件,都是乘客在公交车内摔伤,一审法院都判决公交公司承担全部赔偿责任,但一个案件二审改判公交公司承担70%赔偿责任,另一个案件二审维持原判,仍然判决公交公司全部赔偿。两案的区别在于,抚顺法院案件的乘车人按照侵权责任纠纷起诉,故应该依据《民法典》第1173条和第1198条划分责任后,依据责任比例判决赔偿。青岛的案件,乘车人依据城市公交运输合同纠纷起诉,依据《民法典》第823条的规定,承运人应当举证乘车人对自己的损伤存在故意或者重大过失,否则承运人就应当赔偿在运输途中受伤的乘车人。因而,此类案件起诉时选择适当的案由极其重要。虽然案由不同,但计算人身损失方法一致,除精神损害不能在合同纠纷中主张外,其他赔偿项目没有差别。

相关规定

《民法典》

第八百二十三条　承运人应当对运输过程中旅客的伤亡承担赔偿责任；但是，伤亡是旅客自身健康原因造成的或者承运人证明伤亡是旅客故意、重大过失造成的除外。

前款规定适用于按照规定免票、持优待票或者经承运人许可搭乘的无票旅客。

第一千一百七十三条　被侵权人对同一损害的发生或者扩大有过错的，可以减轻侵权人的责任。

第一千一百九十八条第一款　宾馆、商场、银行、车站、机场、体育场馆、娱乐场所等经营场所、公共场所的经营者、管理者或者群众性活动的组织者，未尽到安全保障义务，造成他人损害的，应当承担侵权责任。

75. 交通事故赔偿责任属于夫妻共同债务吗？

律师答疑

一般来说，交通事故赔偿责任不属于夫妻共同债务，但如果能够证明交通事故发生时侵权人在执行家庭事务或者夫妻另一方因驾驶行为受益，可以认定为夫妻共同债务。

《民法典》规定夫妻一方在婚姻关系存续期间以个人名义超出家庭日常生活需要所负的债务，不属于夫妻共同债务；但是，债权人能够证明该债务用于夫妻共同生活、共同生产经营或者基于夫妻双方共同意思表示的除外。

交通事故系夫妻一方的个人侵权行为，其配偶对交通事故的发生不存在过错，不能认定为共同债务。但如果肇事车辆的用途系夫妻合意决定，所得收益用于家庭共同生产和生活，则有可能被认定为共同债务。

参考案例

段某虹、瓦某等机动车交通事故责任纠纷

案号：（2022）新民申1010号

基本案情：段某虹申请再审称，（1）本案中杜某一人实施侵权行为造成瓦某人身损害，所产生的债务是杜某的侵权之债，该债务不是为维持夫妻共同生活而负担，不符合夫妻共同债务的法律特征。段某虹未实施侵权行为，主观上亦无过错，不符合侵权责任的构成要件。因此，段某虹不应对杜某的侵权之债承担责任。（2）夫妻共同债务应具备合法性和正当性。夫妻一方实施侵权行为造成他人人身损害形成的债务是因非法侵权行为产生的消极债务，不是夫妻共同债务。（3）本案肇事车辆实际车主及使用人为杜某，段某虹与杜某长期分居，并未共同生产经营，更不存在将营运收益用于共同生活。（4）根据《民法典》第1063条的相关规定，夫妻一方因受到人身损害获得的赔偿为夫妻一方的个人财产。根据权利义务一致的原则，夫妻一方侵权产生的债务也应当认定为一方的债务。一审、二审法院适用法律错误，请求对本案再审，并判令段某虹不承担赔偿责任。

法院审理后认为，段某虹应当对杜某的侵权之债承担赔偿责

任。理由如下:对于婚姻关系存续期间一方的侵权行为之债另一方是否需要承担连带责任的认定,应当从侵权行为的利益指向出发。本案所涉肇事车辆为段某虹与杜某在夫妻关系存续期间购置,交通事故发生时,该车辆为夫妻共同财产,并为夫妻双方家庭生活所使用,两人共同管理,共同享有使用利益。事发时杜某的驾车行为属于为夫妻二人共同利益而实施的行为,因此产生的侵权之债应当认定为夫妻共同债务。一审、二审法院判令段某虹与杜某对案涉债务承担共同赔偿责任并无不妥。

裁定如下:驳回段某虹的再审申请。

点评:机动车交通事故所产生的债务源自侵权责任,而非违约责任,不需要夫妻双方对债务存在合意。夫妻一方发生交通事故所负债务是属于个人债务还是共同债务,应从交通事故责任主体来分析认定,即另一方对该机动车是否进行运行和有无运行利益两方面来判断。如果符合这两个标准之一的,应当认定为共同债务。反之,则应认定为个人债务。再审申请人段某虹在再审请求中称"本案肇事车辆实际车主及使用人为杜某",推测肇事车辆的登记所有人可能为段某虹。也就是杜某用妻子段某虹的名义购买车辆,之后自己跑运输。这种情况在实践中也较为常见,有时是为了规避城市的车辆管理制度,有时候是其他原因。因而,法院认定夫妻共同对车辆进行运营和管理并无不当。

实践中如果肇事车辆只投保了交强险,或商业三者险投保金额过低,不足以覆盖全部赔偿责任时,受害人在起诉时可以尝试将肇事司机的配偶一同列为共同被告,要求法院判令承担连带责任,提高法院生效判决的履行概率。但是取得肇事司机配偶的身份信息并不容易,除非肇事司机的配偶是车辆所有人或者发生交通事故时的乘车人,可以在道路交通事故责任认定书中直接体现。否则,只能申请法院在诉讼中调取身份信息,以便追加成为共同被告。但是法院也可能会直接以无证据证明交通事故赔偿责任系夫妻共同债务为由直接驳回原告的调取证据申请。

相关规定

《民法典》

第一千零六十四条　夫妻双方共同签名或者夫妻一方事后追认等共同意思表示所负的债务,以及夫妻一方在婚姻关系存续期间以个人名义为家庭日常生活需要所负的债务,属于夫妻共同债务。

夫妻一方在婚姻关系存续期间以个人名义超出家庭日常生活需要所负的债务,不属于夫妻共同债务;但是,债权人能够证明该债务用于夫妻共同生活、共同生产经营或者基于夫妻双方共同意思表示的除外。

76. 限制行为能力人受伤由谁作为原告起诉?

律师答疑

交通事故致未成年人丧失行为能力的,可以由未成年人作为原告,未成年人的父母作为法定代理人提起诉讼。交通事故致成年人丧失行为能力的,应当先按照特别程序申请法院对伤者的行为能力进行鉴定,由法院指定监护人,再由伤者作为原告提起诉讼。监护人可以代表伤者签署起诉书、授权委托书等法律文书，有些法院也允许直接由伤者的配偶或者父母直接作为法定代理人起诉。

交通事故可能会造成伤者头部严重损伤致使其全部或者部分丧失辨认自己行为的能力，就是通俗意义上的痴呆或者植物人，这时如何通过诉讼获得赔偿在程序上会和一般案件有些不同。主要在于无民事行为能力人或者限制行为能力人，不能自己签署法律文书，不能委托代理人。这时就需要伤者先申请鉴定其行为能力，确定其是无民事行为能力人或者限制行为能力人，然后再为伤者设置监护人。由监护人以伤者的名义提起诉讼，或者由监护人委托律师代为诉讼。

宣告自然人无行为能力或限制行为能力，属于特别程序。立案时应提供交通事故认定书、住院病历，以及被宣告无行为能力人或限制行为能力人的所有直系亲属证明。之后由法院委托具有精神能力鉴定资质的医疗机构对自然人的行为能力进行鉴定。确认自然人为无行为能力人或限制行为能力人后，法院将所有直系亲属组织起来参加庭审，然后根据社区开具的扶/抚养证明，以及所有直系亲属一致推荐，确认无行为能力人或限制行为能力人的监护人。

交通事故后可能导致伤者昏迷，但是人脑是复杂的，有很多未知因素。即使伤者较长时间处于无意识状态，也有可能通过治疗及康复训练逐渐恢复意识。对于昏迷状态的伤者，并不能轻易认为就属于植物人状态，还需要至少两三个月的观察与静养，确认是否可能恢复意识与行为能力。如果行为人能辨认自己的行为，并能用手写自己的名字，也可以由其直接委托代理人代为诉讼，无须进行宣告无民事行为能力程序以及指定法定代理人了。

实践中，也有因交通事故丧失行为能力的成年人的父母任命自己为子女的法定代理人并提起诉讼，立案时法院也可能审查通过进人案件审理程序。但是在审理程序中,如果被告对原告的主体资格提出异议,法院则应当立即中止审理案件,要求原告进行宣告自然人无民事行为能力程序,在指定监护人后再恢复案件审理。

相关规定

《民法典》

第二十一条第一款 不能辨认自己行为的成年人为无民事行为能力人,由其法定代理人代理实施民事法律行为。

第二十四条 不能辨认或者不能完全辨认自己行为的成年人,其利害关系人或者有关组织,可以向人民法院申请认定该成年人为无民事行为能力人或者限制民事行为能力人。

被人民法院认定为无民事行为能力人或者限制民事行为能力人的,经本人、利害关系人或者有关组织申请,人民法院可以根据其智力、精神健康恢复的状况,认定该成年人恢复为限制民事行为能力人或者完全民事行为能力人。

本条规定的有关组织包括:居民委员会、村民委员会、学校、医疗机构、妇女联合会、残疾人联合会、依法设立的老年人组织、民政部门等。

77. 受害人死亡由谁作为原告起诉?

律师答疑

死者第一顺位的所有法定继承人作为共同原告提起诉讼。

死亡赔偿金不属于遗产,遗产是指公民死亡时遗留的、可以依法转移给他人的个人合法财产。死亡赔偿金则是一种补偿,它不属于遗产的范围;并且死者也无权对自己的死亡赔偿金进行分配。

有人死亡的交通事故案件,应由死者的所有法定继承人作为共同原告提起刑事附带民事诉讼或者单独提起民事诉讼。所有法定继承人之间享有相等份额的受偿权利,父母、子女、配偶应按照人数等额分配死亡赔偿金和丧葬费赔偿,但未满18周岁的未成年人和丧失劳动能力的成年人(主要指老人)的被扶养人生活费赔偿应为专属赔偿。如果侵权人的实际赔偿数额不足,即未达到死亡赔偿金和被扶养人生活费总数额,应由共同原告按份获得实际赔偿数额。

参考案例

周某机动车交通事故责任纠纷案

案号:(2017)京0108民初5990号

基本案情:2016年7月4日17时20分,在北京市海淀区花园北路H10013电杆厂,北交公司员工艾某驾驶大型铰接客车由东向西行驶时,适逢周某贤骑行自行车由东向南左转弯,两方相撞导致周某贤受伤。周某贤被送往北京大学第三医院就诊,被诊断为急性重型闭合性颅脑损伤等,于2016年11月6日死亡。经北京市公安局公安交通管理局海淀交通支队清河大队做出事故认定,认定艾某负此次事故的次要责任。

钱某系周某贤之妻,周某兰、周某峰系周某贤之子女。另查,于本案诉讼中,周某申请作为共同原告参与诉讼,其主张与周某贤系父女关系。为此,周某法定代理人多某表示其与周某贤共同生活多年,并生育一女周某。多某向本院提交了北京中正司法鉴定所于2016年10月20日做出的鉴定报告,该鉴定报告结论为支持周某贤是周某的生物学父亲。庭审中,钱某、周某兰、周某峰对周某之身份不予认可,对上述鉴定报告亦不予认可。诉讼中,钱某、周某兰、周某峰申请对周某兰与周某是否具有姐妹关系进行亲缘关系鉴定。后考虑鉴定风险以及鉴定费用,钱某、周某兰、周某峰撤回上述鉴定申请。经本院询问,钱某、周某兰、周某峰明确表示不再通过鉴定的方式来确定周某之身份关系。后钱某、周某兰、周某峰申请北京中正司法鉴定所鉴定人员出庭质询,为此花费质询费3000元。经过质询,钱某、周某兰、周某峰仍不认可上述鉴定报告之真实性及合法性。

法院认为,钱某、周某兰、周某峰虽然不认可周某身份但未就其抗辩意见提交反证,故对周某身份予以确认,周某具有诉讼主体资格,可以作为共同原告参与诉讼。

点评:非婚生子女与婚生子女具有相同的继承权,与父母、配偶相同,均为第一顺位继承人。在诉讼中周某申请法院追加其为共同原告,并提交了亲子鉴定报告作为证据,法院确认了其诉讼主体资格,参与到诉讼活动中。周某未在诉讼中提出应当赔偿其被抚养人生活费的诉讼请求,故法院也没有判决,否则该笔赔偿款应该为周某专属赔偿,无须与其他共同原告分割。

思考延伸

黄四,女,2019年10月因交通事故死亡。黄四死亡时有丈夫王一,儿子王二(10周岁),父亲黄大在世,母亲冯小已经在多年前去世。

2020年4月黄大因病去世，此时黄四因交通事故的死亡赔偿金尚未赔偿。

黄大生前与冯小育有三子两女，分别是黄一、黄二、黄三、黄四、黄五。黄一、黄二、黄三均为黄四的哥哥，黄五是黄四的妹妹。

黄大死亡时，黄一仍然在世。

黄二于2000年之前死亡，生前育有一子一女，分别为黄二一和黄二二。黄二的妻子周小先于黄二去世。

黄三于1990年走失，与家人再无联系。黄三走失前与妻子蓝小育有一子，名为黄三一。现蓝小已经再婚，且多年无联系。

黄五于2020年1月死亡。无配偶、无子女。

问：(1)假设事故车辆的保险公司拒赔，肇事司机也不主动赔偿。黄四的家属只能通过民事诉讼程序获得赔偿，应当由谁作为共同原告提起诉讼？

(2)假设黄四死亡赔偿金及丧葬费等赔偿款共计60万元，应由谁具体分得多少赔偿款？推测最终实际的分配结果。

(3)如果联系不上蓝小和黄三一，无法取得授权，请问如何让法院受理本案？

相关规定

《民法典》

第一千一百二十二条　遗产是自然人死亡时遗留的个人合法财产。依照法律规定或者根据其性质不得继承的遗产，不得继承。

第一千一百二十七条　遗产按照下列顺序继承：

(一)第一顺序：配偶、子女、父母；(二)第二顺序：兄弟姐妹、祖父母、外祖父母。

继承开始后，由第一顺序继承人继承，第二顺序继承人不继承；没有第一顺序继承人继承的，由第二顺序继承人继承。

本编所称子女，包括婚生子女、非婚生子女、养子女和有扶养关系的继子女。

本编所称父母，包括生父母、养父母和有扶养关系的继父母。

本编所称兄弟姐妹，包括同父母的兄弟姐妹、同父异母或者同母异父的兄弟姐妹、养兄弟姐妹、有扶养关系的继兄弟姐妹。

78. 发生交通事故时应该将哪个保险公司列为被告？

律师答疑

一般来说，机动车交通事故责任纠纷案件起诉时应当将市级财产保险公司列为共同被告。

保险公司是交通事故案件中必要的诉讼主体，除非肇事车辆发生交通事故时未投保交强险，否则机动车交通事故责任纠纷案件立案时法院都会让起诉人将保险公司列为共同被告。但是具体应该将哪个保险公司列为被告呢？

（1）起诉的是财产险保险公司而非寿险保险公司。以生命和健康为保险标的从事保险业务的是人寿保险公司，以财产和责任为保险标的从事保险业务的是财产保险公司。两种业务要由不同的保险公司运营，一家保险公司不能同时开展寿险和财险业务。机动车保险都是由财产险公司承保的。从名称上区别，寿险公司名称中通常带有“人寿”字样，而财险公司带有“财产”字样。例如，中国平安财产保险股份有限公司、中国平安人寿保险股份有限公司、中国人民财产保险股份有限公司。交通事故中常见的保险公司是人保财险、平安财险、人寿财险、太平洋财险公司等保险公司，以及一些中型的或者地区型的保险公司如太平财险、阳光财险、英大财险、都邦财险等保险公司。

(2)关于保险公司的级别。全国型保险公司一般有四个级别，分别是总公司、省级公司、市级公司、营销部。总公司和省级公司主要负责全国或全省的政策制度和落实，不对外开展保险业务，由市级公司和营销部具体开展保险业务。很多当事人不懂保险公司的隶属关系，会直接将保险公司的总公司列为被告，例如，起诉中国平安保险(集团)股份有限公司。立案庭在审查交通事故案件证据时一般会要求原告提供足以证明保险公司主体的证据，例如，肇事车辆的保险单或者交警队出具的保险信息查询单，这样可以明确保险公司的适格主体。不同法院在立案审查时标准不同，也存在原告想起诉哪个保险公司，法院都给予立案和送达的情况。保险公司总公司接到法院传票和起诉书后会将其一同转交相应的省级公司，再由省级公司安排对应的市级公司应诉。从民事责任主体上看，只要有独立的法人资格就可以独立承担民事责任。不过，保险公司的营销部一般不会独立核算财务，也不对外承担赔偿责任，因而在交通事故案件民事诉讼中，营销部承保的案件往往都是转交市级的保险公司统一应诉。因而，即使保险合同上加盖的是某营销部公章，在起诉的时候也应该选择该营销部上一级别的市级保险公司作为被告。

(3)机动车交通事故第三者责任强制保险和机动车交通事故第三者责任商业保险可以分别向不同保险公司投保。受害人在交通事故发生后,可以向交警队申请调取事故车辆的交强险保单,商业险保单交警队没有备案,只能向事故车辆的所有人索要。如果知道事故车辆投保商业险的保险公司,也可以根据投保人的身份信息进行电话查询。每辆机动车同一时间只能投保一个交强险和一个商业三者险。

相关规定

《最高人民法院关于审理道路交通事故损害赔偿案件适用法律若干问题的解释》

第二十二条 人民法院审理道路交通事故损害赔偿案件,应当将承保交强险的保险公司列为共同被告。但该保险公司已经在交强险责任限额范围内予以赔偿且当事人无异议的除外。

人民法院审理道路交通事故损害赔偿案件,当事人请求将承保商业三者险的保险公司列为共同被告的,人民法院应予准许。

79. 交通事故案件诉讼时效是多久?

律师答疑

交通事故案件诉讼时效为三年,可以适用诉讼时效中止、中断和延长。

交通事故案件的诉讼时效是当事人经常会提出的问题。关于诉讼时效的争议,有一年说、两年说、三年说和二十年说。这些说法是从哪来的呢?《民法通则》(已废止)规定,民事权利请求法院保护的诉讼时效为两年,但是因为身体伤害要求赔偿的诉讼时效为一年。因而有了侵权案件一年诉讼时效,违约案件两年诉讼时效的说法。但在《民法总则》(已废止)施行后,统一将诉讼时效改为三年。《民法典》实施后,沿用《民法总则》(已废止)关于诉讼时效的规定,确定为三年。

诉讼时效无限说是指诉讼时效可以依法中止和延长,并且法院不能主动适用诉讼时效的规定,使诉讼时效的抗辩理由在实际交通事故案件审理中几乎难以适用,因而交通事故案件的诉讼时效实际上并不存在。交通事故案件,诉讼时效应当自交通事故发生之日起计算。但公安交警部门做出的道路交通事故责任认定书的时间、伤者受伤住院后出院的时间、去保险公司谈和解赔偿的时间,以及因二次手术住院时间都可以视为对诉讼时效的中断,诉讼时效应当重新计算。况且交通事故受害人属于弱势群体,司法审理时对受害人也有一定的隐形照顾,法院对诉讼时效中断的认定也较为宽松,基本不会依据诉讼时效来驳回原告的诉讼请求。

相关规定

《民法通则》(已废止)

第一百三十五条 向人民法院请求保护民事权利的诉讼时效期间为二年,法律另有规定的除外。

第一百三十六条 下列的诉讼时效期间为一年:(一)身体受

到伤害要求赔偿的;(二)出售质量不合格的商品未声明的;(三)延付或者拒付租金的;(四)寄存财物被丢失或者损毁的。

《民法总则》(已废止)

第一百八十八条 向人民法院请求保护民事权利的诉讼时效期间为三年。法律另有规定的,依照其规定。诉讼时效期间自权利人知道或者应当知道权利受到损害以及义务人之日起计算。法律另有规定的,依照其规定。但是自权利受到损害之日起超过二十年的,人民法院不予保护;有特殊情况的,人民法院可以根据权利人的申请决定延长。

《民法典》

第一百八十八条 向人民法院请求保护民事权利的诉讼时效期间为三年。法律另有规定的,依照其规定。

诉讼时效期间自权利人知道或者应当知道权利受到损害以及义务人之日起计算。法律另有规定的,依照其规定。但是,自权利受到损害之日起超过二十年的,人民法院不予保护,有特殊情况的,人民法院可以根据权利人的申请决定延长。

第一百九十二条 诉讼时效期间届满的,义务人可以提出不履行义务的抗辩。

诉讼时效期间届满后,义务人同意履行的,不得以诉讼时效期间届满为由抗辩;义务人已经自愿履行的,不得请求返还。

第一百九十三条 人民法院不得主动适用诉讼时效的规定。

第一百九十四条 在诉讼时效期间的最后六个月内,因下列障碍,不能行使请求权的,诉讼时效中止:(一)不可抗力;(二)无民事行为能力人或者限制民事行为能力人没有法定代理人,或者法定代理人死亡、丧失民事行为能力、丧失代理权;(三)继承开始后未确定继承人或者遗产管理人;(四)权利人被义务人或者其他人控制;(五)其他导致权利人不能行使请求权的障碍。自中止时效的原因消除之日起满六个月,诉讼时效期间届满。

第一百九十五条 有下列情形之一的,诉讼时效中断,从中断、有关程序终结时起,诉讼时效期间重新计算:(一)权利人向义务人提出履行请求;(二)义务人同意履行义务;(三)权利人提起诉讼或者申请仲裁;(四)与提起诉讼或者申请仲裁具有同等效力的其他情形。

80. 律师费应由谁承担?

律师答疑

交通事故案件律师费由委托人自行承担,但有的地区的法院,如上海市和长春市,会判决由败诉方承担律师费。

交通事故案件属于侵权责任纠纷案件,原被告之间对律师费没有事先约定,因而判决律师费由被告承担没有依据。

参考案例

某公司、温某等机动车交通事故责任纠纷案

案号:(2024)吉01民终2114号

基本案情:2023年4月29日,鲁某驾驶小型普通客车行驶至万金塔商场门前路段向东左转弯时,与由南向北横过马路的温某相撞,导致温某受伤。经农安县公安局交警大队认定鲁某承担此次事故全部责任,温某不承担责任。事故发生后,温某到农安县人民医院住院62天。吉林华远司法鉴定中心鉴定温某九级伤残,误工期150日、护理期90日、营养期60日。鲁某驾驶的小型普通客车在保险公司投保了交强险和限额300万元的商业三者险,事故发生在保险期间内。温某向农安县人民法院提起诉讼,经审理,一审法院判决保险公司承担各项损失共计252,146.46元。

保险公司不服一审判决提出上诉,(1)请求二审法院撤销(2023)吉0122民初6629号民事判决书,依法改判上诉人不赔偿被上诉人温某伤残赔偿金141,884元、鉴定费3300元及律师费19,000元;(2)本案一审、二审诉讼费由被上诉人承担。上诉人认为一审判决存在以下错误:(1)一审判决认定上诉人未尽到提示告知义务,事实不清适用法律错误。被上诉人鲁某将小型普通客车在上诉人处投保交强险和限额300万元的商业三者险,在投保时上诉人已对保险条款及责任免除条款进行了提示和告知,鲁某知悉条款后在投保人声明处签字确认。一审判决引用《保险法》第17条的规定,适用法律错误。根据《最高人民法院关于适用〈中华人民共和国保险法〉若干问题的解释(二)》第11条第1款的规定,"保险合同订立时,保

险人在投保单或者保险单等其他保险凭证上，对保险合同中免除保险人责任的条款，以足以引起投保人注意的文字、字体、符号或者其他明显标志作出提示的，人民法院应当认定其履行了保险法第十七条第二款规定的提示义务”。一审庭审时，上诉人已举证投保人声明、保险单及保险条款，该声明以足以引起投保人鲁某注意的加黑文字做出提示，依法应认定上诉人履行了《保险法》第 17 条第 2 款规定的提示义务，且在一审庭审时鲁某对此并没有提出异议。继而一审判决引用《保险法》第 66 条“责任保险的被保险人因给第三者造成损害的保险事故而被提起仲裁或者诉讼的，被保险人支付的仲裁或者诉讼费用以及其他必要的、合理的费用，除合同另有约定外，由保险人承担”规定。该法律规定系关于责任保险中争议处理费用的承担的规定，对于律师费是否为法定的必要、合理费用没有明确规定，一审判决扩大解释损害上诉人利益。(2)一审判决采信温某单方委托的鉴定意见，不符合法律规定。温某单方委托吉林远华私服鉴定中心进行鉴定，鉴定意见并不客观，因根据《人体损伤致残程度分级》适用指南的要点规定，温某受伤部位在关节处，应在取出内固定物 3 个月以后并经适当锻炼后，方可进行鉴定。而鉴定机构明显违反此规定，提前进行鉴定，且温某的左膝关节功能丧失并未达到 50% 以上，鉴定意见九级伤残也并不客观真实，且检材也未经上诉人质证，无法保证客观真实。但一审法院对此并未查明，也没有同意上诉人的重新鉴定申请，属于事实不清。由于鉴定意见不应被采纳，温某所支付的鉴定费也不应得到支持，且鉴定费属于间接损失，根据保险条款约定不属于保险人赔偿范围。(3)一审判决上诉人赔偿律师费没有法律依据也没有合同依据。无论是根据《机动车交通事故责任强制保险条款》第 10 条的规定，因交通事故产生的仲裁或者诉讼费用以及其他相关费用是不在保险公司的赔偿范围之内的,还是根据《中国保险行业协会机动车商业保险示范条款(2020版)》第24条第1款第7项的规定,未经保险人事先书面同意的诉讼费、仲裁费,保险人不负责赔偿。在保险条款中已明确约定律师费不属于保险人赔偿范围,一审判决违反合同自治原则,将不属于保险人赔偿的律师费强加于上诉人。律师费是间接损失,不是交通事故本身造成的。当事人可以以自己的名义参加诉讼活动,没有法律强制规定要求当事人的诉讼行为必须由律师代理,且在《民法典》第1179条中已明确列明人身损害赔偿项目,一审判决上诉人赔偿律师费没有法律依据也没有合同依据。(4)一审中被上诉人温某并未举证证明律师委托代理合同、实际支付律师费的证据,一审法院在证据不足的情况下做出判决属于事实认定不清。一审庭审时,被上诉人温某仅仅举证律师费发票,而律师委托代理合同、实际支付律师费及律协公布的收费办法均未举证,律师事务所代理案件明显违反《律师法》等相关法律法规的规定,而一审法院对此违法行为视而不见,并且还在证据不足的情况下支持律师费用,属于事实认定不清,违反相关法律规定。综上所述,一审法院判决结果存在错误,请求二审法院查清事实依法改判,维护上诉人的合法权益。

被上诉人温某认为,受害人并非专业的法律从业人员,发生本次事故后,因侵权人和保险公司不予理赔,所以其才聘请律师,律师费是其损失的一部分,法院予以支持并未违反禁止性规定。结合一审法院对温某诉请保护的总金额,其主张的律师代理费19,000元是在《吉林省律师法律服务收费行业指导标准》和律师事务所备案的收费标准范围内收费,并不存在上诉人所称的违法代理情形。恳请二审法院驳回上诉人的上诉请求,维持一审判决。

二审法院认为，关于伤残赔偿金，保险公司上诉主张温某应在取出内固定物3个月以后并经适当锻炼后方可进行鉴定，温某属于提前鉴定，保险公司不应承担伤残赔偿金。经查，温某称其在此次交通事故中未采用植入内固定物的方式进行治疗，其出院后33天到司法鉴定中心进行鉴定。保险公司主张温某的鉴定时间违反法律规定，但其并未对此提出明确的法律依据，故原审法院采信该鉴定意见并判令保险公司承担伤残赔偿金并无不当，本院对此予以维持。保险公司上诉主张不应赔付律师费、鉴定费，保险公司并未提供充分证据证明在投保时其对免责条款已履行了说明解释义务，故免责条款并未发生法律效力。二审中温某提供《律师服务委托合同》《吉林省律师法律服务收费行业指导标准》《律师事务所收费标准》，证明律师费用不存在违法代理，收费标准符合相关行业规定，本院对此予以采信。鉴定费系受害人为查明其损失支出的合理必要费用，故原审判令保险公司承担上述费用并无不当，对保险公司的该项上诉请求，亦不予支持。

二审判决：驳回上诉，维持原判。

点评：受害人诉前单方委托鉴定机构评定伤残未进行鉴定检材质证，赔偿义务人对鉴定结论不予认可，申请法院委托重新鉴定的，法院应当受理重新鉴定申请。律师费过高法院可以调整支持金额。

相关规定

《保险法》

第十七条　订立保险合同，采用保险人提供的格式条款的，保险人向投保人提供的投保单应当附格式条款，保险人应当向投保人说明合同的内容。

对保险合同中免除保险人责任的条款，保险人在订立合同时应当在投保单、保险单或者其他保险凭证上作出足以引起投保人注意的提示，并对该条款的内容以书面或者口头形式向投保人作出明确说明；未作提示或者明确说明的，该条款不产生效力。

第六十六条 责任保险的被保险人因给第三者造成损害的保险事故而被提起仲裁或者诉讼的，被保险人支付的仲裁或者诉讼费用以及其他必要的、合理的费用，除合同另有约定外，由保险人承担。

第十篇

鉴定评估

引　言

侵权案件中如何确认“人和物”的损失数额需要由专业机构进行鉴定评定，再辅以其他证据得出。特别是在受伤较重的交通事故案件中，鉴定程序几乎是必不可少的。本篇介绍人身损害和财产损失案件的各类鉴定项目、鉴定机构选取程序、鉴定检材、鉴定费，以及对鉴定意见书不服的救济途径。

81. 人身损害案件鉴定项目有哪些?

82. 财产损失案件评估项目有哪些?

83. 如何选取鉴定机构?

84. 伤残鉴定需要提供哪些材料?

85. 鉴定费由谁出?

86. 对鉴定意见书不服如何救济?

81. 人身损害案件鉴定项目有哪些?

律师答疑

常见的人身损害案件中的鉴定项目有:伤残等级鉴定,误工期、护理期、营养期(又称“三期”)鉴定,医疗终结期鉴定,后续治疗费鉴定,交通事故因果关系参与度鉴定,残疾辅助器具更换周期及费用鉴定,医疗保险范围外用药鉴定。

一、伤残等级鉴定

残疾是指人体组织器官结构被破坏或者具有功能障碍,以及个体在现代临床医疗条件下难以恢复的生活、工作、社会活动能力不同程度的降低或者丧失。

最高人民法院、最高人民检察院、公安部、国家安全部、司法部联合发布的《人体损伤致残程度分级》规定,交通事故案件、故意伤害案件、雇员损害等所有人身损害致伤的鉴定标准统一适用《人体损伤致残程度分级》。不过工伤案件适用劳动能力鉴定标准,并不适用该法律规范。

人体损伤致残程度划分为 10 个等级,从一级(人体致残率 100%)到十级(人体致残率 10%),每级致残率相差 10%。依据人体组织器官结构破坏、功能障碍及其对医疗、护理的依赖程度,适当考虑由于残疾引起的社会交往和心理因素影响,综合判定致残等级。

发生交通事故后受害人的伤情能否评定伤残等级是非常重要

的问题，评定伤残之后即使仅为十级伤残也有一定金额的伤残赔偿金，还有可能赔偿被扶养人生活费和精神损害抚慰金，如果没有评定上伤残等级则不会有这些项目的赔偿。那么什么样的伤情能够评定为十级伤残呢？笔者归纳了10条常见的评定十级伤残的标准供读者参考。

(1)颅骨骨折必须有缺损或者进行开颅手术才构成伤残，急性闭合性(轻型)或者脑震荡、脑出血，未作手术的不构成伤残。

(2)面部如果有条形、块形很大或很多的瘢痕，或者面部神经损伤形成面瘫的，构成伤残。

(3)眼睛做手术或者视力下降特别多的构成伤残，其他五官(耳朵、鼻子、嘴唇、舌头等)如果有缺损也构成伤残。

(4)锥体骨折，如颈椎、胸椎、腰椎，经过手术治疗的都构成伤残，即使未经过手术治疗，但系粉碎性骨折或者压缩性骨折压缩程度较高的也构成伤残。

(5)肋骨骨折是交通事故后比较常见的伤情，如果两侧肋骨骨折根数达到6根以上的，构成十级伤残，或者骨折根数达到4根以上且畸形愈合的，主要指通过保守治疗未经手术治疗的情况，也可以构成伤残。

(6)内脏部分肝、胃、脾、肺、肾如果进行修补手术也构成十级伤残，如果进行的是切除手术则构成九级伤残。

(7)生殖器官无论男女，进行手术或者有部分缺损的都构成伤残。

(8)人体关节部分损伤活动度受限的构成伤残，包括肩关节、肘关节、髋关节、膝关节活动度受限或者踝关节活动严重受限的构成伤残，胫腓骨或尺桡骨中间断裂不构成伤残。

(9)除了小手指外其他任何一根手指和脚趾有任何一根缺失的

构成伤残,小手指和手掌部分缺失也构成伤残。

(10)足跟和足弓骨折损伤也可能构成伤残。

以上标准为常见的交通事故后伤情能否评定伤残的参考标准,具体伤情是否能够评定伤残还应当咨询事故发生当地的法医。

发生交通事故后多长时间可以进行伤残鉴定也是经常会被问到的问题。有的说是事故发生后 4 个月,有的说是半年。那么到底应该是多长时间呢?

根据《人体损伤致残程度分级》的规定,鉴定时机应在原发性损伤及其与之确有关联的并发症治疗终结或者临床治疗效果稳定后进行鉴定。

法条并没有明确规定鉴定时间,只要求伤者在医疗终结和伤情稳定后进行伤残评定。这个时间多数是事故发生后的三四个月。

从律师代理案件角度,选取鉴定时间应该从案件整体上进行考虑。涉及的问题有以下几点:一是如果是起诉后由法院委托鉴定机构,因为法院往往有鉴定前的质证程序,即对鉴定检材进行质证,然后随机选取鉴定机构,最后再委托鉴定,这就需要一定的时间。所以即使伤者出院并且复印病历后就立即提起诉讼,在能够鉴定时候一般也在三四个月之后了。故要做好准备工作,以使案件办理更有效率一些。二是鉴定时间最好在误工期满之后。因为根据《最高人民法院关于审理人身损害赔偿案件适用法律若干问题的解释》的规定,误工期可以计算至定残日,如果太早进行伤残鉴定,可能会使误工期短于伤残评定的时间。这样还可能导致误工费减少,为了更好地帮助受害人争取合法利益,要综合考虑法院程序时间和误工期时间。三是有的地区需要根据关节活动度来评定伤残等级,当伤者体内有固定物时,法院一般不允许评定伤残,认为尚未达到伤残评定时间,需要取出固定物后评定伤残。这就有更多的考量,可能就要分两次诉讼主张赔偿了,第一次可以不委托鉴定伤残,只要求赔偿已经产生的医疗费,即在鉴定误工期、护理期、营养期后主张赔偿相关的费用。

二、误工期、护理期、营养期鉴定

按照《人身损害误工期、护理期、营养期评定规范》(GA/T 1193－2014),根据伤者不同的伤情确定误工期、护理期、营养期。

“误工期、护理期、营养期”是指本次损伤/事故所致的期限,需排除既往损伤、疾病。在进行具体案件的评定中,应遵循个性化为主、循证化为辅的原则,考虑不同个体的自身情况、损伤情况、临床治疗、恢复等因素具体分析,综合评定,不可机械照搬。交通事故后导致多处损伤的,不能将多处损伤的误工期、护理期、营养期进行简单累加;一般以“误工期、护理期、营养期”较长的损伤为主,并结合其他损伤的期限综合考虑,必要时酌情延长。对于一些损伤后恢复期较长,但已进入调解程序或诉讼程序的,误工期、护理期、营养期评定的上限可以至伤残评定前一日,但原则上不得超过24个月。由于个体差异、潜在疾病、年龄等因素介入导致误工期、护理期、营养期有所变化的,应根据具体情况综合评定。

司法鉴定机构只能根据受害人的受伤及恢复情况确认误工期、护理期、营养期的时间,具体赔偿标准由审理法院根据具体证据和当地经济条件确定。

有的地区的司法鉴定机构可以在评定护理期时一同评定护理人数。

三、医疗终结期鉴定

医疗终结期鉴定并非必要鉴定项目,并且在人身损害赔偿案件中没有具体的对应项目。医疗终结期鉴定是指人身受伤后经过诊断、治疗达到临床医学一般原则所承认的治愈（临床症状和体征消失）或体征固定所需要的时间评定。医疗终结期一般在工伤程序中对应停工留薪期，有的地区法院使用医疗终结期来代替人身损害案件中的误工期。医疗终结期鉴定也与医疗费的合理性有关，超过医疗终结期后进行的医疗行为而产生的医疗费，全部或者部分不会获得法院认可。

四、后续治疗费鉴定

后续治疗费包括二次手术费、康复费、整容费（疤痕修复费）。二次手术费根据伤者的伤情、手术次数、恢复情况确认。康复费和整容费一般不太容易鉴定，数额波动比较大。司法鉴定机构有可能会做出该伤情需要经过几个疗程，每个疗程所需费用为几百元到几千元的鉴定结论。另外，即便鉴定机构做出了需要后续治疗的结论并且给出了后续治疗费可能产生的数额，很多法院仍然可能不予认可。

五、交通事故因果关系参与度鉴定

受害人的伤情如果与自身的疾病相关，或者在交通事故后又受到其他侵权，赔偿义务人如果对受害人的医疗行为存在疑问，应当申请交通事故因果关系鉴定，确认交通事故与损害事实之间的参与程度。

六、残疾辅助器具更换周期及费用鉴定

相关规定中虽然有残疾辅助器具的安装和更换应当参照配置机构意见的规定，但是这些残疾辅助配置机构同时也出售辅助器具，存在利益诉求，有时会给出相对较高的配置意见。赔偿义务人如果对辅助器具配置机构的意见不予认可，就应当申请法院委托具有资质的司法鉴定机构确认受害人配置和更换残疾辅助器具的周期及费用。

七、医疗保险范围外用药鉴定

保险公司一般会提出抗辩称医疗保险范围之外花费的医疗费保险公司不予承担。但是如何举证受害人花费的医疗费中哪些属于医疗保险范围以内,哪些在医疗保险范围之外则有些困难。保险公司自己提供的证据因缺乏公平性法院不予认可,而人社局一般也不会专门针对具体案件提供医保外用药的参考。因而,有的地区法院可以委托鉴定机构对受害人所花费的医疗费中哪些属于医疗保险范围之外费用进行鉴定。获得司法鉴定意见后,法院可能会直接判决由侵权人承担医疗保险范围外的费用。

82. 财产损失案件评估项目有哪些?

律师答疑

交通事故案件中,产生争议的财产损失几乎都是车辆损失,需要由当事人自行申请鉴定的项目包含:事故车辆维修合理性鉴定,事故车辆维修价格鉴定,机动车停运损失评估,机动车贬值损失鉴定和机动车价值评估。

(1)事故车辆维修合理性鉴定。交通事故发生后,如果受损机动车所有人自行维修车辆,在按照实际维修费向赔偿义务人主张权利时,如果赔偿义务人对维修项目存在异议,应当申请鉴定事故车辆维修合理性。鉴定机构经过验车后,会对维修项目和交通事故的因果关系出具专业意见,确认合理维修项目、应当修理不可更换的维修项目、无法评估的维修项目、不合理的维修项目。法院再根据鉴定意见排除不合理的维修项目,酌情支持原告的诉讼请求。

(2)事故车辆维修价格鉴定。车辆维修价格鉴定分两种情况:一种是受诉机动车所有人已经维修车辆,赔偿义务人对维修车辆的维修价格存在争议,申请鉴定;另一种是受损机动车并未维修,权利人直接申请鉴定维修价格,再根据鉴定意见请求赔偿。如果是赔偿义务人申请鉴定维修价格,机动车所有人应当按照鉴定程序进行验车。

(3)机动车停运损失评估。营运机动车停驶期间的收益可以向侵权人主张赔偿,合理的停运时间由法院确认,停运时间内的当日价格则需要原告举证证明。一般来说,每个城市都有确定的出租车停运损失价格,但对于公交客运车辆和货运车辆则需要原告提供事发前的营运收入予以证明,无法提供事发前营运收入的也可以申请机动车停运损失鉴定,由专业的评估机构对停运期间的损失做出评估。

(4)机动车贬值损失鉴定。机动车因交通事故受损后,即便维修完毕也会产生一定程度的贬值,作为事故车的二手车售价会相对较低。如果权利人要求主张这部分损失,就需要委托评估机构评估机动车的贬值损失。但是需要明确的是,法院并不一定会采纳评估机构做出的贬值损失鉴定,还可能根据受损机动车的年限,行驶里程,受损部位等酌定赔偿数额,如调低赔偿数额或不予支持贬值损失的诉请。

(5)机动车价值评估。通过评估机动车事故发生前的价值,衡量机动车维修必要性,从理论上说如果机动车维修费用高于机动车事故发生前的价值,则不应该维修而是报废车辆。当然,实践中并非全部如此。

83. 如何选取鉴定机构?

律师答疑

在鉴定机构的选取方式上,有单方委托鉴定、协商一致委托鉴定和法院委托鉴定三种方式。

(1)单方委托鉴定机构。受害人自行委托鉴定机构进行伤残鉴定,在结论做出后,根据鉴定结论起诉肇事司机和保险公司,又称诉前鉴定。如果对方不认可鉴定结论,申请重新鉴定的话,法院可能会要求重新鉴定。由交警队出具鉴定委托书,受害人持交警队的鉴定委托书进行伤残鉴定的,也属于单方委托。

单方委托鉴定的优势是程序启动便利、节省时间。因为是主动选择鉴定机构,去伤残评定标准较宽松的机构或更为熟悉的鉴定机构做鉴定,可能更容易评定伤残。与此相对的,单方委托鉴定如果在诉讼中对方不认可该鉴定结论申请重新鉴定的,法院会安排重新鉴定,并以重新鉴定结论为准。重新鉴定使程序延长,单方鉴定应该谨慎适用。

(2)协商一致委托鉴定机构是指在起诉前或诉讼中受害人与侵权人及保险公司达成一致,共同委托某一鉴定机构进行鉴定。鉴定结论做出后,因为是多方共同委托,故如果任一方不认可鉴定结论,重新申请鉴定,法院一般不予准许。因为交通事故涉及多个诉讼主体的利益,如受害人、肇事司机和保险公司,如果是多方交通事故及其他承担责任方,则诉讼主体更多,直接协商成功选取鉴定机构并不容易。一些保险公司会与司法鉴定机构开展合作,由保险公司出具鉴定委托书去指定的司法鉴定机构评定伤残等级,做出的鉴定意见也具有法律效力,保险公司及受害人均不应该反悔。但相对来说,到保险公司指定的鉴定机构评定伤残的标准会更高,导致可评可不评的伤情不容易评定残疾。另外,也有一些保险公司会有专门法医负责查体和评定伤残。

(3)法院委托鉴定机构是指在诉讼中由法院委托鉴定机构,法院先安排庭审,对鉴定检材进行质证,然后由法院随机选取具有司法鉴定资质及相关伤情鉴定能力的鉴定机构。由法院委托的鉴定机构进行鉴定出具鉴定意见书,如果任何一方对鉴定结论仍然不认可,申请重新鉴定的,一般不会获得法院准许。因为由法院委托鉴定机构是随机选取,已经保障了程序公正。实体公正需要由程序公正来保障。如果法院允许重新鉴定,并且第二次鉴定结论与第一次不同时,比如一份鉴定意见书评定受害人伤情构成伤残十级,另一份鉴定意见书评定受害人伤情不构成伤残,那么如何决定两份鉴定意见书之间的效力?为什么后来的司法鉴定意见书就能优于前者呢?这从本质上是无从区分和评判的,所以法院对已经由法院委托鉴定机构出具的鉴定结论,不会允许重新委托鉴定。

84. 伤残鉴定需要提供哪些材料?

律师答疑

伤残鉴定和误工期、护理期、营养期鉴定需要的材料有:(1)交通事故责任认定书;(2)住院病历、诊断证明;(3)伤者检查的CT片、X线片、核磁共振片等影像资料;(4)伤者本人身份证;(5)鉴定费(有的鉴定机构要求必须交现金)。所有鉴定检材均当是经过法院庭审质证,双方对提交的鉴定无异议,除影像资料外,其他鉴定材料鉴定机构要留存复印件。

除非还有其他案件,或者需要二次手术后再评定伤残,否则影像资料在鉴定之后就没有用了,司法鉴定意见书做出后,再次开庭审理时,受害人无须再次携带和举证CT片和X线片。

很多不接触人伤案件的律师对住院病历一头雾水,并不知道各自有什么意义,这里简单说下。

一是住院病历首页。其中记载了伤者的基本信息:姓名、性别、年龄、身份证号、住址、工作单位、联系方式。如果接受案件委托后忘了委托人的联系方式,委托代理合同上也没写或者写的电话号码不对,可以在病历里查找受害人的电话。如果为肇事司机或者保险公司代理应诉案件,在法院判决后需要和对方联系赔付时,也可以从住院病历里查找联系人和联系方式。病历首页还记载了伤者住院的起止日期(用来确认住院时间,计算住院伙食补助费),以及伤者诊断的伤情。

二是住院记录。其中记载了伤者的身体情况,既往病史、治疗过程等。

三是手术记录。其中包括手术同意书、麻醉同意书、麻醉记录、手术记录等。手术记录还记载了手术过程。在医疗损害责任纠纷案件中,患者家属是否签订了手术知情同意书是极为关键的问题。

四是出院记录。其中记载了出院时伤者的情况,以及出院医嘱。以上这些鉴定时都是必不可少的。

五是各种检查记录。其中包括验血、验尿、心电图、体温、影像学报告单。一般除影像学报告外,其他检查记录在鉴定和庭审时都没有太大作用,很多时候可以不用复印。

六是医生医嘱单。其中包括长期医嘱单和临时医嘱单,其中记载了每日用药及治疗情况。如果伤者住院时间很长,并且在出院前很长时间没有医生医嘱,可以通过医生医嘱单情况,质疑伤者的治疗合理性,即是否属于必要性医疗,是否存在挂床行为等。

七是各种告知书。如不收红包告知书、入院告知书、出院告知书等。这些都是医院管理制度,与患者没有关系。

对住院病历的熟悉,可以在翻看当事人提交的材料后更为自信,这种自信往往也会提高委托案件的成功率。代理交通事故案件时,推荐花时间研究受害人的病历,可以增加对案件的了解程度,也提高自己阅读病历的能力。其实需要律师了解的并不多,也不复杂,简单的学习后获得的效果可能是立竿见影的。

85. 鉴定费由谁出？

律师答疑

鉴定费由鉴定申请人在鉴定时预交，法院审理后根据交通事故责任判决受害人和肇事司机分担。

（1）根据“谁主张，谁举证”“谁申请，谁交费”的庭审原则。鉴定费是由鉴定申请人在司法鉴定时预交的。如果原被告双方分别申请了不同的鉴定项目并在同一个鉴定机构同时鉴定，由原被告分别缴纳自己申请的鉴定项目所需要的鉴定费用。例如，原告受害人申请鉴定伤残等级和“三期”时间，被告肇事司机申请鉴定交通事故与伤情之间的因果关系参与度，就需要分别缴费。

（2）鉴定费应当按照侵权责任比例由侵权人和被侵权人分担。鉴定费与诉讼费不同，不是由诉讼请求和判决之间的比例来决定的，而是按照侵权责任比例分配。比如，交通事故双方负同等责任，受害人起诉肇事司机和保险公司要求赔偿的，鉴定费就应当由受害人和肇事司机各承担50%。有的地区在交通事故责任比例划分时会倾向于保护行人和非机动车，可能有10%—20%的优惠幅度，如行人和机动车发生交通事故在认定同等责任时，可能划分行人承担40%事故责任，机动车承担60%事故责任。关于鉴定费的承担也应该遵循事故责任比例的划分程度。

（3）受害人在法院起诉前单方委托鉴定机构出具司法鉴定意见书，诉讼中肇事司机或者保险公司对单方委托的司法鉴定意见书不予认可,申请法院重新鉴定的。如果重新鉴定结论与单方委托鉴定结论一致,受害人单方委托鉴定机构的鉴定费应由重新鉴定申请人承担,重新委托鉴定的鉴定费应当按照事故责任比例分担。如果重新委托鉴定机构作出的鉴定意见书与诉前鉴定的司法鉴定意见书不一致,受害人单方委托鉴定机构的鉴定费应由其自己承担,重新委托鉴定产生的鉴定费仍应当按照事故责任比例分担。在具体案件审理时,审理法官拥有自由裁量权,可以不按照上述规则执行。毕竟鉴定费这样小的一个项目一般不容易提起上诉,即便提起上诉,上级法院也不会单纯因为鉴定费问题改判。

(4)保险公司不承担鉴定费。鉴定费不在医疗责任、死亡伤残责任和财产损失责任范围内,不属于交强险的赔偿项目,故交强险不赔偿鉴定费。根据保单和商业保险示范条款,商业险免予赔偿鉴定费。

不过,部分法院审判规则不同,也有判决保险公司承担鉴定费的案例。在笔者曾经代理保险公司应诉的一个案件中,事故责任是原告伤者主责,被告司机次责。庭审中笔者答辩称,鉴定费应该按照侵权责任比例分担,也就是原告承担70%,被告司机承担30%。一审判决在“本院认为”中,认可了鉴定费应当按照侵权责任比例分担。但是在判项中却将全部鉴定费都判给了保险公司。然后笔者就打电话问主审法官,是不是笔误,毕竟判决的“本院认为”部分和判项前后不一致,需不需要出个补正裁定?法官就问在判决书中的第几页,笔者就给他指出来了。他说确实是笔误,应该改。过两天补正裁定就给邮寄过来了,写着“原文中鉴定费按照侵权责任比例分担错误,现补正为由保险公司承担”。原来补正裁定把之前“本院认为”部分的论述改了,最后还是判决保险公司承担鉴定费。

(5)如果第一次鉴定结论为“在后续治疗取出体内固定物后再

评定伤残”,再次起诉请求赔偿残疾赔偿金,进行鉴定时还应去之前的鉴定机构,并且无须再缴纳鉴定费。

(6)对法院一审判决中的鉴定费分配不服的,可以提起上诉。

86. 对鉴定意见书不服如何救济?

律师答疑

对单方委托鉴定机构做出的司法鉴定意见不服的,可以申请法院重新委托鉴定;对法院委托司法鉴定机构做出的司法鉴定意见书不服的,几乎没有途径推翻鉴定结论。

一、申请法院重新鉴定

不服法院委托司法鉴定机构出具的鉴定意见书申请重新鉴定的,除非鉴定机构或者鉴定人的司法鉴定资质出现问题,否则法院一般不会准许。

二、申请司法鉴定人出庭质证

司法鉴定人出庭制度在诉讼实践中作用并不大。一方面,虽然司法鉴定人无正当理由不得拒绝出庭作证,但是具体来说,有的鉴定人拒绝出庭提出的理由也无法分辨出是否正当。比如,有的司法鉴定人回函称因为患有某些疾病,预计在庭审日期住院;有的说已经休假在外地疗养;有的说年龄太大,不适宜出行。法官一般也不能因为司法鉴定人不出庭就否认司法鉴定意见书的效力。另一方面,即使司法鉴定人出庭作证后一般也达不到想要的效果,往往是“公说公有理,婆说婆有理”,谁也说服不了谁。最后法官还是根据鉴定意见书来判决。

另外，如果确实有证据证明司法鉴定意见书存在程序上或者实体上的问题，也可以向当地的司法局进行投诉。司法局在查实后可以对相应的鉴定机构进行处罚（如罚款或者停业），法院也可以将该鉴定机构从法院委托的名录中取消。

三、司法局投诉

除上述两种途径外还可以到鉴定机构所在地的司法局投诉，如确有违法行为，司法局会对鉴定机构进行处罚。

相关规定

《最高人民法院关于民事诉讼证据的若干规定》

第四十条第一款　当事人申请重新鉴定，存在下列情形之一的，人民法院应当准许：（一）鉴定人不具备相应资格的；（二）鉴定程序严重违法的；（三）鉴定意见明显依据不足的；（四）鉴定意见不能作为证据使用的其他情形。

《司法鉴定程序通则》

第四十三条　经人民法院依法通知，司法鉴定人应当出庭作证，回答与鉴定事项有关的问题。

第十一篇

工伤竞合

引　言

交通事故与工伤事故竞合是相对复杂的法律关系，代理此类案件只有对交通事故与工伤事故赔偿程序都了解，才能获得较好的效果。关于交通事故赔偿我们之前已经用十个篇章来讲解，包括交通事故赔偿的程序规则以及赔偿项目计算，这里不再赘述。本篇内容包括工伤赔偿流程、劳动关系认定、工伤认定标准、工伤赔偿项目等问题。之后我们再对交通事故和工伤事故进行程序及赔偿项目比较，结合实际案例讲解两种法律关系竞合产生的法律后果。

87. 什么情况下发生交通事故可以认定为工伤?

88. 工伤事故认定和赔偿程序有哪些?

89. 确认劳动关系有哪些注意事项?

90. 申报工伤有哪些注意事项?

91. 人身损害鉴定与劳动能力鉴定有哪些区别?

92. 工伤的赔偿项目有哪些?

93. 交通事故赔偿与工伤事故赔偿可以兼得吗?

94. 劳务雇佣期间发生交通事故受伤如何赔偿?

87. 什么情况下发生交通事故可以认定为工伤?

律师答疑

发生交通事故时职工从事与交通相关工作的,在因公外出期间的,或者在上下班期间且不承担交通事故全部责任和主要责任的,受伤职工可以认定为工伤。

交通事故受伤认定工伤参照《工伤保险条例》第 14 条第 1 项、第 5 项和第 6 项,简单来说就是工作中、因工外出期间和在上下班途中发生交通事故受伤可以认定为工伤。

(1)工作中受伤是指从事与交通相关的工作时发生交通事故受伤,如公交车司机、环卫工人等。工作内容就蕴含着交通风险,工作中发生交通事故可以认定为工伤,而且不用考虑交通事故责任。比如从事货物运输的大货车司机,在存在劳动关系的情况下,发生单方交通事故,及在高速公路上发生碰撞,货车司机受伤的,依然可以认定为工伤。

(2)因公外出期间受伤。临时性的外出工作,如外出传送材料、办理事务等;或者外地出差时,在路途中或出差工作中发生交通事故受伤,可以认定为工伤,同样不会因交通事故责任认定影响工伤认定。

(3)上下班途中发生交通事故,且伤者不承担交通事故全部责任或者主要责任的。上下班途中并非工作中但与工作存在必然联系,相当于必要的预备性工作和收尾性工作,上下班途中发生交通事故认定为工伤,相当于对工伤认定范围的合理扩大。与工作中和外出工作中因交通事故受伤不同的是,上下班途中发生交通事故如果职工本人负事故全部责任或者主要责任,不能认定为工伤;如果是同等责任、次要责任和无责任,可以认定为工伤。之所以有交通事故责任的限制,也有避免职工自伤、自杀,骗取工伤保险待遇的考虑。自杀和自伤是不能评定为工伤的,但发生交通事故时的主观状态不太好界定,故意还是重大过失往往难以区分。即使是单方事故,例如,驾车撞树上,也可能是驾驶时溜号所致;又如,错把油门当刹车等情况。如果发生交通事故职工承担主要责任或全部责任也能认定为工伤,就存在故意制造工伤的可能,与保障工伤职工的立法本意背离。

在具体认定过程中,也要注意事发地点应该是单位和住所地之间,如果下班后从事非公务活动,参加聚会或者其他活动,无论是去往过程还是活动结束后的归途中,发生交通事故也是不能被认定为工伤的。当然要是公务聚餐、团建等活动则另行别论了。

特别说明,上下班期间自己摔伤是不构成工伤的。比如,下班走路时自己踩空脚崴了,不能评定为工伤。不过,如果单位没给职工缴纳医疗保险,还可以要求用人单位赔偿医疗费,因为社会保险是强制参保的,即使劳动者主动要求不参保也不能免除用人单位责任。工作单位未缴纳医疗保险导致职工不能享受到住院保险待遇的,应当由单位承担职工住院医疗保险范围内的医疗费。

相关规定

《工伤保险条例》

第十四条　职工有下列情形之一的，应当认定为工伤：（一）在工作时间和工作场所内，因工作原因受到事故伤害的；（二）工作时间前后在工作场所内，从事与工作有关的预备性或者收尾性工作受到事故伤害的；（三）在工作时间和工作场所内，因履行工作职责受到暴力等意外伤害的；（四）患职业病的；（五）因工外出期间，由于工作原因受到伤害或者发生事故下落不明的；（六）在上下班途中，受到非本人主要责任的交通事故或者城市轨道交通、客运轮渡、火车事故伤害的；（七）法律、行政法规规定应当认定为工伤的其他情形。

88. 工伤事故认定和赔偿程序有哪些？

律师答疑

工伤事故赔偿可分为四个步骤，分别是确认劳动关系、申报及认定工伤、劳动能力伤残评定、主张工伤事故赔偿金。

（1）确认劳动关系。认定工伤的前提是事故发生时劳动者与用人单位存在劳动关系。如果已经签订了书面劳动合同，并且劳动合同符合法律规定，那么职工可以直接申报工伤。如果没有签订书面劳动合同，则需要劳动者到劳动争议仲裁委员会申请确认劳动者与用人单位存在事实劳动关系，获得生效的裁判文书后再申报工伤。

用人单位对劳动争议仲裁委员会做出的仲裁裁决不服的，可以向有管辖权的基层人民法院提起诉讼；对基层人民法院做出的一审判决不服的，还可以上诉到中级人民法院。

(2)申报及认定工伤。工伤认定需要用人单位或者劳动者向事故发生地的人社局工伤科提出工伤认定申请，并且按照要求提交申报材料，由工伤科审核后做出工伤认定。劳动者或者用人单位对社保机构做出的工伤认定不服的，可以向社保机构所在地基层人民法院提起行政诉讼，对基层人民法院做出的一审判决不服的，还可以上诉到中级人民法院。

(3)劳动能力伤残评定。由认定工伤所在地的市级劳动能力鉴定机构对伤者的劳动能力进行鉴定，确定是否构成伤残以及伤残等级。对鉴定结论不服还可以向做出鉴定结论的上一级，即省级的劳动能力鉴定机构申请重新鉴定。

(4)主张工伤事故赔偿金。在劳动能力鉴定结论做出后，可以根据鉴定结论向人社局或者用人单位主张各项工伤赔偿金。主要包括医疗费、停工留薪期工资、护理费、住院津贴、一次性伤残补助金、一次性医疗补助金、一次性就业补助金等赔偿项目。如果劳动者在事故发生时缴纳了工伤保险，伤者的医疗费、住院津贴、伤残津贴、一次性伤残补助金、辅助器具费等费用由社保基金赔偿，其余损失项目由用人单位赔偿。如果劳动者未缴纳工伤保险，则全部赔偿项目由用人单位赔偿。对工伤赔偿有争议的，劳动者可以向劳动争议仲裁机构申请劳动仲裁，对仲裁裁决不服还可以到基层人民法院提起诉讼；对基层人民法院做出的一审判决不服的，还可以上诉到中级人民法院。

以上就是工伤事故赔偿流程，因为涉及多个程序，每个程序又都有各自的纠错救济制度，所以工伤赔偿时间往往非常漫长，如果中途没有达成和解，工伤赔偿最终走下来可能需要两三年时间。

89. 确认劳动关系有哪些注意事项?

律师答疑

未签订劳动合同的劳动者在工作中受伤，应先从主体资格、工作内容、赔偿数额上分析是否存在劳动关系，然后收集工作证据，推进仲裁和诉讼程序，确定劳动者与用人单位存在事实劳动关系。

（1）用人单位和劳动者均需符合主体资格。劳动关系是在劳动者和用人单位之间建立的，如果用人单位没有合法的主体资格，如已经破产、注销的公司，或者个人雇佣，则用人方不具有主体资格，不能成立劳动关系。如果劳动者是未毕业的学生或者已经超过了法定退休年龄，也不能成为劳动法意义上的劳动者，与用人单位成立劳动关系。即便在工作中受伤，也只能请求劳务赔偿，不能主张工伤待遇。如果劳动者在达到法定退休年龄前一直在同一用人单位工作，且未享受到退休待遇，在工作中受伤也可能被认定为工伤。

（2）劳动者应服从用人单位管理。很多不签订劳动合同的公司的管理制度不太规范，甚至没有专门的人事制度。但对于工作事务的管理和统筹还是需要必要的渠道，一般都会建有专门的工作微信群，在微信群中指派工作任务，以及进行签到和请假事宜。

（3）劳动者应当获得劳动报酬。关于劳动报酬的发放形式，如果是公司账户直接转账给劳动者，可以直接作为确认劳动关系的证据使用。但是,因为多种原因用人单位很少直接用公司账户给未签订劳动合同的劳动者转账。前些年发现金的情况比较多,现在少了。小规模的公司会直接通过微信、支付宝转账结算工资,大一些的公司可能通过第三方公司转账或者安排财务以私人转账方式发放工资。如果是公司法定代表人或者股东用个人账户直接给劳动者转账工资,可以作为确认劳动关系的证据,其他方式转账则还需要确认发放工资的主体与用人单位之间的隶属关系。

(4)劳动者提供的劳动应是用人单位业务的组成部分。比如,一个制造企业,请人粉刷院墙,刷墙的工人师傅在刷墙时摔倒受伤,则不能认定工人师傅与制造企业之间存在劳动关系,但是劳务关系是有可能成立的。特别需要注意的是,农民工在建筑工地施工时受伤,可以评定为工伤,一般是与劳务分包公司成立劳动关系。

(5)在申请确认劳动关系仲裁时可以一并要求用人单位支付未签订劳动合同的双倍工资,不过仲裁请求的仲裁时效为一年,如果在同一用人单位工作两年以上,则不能获得未签订劳动合同双倍工资赔偿。因尚未确认工伤,所以在确认劳动关系仲裁中,不宜增加停工留薪期补偿、离职经济补偿等仲裁请求。

(6)确认劳动关系的仲裁裁决不属于终局裁决,用人单位和劳动者对裁决不服的,均可向基层人民法院提起诉讼。对基层人民法院做出的一审判决不服的,可以上诉至上一级人民法院,请求撤销原审判决并改判。

(7)确认劳动关系还需要考虑赔偿数额。在未签订劳动合同的用工状态下,劳动者可以选择按照劳动关系或者劳务关系主张赔偿。需要注意的是,并不是劳动关系评定工伤后获得的赔偿一定高于基于劳务关系的赔偿。例如，受伤非常严重，达到一至四级伤残的，因为只能获得一个一次性赔偿，实际工伤赔偿可能反而低于劳务受伤赔偿。更何况工伤赔偿程序多且复杂，获得赔偿款的难度和时间也显著高于劳务关系赔偿，因而，代理此类案件时还需要考虑工伤程序是否值得启动，再进行相应的仲裁和诉讼活动，而不是一味地认为工作中受伤就应当按照工伤程序索赔。

相关规定

《劳动和社会保障部关于确立劳动关系有关事项的通知》

一、用人单位招用劳动者未订立书面劳动合同，但同时具备下列情形的，劳动关系成立。（一）用人单位和劳动者符合法律、法规规定的主体资格；（二）用人单位依法制定的各项劳动规章制度适用于劳动者，劳动者受用人单位的劳动管理，从事用人单位安排的有报酬的劳动；（三）劳动者提供的劳动是用人单位业务的组成部分。

二、用人单位未与劳动者签订劳动合同，认定双方存在劳动关系时可参照下列凭证：（一）工资支付凭证或记录（职工工资发放花名册）、缴纳各项社会保险费的记录；（二）用人单位向劳动者发放的“工作证”、“服务证”等能够证明身份的证件；（三）劳动者填写的用人单位招工招聘“登记表”、“报名表”等招用记录；（四）考勤记录；（五）其他劳动者的证言等……

90. 申报工伤有哪些注意事项？

律师答疑

注重工伤申报时效，准备证人证言、救护车行驶记录等证据。

(1)申报工伤应由用人单位进行，用人单位不积极申报工伤的，劳动者可以自行申报工伤。用人单位申报工伤的时效是一个月，劳动者申报工伤的时效是一年。超过时效的，社会保险行政部门不予受理，工伤申报时效可以因为正当理由中断。劳动者在无法提供证明劳动关系存在的直接证据时，需要先申请仲裁确定劳动关系，在获得确认劳动者与用人单位存在劳动关系的生效裁判文书后，才能申报工伤，这时往往已经超过工伤事故发生之日起一年的时间了。工伤认定时效因劳动仲裁中断，应当从确认劳动关系的生效裁判文书送达之日起算一年的工伤申报时效。工伤申报和认定属于行政程序，时效比交通事故民事赔偿程序严格很多。

(2)用人单位不积极申报工伤的，职工工伤待遇均由用人单位支付，即便用人单位为劳动者缴纳了工伤保险，工伤保险基金也不予赔偿。

(3)受理工伤认定的是用人单位所在地区的社会保险行政部门，也就是工伤科。用人单位注册地和工伤事故发生地不一致的，也可以在工伤事故发生地社会保险行政部门申报工伤。虽然《工伤保险条例》规定由市级的社会保险行政部门办理工伤认定，但实践中往往是由区县级的工伤科具体办理，在受理后向上级报送工伤认定材料，当然这也不绝对，具体情况还要看当地规定。

（4）证明存在劳动关系的证据并非只有劳动合同或者确认劳动关系的生效裁判文书，有时其他证据（如由用人单位出具的相应证明文件）也可以直接证明劳动关系，无须再通过仲裁或者诉讼程序确认。比如用人单位为劳动者缴纳了养老和医疗保险，即便未缴纳工伤保险也可以直接申报工伤。如果劳动者签订了劳动合同但是手中没有劳动合同原件，只有复印件，一般也可以直接去社会保险行政部门工伤科申报工伤，不用申请劳动仲裁确认劳动关系。

（5）证人证言。申报工伤必须提供证人证言来证明工伤事故发生的事实。这就存在一个问题，现场目击人都是单位的职工，如果是单位申报工伤，很容易提供证人证言。但如果单位不配合申报工伤，需要劳动者自行申报，其他工友就很难去作证。实践中这种情况一般由受伤职工的家属配合作证，完成证人证言环节，工伤申报程序中必须提供证人证言，但并不限制证人的身份。家属虽然没有在现场目击工伤事故的发生，但一般都会有人在工伤事故发生后赶去医院帮助处理事务和陪护，也可以从侧面证明工伤事故发生的事实。

（6）职工故意犯罪、醉酒或者吸毒、自杀自残的不能评定为工伤。对于工亡职工事故前是否处于醉酒状态可能需要尸检证明，尸体长时间存储后，可能已经无法鉴定血液内的酒精含量，法医会提取心包血进行鉴定。

（7）人社局做出的认定工伤决定书是一种行政行为，对认定工伤结论不服的，可以提起行政诉讼。由做出该行政行为的行政机关所在地基层人民法院受理，但有的城市规定了工伤案件由专属法院管辖，不服基层人民法院做出的一审判决，还可以向上一级人民法院申请二审。

相关规定

《工伤保险条例》

第十六条 职工符合本条例第十四条、第十五条的规定,但是有下列情形之一的,不得认定为工伤或者视同工伤:(一)故意犯罪的;(二)醉酒或者吸毒的;(三)自残或者自杀的。

第十七条 职工发生事故伤害或者按照职业病防治法规定被诊断、鉴定为职业病,所在单位应当自事故伤害发生之日或者被诊断、鉴定为职业病之日起30日内,向统筹地区社会保险行政部门提出工伤认定申请。遇有特殊情况,经报社会保险行政部门同意,申请时限可以适当延长。

用人单位未按前款规定提出工伤认定申请的,工伤职工或者其近亲属、工会组织在事故伤害发生之日或者被诊断、鉴定为职业病之日起1年内,可以直接向用人单位所在地统筹地区社会保险行政部门提出工伤认定申请。

按照本条第一款规定应当由省级社会保险行政部门进行工伤认定的事项,根据属地原则由用人单位所在地的设区的市级社会保险行政部门办理。

用人单位未在本条第一款规定的时限内提交工伤认定申请,在此期间发生符合本条例规定的工伤待遇等有关费用由该用人单位负担。

第十八条第一款、第二款 提出工伤认定申请应当提交下列材料:(一)工伤认定申请表;(二)与用人单位存在劳动关系(包括事实劳动关系)的证明材料;(三)医疗诊断证明或者职业病诊断证明书(或者职业病、诊断鉴定书)。工伤认定申请表应当包括事故发生的时间、地点、原因以及职工伤害程度等基本情况。

91. 人身损害鉴定与劳动能力鉴定有哪些区别?

律师答疑

交通事故中伤者是否构成伤残应进行人身损害鉴定,工伤事故中工伤职工评定伤残应进行劳动能力鉴定,两者在委托鉴定主体、鉴定机构、评残标准、救济途径上均有不同。

一、委托鉴定主体不同

劳动能力鉴定由认定工伤的人社局工伤科委托劳动能力鉴定委员会进行鉴定,不受理工伤职工委托和用人单位委托。人身损害鉴定伤残可以由伤者单方委托、交警队委托或者起诉后由法院委托。

二、鉴定机构不同

劳动能力鉴定由市级的劳动能力鉴定委员会指定专门的定点医院进行鉴定,没有其他鉴定机构可供选择。人身损害鉴定由具有医学司法鉴定资质的鉴定机构进行鉴定,法院可以选择在司法鉴定名录中的鉴定机构进行委托。

三、评残标准不同

劳动能力鉴定依据《劳动能力鉴定　职工工伤与职业病致残等级》(GB/T 16180—2014),人身损害鉴定依据《人体损伤致残程度分级》。同样的伤情可能存在是否构成伤残和不同伤残等级的差异,一般来说依据劳动能力鉴定标准更容易评定伤残和评定更高的伤残等级。

四、救济途径不同

对市级劳动能力鉴定委员会做出的劳动能力鉴定不服的,可以向省级劳动能力鉴定委员会申请重新鉴定。对司法鉴定机构做出的伤残鉴定不服的,如果系单方委托,可以起诉后申请法院重新委托鉴定,是否允许重新鉴定由审理法官决定;如果是法院委托鉴定,则只能要求鉴定人出庭质询或者通过向司法局投诉的方式救济。

相关规定

《工伤保险条例》

第二十一条 职工发生工伤,经治疗伤情相对稳定后存在残疾、影响劳动能力的,应当进行劳动能力鉴定。

第二十二条 劳动能力鉴定是指劳动功能障碍程度和生活自理障碍程度的等级鉴定。劳动功能障碍分为十个伤残等级,最重的为一级,最轻的为十级。生活自理障碍分为三个等级:生活完全不能自理、生活大部分不能自理和生活部分不能自理。劳动能力鉴定标准由国务院社会保险行政部门会同国务院卫生行政部门等部门制定。

第二十三条 劳动能力鉴定由用人单位、工伤职工或者其近亲属向设区的市级劳动能力鉴定委员会提出申请,并提供工伤认定决定和职工工伤医疗的有关资料。

第二十六条 申请鉴定的单位或者个人对设区的市级劳动能力鉴定委员会作出的鉴定结论不服的,可以在收到该鉴定结论之日起15日内向省、自治区、直辖市劳动能力鉴定委员会提出再次鉴定申请。省、自治区、直辖市劳动能力鉴定委员会作出的劳动能力鉴定结论为最终结论。

92. 工伤的赔偿项目有哪些？

律师答疑

工伤赔偿项目包括：医疗费、住院津贴、停工留薪期工资、工伤津贴、一次性伤残补偿金、一次性医疗补助金、一次性就业补助金、残疾辅助器具费、护理费等赔偿项目。工亡赔偿项目包括：一次性工亡补偿金、丧葬补助金、抚恤金等赔偿项目。

（1）医疗费：医疗费及康复费均是工伤保险基金赔偿项目，但需要扣除医疗保险外的自费部分，该部分由用人单位承担。

（2）住院津贴：也是工伤保险基金赔偿项目，类似于住院伙食补助费，但数额相对赔偿较少，可能每日几十元。在法院审理阶段一般可以按照住院期间每日 100 元计算。

（3）停工留薪期工资：工伤停工期间用人单位应当全额向劳动者发放工资，并非工伤保险基金赔偿，因为是本单位承担损失，所以很形象地叫作停工留薪期和停工留薪期工资，而非误工期和误工费。停工留薪期与误工期类似，可以由医生开具休假期证明，也可以进行鉴定，还可以直接参考鉴定标准确定。

（4）工伤津贴：工伤一至四级职工在劳动能力鉴定后按照丧失劳动能力等级享受工伤津贴待遇。发放工伤津贴后不再支持停工留薪期工资。工伤津贴不应低于城市最低工资标准，如果低于由工伤保险基金补足。

（5）一次性伤残补偿金：从工伤保险基金中按伤残等级支付一

次性伤残补助金，标准一至十级分别是27、25、23、21、18、16、13、11、9、7个月的本人工资。

（6）一次性医疗补助金：一至四级伤残无此赔偿项目。五至十级伤残由各省份政府出台工伤保险实施细则规定具体的赔偿标准，即按照伤残等级对应赔偿的工资月数。必须在劳动合同期满或者由劳动者书面提出解除劳动合同后才支付，有的省份规定由工伤保险基金支付，有的省份规定与一次性就业补助金一起由用人单位支付。

（7）一次性就业补助金：与一次性医疗补助金类似，一至四级伤残无此赔偿项目。五至十级伤残由各省份政府出台工伤保险实施细则规定具体的赔偿标准，即按照伤残等级对应赔偿的工资月数。同样也是在解除劳动合同后支付，这个费用一定是由用人单位支付，工伤保险基金不予赔偿。伤残职工距法定退休年龄不足五年的，一次性伤残就业补助金按每减少一年递减20%的标准支付，距法定退休年龄不足一年的按全额的10%支付。工伤职工达到退休年龄或者办理退休手续的，不享受一次性工伤医疗补助金和一次性伤残就业补助金。所以有人说工伤保险基金赔偿一个一次性，有人说赔偿两个一次性。具体办理案件时需要参照各个省份的工伤保险条例实施细则。

（8）残疾辅助器具费：轮椅、拐杖、矫形器等由医生诊断即可。假肢需要鉴定单次的安装费用及更换周期，再依据安装费和更换周期计算辅助器具费。

（9）护理费：工伤程序中对护理费没有具体规定，可以参照侵权程序中的护理费计算方式，护工护理或者家属护理，由用人单位支付费用。在劳动能力鉴定之后，如果评定伤残而且需要生活护理，由工伤保险基金支付生活费。

（10）一次性工亡补偿金："同命同价"是平等法治理念的重要体

现,所以工亡补偿金不参照地区标准而是按照全国标准。

(11)丧葬补助金:丧葬补助金为六个月的统筹地区上年度职工月平均工资。

(12)抚恤金:应当对工伤一至四级职工和工亡职工的供养亲属支付抚恤金,供养亲属系成年人的,应为无劳动能力及无生活来源。

工伤赔偿各个项目有很多具体问题,限于篇幅不再多言。

相关规定

《工伤保险条例》

第三十条第三款　治疗工伤所需费用符合工伤保险诊疗项目目录、工伤保险药品目录、工伤保险住院服务标准的,从工伤保险基金支付……

第三十二条　工伤职工因日常生活或者就业需要,经劳动能力鉴定委员会确认,可以安装假肢、矫形器、假眼、假牙和配置轮椅等辅助器具,所需费用按照国家规定的标准从工伤保险基金支付。

第三十三条第一款　职工因工作遭受事故伤害或者患职业病需要暂停工作接受工伤医疗的,在停工留薪期内,原工资福利待遇不变,由所在单位按月支付。

第三十四条　工伤职工已经评定伤残等级并经劳动能力鉴定委员会确认需要生活护理的,从工伤保险基金按月支付生活护理费。

生活护理费按照生活完全不能自理、生活大部分不能自理或者生活部分不能自理3个不同等级支付,其标准分别为统筹地区上年度职工月平均工资的50%、40%或者30%。

第三十五条 职工因工致残被鉴定为一级至四级伤残的，保留劳动关系，退出工作岗位，享受以下待遇：……（二）从工伤保险基金按月支付伤残津贴，标准为：一级伤残为本人工资的90%，二级伤残为本人工资的85%，三级伤残为本人工资的80%，四级伤残为本人工资的75%。伤残津贴实际金额低于当地最低工资标准的，由工伤保险基金补足差额……

第三十九条 职工因工死亡，其近亲属按照下列规定从工伤保险基金领取丧葬补助金、供养亲属抚恤金和一次性工亡补助金：（一）丧葬补助金为6个月的统筹地区上年度职工月平均工资；（二）供养亲属抚恤金按照职工本人工资的一定比例发给由因工死亡职工生前提供主要生活来源、无劳动能力的亲属。标准为：配偶每月40%，其他亲属每人每月30%，孤寡老人或者孤儿每人每月在上述标准的基础上增加10%。核定的各供养亲属的抚恤金之和不应高于因工死亡职工生前的工资。供养亲属的具体范围由国务院社会保险行政部门规定；（三）一次性工亡补助金标准为上一年度全国城镇居民人均可支配收入的20倍。

伤残职工在停工留薪期内因工伤导致死亡的，其近亲属享受本条第一款规定的待遇。

一级至四级伤残职工在停工留薪期满后死亡的，其近亲属可以享受本条第一款第（一）项、第（二）项规定的待遇。

93. 交通事故赔偿与工伤事故赔偿可以兼得吗?

律师答疑

医疗费不能兼得,其他赔偿项目理论上可以兼得。

工作中发生交通事故受伤,既属于侵权关系中的受害人,也属于工伤程序中的受伤职工;既可以要求肇事司机和保险公司赔偿,也可以依据《工伤保险条例》的相关规定主张工伤保险待遇。

我们来比对下两个程序中各自的赔偿项目。

(1)医疗费:医疗费应当由侵权第三人赔偿,第三人不应承担的部分医疗费可以依据工伤程序请求赔偿。交通事故根据双方过错划分事故责任,在受害人承担一部分交通事故责任时,产生的医疗费并非全部由侵权人及保险公司承担。如果工伤职工先通过工伤程序获得了医疗费赔偿,则工伤保险基金取得了向侵权第三人追偿的权利。两个赔偿程序中存在多个赔偿主体,司机、车主、保险公司、用人单位等。实践中也有受害人隐瞒工作情况和工伤赔偿,向侵权人索要赔偿,通过信息差获得双倍赔偿的情况。

(2)住院伙食补助费/住院津贴:分别对应侵权赔偿和工伤赔偿,名称略有不同,但对应的是住院期间伤者的餐饮费用,可以兼得。

(3)营养费:工伤赔偿中无此费用,只能通过侵权程序获得赔偿。交通事故程序中赔偿的营养费无须抵扣工伤赔偿中的费用。

(4)误工费/停工留薪期工资:因为受伤减少工作收入。理论上可以兼得,也就是可以同时要求用人单位支付工伤休假期间的工资和要求侵权人赔偿误工费。但在交通事故理赔和诉讼过程中如果保险公司得知用人单位已经支付工伤期间的工资，将不会同时赔偿误工费。因为有固定工作的受害人的误工费按照减少的收入计算，如果用人单位发放了停工留薪期工资则不存在收入减少，也就不能获得误工费赔偿。如果用人单位没有发放停工留薪期工资，工伤职工就可以在获得误工费赔偿后继续请求单位支付停工留薪期工资。

(5)护理费：虽然理论上也是可以兼得的，但是实践中两边都要护理费的情况并不多。

(6)残疾辅助器具费：两个程序均可以赔偿，但不容易兼得。

(7)精神损害抚慰金：侵权程序独有赔偿项目，赔偿构成伤残的被侵权人精神损失，工伤赔偿中无精神损失。

(8)残疾赔偿金：侵权程序中的残疾赔偿金与工伤程序中的一次性伤残补偿金、一次性医疗补助金、一次性就业补助金是不冲突的，可以兼得，这是两个程序中较为主要的赔偿项目。

(9)死亡赔偿金/一次性工亡赔偿金：可以同时领取。

(10)丧葬费/丧葬补助费：两个程序都可以赔偿，计算标准也相同，还可以兼得。

(11)被抚养人生活费/抚恤金：被抚养人生活费是侵权程序独有赔偿项目，赔偿构成伤残的被侵权人的被抚养人的损失，工伤程序没有对伤残职工近亲属的赔偿，但工亡职工近亲属可以领取抚恤金。一次性工亡赔偿金和死亡赔偿金不冲突，抚恤金与被抚养人生活费也不冲突。

参考案例

吴某、闫某某等劳动争议纠纷案

案号:(2023)辽10民终1841号

基本案情:辽K1号重型自卸货车系被告刘某所有,该车挂靠在某公司运营。闫某系刘某雇佣的司机,发生事故时闫某受雇未满一个月。2020年11月17日3时40分许,闫某驾驶辽K1号重型自卸货车在灯塔市与前方同方向唐某停驶的辽CC号重型自卸货车相撞,造成闫某当场死亡及两车损坏的交通事故。2021年6月24日,吴某以闫某名义向辽阳市人力资源和社会保障局申请工亡认定。辽阳市人力资源和社会保障局于2021年8月19日做出辽市人社工伤认字〔2021〕088号工伤认定决定书,认定工伤保险责任单位为某公司,司机闫某为工亡。某公司不服向灯塔市人民法院提起行政诉讼,灯塔市人民法院于2021年12月2日做出(2021)辽1081行初187号行政判决书,判决撤销辽阳市人力资源和社会保障局于2021年8月19日做出的辽市人社工伤认字〔2021〕088号工伤认定决定书。2022年3月15日辽阳市人力资源和社会保障局以吴某为申请人重新做出辽市人社工伤认字〔2022〕042号工伤认定决定书,认定结论与辽市人社工伤认字〔2021〕088号工伤认定决定书一致。某公司不服上述决定,再次向灯塔市人民法院提起行政诉讼,灯塔市人民法院于2022年7月25日以(2022)辽1081行初94号行政判决书驳回某公司的诉讼请求。某公司不服上诉至辽阳市中级人民法院。辽阳市中级人民法院审理认为,根据《最高人民法院关于审理工伤保险行政案件若干问题的规定》第3条的规定,被挂靠单位承担工伤保险责任并不以劳动关系为前提，一审法院认定事实清楚、适用法律正确、审判程序合法，遂做出（2022）辽10行终139号行政判决书，予以维持。2021年8月31日，吴某、闫某某向辽阳市劳动人事争议仲裁委员会申请仲裁，请求某公司依法支付丧葬补助金32,922元、一次性工亡补助金985,660元、供养亲属抚恤金1,016,100元。2023年6月20日辽阳市劳动人事争议仲裁委员会做出辽市劳人仲字〔2021〕第787号仲裁裁决书，裁决：自本裁决生效之日起15日内，刘某一次性支付吴某和闫某某一次性工亡补助金差额647,180元、闫某某供养亲属抚恤金差额38,797元，某公司对上述款项承担连带赔偿责任。上述仲裁裁决送达后，吴某、闫某某、某公司、刘某均不服，向一审法院提起诉讼。另查，吴某、闫某某因闫某交通事故死亡与唐某、张某、鞍山某某有限公司机动车交通事故纠纷一案，向灯塔市人民法院提起诉讼，灯塔市人民法院认定因闫某死亡产生的死亡赔偿金为636,400元、丧葬费37,632元、被抚养人（闫某某）生活费22,203元、处理事故人员误工费2000元、精神损害抚慰金15,000元（已按责任系数30%计算）。最终灯塔市人民法院确认张某、鞍山某某有限公司首先在交强险180,000元内承担责任，其次超出交强险部分按30%比例承担责任。遂做出（2021）辽1081民初1153号民事判决书，判决张某赔付吴某、闫某某350,470.50元，鞍山某某有限公司承担连带责任。上述款项吴某、闫某某已收到。同时吴某、闫某某从辽阳市某某分公司获得机动车车上人员责任险（司机）死亡赔偿金200,000元。

一审法院认为，职工因工死亡，其近亲属有获得丧葬补助金、供养亲属抚恤金和一次性工亡补助金的权利。《最高人民法院关于审理工伤保险行政案件若干问题的规定》第3条第1款中规定："社会保险行政部门认定下列单位为承担工伤保险责任单位的，人民法院应予支持：……（五）个人挂靠其他单位对外经营，其聘用的人员因工伤亡的，被挂靠单位为承担工伤保险责任的单位。”该规定的出发点是更好地保护劳动者权益，保障劳动者在受到侵害时能够得到及时有效的补偿，而不是使劳动者得到额外的利益。确定被挂靠单位作为承担工伤保险责任的用人单位，虽然有利于保护职工的合法权益，但在责任的承担上，由用人单位支付工伤保险待遇，会出现免除实际侵权人赔偿责任的不公平现象。因此《最高人民法院关于审理工伤保险行政案件若干问题的规定》第3条第2款亦规定：“前款第（四）、（五）项明确的承担工伤保险责任的单位承担赔偿责任或者社会保险经办机构从工伤保险基金支付工伤保险待遇后，有权向相关组织、单位和个人追偿。”该款规定了被挂靠单位承担工伤保险赔偿责任后有权向实际侵权人行使追偿的权利。同时，根据《侵权责任法》（已废止）第35条“个人之间形成劳务关系，提供劳务一方因劳务造成他人损害的，由接受劳务一方承担侵权责任。提供劳务一方因劳务自己受到损害的，根据双方各自的过错承担相应的责任”的规定，闫某受刘某雇佣，在从事劳务过程中受到损害，刘某作为雇主应承担侵权责任。该起交通事故形成的侵权事实，雇主刘某与案外人唐某均系实际侵权人，某公司在承担工伤保险责任后可以向实际侵权人追偿。如果不扣除吴某、闫某某已获得的相应赔偿部分，必然导致某公司的追偿权不能得到实现，亦不符合《最高人民法院关于审理工伤保险行政案件若干问题的规定》出台的初衷，如不扣除该部分保险理赔款200,000元，对刘某来说亦显失公平。关于吴某、闫某某主张案涉工伤保险待遇是否可以双赔的问题，《第八次全国法院民事商事审判工作会议（民事部分）纪要》第10条中规定，“用人单位未依法缴纳工伤保险费,劳动者因第三人侵权造成人身损害并构成工伤,侵权人已经赔偿的,劳动者有权请求用人单位支付除医疗费之外的工伤保险待遇”。《第八次全国法院民事商事审判工作会议(民事部分)纪要》提出的双赔前提是用人单位未依法缴纳工伤保险费,而本案中某公司并非实际用人单位,也未有闫某与之形成劳动关系的证明,且现有证据可以证明闫某与刘某之间系个人劳务关系,故某公司没有依法为闫某缴纳工伤保险费的义务,《第八次全国法院民事商事审判工作会议(民事部分)纪要》第10条不适用于本案。综上,吴某、闫某某在获得工伤保险待遇时应扣除已获得的相应赔偿。关于赔偿数额,一次性工亡补助金为847,180元。吴某、闫某某未提供闫某工亡前12个月平均工资为10,000元的证据,一审法院对吴某、闫某某的供养亲属抚恤金按10,000元标准计算不予支持。供养亲属抚恤金应根据2020年辽阳市从业人员月平均工资5895.75元按30%比例计算18个月21天,即33,075.16元。丧葬补助金为32,922元。丧葬补助金吴某、闫某某已得到全额赔偿,不应再行支付。扣除其已获得的死亡赔偿金及被抚养人生活费合计495,838.50元,尚应支付384,416.66元。关于刘某主张在本案中不应承担赔偿责任的问题,本案中某公司承担工伤保险责任并非以其或刘某与闫某存在劳动关系为前提,确认劳动关系并非前置程序。《最高人民法院关于审理工伤保险行政案件若干问题的规定》第3条第2款赋予了某公司追偿权,为减少诉累,在本案中本院一并处理,故刘某应承担赔偿责任。综上,依照《劳动法》第73条、《社会保险法》第38条、《最高人民法院关于审理工伤保险行政案件若干问题的规定》第3条之规定,判决:(1)刘某与某公司共同支付吴某、闫某某一次性工亡补助金与供养亲属抚恤金差额合计

384,416.66元，此款于本判决生效后10日内付清；(2)某公司支付上述款项后可直接向刘某追偿；(3)驳回其他诉讼请求。

一审判决做出后各方当事人均不服，遂提出上诉。

二审法院审理后认为，关于某公司是否应当承担工伤保险责任问题，《最高人民法院关于审理工伤保险行政案件若干问题的规定》第3条第1款第5项和第8条规定，劳动者因用人单位以外第三人侵权造成人身损害构成工伤的，劳动者既是人身侵权的受害人，也是工伤事故的受伤职工，其有权获得医疗费用以外的人身损害赔偿和工伤保险赔偿的双重赔偿。而对于形成挂靠关系的特殊用工情况，则特别规定由被挂靠单位承担工伤保险责任，即被挂靠单位承担的工伤保险责任不以是否形成劳动关系为前提，其与实际车主聘用人员之间属于法律上的拟制劳动关系，由被挂靠单位承担工伤保险责任才能更好地保护职工的合法权益，且被挂靠单位在实际承担赔偿责任后可以向实际侵权人行使追偿权。本案受害人闫某驾驶货车发生交通事故导致死亡，辽阳市人力资源和社会保障局做出的辽市人社工伤认字〔2021〕088号工伤认定决定书，认定本案工伤保险责任单位为某公司，该决定书已经发生法律效力，双方无论是否构成劳动关系，均不影响挂靠单位某公司承担相应的工伤保险责任。故闫某的法定继承人吴某、闫某某主张某公司承担相应的工伤保险责任依法应予支持。

关于刘某是否应当承担赔偿责任问题。上诉人刘某虽系闫某的实际雇主，但本案系工伤保险责任纠纷，不是侵权纠纷，刘某不属于用人单位，一审法院认定其承担共同赔偿责任适用法律不当，应予纠正。被挂靠单位某公司承担赔偿责任后是否向实际车主刘某行使追偿权系其对权利的自行处分，本案不予处理，当事人可另行主张。

关于上诉人吴某、闫某某在机动车交通事故责任纠纷一案中得到的人身损害赔偿款是否应当扣除问题。同前述,因用人单位以外第三人侵权造成劳动者人身损害构成工伤的,劳动者有权获得除医疗费用外的人身损害赔偿和工伤保险赔偿的双重赔偿。被挂靠单位作为特殊的工伤保险责任主体,应当承担与形成劳动关系的用人单位相同的工伤保险赔偿责任。一审法院认定案涉工伤保险责任应当扣除吴某、闫某某从案外第三人张某、鞍山某某有限公司处获得的被侵权人的死亡赔偿金及被抚养人生活费缺乏法律依据,应予纠正。

关于上诉人吴某、闫某某从辽阳市某某分公司获得机动车车上人员责任险(司机)死亡赔偿金200,000元是否应当扣除问题。责任保险是指以被保险人对第三者依法应负的赔偿责任为保险标的的保险。车上责任险是机动车辆保险的附加险,其保险标的为因保险事故发生被保险人对车载货物和车上人员应负的赔偿责任,在性质上属于财产保险范畴,保险利益应当归属被保险人。机动车车上人员责任险不属于人身险,不属于重复赔偿范畴,保险公司承担的是被保险人的替代赔偿责任。本案某公司作为被保险人,投保机动车车上人员责任险是为减轻驾驶过程中发生意外的赔偿风险,是对自身利益的一种保障,保险利益应当归属某公司,故案涉机动车车上人员责任险(司机)死亡赔偿金200,000元应予扣除。

二审判决如下:(1)撤销辽阳市太子河区人民法院(2023)辽1011民初992号民事判决书第二项、第三项,即"二、某公司支付上述款项后可直接向刘某追偿……";(2)变更辽阳市太子河区人民法院(2023)辽1011民初992号民事判决书第一项为某公司于本判决生效后 10 日内支付吴某、闫某某一次性工亡补助金为 647,180 元，供养亲属抚恤金 33,075.16 元，合计 680,255.16 元；(3)驳回吴某、闫某某其他诉讼请求。

点评：(1)关于交通事故责任与工伤认定，闫某系货车司机，在工作中发生交通事故死亡，虽然自己承担交通事故主要责任，但依然可以被认定为工亡；(2)关于被挂靠公司工伤保险责任，根据相关司法解释，被挂靠单位应当成为工伤赔偿的主体；(3)关于工伤赔偿和交通事故赔偿竞合，根据司法解释除医疗费外可以双重赔偿；(4)关于工伤认定一事不再理，闫某的工亡认定在被一审法院撤销后，社保部门又重新做出了同样的工亡认定结论，又被二审法院维持了，具体情况未知，但从结果上看工伤认定并不适用一事不再理原则；(5)关于机动车车上人员责任险的性质及归属，二审法院认为机动车车上人员责任险系附加险论述错误，机动车车上人员责任险系机动车商业险主险之一，确实属于财产险范畴，应当减轻投保人的赔偿责任；(6)关于雇主赔偿责任，刘某虽然是闫某的雇主，但本案系工伤保险待遇纠纷，并非提供劳务者受害责任纠纷，刘某不是适格的主体，不应承担赔偿责任，某公司是否具有追偿权应当另行主张；(7)关于丧葬费与丧葬补助金，交通事故赔偿中的丧葬费和工伤待遇中的丧葬补助金并不冲突，可以双倍赔偿，但吴某和闫某某未就丧葬费提出上诉，故二审未予审理。

相关规定

《最高人民法院关于审理工伤保险行政案件若干问题的规定》

第八条第三款　职工因第三人的原因导致工伤，社会保险经办机构以职工或者其近亲属已经对第三人提起民事诉讼为由，拒绝支付工伤保险待遇的，人民法院不予支持，但第三人已经支付的医疗费用除外。

《社会保险法》

第四十二条 由于第三人的原因造成工伤，第三人不支付工伤医疗费用或者无法确定第三人的，由工伤保险基金先行支付。工伤保险基金先行支付后，有权向第三人追偿。

94. 劳务雇佣期间发生交通事故受伤如何赔偿？

律师答疑

可以按照交通事故责任向肇事司机和保险公司请求赔偿，或者依据提供劳务者受害责任纠纷向接受劳务者请求赔偿。

《民法典》颁布前《最高人民法院关于审理人身损害赔偿案件适用法律若干问题的解释》中对劳务关系的双方分别称为雇主和雇员，《民法典》改为提供劳务一方和接受劳务一方。修改后的概念可能更为准确，不过说起来比较拗口，我们后面还是使用雇主和雇员的称谓。

(1)雇主责任赔偿基于过错程度划分。比如，从高处摔伤、被机器轧伤等，一般都是雇主承担主要责任，雇员承担次要责任。但是交通事故本身是有责任划分的，雇员工作中发生交通事故，也是先由交警部门划分交通事故责任，由雇员承担的责任部分，可以在后续的赔偿中根据过错程度与雇主一起分担。在交通事故赔偿程序处理完毕后,仍有部分损失未能获得赔偿的医疗费及其他费用,可以要求雇主分担。

(2)雇员在雇佣期间发生交通事故受伤,可以在雇主责任和交通事故责任之间选择一种赔偿程序,要求雇主或者交通事故侵权人及保险公司赔偿。从实践角度来说,主要考虑保险公司保额情况,便于履行。如果车险足额,一般是起诉交通事故侵权人和保险公司。如果事故车辆没有投保交强险,没有赔偿能力,如农用四轮车,可能还是先按照雇主责任起诉要求雇主赔偿好一些。

(3)雇主因为劳务关系补偿雇员的人身损害后,可以向直接侵权人追偿,即发生交通事故后,受害人不选择向对方车辆司机和保险公司要求赔偿,而是请求自己的雇主承担雇主责任。那么雇主在支付了补偿款后,可以向事故车辆的司机和保险公司行使追偿权,追偿权的数额应以已经履行的补偿数额为限。

(4)雇主责任与交通事故责任的赔偿项目计算方式一样,都是医疗费、误工费、护理费、营养费、残疾赔偿金等。适用《民法典》和《最高人民法院关于审理人身损害赔偿案件适用法律若干问题的解释》,不存在因赔偿项目不同兼得某项赔偿的可能,如在雇主责任中是不存在可以同时领取一次性工伤赔偿金和一次性残疾赔偿金的。

(5)雇员在上下班期间因交通事故受伤不能获得雇主赔偿。只有成立劳动关系,上下班期间发生交通事故才能认定为工伤,并请求用人单位赔偿。雇员在上下班期间发生交通事故,无论交通事故责任如何划分,均无权请求雇主赔偿。

参考案例

丁某、淮安某公司等提供劳务者受害责任纠纷案

案号:(2024)苏08民终1345号

基本案情:2020年9月19日,天秤公司向太平洋保险上海分公司投保雇主责任险,保险金额1,000,000元,保险期限自2020年9月19日0时起至2020年10月18日24时止。保单明细表第11条特别约定载明:"……2.本保单保障骑手在保障期间因遭受意外伤害事故需在二级及以上公立医院门诊或住院治疗所发生的合理医疗费用,赔偿限额100,000元;3.本保险附加个人第三者责任,保障限额600,000元;4.本保单保证因遭受意外伤害事故导致误工,保险人就合理的误工费进行赔偿,每人每天赔偿限额200元,免赔4天,最长90天;5.本保单保障因遭受意外伤害事故导致误工,保险人就合理的营养费和护理费进行赔偿,每人每天赔偿限额50元,免赔4天,最长90天……7.骑手伤残赔付比例按照伤残等级10%、20%、30%……依次递增……9.骑手使用交通工具包括电瓶车、双证齐全机动车、自行车、燃油助力车等;10.因地方交管政策不支持上牌照的电瓶车、燃油助力车,实际鉴定出来为机动车的案件,属于正常保险理赔范围;11.诉讼案件,以保险条款和业务约定进行诉讼辩论……"雇主责任险清单载明丁某及其身份证号码。《中国太平洋财产保险股份有限公司雇主责任保险条款》第3条规定,在保险期间内,被保险人的工作人员在中华人民共和国境内因下列情形导致伤残或死亡,依照中华人民共和国法律(不含香港、澳门特别行政区和台湾地区法律)应由被保险人承担的经济赔偿责任,保险人按

照本保险合同约定负责赔偿。第6条,被保险人的雇员有下列情形之一,导致自身遭受人身损害的,保险人不负责赔偿:……(5)无驾驶证,驾驶证失效或者被依法扣留、暂扣、吊销期间驾驶机动车,驾驶与驾驶证载明的准驾车型不相符合的机动车。第35条中规定被保险人雇员是指与被保险人存在劳动关系(包括事实劳动关系)的各种用工形式、各种用工期限,年满16周岁的人员以及根据国家规定经审批的未满16周岁的特殊人员、其他人员。

2020年9月25日20时许,丁某驾驶电动二轮轻便摩托车沿洪泽区杨码路行驶时,与王某驾驶的苏H号小型轿车发生碰撞,造成丁某受伤的交通事故。经淮安市公安局洪泽分局交通警察大队认定,丁某驾驶与驾驶证载明的准驾车型不相符合的、未经登记的机动车上道路行驶,通过没有交通信号灯控制也没有交通警察指挥但有交通标志、标线控制的交叉路口,未让优先通行的一方先行、未确保安全是事故发生的主要原因;王某驾驶机动车通过没有交通信号灯控制也没有交通警察指挥的交叉路口时未降低行驶速度、未确保安全是事故发生的次要原因。认定丁某负事故主要责任,王某负次要责任。

2021年1月4日,丁某向淮安市洪泽区劳动人事争议仲裁委员会申请劳动仲裁,请求确认丁某与天秤公司之间存在劳动关系。经该仲裁委查明,丁某于2020年9月19日起在天秤公司从事外卖送货员工作,2020年9月25日丁某在送外卖工作途中发生交通事故。天秤公司通过网络平台发布外卖订单,丁某通过网络平台接单,具体承接订单的事项由丁某根据自己的实际情况决定,天秤公司按照丁某送单的业务数量结算劳动报酬。该仲裁委认为双方之间不具备构成劳动关系的明显特征,于2021年1月27日裁决:对丁某的仲裁请求不予支持。该裁决已生效。

2021 年 7 月 24 日,丁某向一审法院起诉王某、蒋某、中国太平洋财产保险股份有限公司淮安中心支公司,该案案号为(2021)苏 0813 民初 2308 号。经一审法院查明,丁某因本次交通事故致重型颅脑损伤,构成三级伤残,误工期、护理期均为 284 天,营养期为 180 天,护理依赖程度属于大部分护理依赖,护理人数以 1 人为宜。丁某驾驶的金箭牌电动二轮轻便摩托车配有机动车整车出厂合格证,合格证编号为 MT319A200802233;紫金财产保险股份有限公司道路救助基金为丁某垫付医疗费 32,086.44 元。一审法院经审理认定,丁某医疗费 606,648.47 元、住院伙食补助费 9560 元、营养费 5400 元、误工费 48,555 元、护理费 43,465 元、护理依赖费 256,756 元、伤残赔偿金 893,792 元、精神损害抚慰金 30,000 元、医疗器材费 3740 元、交通费 5000 元、车辆损失费 1000 元,以上合计 1,903,916.47 元。由中国太平洋财产保险股份有限公司淮安中心支公司在交强险医疗费用赔偿限额内赔偿 18,000 元、死亡伤残赔偿限额内赔偿 180,000 元、财产损失赔偿限额内赔偿 1000 元,超出交强险范围的商业三者险限额内承担30%赔偿责任,即赔偿 511,474.94 元。一审法院于 2021 年 10 月 14 日做出民事判决:(1)中国太平洋财产保险股份有限公司淮安中心支公司赔偿丁某 699,475 元;(2)丁某返还王某垫付款 72,500 元、蒋某垫付款 65,000 元;(3)驳回丁某其他诉讼请求。该判决已生效。

一审归纳争议焦点为:(1)天秤公司是否应当承担赔偿责任;(2)太平洋保险上海分公司是否是本案适格被告;(3)各方当事人承担责任比例以及具体赔偿数额。

一审法院认为:针对焦点一,根据淮安市洪泽区劳动人事争议仲裁委员会仲裁裁决,丁某与天秤公司不具备构成劳动关系的明显特征,但丁某于2020年9月19日起在天秤公司从事外卖送货员工作,根据订单量由天秤公司向其结算工资,天秤公司为丁某购买雇主责任险,能够认定丁某与天秤公司之间形成雇佣关系。根据《最高人民法院关于审理人身损害赔偿案件适用法律若干问题的解释》(法释〔2003〕20号,已修正)第11条第1款的规定,雇员在从事雇佣活动中遭受人身损害,雇主应当承担赔偿责任。雇佣关系以外的第三人造成雇员人身损害的,赔偿权利人可以请求第三人承担赔偿责任,也可以请求雇主承担赔偿责任。雇主承担赔偿责任后,可以向第三人追偿。该条款应理解为在第三人侵权的情形下,雇主与实际侵权人构成不真正连带责任,雇员可以选择向实际侵权人也可以选择向雇主主张权利,雇员选择向任一主体主张权利,其债权均归于消灭,其中实际侵权人属于最终的责任承担人,雇主承担责任后可以向实际侵权人追偿。本案中,丁某受雇于天秤公司从事外卖送货员工作,丁某作为骑手在送货过程中面临各种风险,属于具有一定危险性的作业。天秤公司作为雇主应当为雇员提供一定的安全保障措施、履行安全教育及监督管理的义务,对丁某遭受的人身损害应当承担相应赔偿责任。丁某在交通事故中负主要责任,说明丁某在工作中自身未尽到安全注意义务,对损害的发生存在主要过错,需承担相应的责任。

针对焦点二,根据《保险法》第65条第1—3款的规定,保险人对责任保险的被保险人给第三者造成的损害,可以依照法律的规定或者合同的约定,直接向该第三者赔偿保险金。责任保险的被保险人给第三者造成损害,被保险人对第三者应负的赔偿责任确定的,根据被保险人的请求,保险人应当直接向该第三者赔偿保险金。被保险人怠于请求的,第三者有权就其应获赔偿部分直接向保险人请求赔偿保险金。责任保险的被保险人给第三者造成损害,被保险人未向该第三者赔偿的,保险人不得向被保险人赔偿保险金。本案中,被保险人天秤公司的赔偿责任尚未确定,天秤公司并未怠于请求,而且太平洋保险上海分公司主张不承担赔偿责任。丁某要求天秤公司、太平洋保险上海分公司承担赔偿责任,属于两个不同的法律关系,太平洋保险上海分公司也不同意在本案中一并处理。天秤公司作为保险合同的被保险人可在赔偿责任确定后另行向太平洋保险上海分公司主张。

针对焦点三,(2021)苏0813民初2308号案件中明确丁某损失为1,903,916.47元。由中国太平洋财产保险股份有限公司淮安中心支公司在交强险医疗费用赔偿限额内赔偿18,000元、死亡伤残赔偿限额内赔偿180,000元、财产损失赔偿限额内赔偿1000元,超出交强险范围的商业三者险限额内承担30%赔偿责任,即赔偿511,474.94元。故丁某尚有损失1,193,441.53元,根据丁某与天秤公司的过错程度,一审法院酌情认定天秤公司承担20%,丁某承担80%,天秤公司赔偿丁某238,688.31元。

一审法院判决:(1)天秤公司于判决发生法律效力之日起10日内赔偿丁某医疗费等损失238,688.31元;(2)驳回丁某的其他诉讼请求。

一审判决做出后丁某不服提出上诉,认为一审判决天秤公司只承担20%责任显失公平,结合相关生效案例,请求判令天秤公司承担70%责任。此外,将雇主责任险一并纳入本案审理,有利于纠纷一次性解决。故请求二审法院判决太平洋保险上海分公司在保险责任限额内承担赔偿责任。

二审法院审理后认为，一审法院结合丁某与天秤公司双方各自的过错程度，酌定天秤公司承担20%责任并无明显不当。太平洋保险上海分公司辩称丁某未获赔偿的部分系其自身过错导致，其已向实际侵权人主张权利，无权再向雇主索赔，一审法院判决天秤公司承担20%责任的上诉理由不成立，本院不予采纳。太平洋保险上海分公司应否在本案中一并处理。首先，本案中，丁某与天秤公司之间的提供劳务者受害责任纠纷属于侵权纠纷，天秤公司与太平洋保险上海分公司之间的雇主责任险属于保险合同法律关系，该两种纠纷不属于同一法律关系。太平洋保险上海分公司不同意在本案中一并处理。其次，根据《保险法》第65条第2款的规定，责任保险的被保险人给第三人造成损害，被保险人对第三者应负的赔偿责任确定的，根据被保险人的请求，保险人应当直接向该第三者赔偿保险金。被保险人怠于请求的，第三者有权就其应获赔偿部分直接向保险人请求赔偿保险金。丁某要求太平洋保险上海分公司在本案中承担责任于法无据。

二审判决：驳回上诉，维持原判。

点评：(1)外卖骑手与运营公司之间成立劳务雇佣关系。(2)外卖骑手发生交通事故受伤的，既可以向侵权第三人请求交通事故赔偿，也可以向雇佣公司请求劳务受伤赔偿。选择先向第三人请求交通事故赔偿的，还可以就未赔偿部分损失向雇主主张劳务受伤赔偿；选择先向雇主主张劳务受伤赔偿的，雇主在赔偿后取得向第三人主张交通事故损失的追偿权，追偿范围以实际赔偿数额为限。(3)本案中一审法院酌定公司赔偿比例为20%，相比于类案略低。二审法院对一审确认的责任比例表述为“并无明显不当”，从语义上分析可能是略有不当，但不明显。(4)关于提供劳务者受害责任纠纷中是否可以一并将承保雇主责任险的保险公司列为共同被告一并审理，本案中一审、二审法院均认为不应该一并审理，但也有很多类案生效判决确认了可以一并审理，并且作为保险责任，是不需要根据过错划分责任比例的。对于律师来说，对法院的论述其实不用太过于研究，只要知道这是个有争议的问题，在代理案件时选择对我方有利的理论作为代理意见即可。

相关规定

《民法典》

第一千一百九十二条 个人之间形成劳务关系，提供劳务一方因劳务造成他人损害的，由接受劳务一方承担侵权责任。接受劳务一方承担侵权责任后，可以向有故意或重大过失的提供劳务一方追偿。提供劳务一方因劳务受到损害的，根据双方各自的过错承担相应的责任。提供劳务期间，因第三人的行为造成提供劳务一方损害的，提供劳务一方有权请求第三人承担侵权责任，也有权请求接受劳务一方给予补偿。接受劳务一方补偿后，可以向第三人追偿。

第十二篇

刑事诉讼

引　言

发生交通事故可能涉及多个刑法罪名，包括交通肇事罪、危险驾驶罪、妨害安全驾驶罪、以危险方法危害公共安全罪。交通肇事罪可以说是比较简单的刑事案件，青年律师完全可以从办理此类案件入手，从而进入刑事业务领域。本篇分别从犯罪嫌疑人的辩护人、被害人的诉讼代理人和保险公司代理人三个角度，详细介绍应当如何办理相关案件。

95. 交通事故涉嫌哪些刑法罪名?

96. 危险驾驶罪有哪些变化?

97. 交通肇事罪的入罪和加重情节有哪些?

98. 交通肇事罪中作为辩护人如何代理案件?

99. 交通肇事罪中作为被害人的诉讼代理人如何代理案件?

100. 交通肇事罪中作为保险公司代理人如何代理案件?

95. 交通事故涉嫌哪些刑法罪名？

律师答疑

根据交通事故的严重程度可能构成危险驾驶罪、交通肇事罪和以危险方法危害公共安全罪，三个罪名择一重罪处断，不能数罪并罚。另外，在公共交通工具上发生违法行为还可能构成妨害安全驾驶罪。

刑法理论认为，刑法保护的不是某种法律关系，而是法律关系被侵犯的程度。交通事故正是此刑法理论的体现，轻微的交通事故如车辆剐蹭，一般是事故双方和解；稍微严重些的交通事故会报保险公司定损、维修；更为严重些的交通事故需要报警后通过保险理赔或者民事诉讼程序获得赔偿；最为严重的交通事故就不仅是民事侵权赔偿问题，还会涉及刑事责任。那么交通事故可能涉嫌哪些罪名呢？

一、危险驾驶罪

危险驾驶罪行为主要是醉酒驾驶机动车，是指车辆驾驶人员血液中的酒精含量大于或者等于 80mg/100ml 的驾驶行为。《关于办理醉酒危险驾驶刑事案件的意见》实行后，醉酒驾驶人未发生交通事故被查处的，可能不会被按照危险驾驶罪追究刑事责任。

构成危险驾驶罪的被告人会被判处一个月以上六个月以下有期徒刑，数罪并罚时最高不能超过一年有期徒刑。犯罪情节主要参照血液酒精浓度，是否发生交通事故，是否有人员受伤，是否赔偿及被谅解等情况。

二、交通肇事罪

交通肇事罪是较为主要的交通事故刑法罪名。关于交通肇事罪的入罪标准和加重刑，我们在后续问题中详细论述。

三、以危险方法危害公共安全罪

《刑法》第114条和第115条分别规定了以危险方法危害公共安全罪的犯罪情节及刑期。放火、决水、爆炸以及投放毒害性、放射性、传染病病原体等物质或者以其他危险方法危害公共安全，尚未造成严重后果的，处3年以上10年以下有期徒刑；致人重伤、死亡或者使公私财产遭受重大损失的，处10年以上有期徒刑、无期徒刑或者死刑；过失犯前款罪的，处3年以上7年以下有期徒刑；情节较轻的，处3年以下有期徒刑或者拘役。

以危险方法危害公共安全罪与危险驾驶罪、交通肇事罪和妨害安全驾驶罪有某些相似情节，如何认定此罪或彼罪应具体分析。

(1)驾驶人故意制造交通事故，并造成人员重伤、死亡的，一般按照以危险方法危害公共安全罪定罪处罚，根据危害结果，处以十年以上有期徒刑、无期徒刑或者死刑。因为在交通肇事罪中行为人的主观状态必须是过失，故意制造交通事故，造成他人人身损害或财产损失的，不属于《道路交通安全法》中定义的"交通事故"，交警部门不予出具道路交通事故责任认定书，而是移送刑警部门处理。涉及其他人的生命或健康的，应当按照以危险方法危害公共安全罪定罪处罚；如果不涉及公共安全，车辆仅系驾驶人的犯罪工具，应当认定嫌疑人构成故意伤害罪或者故意杀人罪；如果仅有财产损失，应认定为故意毁坏财产罪。

(2)醉酒驾驶机动车并造成人员重伤或者死亡的，可能同时构成危险驾驶罪、交通肇事罪和以危险方法危害公共安全罪。这需要对案件的具体情节进行分析,区分此罪和彼罪。一般来说,如果符合交通肇事罪的定罪情节,多会按照交通肇事罪追究刑事责任。因为交通肇事罪相较于危险驾驶罪是重罪,重罪应当吸收轻罪,醉酒驾车是交通肇事罪的加重情节,无须再单独追究危险驾驶罪的刑事责任,不属于数罪并罚。交通肇事罪与以危险方法危害公共安全罪相比,司法解释规定的行为和结果更为具体,更方便适用。在不符合交通肇事罪的犯罪构成时,才会考虑以危险方法危害公共安全罪(过失),追究刑事责任。

(3)《刑法修正案十一》出台后已经明确将干扰公共交通工具正常行驶的行为认定为妨害安全驾驶罪,不再按照以危险方法危害公共安全罪定罪处罚。

四、妨害安全驾驶罪

本罪名是行为犯,主要是指乘客对行驶中的公交车司机使用暴力或者抢夺方向盘,如果驾驶人与行为人互殴也同样构成犯罪。特定情况是行驶中的公共交通工具,如果是停驶状态则不构成本罪。

本罪为《刑法修正案十一》新规。以危险方法危害公共安全罪定罪处罚的,刑期在4年左右。因量刑已经超过3年,也不符合缓刑的适用标准。在实施数年后,最高人民法院后来考虑抢夺司机方向盘的危害性与放火、决水等行为还有一定差距,将该行为按照以危险方法危害安全罪定罪处罚并不准确,罪刑不相匹配,故又通过刑法修正案增设了妨害安全驾驶罪,将抢夺行驶中交通工具方向盘的行为量刑为1年以下有期徒刑、拘役或者管制,并可以适用缓刑。

相关规定

《道路交通安全法》

第九十一条 饮酒后驾驶机动车的,处暂扣六个月机动车驾驶证,并处一千元以上二千元以下罚款。因饮酒后驾驶机动车被处罚,再次饮酒后驾驶机动车的,处十日以下拘留,并处一千元以上二千元以下罚款,吊销机动车驾驶证。

醉酒驾驶机动车的,由公安机关交通管理部门约束至酒醒,吊销机动车驾驶证,依法追究刑事责任;五年内不得重新取得机动车驾驶证。

饮酒后驾驶营运机动车的,处十五日拘留,并处五千元罚款,吊销机动车驾驶证,五年内不得重新取得机动车驾驶证。

醉酒驾驶营运机动车的,由公安机关交通管理部门约束至酒醒,吊销机动车驾驶证,依法追究刑事责任;十年内不得重新取得机动车驾驶证,重新取得机动车驾驶证后,不得驾驶营运机动车。

饮酒后或者醉酒驾驶机动车发生重大交通事故,构成犯罪的,依法追究刑事责任,并由公安机关交通管理部门吊销机动车驾驶证,终生不得重新取得机动车驾驶证。

《刑法》

第一百一十四条 放火、决水、爆炸以及投放毒害性、放射性、传染病病原体等物质或者以其他危险方法危害公共安全,尚未造成严重后果的,处三年以上十年以下有期徒刑。

第一百一十五条 放火、决水、爆炸以及投放毒害性、放射性、传染病病原体等物质或者以其他危险方法致人重伤、死亡或者使公私财产遭受重大损失的,处十年以上有期徒刑、无期徒刑或者死刑。

过失犯前款罪的,处三年以上七年以下有期徒刑;情节较轻的,处三年以下有期徒刑或者拘役。

第一百三十三条之一　在道路上驾驶机动车,有下列情形之一的,处拘役,并处罚金:(一)追逐竞驶,情节恶劣的;(二)醉酒驾驶机动车的;(三)从事校车业务或者旅客运输,严重超过额定乘员载客,或者严重超过规定时速行驶的;(四)违反危险化学品安全管理规定运输危险化学品,危及公共安全的。

机动车所有人、管理人对前款第三项、第四项行为负有直接责任的,依照前款的规定处罚。

有前两款行为,同时构成其他犯罪的,依照处罚较重的规定定罪处罚。

第一百三十三条之二　对行驶中的公共交通工具的驾驶人员使用暴力或者抢控驾驶操纵装置,干扰公共交通工具正常行驶,危及公共安全的,处一年以下有期徒刑、拘役或者管制,并处或者单处罚金。

前款规定的驾驶人员在行驶的公共交通工具上擅离职守,与他人互殴或者殴打他人,危及公共安全的,依照前款的规定处罚。

有前两款行为,同时构成其他犯罪的,依照处罚较重的规定定罪处罚。

96. 危险驾驶罪有哪些变化?

律师答疑

2023年12月13日,最高人民法院、最高人民检察院、公安部、司法部联合发布了《关于办理醉酒危险驾驶刑事案件的意见》,《关于办理醉酒驾驶机动车刑事案件适用法律若干问题的意见》(法发〔2013〕15号)同时废止。《关于办理醉酒危险驾驶刑事案件的意见》重新规定了醉酒驾车的入罪标准、从宽和从严情节,规范侦查程序,简化办案流程,并对醉驾犯罪预防工作提出具体要求。

一、"醉驾新规"出台的背景

醉酒驾车引发的危险驾驶罪案件数量逐年增长,每年因醉酒驾车被审查起诉的案件已经超过30万件,自2019年起已经超过盗窃罪,成为我国犯罪数量最多的刑事案件。

这么多的醉酒驾车刑事案件是否对醉驾打击面太大,致使不应该被追究刑事责任的人被判了刑?曾经有专家在两会期间提案应当取消醉驾入刑,但广大民众多持不同意见,认为目前醉驾入刑尚且不能制止醉驾的产生,如果不使用刑法手段打击醉驾,酒后开车的人会更多,会造成更大的社会危害。因而不但不应该取消醉驾入刑,还应当加重惩罚力度。

民众朴素的刑法意识其实更多地将犯罪预防职能加给了犯罪本身,现代刑法学已经达成共识,重刑主义并不能有效地预防犯罪,就像拐卖妇女儿童罪不需要绝对死刑一样,为了减少酒后驾车而对醉酒驾车行为一律追究刑事责任会导致社会危害性与刑法力度明显不符。醉驾入刑"一刀切"的办案模式在实践中遇到了很多问题。例如,饮酒后请代驾,当进入小区换自己开时,却被其他车辆追尾,甚至遭遇敲诈勒索;饮酒后驾驶电动车回家,但超标电动车被鉴定为机动车,然后被以危险驾驶罪追究刑事责任;等等。

很多省份相继出台了本省份范围内办理醉酒驾车刑事案件的具体办法。各省份出台的地方性法规虽然对醉驾某些具体问题有一定优化,但仍然存在诸多问题:一方面各省份制定的地方性法规侧重点均不同,难免会有偏颇;另一方面各省份制定的法规不统一,也无法让民众熟知并适用。鉴于此,最高人民法院、最高人民检察院、公安部、司法部联合发布了《关于办理醉酒危险驾驶刑事案件的意见》,重新规定醉酒驾车的入罪标准、从宽和从严标准,规范侦查程序,简化办案流程,并对醉驾犯罪预防工作提出具体要求,不再是简单的重刑主义犯罪预防策略。

二、"醉驾新规"以行为危险性作为醉驾入刑和量刑标准

《关于办理醉酒危险驾驶刑事案件的意见》第13条规定,"对公安机关移送审查起诉的醉驾案件,人民检察院综合考虑犯罪嫌疑人驾驶的动机和目的、醉酒程度、机动车类型、道路情况、行驶时间、速度、距离以及认罪悔罪表现等因素,认为属于犯罪情节轻微的,依照刑法第三十七条、刑事诉讼法第一百七十七条第二款的规定处理。"

该条款可以视为《关于办理醉酒危险驾驶刑事案件的意见》的核心条款,即对犯罪嫌疑人的入罪和量刑应该以驾驶的动机和目的、醉酒程度、机动车类型、道路情况、行驶时间、速度、距离以及认罪悔罪表现等因素为考量,综合多方面情况评估犯罪嫌疑人的社会危害性、人身危险性及实际损害后果,再进行处罚。《关于办理醉酒

危险驾驶刑事案件的意见》多个条款均与第13条达到精神契合。

1. 驾驶的动机和目的

犯罪嫌疑人醉酒驾驶机动车的动机和目的是评价其社会危害性的重要因素。

(1)为了急救伤员醉酒驾驶不认为是犯罪。

《关于办理醉酒危险驾驶刑事案件的意见》第12条第2款规定了醉酒后出于急救伤病人员等紧急情况驾驶机动车,且不构成紧急避险的,可以认定为犯罪情节轻微、危害不大,并适用刑事无罪程序处理。出于急救伤病人员等紧急情况驾驶机动车是有可能被认定为紧急避险的,在《关于办理醉酒危险驾驶刑事案件的意见》出台前确实也有过因认定为紧急避险,而免除醉酒驾车刑事责任的个别案例。但是,司法实践中认定紧急避险较为困难,如果改变紧急避险的认定标准,又可能对其他罪名造成影响。因而,《关于办理醉酒危险驾驶刑事案件的意见》规定了,因运送急救伤员醉酒驾车的,即便不能认定为紧急避险,也属于犯罪情节轻微,危害不大。

(2)醉酒驾驶营运车辆和校车应当从重。

《关于办理醉酒危险驾驶刑事案件的意见》第10条第6项、第7项、第10项分别规定了驾驶机动车从事客运活动且载有乘客的,驾驶机动车从事校车业务且载有师生的,运输危险化学品、危险货物的,属于危险驾驶罪的从重情节。醉驾不仅对自己的生命和健康不负责任,而且增加了乘客的风险,社会危险性明显提高。从事校车业务且载有师生时醉驾则更为严重,置学生和教师的危险于不顾,不可谓不恶劣。虽然以上三条从重情节尚不属于不能判处缓刑的情节,但考虑其主观恶性和社会危害性一般来说也难以判处缓刑。

另外,需要特别注意的是并非醉酒驾驶营运机动车或校车就构成从重情节，还需要营运机动车里载有乘客或者师生才能认定。如果机动车里没有其他人员，抑或车内的其他人员并非乘客或师生，如载有亲戚和朋友，也不能认定为从重情节。

2. 醉酒程度

醉酒程度即血液酒精含量。这是决定醉酒驾车社会危害性的最主要因素。《关于办理醉酒危险驾驶刑事案件的意见》并没有改变醉酒驾车的血液酒精含量入罪标准，仍然是超过 80mg/100ml 的血液酒精含量就可以认定为醉驾。但《关于办理醉酒危险驾驶刑事案件的意见》增设了血液酒精含量不满 150mg/100ml 的属于情节显著轻微、危害不大，可以不以危险驾驶罪追究刑事责任，只按照饮酒驾车进行行政处罚即可。如果血液酒精含量超过 180mg/100ml 的将不能适用缓刑。

如果醉酒驾驶人血液酒精含量不满 150mg/100ml 符合情节显著轻微、危害不大，但是其行为也符合《关于办理醉酒危险驾驶刑事案件的意见》第 10 条从重情节时应如何认定呢？是仍然应当不按照犯罪处理，还是应当从重处罚？笔者认为，根据《关于办理醉酒危险驾驶刑事案件的意见》第 13 条的规定，应当综合驾驶的动机和目的、醉酒程度、机动车类型、道路情况、行驶时间、速度、距离、交通事故情况、认罪悔罪表现及其他符合危险驾驶的情节等因素，认定是否符合犯罪情节轻微。不能只按照醉酒程度，也就是血液酒精含量即决定是否犯罪。假如醉酒驾驶人采取暴力手段抗拒公安机关依法检查，即使血液酒精含量为 80.01mg/100ml，也不影响其作为危险驾驶罪定罪量刑，并且应当数罪并罚。

因而，血液酒精含量不满 150mg/100ml 并非入罪的绝对标准，如果醉酒驾驶人还存在其他从重情节，如无证驾驶、超速驾驶、驾驶营运机动车并载有乘客等,仍应当以危险驾驶罪入罪,并从重处罚。

3. 机动车类型

危险驾驶罪的危险性最终仍然体现在发生交通事故的后果,如果机动车本车质量高、速度快,显然碰撞造成的人身伤害和财产损失会更高。一辆摩托车的危险性和重型载货汽车的危险性显然是不同的,因而,《关于办理醉酒危险驾驶刑事案件的意见》第10条将驾驶重型载货汽车作为从重情节。从车辆的性质上看,营运机动车、校车和专用危险品车辆,也属于从重情节。

关于醉酒驾驶摩托车是否构成危险驾驶罪,《关于办理醉酒危险驾驶刑事案件的意见》中并没有相关条款。对于醉酒驾驶电动车,但电动车因整车质量或速度超过标准被鉴定为轻便摩托车的,是否应当按照危险驾驶罪被追究刑事责任问题,因没有新的法律法规加以规定,故仍然应当追究刑事责任。但笔者认为可以根据《关于办理醉酒危险驾驶刑事案件的意见》第13条的立法精神,根据车辆性质减轻一定程度的量刑。在《关于办理醉酒危险驾驶刑事案件的意见》出台前有些省份规定了醉酒驾驶摩托车或超标电动车可以在一定程度上不追究刑事责任,或者减轻处罚。依据刑罚从旧兼从轻的溯及力原则,仍然可以适用。

4. 道路情况、行驶时间、速度、距离

《关于办理醉酒危险驾驶刑事案件的意见》第12条第1款第3项和第4项规定了在居民小区、停车场挪车、停车入位、交由他人驾驶等短距离驾驶机动车的,可以认定为情节显著轻微、危害不大。从立法技术角度看,该条款第3项和第4项适用情况基本一致,笔者认为可以合并为一项。

居民小区、停车场等场所,并非交通法规上认定的“道路”,在此类场所驾驶车辆的速度、行驶距离、时间均不会太高，发生交通事故的可能性会更加微小，因而醉酒驾驶的危险性也更小。特别是还有正当理由时，更不宜以犯罪论处。

与居民小区、停车场相对应的，如果醉酒驾驶人在高速公路上驾驶机动车，一旦发生交通事故基本都是重大交通事故，显然危险程度会剧增，必须从重处罚。当然，交警部门不会在高速公路上检查驾驶人是否存在酒驾。但如果在高速公路出口收费站或者出高速公路后被查处醉驾，发现醉酒期间曾在高速公路行驶的，也应按照从重情节处理。

5. 交通事故情况

醉酒驾车如果发生交通事故，危险性已经转化为实际损失，应当根据交通事故责任和后果从重处罚，从这个角度上看醉驾引起的危险驾驶罪也属于结果加重犯。

综合《关于办理醉酒危险驾驶刑事案件的意见》第 10 条第 1 项、第 2 项，第 11 条第 3 项的规定，醉酒驾车发生交通事故的法律后果可以分为以下几种：

(1)醉酒驾车发生交通事故承担同等责任或次要责任，已赔偿受害人全部损失或者取得谅解的，可以从宽处罚。若未发生交通事故，能从宽吗？并非如此，无责时显然也是要从宽的，但醉酒驾车本身就是严重的违法行为，发生事故后不可能没有事故责任，因而，只有次要责任和同等责任且已赔偿的可以从宽处罚。

(2)醉酒驾车发生交通事故承担全部责任或主要责任，应从重处罚，如果还造成他人轻伤、轻微伤或者没有赔偿损失，不能适用缓刑。已经赔偿他人损失或取得谅解的，应根据具体情节同时适用从宽和从重情节。如果造成他人重伤或死亡，应按照交通肇事罪追究刑事责任,危险驾驶罪被交通肇事罪吸收,醉酒状态作为交通肇事罪的量刑情节,不再单独处罚危险驾驶罪。

(3)醉酒驾车发生交通事故后逃逸的,应从重处罚,且不能适用缓刑。不过,醉酒驾车和发生事故后逃逸不容易同时认定。除非逃逸后正好被交警查到酒驾,否则即便第二天抓到可能已经醒酒了,没有血液酒精检测鉴定,难以被认定为醉酒驾车。

6. 认罪悔罪表现

醉酒驾驶人的认罪悔罪表现也是决定其危险性的重要考量因素,认罪与悔罪表现并不局限于被公安交管部门查处之后的坦白和认罪认罚等情节,也包括在被查处酒驾过程中的表现,以及之前已经因饮酒驾驶或醉酒驾驶被行政处罚或被判有罪后的悔罪情况。

(1)存在自首、坦白、立功,以及自愿认罪认罚的,应当从宽处罚。这是刑事案件的一般办理程序,与他罪并无分别。

(2)逃避、阻碍公安机关依法检查的,实施威胁、打击报复、引诱、贿买证人、鉴定人等人员或者毁灭、伪造证据等妨害司法行为的,从重处罚。采取暴力手段抗拒公安机关依法检查,或者实施妨害司法行为的,不能适用缓刑。如果还构成妨碍工作罪或者危险驾驶罪,应当数罪并罚。

(3)二年内曾因饮酒后驾驶机动车被查处或者受过行政处罚的,以及五年内曾因危险驾驶行为被判决有罪或者作相对不起诉的,从重处罚。五年内曾因饮酒后驾驶机动车被查获或者受过行政处罚的,曾因危险驾驶行为被判决有罪或者作相对不起诉的,不适用缓刑。对于存在同类案前科,且屡教不改的犯罪嫌疑人,应当从重处罚。

7. 其他符合危险驾驶的情节

《关于办理醉酒危险驾驶刑事案件的意见》还规定，如果醉酒驾驶人还存在未取得机动车驾驶证驾驶汽车，服用国家规定管制的精神药品或者麻醉药品后驾驶汽车，属于从重情节且不能适用缓刑。

无证驾驶包括未考取驾驶证，或者驾驶证被注销、吊销等情况。未考取驾驶证的司机，多数无驾驶能力，现实中一般更小心谨慎，很少醉酒驾驶。但驾驶证被注销、吊销的老司机则不同，虽然驾照没有了，但驾驶能力还在，有些还特别自信，存在因醉酒驾车被抓甚至再次被抓的可能性。

三、优化侦查程序，提升办案质量

(1)赋予公安机关对虽然达到醉酒驾车标准，但情节显著轻微的案件不予立案的权力。

《关于办理醉酒危险驾驶刑事案件的意见》第 4 条第 1 款规定："在道路上驾驶机动车，经呼气酒精含量检测，显示血液酒精含量达到 80mg/100ml 以上的，公安机关应当依照刑事诉讼法和本意见的规定决定是否立案。对情节显著轻微、危害不大，不认为是犯罪的，不予立案。"

《关于办理醉酒危险驾驶刑事案件的意见》赋予公安机关对虽然达到醉酒驾车标准，但情节显著轻微的案件不予立案的权力。笔者曾代理过一起醉酒驾车案件，被告人是一名刚结婚的大学生，婚礼前一天晚上，新郎和大学同学一起喝了酒，之后准备开车送大学同学去附近宾馆就寝。新郎刚发动机动车，就被旁边等候的交警查处了，检测新郎的酒精含量为 180mg/100ml，最后因犯危险驾驶罪被判处 6 个月有期徒刑。从情理角度讲确实值得同情，且并未造成实际危害。但是依据原醉酒驾车标准，依法作出判决。在《关于办理醉酒危险驾驶刑事案件的意见》实施后，公安机关就可以依法对情节显著轻微的醉酒驾车案件不予刑事立案，检察机关和审判机关也可以对之前查处的醉酒驾车案件选择不起诉或者宣告无罪。

(2)明确办理醉驾案件，应当收集相关证据类型。《关于办理醉酒危险驾驶刑事案件的意见》第7条第2款规定："根据案件具体情况，还应当收集以下证据：(一)犯罪嫌疑人是否饮酒、驾驶机动车有争议的，应当收集同车人员、现场目击证人或者共同饮酒人员等证人证言、饮酒场所及行驶路段监控记录等；(二)道路属性有争议的，应当收集相关管理人员、业主等知情人员证言、管理单位或者有关部门出具的证明等；(三)发生交通事故的，应当收集交通事故认定书、事故路段监控记录、人体损伤程度等鉴定意见、被害人陈述等；(四)可能构成自首的，应当收集犯罪嫌疑人到案经过等材料；(五)其他确有必要收集的证据材料。"

(3)血液酒精浓度鉴定存在问题，不能补正或者做出合理解释的，应当予以排除。《关于办理醉酒危险驾驶刑事案件的意见》第9条规定："具有下列情形之一，经补正或者作出合理解释的，血液酒精含量鉴定意见可以作为定案的依据；不能补正或者作出合理解释的，应当予以排除：(一)血液样本提取、封装、保管不规范的；(二)未按规定的时间和程序送检、出具鉴定意见的；(三)鉴定过程未按规定同步录音录像的；(四)存在其他瑕疵或者不规范的取证行为的。"

(4)明确取保候审条件。《关于办理醉酒危险驾驶刑事案件的意见》第6条第1款规定："对醉驾犯罪嫌疑人、被告人，根据案件具体情况，可以依法予以拘留或者取保候审。具有下列情形之一的，一般予以取保候审：(一)因本人受伤需要救治的；(二)患有严重疾病，不适宜羁押的；(三)系怀孕或者正在哺乳自己婴儿的妇女；(四)系生活不能自理的人的唯一扶养人;(五)其他需要取保候审的情形。”

四、简化办案流程,提高司法效率

1. 明确醉驾案件快速办理类型

符合下列条件的醉驾案件,一般应当适用快速办理机制:(1)现场查获,未造成交通事故的;(2)事实清楚,证据确实、充分,法律适用没有争议的;(3)犯罪嫌疑人、被告人自愿认罪认罚的;(4)不具有《刑事诉讼法》第223条规定情形的。

《刑事诉讼法》第223条规定:“有下列情形之一的,不适用速裁程序:(一)被告人是盲、聋、哑人,或者是尚未完全丧失辨认或者控制自己行为能力的精神病人的;(二)被告人是未成年人的;(三)案件有重大社会影响的;(四)共同犯罪案件中部分被告人对指控的犯罪事实、罪名、量刑建议或者适用速裁程序有异议的;(五)被告人与被害人或者其法定代理人没有就附带民事诉讼赔偿等事项达成调解或者和解协议的;(六)其他不宜适用速裁程序审理的。”

笔者保守估计90%以上的醉驾案件可以适用快速办理程序。

2. 明确快速办理期限

适用快速办理机制办理的醉驾案件,公安机关、人民检察院、人民法院一般应当在立案侦查之日起30日内完成侦查、起诉、审判工作。

3. 简化办案程序

《关于办理醉酒危险驾驶刑事案件的意见》实施后办案程序的简化包括:一是取保候审的简化,只用公安机关取保一次,检察院和法院可以不再办理取保手续。二是宣告缓刑简化,可以不做调查评估。三是司法文书简化,可以采取合并式、要素式、表格式等方式简化文书,并可以线上办理。

五、综合开展醉驾犯罪预防工作

长久以来，支持醉酒驾车严惩的意见多数均在于需要控制醉驾数量，减少交通事故发生，以此保障人民的人身和财产安全。但因为犯罪预防的需要而将危险性不大的行为上升到需要用刑法手段来处理，是对个案犯罪嫌疑人的不公平。现代刑罚理论早已明确，重刑主义并非预防犯罪的有效途径，一味利用刑法手段打击，并不能取得良好的社会效果。《关于办理醉酒危险驾驶刑事案件的意见》从普法宣传、有效途径管理和醉驾服刑人员管理三方面进行了醉驾犯罪预防。

97. 交通肇事罪的入罪和加重情节有哪些？

律师答疑

发生交通事故后，以交通肇事罪追究刑事责任具体包含以下五种情况：(1)死亡1人以上负事故全部或者主要责任的。(2)重伤3人以上负事故全部或者主要责任的。(3)造成公共财产或者他人财产直接损失，无能力赔偿数额在30万元以上，负事故全部或者主要责任的。(4)死亡3人以上，负事故同等责任的。(5)致1人以上重伤，负事故全部或者主要责任并且具有其他违法情形的，即①酒后、吸食毒品后驾驶机动车辆的；②无驾驶资格驾驶机动车辆的；③明知是安全装置不全或者安全机件失灵的机动车辆而驾驶的；④明知是无牌证或者已报废的机动车辆而驾驶的；⑤严重超载驾驶的；⑥为逃避法律追究逃离事故现场的。

一、交通肇事罪的入罪标准

司法实践中,构成交通肇事罪多数是承担交通事故全部或者主要责任,并致1人以上死亡的情况;此外是致1人重伤并伴随其他违法行为的情况。其余重伤3人和无力赔偿公私财产损失30万元以上的,很少会被追究交通肇事罪刑事责任。

交通事故致重伤3人的肇事司机很少被追究刑事责任。笔者曾经代理过一起案件,肇事司机驾驶微型客车与在公路骑行的老年人车队相撞,直接撞伤5人,其中3人有不同程度的骨折。经过交警部门认定,微型客车司机承担事故全部责任,骑自行车的老年人均无事故责任。后来受伤的3人通过民事诉讼获得了相应的民事赔偿,但自始至终没有想要追究肇事司机的刑事责任,也没有要求验伤。如果事故发生后,3人立即要求进行伤情鉴定,有可能3人被鉴定为重伤,从而追究肇事司机的刑事责任。

交通事故造成财产损失很少被追究刑事责任,受到诸多因素影响:首先,财产损失超过30万元的交通事故仅占很少一部分。其次,还要排除财产受到损失一方承担事故全部责任、主要责任和同等责任的情况,只有侵权方承担交通事故全部责任或主要责任才可能构成犯罪。再次,交通事故造成的财产损失绝大部分是车辆损失,如果车辆损失超过30万元,因为财产损失不应当超过财产价值,所以车辆的价值也应在30万元以上,而这个级别的机动车一般都会投保机动车损失险,即便在发生交通事故后责任方无法赔偿,也可以申请保险公司代位赔偿,因而不符合财产损失无法赔偿的情形。至于保险公司代位赔偿车损方后再向责任人追偿时无法实现的情形,更不会被追究刑事责任了,最多通过民事诉讼方式,让事故责任方成为失信被执行人。最后,即便交通事故造成了30万元以上的财产损失且无力赔偿,也很少有人要求追究侵权人交通肇事罪的刑事责任。交警大队在处理没有人员受伤只有财产损失的交通事故时,一般也不会关心财产损失数额,更不会主动移送案件追究肇事者的刑事责任。

交通事故死亡 3 人以上,但事故方承担同等责任的情况较少。死亡 3 人以上属于重大交通事故,一般来说交通事故的任一方有严重的导致交通事故的违法情节,如逆行等。根据《道路交通安全法》的规定,发生交通事故双方都有责任的,根据违法情节的轻重划分事故责任,因而交通事故责任划分为主次的可能性比较大,认定同等责任的可能性非常之小。推测来说,司法解释中规定死亡 3 人以上,即便交通事故划分为同等责任也应当追究刑事责任,更多的是制约交警部门,即在划分交通事故责任时,使其在坚持公平公正的原则下兼具保护死者和弱者的职能,而不是划分同等责任后令侵权方逃避刑事责任。

二、交通肇事罪的刑期

交通肇事罪的基本刑期是三年以下有期徒刑,一般来说发生交通事故致 1 人死亡,无其他违法情节的,量刑在一年半左右。刑期还会根据事故责任情况,是否取得被害人谅解,是否存在其他违法情节,是否认罪认罚等情况增减。

交通事故罪的加重情节即发生交通事故后有逃逸或者其他严重情节的,处以三至七年有期徒刑。我们知道逃逸是指发生交通事故后无正当理由驶离现场的行为,“其他严重情节”指的是什么呢?

根据《最高人民法院关于审理交通肇事刑事案件具体应用法律若干问题的解释》第 4 条,“有其他特别恶劣情节”是指:(1)死亡 2 人以上或者重伤 5 人以上,负事故全部或者主要责任的;(2)死亡 6

人以上,负事故同等责任的;(3)造成公共财产或者他人财产直接损失,负事故全部或者主要责任,无能力赔偿数额在60万元以上的。也就是交通肇事罪定罪基本情况的升级版。另外,发生交通事故后致1人重伤后逃逸的,依据司法解释应当认定构成交通肇事罪,但其逃逸的违法情节已经作为交通肇事罪入罪的情节予以考虑,显然不能再作为交通肇事罪加重情节予以重复考量,因而应当仍然在三年以下量刑,而非三至七年。如果因为逃逸致人死亡,判处七年以上有期徒刑。

三、如何认定交通肇事后逃逸致人死亡

发生交通事故后逃逸,受害人因未受到救治死亡的,属于交通肇事后逃逸致人死亡。这个法律规定也是为了督促肇事司机在发生交通事故后积极救治伤员,防范逃逸造成的恶劣后果。在实际案件办理中,认定死者的死亡时间是关键因素,如果认定死者是当场死亡,即便肇事司机发生交通事故后逃逸,也不存在因逃逸致人死亡;如果死亡时间在几个小时之后则应当认定为逃逸致人死亡。

98. 交通肇事罪中作为辩护人如何代理案件?

律师答疑

常规办理刑事案件,争取获得被害人谅解。

交通肇事罪在刑事案件中是较为特殊的罪名。一方面,交通肇事罪相比于其他罪名,有交警部门出具的道路交通事故责任认定书使犯罪事实清楚,犯罪嫌疑人认罪认罚率几乎达到100%,辩护空间不大。另一方面,交通肇事罪会涉及多个程序,包含交通事故责任认定、保险赔偿、刑事附带民事诉讼等,相较于办理普通的刑事犯罪如帮信罪、盗窃罪、故意伤害罪等,需要面对的问题更多。

作为犯罪嫌疑人的辩护人,应当怎样办理交通肇事案件呢?下面通过梳理刑事案件的基本流程,希望能对想要学习办理刑事案件的律师及实习律师提供一定参考。

一、事故责任认定

在有人员死亡的交通事故中,事故责任认定中的主要责任与同等责任代表的意义不仅是民事赔偿数额差异,更是刑事责任与民事责任的分界。从民事角度看,如果事故认定为主要责任肇事司机应当承担70%或80%的赔偿责任,如果事故认定为同等责任肇事司机应当承担50%或60%的赔偿责任,主要责任和同等责任相差的只是20%的赔偿,还可能由保险公司在商业险范围内赔偿。从刑事角度看,如果事故中认定为主要责任的肇事司机需要被追究交通肇事罪刑事责任,最好的情况是其积极赔偿被害人并获得刑事谅解;而如果认定为同等责任,肇事司机一般不会被追究任何刑事责任,甚至不会受到行政拘留。

刑事程序就像一辆缓慢行驶在铁路上的蒸汽机车,除非到目的地或者遇见紧急情况,否则不会停下来。公安机关刑事立案并由检察机关批准逮捕后犯罪嫌疑人和被告人极少被不起诉或者宣告无罪。相对来说蒸汽机车的启动的确并不简单,烧煤加水等工作需要有序进行才能达到目的,而非如电动车一般电子打火一键启动。

交通肇事罪的刑事立案需要满足两个法定条件和一个潜在条件。法定条件一个是交通事故要造成重大损失,也就是一死、三重伤或一重伤并存在违法行为;另一个是对交通事故的发生负有全部责任或者主要责任。两个条件缺一不可,如果没有重大损失就只是普通的交通事故或者事故认定中不承担主要责任,也仍然属于民事范畴,都可以通过保险理赔或者民事诉讼解决纠纷。满足两个法定条件后还要满足一个潜在条件才能刑事立案,就是公安交管部门应该将符合交通肇事罪刑事立案标准的案件移送给刑警部门。如果发生交通事故后,肇事方与被害人一方已经达成和解,不要求公安机关处理,交警部门也可以不移送案件,不追究肇事司机刑事责任。

因而,在有人员死亡的重大交通事故中,事故责任认定是极为重要的环节。

二、依法会见犯罪嫌疑人

交通肇事罪案件与其他罪名案件在会见犯罪嫌疑人的时间上有较大不同。原因在于,涉嫌交通肇事罪的犯罪嫌疑人在交警部门做出道路交通事故责任认定书后才可以被羁押,因为认定肇事司机负交通事故全部责任或者主要责任,是构成交通肇事罪的必要条件,如果没有承担全部责任或者主要责任的则不构成犯罪,自然不应该采取刑事措施(这里排除同等责任 3 人以上死亡的构成条件,因为比较稀少)。当然也有例外,交通肇事后逃逸并且有人员死亡的,肇事司机确认身份后被追逃,应当立即刑事拘留。如果当事人对交通事故责任认定不服,还可以申请对事故责任复核。应当在上级交警部门做出维持原事故责任的决定后,肇事司机才能被认为是犯罪嫌疑人,从而被刑事拘留。

因而,肇事司机在发生交通事故后,有充足的时间分析情况,并交代家属案件信息。不存在犯罪嫌疑人忽然被公安部门带走,家属完全不了解案情,需要聘请律师刑事会见后才知道是什么原因被羁押的情况。

交通肇事案件事实清楚、案情简单，导致案件办理中在事实和法律上的可辩论性非常之低。这也使刑事会见的意义并不像其他疑难复杂的刑事案件一样重要。律师会见交通肇事罪的犯罪嫌疑人多是生活性会见，与家属传递话语，沟通案件进展，是否能够达成刑事和解取得刑事谅解等。

会见犯罪嫌疑人应当持律师证原件、律所出具的刑事会见介绍信、家属委托书及家属身份关系证明，到看守所办理会见手续。不同的看守所有不同的要求，有的需要网上或者电话预约，有的需要带律师的身份证原件。

三、为嫌疑人申请取保候审

取保候审是我国《刑事诉讼法》中规定的一种强制措施，是指在刑事诉讼中公安机关、人民检察院和人民法院等司法机关对未被逮捕或逮捕后需要变更强制措施的犯罪嫌疑人、被告人，为防止其逃避侦查、起诉和审判，责令其提出保证人或者交纳保证金，并出具保证书，保证随传随到，对其不予羁押或暂时解除其羁押的一种强制措施。

交通肇事罪是一种过失犯罪，可以说犯罪嫌疑人是没有主观恶性的，多数嫌疑人也无前科劣迹，一般没有羁押必要性，在公安机关直接办理取保候审的可能性比较大。但如存在交通事故后逃逸情节，一般不予办理取保候审。交通肇事罪办理取保候审的原因与其他犯罪有较大不同，其他犯罪很多是公安机关拘留嫌疑人后向检察院申请批准逮捕，检察院认为不构成犯罪或者证据不足的，不予批捕。之后，公安机关为犯罪嫌疑人办理取保候审，补充证据后仍然可以移送检察院审查起诉，但更多的情况是在取保候审期满后撤销刑事案件，不再追究犯罪嫌疑人的刑事责任。但是，交通肇事罪的取保候审的条件并非认定犯罪的证据不足，而是没有羁押必要性，这也使即使取保候审，公安机关也不会撤销案件，仍然会移送检察机关审查起诉。在审查起诉阶段和审判阶段仍存在撤销取保候审，恢复羁押的可能性，最终仍然要经过法院开庭审理后宣判。

办理取保候审可以向办案机关提交嫌疑人患有不适宜羁押的疾病或者是无劳动能力人的唯一扶养人等情况的资料，以及其他能够证明嫌疑人表现良好，无羁押必要性的材料。

四、查阅、复制卷宗

(1)辩护律师自人民检察院对案件审查起诉之日起，可以查阅、摘抄、复制本案的案卷材料。民事程序可以由当事人近亲属、法律工作者、人民团体推荐的人担任代理人，但刑事程序仅赋予律师会见权、阅卷权、辩护权，是律师特有权利，不能委托近亲属或法律工作者办理。

(2)审查起诉阶段阅卷要和检察院案件管理部门沟通，法院审理阶段阅卷直接与法院的审理法官沟通，对卷宗拍照或者刻录光盘。

(3)阅卷应提交刑事委托书、亲属关系证明、律师事务所函及律师证原件和复印件。外地律师可以向检察机关申请网络阅卷。

(4)辩护人阅卷简单来说就是查找卷宗中有利于嫌疑人的地方，如被害人陈述、嫌疑人供述、证人证言中的矛盾之处，对某一事实是否只有一个证据能够证明(成了孤证，孤证不能作为定案证据)，办案机关在程序上是否有瑕疵等。刑事阅卷能力是刑事律师的重要能力，需要在具体办案中不断提高，不是三言两语就能获得的。

(5)辩护人收集证据需要经过其他有关单位和个人同意，不能强行收集证据,也不能采取偷拍、偷录的方式。自己无法收集的证据可以申请公安机关或者检察机关收集。辩护人认为在侦查、审查起诉期间公安机关、人民检察院收集的证明犯罪嫌疑人、被告人无罪或者罪轻的证据材料未提交的,有权申请人民检察院、人民法院调取。

(6)辩护人或者其他任何人,不得帮助犯罪嫌疑人、被告人隐匿、毁灭、伪造证据或者串供,不得威胁、引诱证人作伪证以及进行其他干扰司法机关诉讼活动的行为。刑事案件更为严肃,千万不要有侥幸心理,被查处的后果非常严重,会被律师协会处分,甚至可能被追究刑事责任。

(7)交通肇事罪的阅卷没有什么特别之处,主要看事故责任认定书、嫌疑人到案经过、嫌疑人供述。因为交通肇事罪是可以零口供定罪的,即使嫌疑人不承认,一般也不影响。所以交通肇事罪的犯罪嫌疑人基本都认罪了。

五、配合检察机关使犯罪嫌疑人认罪认罚

在检察院审查起诉阶段,辩护律师在通过会见犯罪嫌疑人和查阅卷宗后,可以就案情和法律与检察机关沟通,如是否存在孤证、伪证及应当排除的证据,公安机关办案是否有瑕疵等。提供有利于犯罪嫌疑人的无罪或罪轻意见。如检察机关需要,可以出具律师意见书。当然,对于交通肇事罪来说,检察机关一般不需要考虑律师意见。辩护人与检察机关承办人沟通最多的是,被害人家属是否愿意达成刑事和解并出具谅解书。如果已经赔偿并取得谅解,可以请求判决缓期执行。如果没有取得谅解,被告人基本没有可能被宣告缓期执行了。犯罪嫌疑人是否构成自首的情节有时存在争议,应该尽量争取,其余的辩护意见即为多数常规的罪轻意见。

交通肇事罪除非特别情况，一般不会对犯罪嫌疑人不起诉。什么是特别情况呢？比如案件办理过程中颁布了新法，重新定义了电动自行车的认定标准，在立案时将电动自行车认定为机动车的鉴定意见，在审查起诉阶段已经不准确了，案涉电动车按照新标准应当认定为非机动车。这时检察机关就应当适用不起诉，终止案件审理。

关于认罪认罚中的犯罪嫌疑人的刑期长短，检察机关有一定的自主权，辩护人应当尽力争取。

六、庭审辩论

真实的庭审辩护与影视作品中的庭审辩论有较大差异，特别是交通肇事罪，开庭更多的是形式上的审理，辩护律师提出罪轻辩护观点，法院审理后决定是否支持。常见的辩护意见有：

(1)被告人具有自首、坦白情节，可以从轻或者减轻处罚。

发生交通事故后打电话报警，或者虽然未报警但停留在原地等候交警到来均属于自动投案。被告人自动投案后能够如实供述自己的主要罪行的，构成自首，根据法律规定可以从轻或减轻处罚。被告人如果系被公安抓获，但到案后能够如实供述自己的主要犯罪事实，构成坦白，可以对被告人从轻处罚。

(2)被告人系初犯、偶犯、过失犯，并无犯罪前科。

交通肇事罪为偶然犯罪，被告人的主观状态为过失，且多数均为初犯。机动车驾驶人这一群体，往往拥有较为稳定的工作和生活，再犯罪可能性低。

(3)被告人认罪态度好，积极悔罪，愿意认罪认罚。

被告人对自身的犯罪行为认罪，积极配合侦查人员的侦查、讯问，在审查起诉阶段一般均已经签署认罪认罚具结书，依据《刑事诉讼法》等的规定,应酌情对其从宽处罚。

(4)被告人全部或者部分赔偿被害人损失,可以酌定从轻处罚。

如果已经与被害人家属达成刑事和解并取得谅解书,可以作为证据提交。如果未能达成刑事和解,但是有积极赔偿行为,如为被害人家属垫付医疗费或者丧葬费等,也可以表明被告人认罪态度良好,愿意积极赔偿,仅因为自身经济能力不足未能足额赔偿。已经达成谅解的交通肇事罪案件,法院一般会对被告人适用缓刑。

七、刑事上诉

刑事上诉只能被告人自己行使,被害人无权上诉。被害人提起刑事附带民事诉讼的,如果对民事部分判决不服,可以上诉到二审法院审理,就刑事部分不服,只能申请检察机关抗诉。检察机关对一审判决不服可以向上一级法院提起抗诉。只有被告人上诉,检察机关不抗诉的,二审程序不能加重被告人的刑罚,也就是"上诉不加刑"。被告人上诉,检察机关也同时抗诉的,不受上诉不加刑的限制。即使检察机关提出罪轻抗诉,二审法院也同样不受不加刑限制,二审判决被告人的刑期仍然可以长于一审判决刑期。

刑事上诉案件,如果刑事部分没有新的证据普遍不再开庭审理。但如果对刑事附带民事部分上诉,应当开庭审理。

刑事上诉改判的可能性非常低,但有如下情况被告人一定要提起上诉。一是一审没有认罪,二审想要认罪认罚的,仍然可以减少刑期,但减少幅度会比一审时认罪认罚小;二是一审时被告人没有与被害人达成和解,在一审判决做出后与被害人达成和解并取得刑事谅解书的;三是刑期临近,不想转监,希望继续羁押在看守所到刑期结束的。

参考案例

余某交通肇事罪

基本案情：被告人余某于2019年6月5日21时28分许，因酒后驾车，致使车辆偏离行车道进入人行道，撞到被害人宋某，致其当场颅脑损伤合并创伤性休克死亡。撞人后，余某并未停车而是驶离肇事现场。回到家中地下车库后，余某下车检查，并用毛巾擦拭车身血迹。擦拭完毕后，丢弃毛巾并步行前往肇事现场，听有人说撞死了人之后，再次离开现场。次日一早，余某接到其妻子电话，闻言警察曾在半夜上门找他，于是在妻子劝说下自动前往公安机关投案。案件办理过程中，余某承认自己酒后驾车并撞到物体，但辩称当时并不知是撞到人，直至回家后检查时才意识到撞了人。

审查起诉环节，余某在辩护人见证下签署了认罪认罚具结书，并积极赔偿被害人家属160万元，获得被害人家属谅解。门头沟区人民检察院以交通肇事罪向人民法院提起公诉，并提出判处3年有期徒刑、缓刑4年的量刑建议。一审法院经审理认为，该案案件事实清楚、证据确实充分，应当以交通肇事罪定罪处罚。但因被告人在发生交通事故后逃逸，特别是逃逸后擦拭血迹，回现场附近观望后仍逃离，意图逃避法律追究，表明其主观恶性较大，判处缓刑不足以惩戒犯罪，故未采纳人民检察院缓刑的量刑建议，综合考虑被告人自首情节与赔偿损失获得谅解的情节，判处有期徒刑2年。

门头沟区人民检察院向北京市第一中级人民法院提起抗诉，由北京市人民检察院第一分院支持抗诉，认为原审法院量刑错误，应当采纳检察机关提出的量刑建议，对被告人适用缓刑。被告人余某提出上诉,认为量刑过重,请求改判缓刑。北京市第一中级人民法院审理认为,上诉人余某在事故发生时对于撞人这一事实是明知的,但在投案后始终对这一关键事实不能如实供述,不能认定为自首。上诉人交通肇事后逃逸,应在3年以上7年以下有期徒刑的法定刑幅度内处罚,鉴于上诉人属酒后驾驶,应当酌予从重处罚;综合其自动投案、认罪认罚与积极赔偿损失情节等酌予从轻处罚,判处上诉人有期徒刑3年6个月。

点评:本案中二审法院不采纳抗诉机关"量刑过重,应当改判3年有期徒刑,缓刑4年"的抗诉意见,反而增加6个月实刑刑期。对此,有关刑事诉讼法理解与适用的争议主要集中于二审法院加刑是否合法、在否认自首的同时肯定认罪认罚是否矛盾与一审法院不采纳量刑建议是否于法有据等。通过本案二审判决结果可以得出只要检察院抗诉,即使是罪轻抗诉,二审法院也不受上诉不加刑限制,仍然可以加重刑期判处。

思考延伸

于某与王某发生交通事故,于某当场死亡,交警部门认定王某承担全部赔偿责任。于某系独生子,没有兄弟姐妹,发生交通事故时于某43周岁,于某的母亲早已过世,于某的父亲于某祥仍然在世,现年68周岁。于某与前妻刘某育有一女,名为于某涵,现年16周岁且仍在上学。于某与纽某二婚组建新家庭,两人未重新生育子女,但纽某的婚前儿子查某15周岁,一同由于某和纽某抚养。王某因涉嫌交通肇事罪被检察院批准逮捕,后提起公诉。

问:(1)应由谁作为刑事附带民事诉讼原告?

(2)假设当地上一年度城镇居民可支配性收入为5万元,上一年度居民消费性支出为 3 万元，上一年度城镇职工平均工资为 9 万元。请问刑事附带民事诉讼请求应当怎么写？

(3)假设王某驾驶的车辆投保了交强险，未投保商业三者险。庭审中，王某同刑事附带民事诉讼原告达成刑事和解，交强险赔偿由刑事附带民事诉讼原告共同享有，王某在交强险赔偿数额外赔偿原告各项损失共计 50 万元。请问，各刑事附带民事诉讼原告应该怎样分配刑事和解赔偿款？

(4)假设于某的刑事附带民事诉讼原告不同意由一人代收所有赔偿款，保险公司也不同意将赔偿款分三笔汇入不同账户，应当如何领取保险公司的赔偿款？

相关规定

《刑法》

第六十七条　犯罪以后自动投案，如实供述自己的罪行的，是自首。对于自首的犯罪分子，可以从轻或者减轻处罚。其中，犯罪较轻的，可以免除处罚。

被采取强制措施的犯罪嫌疑人、被告人和正在服刑的罪犯，如实供述司法机关还未掌握的本人其他罪行的，以自首论。

犯罪嫌疑人虽不具有前两款规定的自首情节，但是如实供述自己罪行的，可以从轻处罚；因其如实供述自己罪行，避免特别严重后果发生的，可以减轻处罚。

《刑事诉讼法》

第十五条　犯罪嫌疑人、被告人自愿如实供述自己的罪行，承认指控的犯罪事实，愿意接受处罚的，可以依法从宽处理。

第二百二十七条 被告人、自诉人和他们的法定代理人，不服地方各级人民法院第一审的判决、裁定，有权用书状或者口头向上一级人民法院上诉。被告人的辩护人和近亲属，经被告人同意，可以提出上诉。

附带民事诉讼的当事人和他们的法定代理人，可以对地方各级人民法院第一审的判决、裁定中的附带民事诉讼部分，提出上诉。

对被告人的上诉权，不得以任何借口加以剥夺。

第二百二十八条 地方各级人民检察院认为本级人民法院第一审的判决、裁定确有错误的时候，应当向上一级人民法院提出抗诉。

第二百三十七条 第二审人民法院审理被告人或者他的法定代理人、辩护人、近亲属上诉的案件，不得加重被告人的刑罚。第二审人民法院发回原审人民法院重新审判的案件，除有新的犯罪事实，人民检察院补充起诉的以外，原审人民法院也不得加重被告人的刑罚。

人民检察院提出抗诉或者自诉人提出上诉的，不受前款规定的限制。

99. 交通肇事罪中作为被害人的诉讼代理人如何代理案件？

律师答疑

督促公安机关刑事立案并最大限度地为被害人争取合法赔偿。

交通肇事罪案件中,被害人及被害人家属聘请律师的作用非常大。犯罪嫌疑人聘请律师的目的包括减轻刑期、争取缓刑、减少民事赔偿责任等,但刑事程序固有的特征使律师作为辩护人时的作用相当有限,反而是作为被害人的诉讼代理人起到的作用对当事人的价值会更高,往往能争取到更多的赔偿款。从实际办案数量来看,律师接受委托作为被害人的诉讼代理人参与办理交通肇事罪案件数量,也高于其作为犯罪嫌疑人或被告人的辩护人参与办理交通肇事罪。

律师担任被害人的诉讼代理人的作用主要有两个方面:一是代理被害人督促公安交通机关对肇事司机依据交通肇事罪刑事立案;二是通过和解、理赔及诉讼方式为当事人争取最大限度的赔偿款。

一、督促公安机关刑事立案

法院审理应有律师参与庭审程序,检察机关让犯罪嫌疑人签署认罪认罚具结书时应有律师在场见证,但道路交通事故责任认定由交警部门做出,法律并没有赋予律师直接介入责任认定的途径。仅在交警部门做出事故责任认定后,如果当事人对责任认定不服可以委托律师申请交通事故复核,但交通事故复核改变原事故责任的概率极低。在事故责任认定阶段,被害人聘请律师最大的作用是督促交警部门正当履行职责。

有些交通事故案件中,交警部门可能因为多种原因做出比较有争议的事故责任认定。还有一些交通事故案件中,事故责任比较明确,例如,交通事故致人死亡后逃逸,应当依法认定肇事司机负全部责任。交警部门依据普通程序划分交通事故责任时,应当鉴定案涉机动车的车辆性质、安全性能、车辆速度、碰撞痕迹,鉴定驾驶人的血液酒精浓度,交通事故造成人员死亡的,还应当进行尸检。事故责任认定书可能会在交通事故发生后一到两个月时间才做出,有时可能会更长。交警部门虽然不能改变事故责任,但有可能延长认定交通事故责任的时间,来为肇事司机和被害人和解创造条件。很多案件的被害人及家属因为不懂法、不自信或是迫于种种情况,仓促与肇事方私下和解,之后案件并未转入刑事程序。

对于符合交通肇事罪的案件,被害人坚持不和解,坚持要对肇事司机立案并追究其刑事责任的,作为被害人的诉讼代理人,这时所需要做的更多的是帮助当事人坚定信念,并依法督促公安机关履行法律职能。

二、依法为被害人争取最大限度赔偿款

律师作为被害人的诉讼代理人和作为嫌疑人的辩护人考虑的方向完全不同,辩护人首先要考虑嫌疑人的刑期和刑罚执行方式,其次是民事赔偿责任,但诉讼代理人只需要考虑一个问题,那就是怎样争取到最大限度的赔偿款。

被害人可以通过到保险公司理赔、与肇事司机和解,提起民事诉讼或提起刑事附带民事诉讼获得赔偿。

(1)到保险公司理赔。

适合情形:事故车辆仅投保交强险,或者分别在不同的保险公司投保交强险与商业三者险。

机动车都应当投保交强险,交强险的有责死亡伤残责任限额为18万元,交强险有责医疗责任限额为1.8万元。发生交通事故,如果受害人直接死亡,因为受害人的死亡赔偿金及丧葬费数额一定会超过18万元,且交强险责任限额内需要划分事故责任也不存在免赔事由,所以交强险死亡伤残责任限额一定会满额赔偿;如果受害人经过医院抢救无效死亡,一般花费的医疗费会超过1.8万元,同理,保险公司应当在交强险医疗责任和死亡伤残责任内满额赔偿受害人 19.8 万元。

对交强险保险公司来说,交强险的责任限额一定会赔付受害人家属的,不会增加也不会减少,也不会产生争议,仅是一个流程性问题。因而,受害人家属申请后,保险公司可以直接赔付。但如果事故车辆在同一家保险公司投保交强险和商业三者险,则保险公司可能会因为商业险存在争议性赔偿项目,以及出于减损的考量而不同意向受害人家属直接理赔,或者直接理赔数额会显著低于诉讼程序判决金额。

特别需要注意的是,如果交通事故中同时存在死者和多名伤者,且事故车辆未投保商业三者险。这时,死者家属应当尽量通过保险理赔方式获得交强险保险赔偿,因为根据交通事故司法解释的相关规定,同一交通事故有多个受害人同时起诉的,应该按照赔偿数额比例共同分割交强险份额。简单说,就是通过保险理赔可以全额获得交强险的赔偿,而通过起诉要和其他受害人一起获得交强险赔偿,实际获得的赔偿金额会减少。

受害人家属到保险公司理赔交强险保额时,一般仅需要提供事故认定书、死亡证明、亲属关系证明。不同的保险公司审查材料的详细程度不同,不排除存在有的保险公司很难理赔的情况。如果发生交通事故时驾驶人还存在酒驾、无证驾驶等违法情节,保险公司也可能拒绝理赔交强险保额,需要在法院判决后再进行赔偿。

如果受害人因为交通事故死亡,但肇事司机不涉及刑事责任,且交强险与商业三者险保险公司不为同一家保险公司时,受害人家属虽然也可以通过理赔优先获得交强险限额的赔偿,但是并不推荐。因为商业三者险会排除精神损害抚慰金的赔偿责任,如果交强险和解时仅表述赔偿项目为“死亡赔偿金”，在后续对肇事司机和商业险保险公司提起诉讼时，可能存在精神损害抚慰金不能赔偿的尴尬境遇。所以，莫不如不去理赔，直接提起诉讼，请求法院一并判决交强险、商业三者险、肇事司机赔偿各项损失，并且在交强险限额内优先赔偿精神损害抚慰金。

（2）提起民事诉讼。

适合情形：事故车辆投保商业三者险，且肇事司机有意愿和解赔偿的。

涉嫌交通肇事罪案件，受害人家属既可以选择提起刑事附带民事诉讼，也可以选择单独提起民事诉讼。单独提起民事诉讼的主要优势在于，程序启动时间较早，案件办理会获得较高的自由度。交警部门做出事故责任认定时，受害人家属就可以提起民事诉讼；而刑事附带民事诉讼需要检察机关向法院提起刑事诉讼后，受害人家属才可以向法院刑事审判庭提起附带民事诉讼，时间上可能会相差半年。

单独提起民事诉讼的，在民事程序审理完毕后，受害人家属可以依法获得保险公司赔偿。如能与肇事司机达成和解，受害人家属可以出具刑事谅解书，肇事司机可以在刑事审理部分减轻刑罚并有很大概率获得缓期执行。但是在刑事附带民事诉讼中，受害人家属与肇事司机达成和解的，肇事司机不容易被判处缓刑。

综合来看，如果事故车辆投保了交强险和商业三者险，受害人家属应当在事故认定做出后立即提起民事诉讼，在依法获得保险各项赔偿后，再就精神损害部分与肇事司机一方单独达成刑事和解，这样民事程序与刑事程序都会更加顺畅，对于受害人、肇事司机、审理法官来说，都是一件好事。受害人一方可以获得更多的赔偿，肇事司机可以被判处缓刑，审理民事案件的法官不用考虑刑事责任，审理刑事案件的法官不用再附带审理民事诉讼，也不用费心促成双方和解，是一个对各方均有利的结果，而且对保险公司来说其利益也没有受到损害。唯一的影响是会多支付一些诉讼费，不过受害人可以将其计算到刑事和解中，由肇事司机一方承担。

(3)提起刑事附带民事诉讼。

适合情形：事故车辆没有保险，事故车辆投保商业三者险但保险公司认为应当免赔，肇事司机无能力刑事和解。

单独提起民事诉讼的目的是获得更多的刑事和解赔偿，如果不能获得和解赔偿，受害人一方还不如老老实实地提起刑事附带民事诉讼，至少不用为此支付诉讼费。

提起刑事附带民事诉讼时如果查询到机动车驾驶人的财产，应当申请财产保全。如果机动车所有人可能存在过错，例如，借车给饮酒的人驾驶或者机动车制动能力存在问题等，应当对机动车所有人申请财产保全。

如果事故车辆投保了商业三者险，但是保险公司认为驾驶人存在酒后驾驶、逃逸、无证驾驶等违法行为，保险应当免赔的，这时，提起刑事附带民事诉讼优于单独提起民事诉讼。因为刑事附带民事诉讼中的民事部分只是“附带”审理，即便民事判决部分被上级法院改判，也不影响刑事部分的效力。基于这个原因，刑事案件程序中法官的审理权限相对于民事案件中自由度高一些，更容易突破保险免赔条款的限制。不过，这只是一种倾向，并不代表个案如此适用。

思考延伸

某日 23 时 0 分，崔某将其驾驶的重型普通货车(车上载三棵树)由北向南停放在非机动车道内，自行离去。次日 6 时 15 分，宋某驾驶摩托车由北向南在最外侧机动车道绕行树枝时，其前轮卷入树枝后车轮向左失控，适逢王某驾驶重型专业作业车由北向南行驶，王某车前部与宋某连人带车接触后，右前轮将宋某碾压，宋某经北京红十字会急诊抢救中心抢救无效于当日死亡。交警认定崔某负交通事故主要责任，王某负次要责任，宋某负次要责任。崔某所驾驶车辆所有人为燕塔公司，并在华农保险投保交强险及商业三者险保险，责任限额10万元；王某所驾驶车辆所有人为环卫公司，并在太平洋保险投保交强险及商业三者险，限额50万元。宋某父母起诉至法院请求各被告共同赔偿各项损失。

问：(1)事故发生后崔某不服事故责任认定，申请交通事故复核，复核期间，宋某父母提起民事诉讼，法院是否应当受理本案？

(2)崔某认为发生事故时自己并未驾驶车辆，所停路段也没有禁停标志，不应认定自己承担主要责任，审理法官能否改变本案责任认定？

(3)本案为多方事故责任，各方责任比例应如何划分？

(4)崔某答辩称，其因涉嫌交通肇事罪被刑事立案侦查，目前在取保候审中。崔某代理人认为，按照刑事优先原则，本案应当先中止审理，在刑事案件审理终结后继续审理。法院应否采纳？

(5)燕塔公司答辩称，其与崔某系挂靠关系。在事发前要求崔某购买50万元保额商业险，但崔某仅购买了10万元保额商业险，并向燕塔公司签订了一份声明，如发生事故由崔某自行承担赔偿责任与燕塔公司无关，故燕塔公司认为不应与崔某承担连带责任，其答辩理由应否得到支持？

(6)案件审理过程中，崔某辩称其系受碧海公司委托运输树木，存在雇佣关系，申请追加该公司为共同被告，并由该公司承担赔偿责任。碧海公司辩称，与崔某没有签订劳动合同，也不存在雇佣关系，至今没有收到树，不同意承担赔偿责任。法院应如何认定？

(7)环卫公司称，宋某发生事故后在北京红十字会急诊抢救中心抢救，当天产生医疗费用9万元是由环卫公司垫付，要求法院一并处理该笔医疗费，法院应否支持？

(8)太平洋保险答辩称，王某驾驶车辆存在超载情形，根据商业三者险条款，要求扣除10%绝对免赔率。法院应否支持？

(9)华农保险答辩称，崔某在承保期间变更车辆使用性质，依据商业三者险条款应当免予赔偿，故不同意赔偿，仅同意在交强险责任范围内赔偿原告损失，法院应否支持？

(10)本案原告诉请的精神损害抚慰金是否应得到支持？

100. 交通肇事罪中作为保险公司代理人如何代理案件？

律师答疑

严格履行保险公司代理人职责，提出完整的答辩意见，争取减少保险公司损失。

律师作为保险公司代理人参与到交通事故诉讼中的不在少数。代理保险公司案件可以为律师积累大量的诉讼经验，还会有稳定的收入，对律师来说，特别是刚执业的年轻律师，有很多益处。代理保险公司案件履职正确性价值高于减损收益性，代理人一定要注重程序，严格履行职责，不出现工作疏漏。

综合众多案件，在有人员死亡的交通事故案件中，保险公司提出的抗辩意见主要有以下十个方面。

一、对事故责任认定结论不服

保险公司并不是交通事故的当事人，即使对交通事故责任认定不服也无权申请复核，而且保险公司在知道交通事故责任认定时，往往已经过了复核申请期限了。在庭审程序中，保险公司可以发表对事故责任认定不认可的抗辩意见，但因为难以取得相关证据，法院也不会采纳。但是作为保险公司的代理人，该提的意见一定要提，重要的是做了什么，而不是什么结果。

二、保险公司享有追偿权

驾驶人故意发生交通事故，醉酒发生交通事故，或未取得驾驶资格的，保险公司应当在交强险范围内赔偿三者损失，之后有权向实际侵权人追偿。因而，如出现这种情形，应当提示法官保险公司享有追偿权，请求法官在判决中表述。

三、驾驶人存在违法行为发生交通事故，商业险免赔

驾驶人存在酒后驾车、无证驾驶、发生交通事故后逃逸等违法情形的，商业险依法免予承担赔偿责任。代理人应当提供保险合同条款，并且举证证明保险公司已经尽到免责条款的告知义务。

四、赔偿比例应参照交通事故与死亡之间的因果关系关联度

交通事故死亡应当进行尸检，有的尸检报告中会同时确认交通事故与死亡之间的因果关系。如果因果关系低于50%，不会认为是交通事故造成的死亡，不属于刑事案件；如果因果关系超过50%，应认定为交通事故致死。关于民事赔偿责任是否应当参照关联度问题存在争议，司法实践中并不统一，但作为保险公司代理人，一定要提出交通事故赔偿责任应当按照因果关系程度计算的抗辩理由。

五、受害人在重症监护病房（ICU）住院期间的护理费、营养费、伙食补助费不赔

受害人在ICU住院抢救期间是封闭管理的，家属和护工都不能进入，因而也不存在护理费和住院伙食补助费，相关费用都计入了医疗费中。如果受害人经过ICU抢救无效死亡，或者经过ICU抢救后，又经过一段时间的医治再死亡，那么在ICU期间的护理费、营养费、伙食补助费是否应当赔偿存在一定争议。作为保险公司代理人应当提出这部分损失没有实际发生，因而不属于赔偿范围，也不属于保险责任。

笔者曾经代理的一个案件中，对方保险公司代理人一审时提出过这个观点，笔者不予认可，一审法院也并未采纳保险公司意见。保险公司提出上诉，后二审法院主持调解，免除了保险公司承担受害人ICU住院期间的护理费、营养费、伙食补助费赔偿责任。

六、超过法定年龄的误工费不赔

交通事故死者如果不是当场死亡，而是经过医院救治一段时间后死亡，家属在提起诉讼时还可能主张误工费。如果死者的年龄超过了法定退休年龄，应当提供相应证据证明存在实际误工损失，否则法院不应该支持关于误工费的诉讼请求。但是，从交通事故发生到死亡之间的时间往往并不会很长，可能是几天或者十几天，所以原告方往往不会像伤残案件中一样准备存在误工损失的相应证据。法院可能会采纳保险公司意见，判决误工费部分证据不足，不予支持。另外，关于误工期，因为受害人死亡，已经无法进行误工期鉴定，有时保险公司也会以无法确定误工期为由不同意赔偿误工费，但是这种观点法院采纳程度不高，因为还可以用医生开具的诊断证明证明误工期。

七、家属处理丧事产生的误工费、交通费不赔

《最高人民法院关于审理人身损害赔偿案件适用法律若干问题的解释》修改后删除了家属处理丧事时产生的误工费、交通费应当赔偿的相关表述,因而如果原告诉请了这部分损失,作为保险公司代理人应当提出没有法律依据,不应当赔偿。

八、成年人的被扶养人生活费不赔

有些案件中,原告会基于夫妻之间的扶养义务,主张应当赔偿受害人配偶被扶养人生活费。保险公司均会拒赔,理由包括:受害人本身已经超过法定退休年龄,在发生交通事故死亡前没有扶养他人的能力,因交通事故死亡也不会影响到配偶的生活状态,所以不应当赔偿;受害人的配偶有成年子女健在,应当由子女优先赡养,而不是由配偶扶养;即便夫妻之间存在扶养义务,也不能抵销子女的赡养义务,至少应当按照扶养人数均分被扶养人生活费数额。

九、精神损害抚慰金不赔

根据相关司法解释,刑事附带民事案件中诉请精神损害抚慰金的法院不予支持,另行起诉民事赔偿精神损害抚慰金的,法院不予受理。商业险不赔偿精神损害抚慰金。

十、诉讼费、鉴定费不赔

诉讼费、鉴定费不属于交强险的三个赔偿责任中的任何一个,商业险保险条款免于承担赔偿责任。作为保险公司代理人一定要表述该意见,无论法院是否采纳。

思考延伸

2020年3月4日,刘某驾驶鲁CC重型货车,冀DD半挂车在高速搅拌站院内拉地磅倒车时将站在半挂车后面指挥倒车的杨某某撞倒,致其当场死亡。交警部门认为在工程工地内发生事故应属派出所管辖,故未对该事故责任做出认定。

李某系肇事车辆鲁 CC,冀 DD 重型半挂车的实际车主,刘某系李某雇佣的司机。鲁 CC 半挂牵引车主车挂靠物流公司 A 运营,A 公司为该牵引车在人保公司投保了交强险,在物联网科技公司 B 投保第三者责任统筹,责任限额 100 万元,事故发生于上述保险、统筹期间。冀 DD 半挂车登记车主为运输公司 C,C 公司为该半挂车在都邦保险投保了商业三者险,责任限额为 5 万元,事故发生在保险期间。

2015 年 10 月 26 日,李某与 C 公司签订分期付款车辆买卖合同书,约定李某从 C 公司购买冀 DD 半挂车,李某买车后还清贷款前 C 公司保留车辆所有权,但该车经营、管理、营运等与 C 公司无干涉。经查该挂车的营运证登记在 C 公司名下,C 公司自 2016 年起一直为该车辆投保交强险。

事故发生后,人保公司已赔偿原告方 11 万元,李某赔偿原告方 2 万元。刘某支付原告方 20 万元,刘某出具书面说明,声称该 20 万元系其本人为取得杨某某家人谅解自愿给付的补偿,该款项与杨某某家人要求李某,A、B、C 公司,人保公司,都邦保险等相关赔偿义务人承担的民事责任无关。

经查,杨某某的法定继承人为杨某某之妻康某,杨某某死亡时为 35 周岁;杨某某之母张某,杨某某死亡时为 73 周岁;杨某某之女杨某雨,杨某某死亡时为 13 周岁。张某共生育三名子女,杨某某父亲已去世。

本案于 2024 年 3 月开庭审理终结。

问:(1)是否应当按照交通肇事罪追究刘某刑事责任?

(2)本案中,交警未做出交通事故责任认定,法院应按照何种事故责任比例判决赔偿?

(3)本案中,人保公司是否应当承担赔偿责任,数额多少?

(4)B公司是否为本案的适格被告,是否应当承担赔偿责任?

(5)都邦公司认为,应当按照商业险比例承担赔偿,A公司在B公司投保100万元限额第三者责任统筹,C公司在都邦保险投保5万元限额商业三者险,故应当按照100∶5的比例由B公司和都邦保险承担赔偿责任。都邦公司的理由,法院是否支持?

(6)刘某是否应当承担赔偿责任,刘某垫付原告方的20万元,是否应当在本案赔偿款中予以扣除?

(7)C公司认为与李某不存在挂靠关系,而是买卖关系,称未收取李某的挂靠费。李某称C公司收取了管理费,但未能提供证据。后又称,挂车的登记所有人是C公司,C公司为挂车办理车辆保险,李某缴纳保险费用,C公司收取保险回扣,这说明C公司与李某之间是挂靠关系,并不是买卖关系。李某与C公司之间是否成立挂靠关系?C公司是否应当承担赔偿责任?

(8)原告方应当按照哪一年的标准主张死亡赔偿金和被抚养人生活费?被抚养人生活费应如何计算?

(9)原告诉请精神损害抚慰金是否应当赔偿?

(10)都邦保险是否应当承担诉讼费?

后　记

2025年3月，编辑和我说全书已经审核通过，终于可以印刷出版了。从开始商谈算起，确定目录，签订合同，撰写书稿，一审校稿，修改复审，二审校稿，三审校稿，抽查送检，一系列工作下来正好两年时间。感谢法律出版社的支持，特别感谢我的编辑，在我文思枯竭时给予许多帮助。

后来才知道，这本书在从创作到出版用了两年时间，已经算是快的了，也是因为在开始撰写本书前，我已经在几个法律知识平台讲课三年多了。我从检察机关离职后，加入了一家专门办理交通事故的律师事务所，记得刚入职时，主任半开玩笑地对我说："温律师刚来我们团队，别太辛苦，先分他30个案子吧！"当时就把我震惊了。慢慢地也习惯了办理交通事故案件的程序和节奏，每年办理交通事故案件100件左右，从而有了许多办案感悟。全国类似专门办理交通事故的律师事务所或者律师团队有许多，比我有更多办案经验的律师不在少数。

大概是在2019年，无讼平台找到了我，说温律师您办理了这么多交通事故案件，能不能在我们平台录制一门音频课程，讲一下如何办理交通事故案件？当时我没有任何讲课经验，思索良久后，决定试一试，参照"百货大楼"的概念，拟定了100个办理交通事故案件的问题,想要尽可能涵盖常见问题,起名为“交通事故高频 100 问”。在研究和创作的过程中,发现了很多没有思考到的问题,也发现之前很多问题观点是错误或者不全面的。创作是个痛苦的过程,一边录制一边发布,平均每个月讲一篇,断断续续将近一年才讲完。在无讼平台录制音频课程后,又陆续在法律名家讲堂、明法学苑、智元法律平台用“交通事故 100 问”名称录制了视频课程。每次录制都有不同程度的修改,有些是因为法律修订,有些是因为有了新的理解。

即便有三年讲课积累,撰写本书时仍然并不简单,编纂书籍是个系统工程,有许多具体工作,在不断地查找法条、案例、与学员交流以及总结经验过程中,对许多问题又有了新的认识。即便是现在,也不能说所有问题答案都是准确无误,读者如果有不同的解答,可以发送邮件进一步交流 37310767@ qq. com,如果本书能够再版会将相关修改收录。

希望本书能对交通事故当事人和代理人提供帮助,希望读者能够喜欢本书。